Peter F. Strawson
Die Grenzen des Sinns

Peter F. Strawson

DIE GRENZEN DES SINNS

Ein Kommentar zu Kants
Kritik der reinen Vernunft

Aus dem Englischen (1966)
von Ernst Michael Lange

Titel der englischen Originalausgabe: *The Bounds of Sense*

CIP-Titelaufnahme der Deutschen Bibliothek

Strawson, Peter Frederick:
Die Grenzen des Sinns: e. Kommentar zu
Kants Kritik der reinen Vernunft / Peter F.
Strawson. [Aus dem Engl. von Ernst M. Lange.] –
Sonderausg. – Frankfurt am Main: Hain 1992
Einheitssacht.: The bounds of sense <dt.>
ISBN 3-445-07018-0

Verlag Anton Hain GmbH, Frankfurt am Main 1992

Druck und Bindung: Druckladen Preungesheim GmbH, Frankfurt am Main
Printed in Germany
ISBN 3-445-07018-0

Inhalt

Vorwort

Dieses Buch hat seinen Ursprung in Vorlesungen über Kants *Kritik der reinen Vernunft*, die ich von 1959 an jedes zweite Jahr an der Universität Oxford gehalten habe. Jeder Kantforscher, der es liest, wird schnell entdecken, daß es keinesfalls ein Werk historisch-philosophischer Gelehrsamkeit ist. Ich habe keinen Eifer darein gesetzt, die Schriften von Kants weniger bedeutenden Vorgängern, seine eigenen kleineren Schriften oder die sehr zahlreichen Kommentare zu studieren, die in den beiden folgenden Jahrhunderten hervorgebracht wurden. Ich habe für solche Leser der *Kritik* geschrieben, die wie ich das Werk immer wieder mit dem gemischten Gefühl gelesen haben, es enthalte ebenso große Einsichten wie große Irreführungen. Ich habe versucht, eine klare, geordnete und einheitliche Interpretation des Systems von Gedanken zu geben, das die *Kritik* enthält. Sie wird vom Text, wie er dasteht, zumindest stark unterstützt. Ich habe versucht zu zeigen, wie bestimmte große Teile der Struktur des Gedankensystems der *Kritik* voneinander getrennt gehalten werden können, und zugleich deutlich zu machen, wie sie innerhalb des Systems selbst als zusammenhängend vorgestellt werden. Ich habe weiter versucht, ausschlaggebende Gründe für die Zurückweisung einiger Teile der *Kritik* anzuführen. Und schließlich habe ich anzudeuten, aber auch nur anzudeuten versucht, wie die Argumente und Schlußfolgerungen anderer Teile so modifiziert oder rekonstruiert werden könnten, daß sie akzeptabler wären. In der Verfolgung dieser Ziele habe ich einige Züge des Werks an einen sehr untergeordneten Platz verbannt, besonders betrifft das architektonische Details und viel von der Theorie der „transzendentalen Psychologie". Ich will nicht sagen, daß aus der letzteren nichts gemacht werden könnte. Ein Versuch, sie zu rekonstruieren, wäre mindestens eine nützliche Übung in der Philosophie des Geistes. Aber ich dachte, daß ich einen Verlust an Ausgewogenheit und Klarheit der Linie in Kauf nehmen würde, wenn ich im vorliegenden Buch einen solchen Versuch machte. Ich habe dem Buch seinen Titel gegeben, nicht nur, weil er partiell der Widerhall eines Titels ist, den Kant selber erwogen hat, sondern auch, weil er gedrängt anspielt auch die drei Hauptstränge in Kants Denken. In zwei Richtungen zieht Kant Sinngrenzen, in einer dritten überschreitet er sie. Auf der einen Seite argumentiert er, daß für jede Konzeption von Erfahrung, die wir uns wirklich einsichtig machen können, eine gewisse Minimalstruktur wesentlich ist. Auf der anderen Seite argumentiert er, daß der Versuch, den Gebrauch von strukturellen oder auch irgendwelchen anderen Begriffen über die Grenzen der Erfahrung hinaus auszudehnen, nur zu bedeutungsleeren Ansprüchen führt. Der dogmatische Rationalismus überschreitet die oberen Sinngrenzen genauso, wie der klassische Empirismus die unteren verfehlt. Aber Kants Argumente für seine begrenzenden Schlußfolgerungen werden im Rahmen einer Reihe von Lehren entwickelt, die Kants eigene kritische Prinzipien zu verletzen scheinen. Er versucht, die Sinngrenzen von einem Punkt aus zu markieren, der außerhalb von ihnen liegt und den es, wenn sie richtig markiert worden sind, nicht geben kann.

Im Allgemeinen Überblick, mit dem das Buch anfängt, habe ich diese drei Hauptstränge in Kants Denken unter den Titeln „Die Metaphysik der Erfahrung“, „Transzendente Metaphysik“ und „Die Metaphysik des Transzendentalen Idealismus“ unterschieden. Jeder ist zugleich Titel eines der drei folgenden Teile, die nicht völlig unabhängig voneinander sind und auch nicht sein können. Erst wenn das Bild vollständig ist, kann die Bedeutung irgendeines seiner Teile voll aufgefaßt werden.

Ich möchte meine große Verpflichtung zu Dank gegenüber Prof. H. L. A. Hart kenntlich machen. Er hat das ganze Buch im Manuskript gelesen und ich bin ihm für seine Hilfe und seine Ermutigung dankbar. Verpflichtet bin ich auch dem Leitungsgremium meines College, das mich zwischen Januar und Juni 1965 von meinen Pflichten befreite. Während dieser Zeit und den anschließenden langen Ferien ist der größere Teil des Buches in seiner gegenwärtigen Form geschrieben worden. Schließlich bin ich Miss Ruby Meager verpflichtet. Sie hat die Korrekturen gelesen und wertvolle Vorschläge für Verbesserungen gemacht, die ich größtenteils akzeptiert habe.

(Alle Zitate aus der *Kritik* sind, mit ganz geringfügigen Modifikationen, der Übersetzung von Kemp Smith entnommen.) Zitate werden mit der üblichen „A“ und „B“-Numerierung nachgewiesen, beide Zahlen werden für die Passagen angeführt, die der ersten und zweiten Auflage gemeinsam sind.

Oxford, im Juni 1966 P. F. S.

ERSTER TEIL

ALLGEMEINER ÜBERBLICK

1. Die beiden Gesichter der *Kritik*

Es ist möglich, sich Arten von Welt vorzustellen, die sehr verschieden sind von der Welt, wie wir sie kennen. Es ist auch möglich, Typen von Erfahrung zu beschreiben, die sehr verschieden sind von der Erfahrung, die wir tatsächlich haben. Aber nicht jede vorgebliche und grammatisch zulässige Beschreibung einer möglichen Art von Erfahrung wäre wirklich einsichtig. Es gibt Grenzen für das, was wir uns als mögliche allgemeine Struktur der Erfahrung vorstellen oder einsichtig machen können. Die Erforschung dieser Grenzen, die Erforschung der Reihe von Gedanken, die den begrenzenden Rahmen für all unser Denken über die Welt und alle unsere Erfahrung bilden, ist offensichtlich eine wichtige und interessante philosophische Unternehmung. Kein Philosoph hat energischer einen derartigen Versuch unternommen als Kant.

Eine zentrale Schwierigkeit für das Verständnis seines Versuchs bildet der Umstand, daß er selber von ihm in Begriffen einer bestimmten irreführenden Analogie dachte. Es ist ein Gemeinplatz sowohl der alltäglichen als auch der wissenschaftlichen Beobachtung, daß der Charakter unserer Erfahrung, die Weise, in der uns die Dinge erscheinen, teilweise durch unsere humane Konstitution, durch die Natur unserer Sinnesorgane und unseres Nervensystems bestimmt ist. Das Funktionieren des menschlichen Wahrnehmungsmechanismus und die Weise, in der unsere Erfahrung von diesem Funktionieren kausal abhängig ist, sind Gegenstände empirischer oder wissenschaftlicher, nicht philosophischer Erforschung. Kant war sich dessen wohl bewußt; er wußte sehr wohl, daß eine solche empirische Untersuchung ganz verschieden war von der von ihm vorgeschlagenen Untersuchung der fundamentalen Struktur von Gedanken, durch die allein wir uns den Gedanken der Erfahrung der Welt einsichtig machen können. Trotz dieses Wissens jedoch verstand er eine Untersuchung des zuletzt genannten Typs in einer Art gezwungener Analogie zu einer Untersuchung des zuerst genannten Typs. Wo immer er begrenzende oder notwendige allgemeine Züge der Erfahrung fand, behauptete er, ihre Quelle liege in unserer kognitiven Konstitution. Diese Lehre erschien ihm unentbehrlich zur Erklärung der Möglichkeit eines Wissens von der notwendigen Struktur der Erfahrung. Es gibt gleichwohl keinen Zweifel daran, daß diese Lehre in sich inkohärent ist und den wahren Charakter der Untersuchung eher verschleiert als erklärt: so daß das zentrale Problem für ein Verständnis der *Kritik* genau dies ist, alles, was mit dieser Lehre zusammenhängt, zu lösen von dem analytischen Argument, das tatsächlich von ihr unabhängig ist.

Die Trennung dieser beiden Stränge in der *Kritik* ist jedoch lediglich Teil der umfassenderen Aufgabe, zwischen dem, was furchtbar und interessant bleibt, und dem, was nicht länger akzeptabel oder auch nur aussichtsreich erscheint, zu unterscheiden. Dementsprechend werde ich diesen einführenden Überblick damit beginnen, die Elemente dieser Unterscheidung in grober Entgegensetzung voneinander abzugrenzen. Anschließend werde ich eine etwas ausführlichere, aber immer noch einführende Darstellung einiger der zentralen Themen des Werks geben.

Wie viele seiner Vorgänger und Nachfolger hat Kant Nachdruck auf die Tatsache gelegt, daß die bisher in der Philosophie erzielten Ergebnisse sich unvorteilhaft abheben von denen in der Mathematik und den Naturwissenschaften. Wenn auch die Philosophie auf den „sicheren Weg der Wissenschaft" gebracht werden sollte, war ein Erfordernis, daß sie ihre Ansprüche begrenzte. Und ein Hauptinstrument dieser notwendigen Begrenzung war ein Grundsatz, den Kant durch die gesamte *Kritik* hindurch mehrfach aufstellt und anwendet. Der Grundsatz besagt, daß es keinen legitimen oder auch nur sinnvollen Gebrauch von Vorstellungen oder Begriffen gibt, der sie nicht auf die empirischen oder erfahrungsmäßigen Bedingungen ihre Anwendung bezöge. Wenn wir einen Begriff auf bestimmte Weise gebrauchen wollen, aber nicht in der Lage sind, die Art der Erfahrungssituation anzugeben, auf die der Begriff, so gebraucht, anwendbar wäre, so fassen wir nicht wirklich einen legitimen Gebrauch dieses Begriffs ins Auge.[1] Wenn wir ihn so gebrauchen, sagen wir nicht nur etwas, was wir nicht wissen, sondern wir wissen nicht einmal, was wir sagen.

Diesen Grundsatz werde ich im folgenden Kants Sinnprinzip nennen. Mit ihm zu sympathisieren ist für einen empiristischen Philosophen keine Schwierigkeit. Genau so leicht können empiristische Philosophen die Folgerung akzeptieren, die Kant aus dem Sinnprinzip ableitete: die völlige Zurückweisung einer transzendenten Metaphysik. Kant behauptete, daß ganze Bereiche der Philosophie – Bereiche maximaler Ansprüche und minimalen Einverständnisses – ihre Existenz der Nichtbeachtung des Sinnprinzips verdankten. Es könnte so aussehen, als vermittelten Philosophen, befreit von der Verpflichtung, die empirischen Anwendungsbedingungen für die von ihnen gebrauchten Begriffe zu spezifizieren, Informationen über die Wirklichkeit, wie sie an sich ist; statt sich darauf beschränken zu müssen, wie die Wirklichkeit in der begrenzten und sinnesgebundenen Erfahrung von Wesen, wie wir es sind, erscheint. Aber ihr scheinbares Wissen ist Verblendung und die erste Aufgabe einer kritischen und wissenschaftlichen Philosophie ist es sicherzustellen, daß es als solche erkannt wird. Die erste Aufgabe der Philosophie ist, ihre eigenen Grenzen zu bestimmen.

Kant war nicht damit zufrieden, nur diese allgemeine negative Schlußfolgerung hinsichtlich der Unmöglichkeit transzendenter Metaphysik zu ziehen. Denn er dachte, daß die Neigung zum Denken in Begriffen, für die empirische Anwendungsbedingungen nicht angegeben werden können, nicht nur eine Verirrung von Philosophen sei, sondern eine natürliche und unvermeidliche Neigung der menschlichen Vernunft. Es handelte sich, in manchen Hinsichten, sogar um eine wohltätige Neigung. Im Verlauf wissenschaftlicher Forschung kämen unvermeidlich bestimmte Ideen auf, die in sich keine empirische Anwendung oder Bedeutung hätten, aber nichtsdestoweniger eine nützliche Funktion darin erfüllen könnten, daß sie die unbegrenzte Ausdehnung empirischen Wissens anregten.[2] Die Illusion *metaphysischen* Wissens entstünde nur dann, wenn man meinte, daß diesen irgendwelche Realitäten entsprechen müßten und daß es möglich wäre, von diesen Realitäten durch reines Denken, unvermischt mit Erfahrung, Wissen zu erlangen. Durch diese Art zu denken würde das Sinnprinzip verletzt. Ein wesentlicher Teil der *Kritik* ist dem Nachweis gewidmet, wie wir, in einzelnen berühmten Beispielen, versucht sind, das Sinnprinzip zu verletzen, und daß aus dem Nachgeben gegenüber dieser Versuchung metaphysische Wissensansprüche resultieren, die durch Leerheit und manchmal sogar durch Widersprüchlichkeit charakterisiert sind.

Kant behauptet also im allgemeinen und zeigt im einzelnen, daß transzendente Metaphysik als eine Form des Wissens oder, wie er sagen würde, als Wissenschaft unmöglich ist. Aber das bedeutet nicht, daß keinerlei Form wissenschaftlicher Metaphysik möglich wäre. Im Gegenteil, es gibt eine große positive Aufgabe für eine wirklich wissenschaftliche Metaphysik, eine Aufgabe, die ihm zufolge ein für allemal gelöst werden kann und die er selber, wenigstens zum Teil, im originellsten, interessantesten und schwierigsten Teil der *Kritik* durchgeführt hat. Es ist dies die Aufgabe, auf die ich mich bereits bezogen habe: die Erforschung desjenigen begrenzenden Rahmens von Vorstellungen und Grundsätzen, deren Gebrauch und Anwendung wesentlich für empirisches Wissen ist und die in jeder kohärenten Konzeption von Erfahrung, die wir ausbilden können, enthalten sind. Es ist natürlich möglich, daß man nicht nur gegenüber Kants Durchführung dieses Programms, sondern gegenüber diesem Programm selbst skeptisch ist. Man könnte es für unwahrscheinlich halten, daß eine solche Untersuchung irgendetwas mehr als die dürftigsten Ergebnisse haben könnte. Aber wenn diese Zweifel unberechtigt sind und eine fruchtbare Untersuchung dieser Art möglich ist, dann verdient sie völlig den Titel Metaphysik. Sie wird sein, wofür Metaphysik immer gehalten worden ist, die allgemeinste und grundlegende Disziplin. Ihre Methode wird nicht-empirisch oder *a priori* sein, nicht weil ihre Behauptungen einen der Erfahrung unzugänglichen Gegenstandsbereich betreffen, sondern weil sie sich auf die begriffliche Struktur beziehen, die in allen empirischen Forschungen vorausgesetzt wird. Eine solche Untersuchung nennt Kant gelegentlich „transzendental“ im Unterschied von „transzendent“, obwohl er diesen Sprachgebrauch keineswegs konsequent befolgt.

In der Annahme des Sinnprinzips und der daraus folgenden Zurückweisung transzendenter Metyphysik ist Kant der Tradition des klassischen Empirismus, der Tradition von Berkeley und Hume nahe, die ihre klarste moderne Ausprägung zumindest in England, vermutlich in den Schriften von A. J. Ayer erfahren hat. In der Ausarbeitung seiner positiven Metaphysik jedoch trennt sich Kant scharf von dieser Tradition. Das zentrale Problem des klassischen Empirismus war bestimmt von der Annahme, Erfahrung liefere uns tatsächlich nichts als isolierte und flüchtige Sinneseindrücke, Bilder und Gefühle; und bestand darin zu zeigen, wie wir auf einer so schmalen Basis eine rationale Rechtfertigung unseres gewöhnlichen Bildes von der Welt geben könnten, desjenigen Bildes, demzufolge es kontinuierlich und unabhängig voneinander existierende und miteinander interagierende materielle Gegenstände und Personen gibt. Hume hat das Problem in dieser Form zwar zurückgewiesen und eine solche Rechtfertigung für unmöglich gehalten, aber auch für unnötig, weil die Lücken, die von der Vernunft gefunden und gelassen wurden, durch die hilfreichen Fiktionen der Einbildungskraft auch gefüllt wurden. Zwischen den Ansichten von Hume, dem anspruchsvollsten unter den klassischen Empiristen, und denen von Kant gibt es subtile und interessante Parallelen, aber auch eine große Kluft. Denn Kant verwarf das empiristische Grunddogma, das Hume niemals infrage stellte. Und er verwarf es nicht aus dem Geist eines naiven oder auch verfeinerten Commonsense, der in England bisweilen als die Alternative des 20. Jahrhunderts zum klassischen Empirismus erschienen ist. Kants Zurückweisung des empiristischen Grunddogmas erfolgte vielmehr in der Form eines Beweises, der zeigte, daß die minimale empiristische Konzeption der Erfahrung in der Isolierung inkohärent war und sinnvoll nur in einem weiteren Rahmen, der notwendigerweise Gebrauch und Anwendung von Begriffen einer objektiven Welt in der Erfahrung einschloß. Die Ausführung von Kants Programm soll auf diese Weise die Widerlegung dessen implizieren, was er „problematischen" Idealismus nennt, selbst dann, wenn ein solcher Idealismus nur methodologischer Ausgangs- und nicht schon der Endpunkt philosophischer Reflexion ist. Jeder Philosoph, der uns einlädt oder dazu herausfordert, unseren Glauben an eine objektive Welt so zu rechtfertigen, daß wir uns gleichsam von unseren privaten Daten aus nach draußen arbeiten, zeigt damit nur sein Unvermögen zum Verständnis der Bedingungen der Möglichkeit von Erfahrung im allgemeinen. Philosophen, die in anderen Hinsichten voneinander so verschieden sind wie Descartes und Hume, werden in dieser Hinsicht für einander gleich gehalten, gleichermaßen schuldig dieses Unvermögens.

Die Themen der *Kritik*, auf die ich mich bisher bezogen habe, weisen eine offenbare Übereinstimmung auf. Man könnte versucht sein zu behaupten, daß sie zusammen den Rahmen einer wahrhaft empiristischen Philosophie darstellen, wahrhaft empiristisch, weil auf der einen Seite befreit von den Selbsttäuschungen transzendenter Metaphysik, auf der anderen Seite aber auch frei von der klassisch empiristischen Obsession mit privaten Inhalten des Bewußtseins. Zusammen präsentieren sie die schmeichelndere, die akzeptablere Ansicht der *Kritik*. Aber es wäre eine sehr einseitige Darstellung, die sich auf die genannten Themen allein bezöge. Ihre Darlegung und Entwicklung ist vielmehr durchgängig verwoben mit fragwürdigeren Lehren; ich habe eine der Quellen für sie bereits angedeutet. Zwar ist richtig, daß Kant sich selbst so verstand, daß er die allgemeine Struktur von Vorstellungen und Grundsätzen erforschte, die in all unserem empirischen Wissen vorausgesetzt ist. Aber er meinte, daß diese Untersuchung nur möglich war, weil er sie zugleich und in erster Linie als eine Untersuchung von Struktur und Funktionen der kognitiven Fähigkeit von Wesen, wie wir sie sind, verstand.

Die Terminologie des Werks ist durchgängig psychologisch. Welche Notwendigkeiten auch immer Kant in unsrer Konzeption von Erfahrung fand, er schrieb sie der Natur unserer Vermögen zu.

Den Grund für diese Zuschreibung bereitet Kant durch die Art und Weise, in der er eine gewisse grundlegende Dualität darstellt, die für jedes philosophische Nachdenken über Erfahrung und empirisches Wissen unvermeidlich ist. Es handelt sich um die Dualität von allgemeinen Begriffen einerseits und einzelnen Instanzen solcher allgemeiner Begriffe, wie sie in der Erfahrung begegnen, andererseits. Wenn irgendeine Gegebenheit überhaupt unserer bewußten Erfahrung zugänglich sein soll, müssen wir sie auf irgendeine Weise klassifizieren können, d. h. erkennen können, daß sie eine allgemeine Charakteristik aufweist. Zu sagen, daß wir allgemeine Begriffe haben müssen, damit empirisches Wissen möglich sei, heißt zu sagen, daß wir derartige Erkenntnisfähigkeiten haben müssen. Nicht weniger offensichtlich müssen wir, wenn diese Fähigkeiten je ausgeübt werden sollen, Material haben, an dem wir sie ausüben können. Es müssen also einzelne Instanzen der allgemeinen Begriffe in der Erfahrung angetroffen werden. Die Wichtigkeit dieser fundamentalen Dualität wird von Kant voll gesehen. Sein Ausdruck für das Gewahren einzelner Instanzen von allgemeinen Begriffen in der Erfahrung ist „Anschauung"; und die These, die in seinem berühmten Diktum „Gedanken ohne Inhalt sind leer, Anschauungen ohne Begriffe sind blind" kurz zusammengefaßt wird, ist eine These, die er wiederholt betont.

Es gibt viele Ausdrucksweisen für diese unvermeidliche Dualität. Kants Terminologie ist psychologisch, die Terminologie von Teilen oder Vermögen des Verstandes. Er unterscheidet zwischen dem *rezeptiven* Vermögen der *Sinnlichkeit*, durch die wir Anschauungen haben, und dem *aktiven* Vermögen des *Verstandes*, der die Quelle von Begriffen ist; und bereitet so den Weg dafür, diesen Vermögen als ihrer Quelle jene begrenzenden Züge zuzuschreiben, die er im Begriff der Erfahrung im allgemeinen entdeckt. So scheint es keinen vorstellbaren Weg zu geben, auf dem Begriffe in unserer Erfahrung instantiiert werden könnten, es sei denn, wir gewahrten Anwendungsfälle für sie in Raum und Zeit oder zumindest in der Zeit. Von Raum und Zeit selbst wird demgemäß behauptet, sie seien „in uns", sie seien einfach Formen unserer Sinnlichkeit und nichts als unsere Weise, einzelne Dinge zu gewahren, die unter allgemeine Begriffe gebracht werden können. Weiter wird argumentiert, daß, wenn nicht die Begriffe, die wir für unsere Erfahrung gebrauchen, implizit die Anwendung gewisser sehr allgemeiner Begriffe (der Kategorien) einschlössen, es unmöglich wäre, daß es so etwas wie selbstbewußte Erkenntnis der Abfolge von Erfahrung in der Zeit geben sollte. Die Anwendbarkeit dieser Begriffe ist also eine weitere notwendige Bedingung für die Möglichkeit von etwas, das den Namen Erfahrung oder empirisches Wissen verdient. Aber auch diese Notwendigkeit wird als eine Folge unserer kognitiven Ausstattung dargestellt; nur wird sie diesmal dem Vermögen des Verstandes zuerkannt. Es wird so beschrieben, daß es auf unsere Sinnlichkeit derart wirkt, daß die Erfüllung seiner Erfordernisse zustandegebracht wird.

Diese Zuordnungen enthalten bereits den Keim für das verhängnisvolle Modell, für dessen Wertschätzung Kant, wie wir sehen werden, so mächtige Motive hatte. Das natürliche Universum, wie wir es kennen, der gesamte Inhalt unserer Erfahrung ist durchgängig von den gerade erwähnten Zügen bestimmt: unsere Erfahrung ist wesentlich die Erfahrung einer raumzeitlichen Welt von gesetzlich geordneten Gegenständen, die als unterschieden von unseren zeitlich aufeinander folgenden Erfahrungen von ihnen aufgefaßt werden. Aber alle diese begrenzenden

Züge stellen gleichermaßen nur die Weisen dar, in denen Gegenstände in der Erfahrung Wesen, die so wie wir ausgestattet sind, mit unserer Sinnlichkeit und unsrem Verstand, erscheinen müssen. Von Dingen, wie sie an sich sind, im Gegensatz zu ihren Erscheinungen, haben wir dagegen keinerlei Wissen und können es nicht haben. Denn Wissen gibt es nur von dem, was erfahren werden kann, und nichts kann erfahren werden, was nicht den Formen unterworfen wäre, die unsere Sinnlichkeit und unser Verstand ihm auferlegen.

Dieser „transzendentale Idealismus", demzufolge die ganze Welt der Natur nur Erscheinung ist, wird von Kant von anderen Formen des Idealismus scharf unterschieden. Der typische „empirische" Idealist, wie ihn Kant nennt, akzeptiert als gewiß real die zeitlich aufeinander folgenden Bewußtseinszustände und stellt infrage oder leugnet die tatsächliche Existenz bzw. unser Wissen von der tatsächlichen Existenz von Dingen im Raum. Der transzendentale Idealist dagegen ist, wie Kant sagt, ein empirischer Realist, der Bewußtseinszuständen gegenüber physikalischen Gegenständen keinerlei überlegenen Status einräumt, was Realität oder Gewißheit der Existenz angeht. Wenn wir jedoch betrachten, wie Kant diese Behauptung begründet, haben wir Anlaß, skeptisch zu sein. Es ist zwar richtig, daß er uns ein ebenso unmittelbares Wissen von physikalischen Gegenständen des „äußeren Sinns", dessen Form der Raum ist, zubilligt, wie er es für psychologische Zustände als den Gegenständen des „inneren Sinns", dessen Form die Zeit ist, tut. Auch richtig ist, daß er sagt, unsere innere Erfahrung gebe uns ebensowenig Kenntnis von uns, wie wir an uns selber sind, wie die äußere Erfahrung uns Kenntnis anderer Dinge gebe, wie sie an sich selber sind. Aber *diese* Gleichheiten laufen nicht wirklich darauf hinaus, daß Körpern im Raum („äußeren Gegenständen") und Bewußtseinszuständen („inneren Bestimmungen") gleiche Realität zuerkannt wird. Die Lehre, daß die materiellen und die mentalen Bestandteile des natürlichen Universums gleichermaßen nur Erscheinungen sind, bezieht sich letztlich mit ungleichem Gewicht auf Körper und Bewußtseinszustände. Kant ist als transzendentaler Idealist Berkeley näher als er anerkennt.

Diese Lehren des transzendentalen Idealismus und das zugehörige Bild vom rezeptiven und Ordnung stiftenden Werkzeug Verstand, das die Natur, wie wir sie kennen, aus der unwissbaren Realität der Dinge, wie sie an sich selber sind, produziert, sind ohne Zweifel die Haupthindernisse für ein sympathetisches Verständnis der *Kritik*. Wir könnten versucht sein durch abgeschwächte Interpretationen dieser Lehren, die sie als von ihrem Benutzer vielleicht nicht völlig verstandene expositorische Mittel darstellen. So hat die Lehre, daß wir Wissen von Dingen nur als von Gegenständen möglicher Erfahrung und nicht als Dingen an sich haben können, eine gewisse Zweideutigkeit; und wir könnten manchmal von ihrem raffinierteren oder ironischen Sinn versucht sein, dem Kant gelegentlich selbst fast beizupflichten scheint. Ebenso können wir versucht sein, das ganze Modell der vom Verstand produzierten Natur als ein Darstellungsmittel zu interpretieren, mit dessen Hilfe eine analytische oder begriffliche Untersuchung in der Form präsentiert wird, in der sie von der in Bilder verliebten Einbildungskraft leicht aufgefaßt werden kann. Alle derartigen Interpretationen würden jedoch darauf hinauslaufen, in große Teile der *Kritik* einen Ton von wenigstens halbbewußter Ironie hineinzulesen, der ihrem Charakter völlig fremd ist. Und es gibt noch andere, entscheidendere Gründe dafür, daß solche Interpretationen Kants Intentionen vollständig verfehlen würden.

Einer dieser Gründe ist klar genug in der Vorrede dargelegt. Kant sagt dort, daß es ihm nicht nur darum geht, die Anmaßungen dogmatischer Metaphysik, die uns übersinnliches Wissen zu geben beansprucht, bändigen zu wollen; sondern auch darum, die Anmaßungen der Sinnlichkeit zurückzuweisen, die beansprucht, mit der Wirklichkeit koextensiv zu sein. Der Beweis unserer notwendigen Unwissenheit über das Übersinnliche sichert die Interessen von Moral und Religion, indem er den Bereich des Übersinnlichen vor unserm Wissen ebenso sichert wie vor unserer Skepsis. Es gibt andere Hinweise anderer Art, die im gegenwärtigen Kontext noch wichtiger sind, weil sie sich unmittelbar auf die Hauptanliegen der *Kritik* beziehen. So wird das Sinnprinzip selber in seiner Anwendung auf die Kategorien von Kant als eine *Konsequenz* aus der Natur der Rolle abgeleitet, die das Verstandesvermögen bei der Ordnung der Erfahrung spielt. Und die Möglichkeit des Wissens von den notwendigen Zügen der Erfahrung selber wird von ihm als auf dem transzendentalen Subjektivismus beruhend gesehen, auf der Theorie, daß der Verstand die Natur macht. Tatsächlich ist das die Essenz der „Kopernikanischen Revolution“, die Kant stolz als den Schlüssel zu einer reformierten und wissenschaftlich gewordenen Metaphysik verkündet. Nur weil die Gegenstände der Erfahrung der Konstitution unserer Vernunft entsprechen müssen, können wir die Art von Erkenntnis *a priori* über die Natur der Erfahrung haben, die in den Grundzügen in der *Kritik* selbst dargelegt ist. Schließlich wäre Kants Behauptung, in der Auflösung der ersten Antinomie eine entscheidende Bestätigung für die These von der Idealität von Raum und Zeit zu finden, außerordentlich irreführend, wenn mit ihr nicht mehr gemeint wäre als dies, daß die Auflösung die Anwendung des Sinnprinzips auf die Frage rechtfertigte, ob die Welt in Raum und Zeit begrenzt oder unbegrenzt ist. Die miteinander verknüpften Lehren, die ihr Zentrum in der These des transzendentalen Idealismus haben, sind nicht die einzigen Hindernisse für ein sympathetisches Verständnis. Andere Hindernisse sind teilweise dem Stand des wissenschaftlichen Wissens zur Zeit, in der Kant schrieb, zuzurechnen. Kant glaubte ohne Zweifel an die Endgültigkeit Euklidischer Geometrie, Newtonischer Physik und Aristotelischer Logik und gründete auf diesen Glauben andere, noch fragwürdigere Ansichten. So glaubte er, daß die Euklidische Geometrie ein Corpus nicht nur von Wahrheiten, sondern von notwendigen Wahrheiten über die Struktur des physikalischen Raums bereitstellte. Und er fand in diesem Glauben, was ihm als ein weiteres kraftvolles Argument für die These erschien, daß der Raum transzendental „in uns“ sei. Kants Theorie der Geometrie enthält, obwohl sie als ganze unhaltbar ist, wertvolle Einsichten; und da sie relativ unabhängig von der Hauptstruktur der *Kritik* ist, ist sie nicht geeignet, irgendetwas von dem unverständlich zu machen, was wir von dieser Struktur bewahren wollen könnten. Anders verhält sich das mit seiner Überzeugung, daß, was er für Voraussetzungen der Newtonischen Physik hielt, Bedingungen für empirisches Wissen im allgemeinen darstellten. Denn das Bestreben, auf dem Weg des Schlußfolgerns zu angeblichen Prinzipien *a priori* der Naturwissenschaft zu kommen, hat wirklich den Effekt, unverständlich werden zu lassen, was wesentlich ist in einem zentralen und entscheidenden Abschnitt des Buchs, nämlich den „Analogien der Erfahrung". Was die Wirkung von Kants unkritischer Annahme und zwangloser Handhabung der Formen und Einteilungen der traditionellen Logik angeht, so ist sie von anderer Art. Sie kann als verantwortlich dafür angesehen werden, daß Kant ein grenzenloses Vertrauen in eine gewisse komplizierte und symmetrische Systematik besaß, die er frei aus der formalen Logik, wie er sie verstand, übernahm und entschlossen dem ganzen Umfang seines Materials aufdrängte. Immer und immer wieder wird dasselbe Muster von Einteilungen, Unterscheidungen und Verknüpfungen in den verschiedenen Abteilungen des Werkes reproduziert. Die künstliche und umständliche Symmetrie dieser auferlegten Struktur hat einen Charakter, der den Titel des Barocken verdient, wenn nur irgendetwas in der Philosophie diesen Titel verdient. Aber das ist ein Zug, den wir, mag er uns auch unnötige Schwierigkeiten machen oder unmaßgebliches Vergnügen bereiten, schließlich unbesorgt vernachlässigen dürfen.

2. Die Metaphysik der Erfahrung

Der Kern der *Kritik der reinen Vernunft* und ihre schwierigsten Passagen sind in der Abteilung mit dem Titel „Die transzendentale Analytik" enthalten. Denn in dieser Abteilung versucht Kant – mit einer gewissen Abhängigkeit von dem früheren Abschnitt, der sich mit Raum und Zeit befaßt und „Transzendentale Ästhetik" betitelt ist – zu zeigen, welche begrenzenden Züge jeder Begriff von Erfahrung aufweisen muß, den wir uns einsichtig machen können. Ich werde versuchen, den Charakter dieses Versuchs in den Grundzügen anzudeuten und abzuschätzen, welcher Grad des Erfolges ihm beschieden ist.

Unter den allgemeinen Behauptungen, die Kant entweder unterstellt oder für die er argumentiert, können die folgenden voneinander unterschieden werden:

1. daß die Erfahrung notwendig eine zeitliche Abfolge aufweist (die Zeitlichkeitsthese);
2. daß es unter den Elementen von Sequenzen von Erlebnissen in der Zeit eine solche Einheit geben muß, wie sie für die Möglichkeit von Selbstbewußtsein bzw. der Selbstzuschreibung von Erfahrungen durch das Subjekt solcher Erfahrungen erfordert ist (die These von der notwendigen Einheit des Bewußtseins);
3. daß Erfahrung die Erkenntnis von Gegenständen einschließen muß, die in dem Sinn von Erfahrungen über sie unterscheidbar sind, daß Urteile über solche Gegenstände Urteile über das, was der Fall ist, sind, ohne Rücksicht darauf, ob tatsächlich subjektive Erfahrungen von diesen Gegenständen auftreten (die Objektivitätsthese);

4. daß die Gegenstände, auf die in (3) bezuggenommen wird, wesentlich räumlich sind (die Räumlichkeitsthese);
5. daß es ein einheitliches (raumzeitliches) System der empirischen Realität geben muß, das alle Erfahrung und ihre Gegenstände umfaßt (die These der raumzeitlichen Einheit);
6. daß in der physikalischen oder objektiven Welt der Dinge im Raum gewisse Grundsätze der Beharrlichkeit und der Kausalität erfüllt sein müssen (die Thesen der Analogien).

Die erste dieser Behauptungen wird von Kant durchgängig als eine fraglose Gegebenheit behandelt, zu der wir die Möglichkeit einer Alternative gar nicht verstehen können; und wir dürfen uns damit begnügen, sie als solche zu betrachten. Die zweite These sieht Kant untrennbar verknüpft mit dem Erfordernis der Konzeptualisierbarkeit der Erfahrung, d. h. dem Erfordernis, daß einzelne Inhalte der Erfahrung als irgendwelche allgemeinen Charakteristiken aufweisend erkannt werden sollen. In dieser Verknüpfung kann die zweite These mit gutem Grund als eine maßstabsetzende Definition dessen angesehen werden, was als „Erfahrung" gelten soll. Ich bezweifle sehr, ob jemals ein Philosoph, selbst der ökonomischste Empirist, mit einer beschränkteren Konzeption von Erfahrung in der Praxis gearbeitet oder zu arbeiten versucht hat. Diese These bzw. maßstabsetzende Definition dient als Prämisse in der Transzendentalen Deduktion der Kategorien. Es handelt sich um den Abschnitt der *Kritik*, der Kant und seine Leser die größte Mühe kostet bzw. gekostet hat, ist er doch einer der am schwersten verständlichen, aber auch eindrucksvollsten und aufregendsten Argumentationsgänge in der ganzen Philosophie. Von den aufgeführten Thesen ist die von mir mit (4.) numerierte die einzige weitere, die Kant eher unterstellt als daß er für sie argumentiert. Tatsächlich unterscheidet Kant die Räumlichkeitsthese kaum als gesonderte Behauptung, obwohl sie unterschieden werden sollte. Aus der Wahrheit der These, daß die Gegenstände unserer Erfahrung, die als unabhängig von unserer Erfahrung von ihnen existierend aufgefaßt werden, tatsächlich räumliche Gegenstände sind, scheint nicht unmittelbar zu folgen, daß Räumlichkeit der einzige Modus ist, in dem wir uns solche Gegenstände denken können. Daß Räumlichkeit der einzig denkbare Existenzmodus für solche Gegenstände ist, könnte vielleicht gleichwohl zugegeben werden, wenn der Begriff der Räumlichkeit seiner gewöhnlichen anschaulichen Assoziationen entkleidet und mit rein formaler Bedeutung versehen würde; und selbst wenn der Begriff der Räumlichkeit seine gewöhnlichen visuellen und taktilen Konnotationen behalten soll, kann noch behauptet werden, daß der räumliche Modus derjenige ist, in Analogie zu welchem jeder alternative Existenzmodus für Gegenstände unserer Erfahrung von uns konzipiert werden müßte.

Für alle übrigen Thesen wird in der Analytik explizit oder implizit argumentiert. Die Anordnung von Kants Darstellung könnte in dieser Hinsicht irreführen. Denn in der Ästhetik, die der Analytik vorausgeht, wird schon bekräftigt, daß es nur einen Raum und eine Zeit gibt, und es ist jedenfalls natürlich anzunehmen, daß der Raum, von dem dort gesagt wird, daß er wesentlich einer sei, auch der Raum der Gegenstände ist, die als unabhängig von unserer Erfahrung von ihnen aufgefaßt werden, weil die These von der Einheit des Raumes keine andere plausible Anwendung hat. Wir könnten von daher zu der Annahme verleitet werden, daß die Analytik mit der Annahme beginnt, unsere Erfahrung sei notwendigerweise eine von unabhängig existierenden Gegenständen, die ein einheitliches raumzeitliches System bilden, und von dieser Grundlage aus weitere notwendige Bedingungen der Möglichkeit von Erfahrung nachzuweisen versucht. Dieser Eindruck wäre falsch. Für die Objektivitätsthese – die zu der Behauptung abgekürzt werden kann, daß Erfahrung das Bewußtsein von Gegenständen als Gegenständen objektiver Urteile einschließen muß – wird in der Analytik sicher implizit argumentiert ebenso wie für die These, daß die Gegenstände einheitliche Beziehungen von solcher Art zeigen müssen, wie es die Lehre, daß sie zu einem einheitlichen raum-zeitlichen System gehören, vorsieht.

Die wesentliche Prämisse der Analytik ist, wie ich bereits erwähnt habe, die These von der notwendigen Einheit des Bewußtseins. Diese „notwendige Einheit" wird in der *Kritik* mit vielen anderen Namen benannt. Kants bevorzugter Ausdruck für sie ist „die transzendentale Einheit der Apperzeption"; und diese Einheit der Apperzeption wird manchmal auch Einheit des „Selbstbewußtseins" genannt. Gelegentlich könnte Kants Gebrauch dieses letzten Titel den Eindruck erwecken, als denke er an eine besondere Art des Bewußtseins vom Selbst, die verschieden ist von dem gewöhnlichen Selbstbewußtsein, das sich in der alltäglichen Selbstzuschreibung von Wahrnehmungen, Gefühlen usw. ausdrückt. Aber das ist nicht der Fall. Es geht ihm, wie ich erwähnt habe, um die allgemeinen Bedingungen der Anwendung von Begriffen, der Erkenntnis einzelner Inhalte der Erfahrung als irgendeine allgemeine Charakteristik aufweisend. Und diese Bedingungen betrachtet er zugleich als die grundlegenden Bedingungen für die Möglichkeit gewöhnlichen oder empirischen Selbstbewußtseins. Die Erfüllung dieser Bedingungen setzt einen minimalen Standard für das, was als Erfahrung gelten kann, und die Erfordernisse dieses Standards können durch nicht weniger als das folgende erfüllt werden: die Sequenzen von Erlebnissen in der Zeit müssen, wenn sie den Inhalt einer möglichen Erfahrung bilden sollen, so verknüpft sein, daß sich das Bild einer einheitlichen objektiven Welt ergibt, von der diese Erlebnisse – oder einige von ihnen – Erfahrungen *sind*. Das Argument dafür wird in der Transzendentalen Deduktion der Kategorien und in einigen Abschnitten der Analytik der Grundsätze entwickelt. Und wiederum erleichtern Anordnung und Einzelheiten der Darstellung nicht gerade das Verständnis. In der Deduktion finden wir wiederholt Nachdruck darauf gelegt, daß eine gewisse Verknüpfung und Einheit zwischen unseren Erlebnissen notwendig ist, damit sie Erfahrungen einer objektiven und gesetzlich geordneten Welt darstellen; daß die Begriffe des Objektiven, die wir in der Erfahrung anwenden, die Regeln solcher Einheit verkörpern; und daß diese regelgeleitete Verknüpfung von Erfahrungen unter Begriffe des Objektiven genau das ist, was für die notwendige Einheit des Bewußtseins, die Möglichkeit des Selbstbewußtseins erfordert ist.

Die Bedeutung dieser Behauptungen ist keineswegs unmittelbar offensichtlich. Sie wird etwas klarer, wenn wir uns gewissen Abschnitten der Grundsätze zuwenden, die eine detailliertere Ausarbeitung der Implikationen der Deduktion enthalten sollen; besonders gilt das für die „Widerlegung des Idealismus" genannte Argument und für die Argumente der Analogien. Erfahrungen treten in zeitlichen Relationen auf; aber damit *Selbst*-Bewußtsein möglich ist („Bewußtsein meines Daseins als in der Zeit bestimmt"), muß es zumindest möglich sein, zwischen Folge und Anordnung unserer *Erfahrungen* auf der einen Seite und Folge und Anordnung, die die *Gegenstände* solcher Erfahrungen unabhängig aufweisen, zu unterscheiden. Damit dies wiederum möglich ist, müssen die Gegenstände der Erfahrung so gedacht werden, daß sie in einem *beständigen* Rahmen existieren, in dem sie ihre eigenen Relationen der Gleichzeitigkeit und der Abfolge besitzen und in dem wir sie zu verschiedenen Zeitpunkten antreffen können, wobei diese Begegnungen nur die bloß subjektive Ordnung unserer Erfahrung von ihnen ergeben. Der beständige Rahmen ist natürlich räumlich, ist der physikalische Raum; und Kants unmittelbares Interesse in der Widerlegung des Idealismus ist es nachzuweisen, daß die notwendigen Unterscheidungen zeitlicher Relationen *innerhalb* der Erfahrung getroffen werden müssen und wir daher ein unmittelbares und nicht schlußfolgerndes Bewußtsein von Gegenständen im Raum haben müssen. „Das Bewußtsein meines eigenen Daseins ist zugleich ein unmittelbares Bewußtsein des Daseins anderer Dinge außer mir."[3]

Die grundlegenden Gedanken, die dem gesamten komplexen Argument dieser Abschnitte zugrundeliegen, können ungefähr folgendermaßen formuliert werden. Erstens, niemand könnte sich einer Sequenz von Erlebnissen in der Zeit als *seiner* bewußt sein, wenn er ihrer nicht als Erkenntnis von einer einheitlichen objektiven Welt vermittelnd bewußt sein könnte, in der die fragliche Sequenz von Erlebnissen nur einen subjektiven oder erfahrungsmäßigen Weg unter anderen bildet. Zweitens, diese Konzeption, die für die Möglichkeit von Selbstbewußtsein notwendig ist, muß im Charakter der tatsächlich gebrauchten und in der Erfahrung direkt angewendeten Begriffe impliziert sein. Nicht jede Menge von Begriffen wäre als solche schon ausreichend, diese Konzeption zu ergeben d. h. zu fordern. (Zum Beispiel wäre das dürftige empiristische Aufgebot von Begriffen für sinnliche Qualitäten nicht ausreichend.) Zumindest müssen die angewendeten Begriffe solche von beharrlichen und reidentifizierbaren Gegenständen im Raum einschließen; und irgendwelche Gegenstände, die unter derartige Begriffe fallen könnten, müssen ein gewisses Maß an „Regelmäßigkeit ihrer Wirkungsweise"[4] zeigen, d. h. Veränderungen, denen sie unterliegen, müssen selber Kausalgesetzen unterworfen sein. Kant selber glaubte, striktere Notwendigkeiten als die genannten nachgewiesen zu haben. Sicher argumentierte er, daß die notwendigen Unterscheidungen zwischen subjektiven und objektiven Zeit-Relationen die notwendige Anwendbarkeit von Begriffen der Dauer und der Kausalität in der Erfahrung implizierte. Aber er war nicht zufrieden mit der bloß relativen Beharrlichkeit reidentifizierbarer Körper im Raum, obwohl sein Argument äußerstenfalls dies nachweist; ebensowenig war er mit irgendeiner so abgeschwächten selbstverständlichen Folgerung über Verursachung zufrieden, wie ich sie angedeutet habe. Aus dem Argument für die Beharrlichkeit in der ersten Analogie leitet Kant einen Grundsatz quantitativer Beharrlichkeit ab, der aus ihm nicht folgt und der auch ganz unerheblich für die Erfüllung jener Bedingungen ist, von denen das Argument zeigt, daß sie erfüllt sein müssen; und im berühmten Argument der zweiten Analogie beansprucht er zu zeigen, daß die Erfahrung objektiver Veränderung, der Zeitfolge, wie sie in der objektiven Welt auftritt und nicht nur in der Sequenz unserer subjektiven Erlebnisse, nur möglich ist, wenn jedes Ereignis kausal determiniert ist. Aber der entscheidende Schritt in dieser Beweisführung kann nur dann als legitim erscheinen, wenn die Kritikfähigkeit von der Plumpheit des *non sequitur* betäubt ist. In seiner Entschlossenheit, Prinzipien zu begründen, die er für die notwendigen Grundlagen der Naturwissenschaft hielt, versucht Kant im ganzen Kapitel über die Analogien mehr aus den Argumenten herauszuzwingen, als sie tatsächlich hergeben.

Gleichwohl etablieren die Transzendentale Deduktion, die Analogien und die Widerlegung des Idealismus zusammen wichtige allgemeine Schlußfolgerungen. Die maßstabsetzende Definition von Erfahrung (These (2)) ist sicher akzeptabel. Es gibt ohne Zweifel Grund zu der Annahme, daß es Formen der Wahrnehmung gibt, die diesem Maßstab nicht genügen. Aber die Erfüllung der grundlegenden Bedingungen für die Möglichkeit des Selbstbewußtseins, der Selbstzuschreibung von Erfahrungen, scheint für jeden Begriff von Erfahrung, der für uns von Interesse sein kann, notwendig zu sein, in der Tat notwendig für die Existenz selbst irgendeines *Begriffs* von Erfahrung überhaupt. Kants Genie zeigt sich nirgends klarer als in der Identifizierung der grundlegendsten dieser Bedingungen in ihrer allgemeinsten Form: ich meine die Möglichkeit der Unterscheidung zwischen einer zeitlichen Ordnung subjektiver Wahrnehmungen und einer Folge und Anordnung, die die Gegenstände solcher Wahrnehmungen unabhängig kennzeichnet – ein einheitliches und dauerhaftes System von Relationen zwischen Bestandteilen einer objektiven Welt. Fast ebenso wichtig ist seine Erkenntnis, daß diese Unterscheidung den Begriffen, unter die die Inhalte der Erfahrung gebracht werden, immanent sein muß, weil es so etwas wie Wahrnehmung des reinen Bezugssystems selber nicht gibt. Dies sind sehr große und neuartige Errungenschaften in der Erkenntnistheorie, so groß und neuartig, daß sie selbst zweihundert Jahre, nachdem sie gemacht wurden, noch nicht völlig ins allgemeine philosophische Bewußtsein eingegangen sind.

Natürlich gibt es weiten Raum für die weitergehende Diskussion dieser Themen. Man mag vielleicht sagen, daß Kant nicht die *vollständigen* Bedingungen für die Möglichkeit empirischen Selbstbewußtseins angegeben hat. Darauf kann geantwortet werden, daß er gleichwohl die grundlegendsten Bedingungen formuliert hat. Es könnte des weiteren in Frage gestellt werden, ob die Objektivitätsthese wirklich die These von der notwendigen Einheit des Bewußtseins in der unqualifizierten Form mit sich führt, in der Kant sie aufstellt. Selbst wenn diese Einheit ursprünglich den Kontext einer einheitlichen räumlichen (oder quasiräumlichen) Welt erfordert, besitzt sie dann nicht einen möglichen weiteren

Umfang? Ist es nicht vorstellbar, daß sie als Bindeglied zwischen, sagen wir, räumlich unabhängigen objektiven Welten fungiert? Auf Phantasien, die angeben, diese Möglichkeit auszubeuten, dürfen wir getrost mit dem Kantischen Kommentar reagieren, daß die Bereitschaft, unseren Begriff des Objektiven zur Anwendung auf räumlich unabhängige Welten zuzulassen, völlig von der Möglichkeit abhängig ist – wenn es sie überhaupt gibt –, diese objektiven Welten in anderer Weise als systematisch integriert darzustellen; denn Kant hatte ganz sicher Recht in seinem Bestehen auf der allgemeinen Verbindung zwischen Objektivität und systematischer Einheit. Die vorstehende Darstellung des zentralen Arguments der Analytik läßt viel von dem aus, was im Verlauf seiner Entwicklung zu finden ist; und diese Auslassungen muß ich jetzt kommentieren. Die Transzendentale Deduktion der Kategorien liegt zwischen einem Abschnitt, auf den sich Kant in der Folge als Metaphysische Deduktion bezieht, und einer berühmten Passage genannt der Schematismus. Um diese Anordnung zu verstehen ist es vor allem anderen notwendig, sich der Wichtigkeit zu erinnern, die Kant der Terminologie von Fähigkeiten beimißt, und insbesondere der Wichtigkeit, die er der Dualität von Verstand und Sinnlichkeit beimißt. Ihre Kooperation ist wesentlich für die Erfahrung, die Kooperation des Verstandes als Ursprung der Begriffe und der Sinnlichkeit, die die Formen der Anschauung beisteuert. Erfahrung, empirisches Wissen, ist nur möglich, wenn Anschauungen unter Begriffe gebracht, wenn empirische Urteile gefällt werden. Aber die allgemeinen Funktionen des Verstandes können erforscht werden in Abstraktion von den Modis der Sinnlichkeit. Es gibt in der Tat schon eine Wissenschaft, in der diese Funktionen erforscht werden, nämlich die Wissenschaft der formalen Logik. Weil uns diese Wissenschaft bereits mit einer vollständigen Erklärung jener Formen versieht und weil in die eine oder andere dieser Formen alle unsere Urteile, was immer ihr Inhalt sei, fallen müssen, können wir hoffen, in diesen Formen einen Anhaltspunkt für Notwendigkeiten welcher Art auch immer zu finden, die allein vom Verstand dem Charakter unserer Erfahrung aufgeprägt werden. Eine solche Untersuchung wird nicht in der formalen Logik selbst durchgeführt, die uns einfach analytische Wahrheiten über die logischen Beziehungen zwischen diesen Formen, Regeln formal gültiger Schlußfolgerung liefert; die formale Logik sieht völlig ab von den Bedingungen, unter denen diese Formen *angewendet* werden können, so daß sich individuell wahre oder gültige Urteile ergeben. Und Kant beanspruchte, genau unter dieser Fragestellung in ihrer allgemeinsten Form aus dem, was er als die zwölf fundamentalen Aussageformen ansah, zwölf „reine Verstandesbegriffe" oder Kategorien abzuleiten, von denen jede in der Erfahrung eine Anwendung haben muß, wenn wahre Urteile der entsprechenden Formen gefällt werden sollten. Das ist die „Metaphysische Deduktion" der Kategorien.

Nun hat das allgemeine Argument in der Transzendentalen Deduktion, wie wir gesehen haben, zum Ergebnis, daß die Begriffe, unter die wir die Inhalte unserer Erfahrung bringen, derart sein müssen, daß sie der Erfahrung eine gewisse regelgeleitete Verknüpfung oder Einheit verleihen. Kant schließt, daß die allgemeinen Prinzipien dieser Einheit genau so beschaffen sind, wie es durch die notwendige Anwendbarkeit der bereits abgeleiteten Kategorien in der Erfahrung sichergestellt ist. Aber die „reinen" Kategorien, wie in der Metaphysischen Deduktion abgeleitet, sind abgeleitet in völliger Abstraktion von den Modis der Sinnlichkeit, allein aus Erfordernissen des Verstandes, dem Vermögen der Begriffe. Daher müssen wir, um die tatsächliche Bedeutung der Kategorien in ihrer Anwendung auf die Erfahrung wahrzunehmen, die Kategorien in Begriffen der allgemeinen Form sinnlicher Anschauung interpretieren. Denn Erfahrung erfordert die Kooperation von Verstand *und* Sinnlichkeit. Die Rolle dieser Interpretation übernimmt der Schematismus. Er macht den Übergang von reinen Kategorien zu Kategorien-in-Gebrauch, indem er die ersteren in Begriffen der Zeit interpretiert. Es ist im Schematismus ausreichend, eine Interpretation in Begriffen der Zeit allein zu geben, ohne ausdrückliche Erwähnung des Raumes. Denn allein der zeitliche Charakter der Erfahrung wird in den Prämissen der Argumente sowohl der Deduktion als auch der Analogien angeführt. Daß die Anwendung der Kategorien einen Rahmen erfordert, den wir nicht anders als räumlich (oder nach Analogie des Raumes) auffassen können, ist etwas, was sich im Verlauf des Arguments ergibt.

Es bedarf nur einer bescheidenen Bekanntschaft mit formaler Logik, um sowohl kritisch zu sein gegenüber der Liste von Formen, die die Basis für Kants Ableitung in der Metaphysischen Deduktion abgeben soll, als auch skeptisch zu sein gegenüber der ganzen Konzeption dieser Ableitung selber. Überhaupt keiner Kenntnis formaler Logik bedarf es, um von den meisten Übergängen von Form zu Kategorie, die Kant macht, erstaunt zu sein. Die Erläuterung dessen, was die notwendige Anwendung der Kategorien mit sich führen soll, ist in einem auf den Schematismus folgenden Kapitel enthalten, das die „Grundsätze des reinen Verstandes" darlegt. Die Teile des Kapitels, die zusammen mit der Transzendentalen Deduktion ein komplexes Argument für die notwendige Einheit und Objektivität der Erfahrung bilden (besonders die Analogien und die Widerlegung des Idealismus), habe ich bereits kommentiert. Von den verbleibenden Grundsätzen enthalten die Postulate des empirischen Denkens überhaupt Anweisungen und Warnungen hinsichtlich der Anwendung der Begriffe Möglichkeit und Notwendigkeit in anderen Bedeutungen als der eng logischen, bringen aber wenig Neues. Die „mathematischen" Grundsätze (Axiome der Anschauung und Antizipationen der Wahrnehmung) sollen formulieren, was aus der Perspektive des Verstandes die notwendigen Bedingungen für die Anwendung von Mathematik auf Gegenstände der Erfahrung sind; aber ihre Verbindung zu den allgemeinen Themen der Analytik ist dünn und wird, sofern überhaupt, durch den Begriff der „Synthesis" zustandegebracht.

Über diesen Begriff habe ich bisher überhaupt noch nichts gesagt, obwohl er eine große Rolle in der Transzendentalen Deduktion spielt, besonders in der ersten Auflage. Ich habe die Deduktion als ein *Argument* behandelt, das von der Analyse des Begriffs der Erfahrung im allgemeinen zu der Konklusion fortgeht, daß eine gewisse Objektivität und eine gewisse Einheit notwendige Bedingungen der Möglichkeit von Erfahrung sind. Und sie ist ein solches Argument. Aber sie ist zugleich ein Essay in dem imaginären Fach der transzendentalen Psychologie. Weil Kant die notwendige Einheit und Verknüpfung der Erfahrung wie alle transzendentalen Notwendigkeiten als ein Produkt der Operationen des Verstandes ansieht, fühlt er sich verpflichtet, von diesen Operationen Rechenschaft zu geben. Solche Rechenschaft wird erlangt, indem die notwendige Einheit der Erfahrung als von unseren Fähigkeiten (besonders von Erinnerung und Einbildungskraft unter der Kontrolle des Verstandes) aus den in sich selbst unverbundenen und isolierten Eindrücken oder Daten der Sinne produziert gedacht wird. Und den Prozeß dieser Produktion von Einheit nennt Kant „Synthesis". Die Theorie der Synthesis ist, wie jeder andere Versuch in transzendentaler Psychologie, dem *ad hominem*-Einwand ausgesetzt, daß wir kein empirisches Wissen ihrer Wahrheit beanspruchen können. Denn das hieße, empirisches Wissen vom Vorkommen dessen zu beanspruchen, was selber vorgängige Bedingung empirischen Wissens sein soll. Der Glaube an das Vorkommen des Prozesses der Synthesis als vorgängiger Bedingung für Erfahrung und der Glaube an das vorgängige Auftreten unverbundener Eindrücke als Material für diesen Prozeß stützen sich gegenseitig und sind füreinander notwendig. Aber Erfahrung kann, nach der Voraussetzung selbst, beiderlei Glaube nicht stützen. Und da beide Meinungen für das strikt analytische Argument nicht notwendig sind, kann die ganze Theorie am besten als einer der Irrwege angesehen werden, auf den sein explanatorisches Modell Kant unvermeidlich führte.

Die Aufgabe der Synthesis-Geschichte könnte den Anschein erwecken, als ließe sie uns einige Fragen zur Beantwortung übrig, etwa diese: Wenn wir von der notwendigen Einheit von Erfahrungen reden, welches sind dann die Elemente, die in ihr vereinigt sind, und worin besteht ihre notwendige Einheit? Die Antworten auf diese Fragen sind gewöhnlich genug und faktisch enthalten in dem, was bereits gesagt worden ist. Erstens, die vereinigten Elemente sind genau die Erlebnisse, von denen in unseren gewöhnlichen Berichten über das, was wir sehen, fühlen, hören usw., berichtet wird. Es sind keine wahrheitsgetreuen Berichte über solche Erlebnisse möglich, die nicht Gebrauch machten von Begriffen von Gegenständen, von denen unsere Erfahrungen Erfahrungen sind. Zweitens, die Einheit dieser Erfahrungen unter den in Begriffen von Gegenständen verkörperten Regeln ist genau das, was in der allgemeinen Kohärenz und *Konsistenz* unserer Beschreibungen dessen, was wir sehen, hören, fühlen usw. exemplifiziert ist. Die Anwendbarkeit von solchen Begriffen und also die Objektivität der Erfahrung im allgemeinen, ist notwendigerweise mit diesem Erfordernis der Konsistenz oder Einheit verbunden. Beim Erzählen der Geschichte eines Traums mag auf das Erfordernis der Konsistenz in der Tat verzichtet werden. Aber die Anwendung von Begriffen einer objektiven Realität in der Erzählung eines Traums ist eine sekundäre Anwendung, gerade weil jene Begriffe dann von der Bedingung ihres Gebrauchs befreit sind, die sie zu Begriffen von einer objektiven Realität macht.

3. Transzendente Metaphysik

Nach der Konstruktion die Zertrümmerung, nach der Transzendentalen Analytik die Transzendentale Dialektik. Dieser umfangreiche und imponierende Abschnitt der *Kritik* ist wesentlich leichter zu verstehen als die Analytik und ich werde ihm daher entsprechend weniger Raum widmen.

Das primäre Ziel der Dialektik ist die Entlarvung metaphysischen Scheins, das primäre Instrument der Entlarvung ist das Sinnprinzip. Kant stellt, wie ich erwähnt habe, die weitere Behauptung auf, daß gewisse Ideen, für die keine empirischen Anwendungsbedingungen spezifiziert werden können und die daher eine Quelle des Scheins sind, sofern sie als sich auf Gegenstände möglichen Wissens beziehend aufgefaßt werden, gleichwohl eine nützliche oder sogar notwendige Funktion für die Erweiterung empirischen Wissens haben können, sofern sie auf andere Weise, die Kant „regulativ" nennt, angewendet werden. Solche Ideen sind die Idee von Gott und die Idee der Seele als einer einfachen immateriellen Substanz. Obwohl es eine Illusion wäre zu denken, wir könnten von den Gegenständen, die beiden Ideen entsprechen, ein Wissen haben oder auch nur eine bestimmte Konzeption ausbilden, meint Kant, daß Fortschritte in der Psychologie oder in der Wissenschaft im allgemeinen dadurch unterstützt werden, ja sogar davon abhängig sind, daß wir uns innere Zustände denken, *als ob* sie Zustände einer immateriellen Substanz *wären*, und das natürliche Universum im allgemeinen, *als ob* es die Schöpfung einer göttlichen Intelligenz *wäre*. So zu denken, heißt von den Ideen einen regulativen Gebrauch machen. Kants Behauptung, der Gebrauch solcher Ideen sei für die menschliche Vernunft nützlich oder gar notwendig, wenn sie mit wissenschaftlichen Gegenständen beschäftigt ist, ist offensichtlich ganz unplausibel. Aber warum er diese Ansicht vertreten hat, wird klarer, wenn wir die allgemeine Struktur der Dialektik in Betracht ziehen.

Denn auch der Schein hat eine systematische Struktur. Nirgends sonst findet Kants Leidenschaft fürs System eine unbehindertere Befriedigung als in der Konstruktion des Bezugsrahmens, innerhalb dessen er die Themen der Dialektik behandelt und der sich wieder auf die formale Logik stützt. Die logische Systematik selber ist wenig mehr als eine philosophische Kuriosität.[5] Aber es geht doch einige Beobachtung von echten Analogien und Verknüpfungen in ihre Konstruktion ein. So notiert Kant, daß es für systematische rationale Untersuchungen typisch ist, daß sie Fragen so stellen, daß die Antwort auf eine solche Frage selbst den Gegenstand einer erneuten Frage derselben allgemeinen Art bilden kann. So ist es typisch für das wissenschaftliche Unternehmen, nach immer größerer Allgemeinheit der Erklärung zu suchen, immer weitere Phänomenbereiche in die Reichweite einer einheitlichen Theorie zu bringen zu versuchen. Und diese Suche nach immer größerer Ausdehnung der Erklärung hat Parallelen in anderen natürlichen Tendenzen sowohl primitiver als auch hochentwickelter Forschung, z. B. in der Tendenz, Forschungen in immer entferntere Bereiche des Raums und der Vergangenheit vorzutreiben oder immer minutiöser den Aufbau der Materie im allgemeinen zu untersuchen. Wir könnten diesen Parallelismus so bezeichnen, daß wir sagen, alle diese Typen von Untersuchungen haben *seriellen* Charakter, daß die Sachverhalte, die sie offenlegen, *Reihen* bilden, in denen jedes Element eine typische Beziehung zu seinem Vorgänger aufweist. Kant glaubte, daß ein unvermeidlicher Begleitumstand von gewissen Typen von seriellen Untersuchungen der Gedanke einer *Totalität* der Reihe von Sachverhalten sei, die im Verlauf unserer Untersuchung aufgedeckt werden. Und diese Konzeption scheint uns dann die Notwendigkeit einer bestimmten Disjunktion aufzuzwingen. Entweder hat die Reihe ein letztes sie begrenzendes Element – den absoluten Anfang der Welt in der Zeit und ihre Grenzen im Raum, den letzten Grund oder die fundamentalste Bedingung für alles in der Natur, die kleinsten Bestandteile der Materie usw. – oder sie hat kein sie begrenzendes Element und ist unendlich oder unbegrenzt. Wo uns diese Disjunktion aufgezwungen zu werden scheint, glaubte Kant beweisen zu können, daß die Annahme jedes der beiden Glieder der betreffenden Disjunktion zu einem Widerspruch führt. Daher heißt dieses Hauptstück (im Zweiten Buch) der Dialektik die Antinomie der reinen Vernunft. Kants Lösung dieses „Widerstreits der reinen Vernunft mit sich selber" hängt von einem Gebrauch des Sinnprinzips ab. Wenn wir den Begriff einer Reihe als ganzer gebrauchen, versäumen wir zu erwägen, ob denn eine mögliche Anschauung oder Erfahrung diesem Begriff entsprechen könnte. Aber es gibt keinen Weg, behauptet Kant, auf dem Erfahrung für eine der beiden Seiten der Disjunktion entscheiden könnte. Die Frage, welche der scheinbar notwendigen Alternativen wirklich der Fall ist, ist empirisch unentscheidbar. Daher hat der Begriff einer absoluten Totalität, der uns die Disjunktion aufzuzwingen scheint, keine empirische Anwendung. „Das All aber in empirischer Bedeutung ist jederzeit nur komparativ."[6]

Kant behandelt seine Lösung als eine Bestätigung der These des transzendentalen Idealismus. Wenn Raum und Zeit und die Welt in Raum und Zeit als Dinge an sich existierten, wären die Disjunktionen in jedem Fall notwendige Wahrheiten. Da die Annahme, daß sie wahr seien, zum Widerspruch führt, haben wir einen Beweis dafür, daß Raum und Zeit und das natürliche Universum nicht als Dinge an sich, sondern nur als Erscheinungen existieren usw., wie er besser nicht gewünscht werden könnte. Dieser Beweis scheint auf der Prämisse zu beruhen, daß, wenn die Dinge im Raum Dinge an sich *wären*, das Sinnprinzip keine Anwendung auf sie hätte; sie wären dann Dinge solcher Art, auf die Begriffe ohne Erwägung von empirischen Kriterien für ihren Gebrauch angewendet werden könnten. Die Schlußfolgerung, daß die Dinge in Raum und Zeit solche Dinge nicht sind, *könnte* als eine ironisch gefaßte Zurückweisung der gesamten Konzeption der „Dinge, wie sie an sich selber sind" und als eine versteckte Annahme der Autonomie des Sinnprinzips konstruiert werden. Wäre diese Konstruktion richtig, könnte man die These des transzendentalen Idealismus nur so verstehen, daß sie allgemein mit einem irreführenden Übermaß an Ironie formuliert ist. Aber Ironie ist nicht charakteristisch für Kant, es sei denn Ironie von einer erfreulichen Offensichtlichkeit. Was hier wirklich hervortritt ist derjenige Aspekt des transzendentalen Idealismus, der am Ende dem natürlichen Universum jede von unseren „Vorstellungen“ unabhängige Existenz abspricht, ein Aspekt, auf den ich schon angespielt habe, als ich sagte, Kant sei Berkeley näher als er selber anerkennt.

In der ins einzelne gehenden Diskussion der Antinomien werden viele andere Punkte zur Sprache gebracht werden müssen. Die Gültigkeit der Argumente, die Kant zur Ableitung der Widersprüche benutzt, ist höchst fragwürdig; und es ist keineswegs so klar wie ihm schien, daß keinerlei empirische Schlichtung des „Widerstreits der Vernunft“ in den verschiedenen Fällen möglich ist. So scheinen Entwicklungen in der Physik, die zu Kants Zeiten unvorhersehbar waren, dem Begriff des physikalischen Raumes und der Welt im Raum als endlich, aber unbegrenzt, empirische Bedeutung zu verleihen. Ich lasse diese Fragen jetzt auf sich beruhen, um zur Frage der allgemeinen Struktur der Dialektik zurückzukehren.

Ihre einheitsstiftende These ist, wie ich bereits bemerkt habe, daß die menschliche Vernunft auf der Suche nach systematischem Wissen unvermeidlich dazu geführt wird, gewisse Ideen von *absolutem* Charakter zu hegen, für die keinerlei empirische Anwendungsbedingungen angegeben werden können, die aber eine nützliche regulative Funktion für den Fortschritt der Erkenntnis erfüllen können. Die These ist komplex und hat vier Teile, die klar unterschieden werden müssen: (1) daß alle infragekommenden Ideen den Charakter aufweisen, den Kant mit den Wörtern *„absolut“* oder *„unbedingt“* ausdrückt (z. B. eine absolute Totalität, ein absoluter erster Anfang, ein letzter, unbedingter Grund, ein absolut einfacher Bestandteil der Materie usw.); (2) daß wir durch die Natur systematischer Forschung *unvermeidlich* dazu geführt werden, solche Ideen zu hegen; (3) daß alle derartigen Ideen wesentlich jeder möglichen Erfahrung *transzendent* sind; (4) daß in jeder Sphäre, in der sie auftreten, irgendeine dieser Ideen eine *regulative Nützlichkeit* hat. Nicht einmal im Fall der kosmologischen Typen von Untersuchungen, die in den Antinomien erörtert werden, scheint diese komplexe These, wie ich im vorhergehenden Absatz angedeutet habe, in allen ihren Teilen wahr zu sein. Aber wenn wir für einen Augenblick die nach-Kantischen Entwicklungen der Wissenschaft vernachlässigen, geben zumindest einige dieser Typen von Untersuchungen brillante Beispiele für die notwendige Verknüpfung dieser vier Aspekte ab. Und Kants Vorschlag, daß in diesen Fällen das Verständnis von Totalität als unbegrenzter Reihe angemessen sei, die eine niemals vollendbare Aufgabe für die Forschung stellt, scheint völlig vernünftig.

Der Erfolg der allgemeinen These im Fall kosmologischer Untersuchungen muß Kant ermutigt haben, sich einen übertriebenen Begriff ihrer Plausibilität auch für Theologie und Psychologie zu machen, die er als die beiden anderen Sphären unvermeidlichen dialektischen Scheins betrachtete. Die Geschichte der Philosophie legt sicher nahe, daß die Meinung, wir könnten Wissen von der Seele als einem absolut einfachen, beharrlichen immateriellen Ding oder einer Substanz haben, eine natürliche, aber nicht unvermeidliche *philosophische* Illusion ist. Aber es ist falsch zu sagen, diese Idee sei eine, zu der wir durch systematische empirische Studien in der Psychologie natürlicherweise geführt werden, und ebenso falsch ist es zu sagen, sie habe in diesem Zusammenhang irgendeine regulative Nützlichkeit. Auch das Thema Gott gibt sicher viel Raum für Begriffe des Absoluten und Letzten. Gott ist absolut notwendige Existenz, absolute Vollkommenheit, die letzte Ursache von allem usw. Aber nur insofern die Idee Gottes auf den in den Antinomien erörterten Begriffen beruht, nämlich auf den Begriffen absoluter Anfänge und ursprünglicher Ursachen, ist es plausibel zu behaupten, daß wir von der Vernunft unvermeidlich dazu gebracht werden, solche Ideen zu hegen. Und selbst dann ist diese Grundlage, wie Kant selber erkennt, ungeeignet dazu, die Idee Gottes zu unterstützen. Andererseits hat Kants Hinweis, daß das gesamte Unternehmen der Wissenschaft notwendigerweise unter der Ägide der Idee eines intelligenten Schöpfers vollführt wird und wir deshalb durch die charakteristische Suche der Vernunft nach allgemeinen Erklärungen auf diese Idee geführt werden, überhaupt keine Plausibilität. Ideen von Gott oder Göttern haben viele Ursprünge und einige von ihnen hängen nicht sehr markant mit der Vernunft zusammen. Die Beziehung irgendeiner solchen Idee auf wissenschaftliche Erklärung ist etwas, was eher den Theologen mit einem mißlichen Problem konfrontiert als es den Wissenschaftler mit einer notwendigen Inspiration versieht.

Kants Entlarvung des metaphysischen Scheins eines Wissens von der Seele in den Paralogismen ist in sich von eigentümlicher Brillianz und wegen ihres Zusammenhangs mit dem allgemeinen Argument der Analytik auch von besonderem Interesse. Das Ziel des Angriffs ist die Lehre, daß jeder von uns im eigenen Fall von der Existenz eines beharrlichen, rein immateriellen, nichtzusammengesetzten denkenden Dinges wissen kann, auf das jeder von uns sich mit dem Ausdruck „Ich" bezieht. Die Linie des Angriffs ist durch das Sinnprinzip vorgezeichnet. Wenn wir irgendeinen legitimen Gebrauch von den entscheidenden Begriffen der Einheit oder der numerischen Identität über die Zeit hinweg machen sollen, müssen wir sie im Lichte empirischer Kriterien auf Gegenstände anwenden, die in der Erfahrung anzutreffen sind. Aber wenn wir völlig von unserem Körper abstrahieren und nur auf unsere Erlebnisse oder Bewußtseinszustände als solche (die Inhalte des inneren Sinns) achten, ist ganz offensichtlich, daß wir auf diesem Felde nicht nur nichts antreffen, sondern nichts antreffen können, was wir als beharrliches Subjekt der Bewußtseinszustände identifizieren könnten. Wie kommt es dann zu dieser Illusion? Eine schlagwortartige Zusammenfassung von Kants Antwort wäre dies: Die Einheit von Erfahrung wird mit der Erfahrung von Einheit verwechselt. Es ist bereits gezeigt worden, daß es, wenn Selbstbewußtsein überhaupt möglich sein soll, zwischen den Elementen einer Sequenz von Erlebnissen solche Einheit geben muß, daß sie Erfahrungen von einer objektiven Welt bilden. Während die Erfüllung dieser Bedingung den fundamentalen Grund für die Möglichkeit von Selbstbewußtsein darstellt, sind (so könnte man meinen) für die wirkliche Selbstzuschreibung von Erfahrungen weitere Bedingungen erfordert. Es muß empirisch anwendbare Kriterien für die Identität des Subjekts der Erfahrung über die Zeit hinweg geben. Und es gibt solche Kriterien: wie Kant selber anzuerkennen scheint, implizieren sie die Tatsache, daß „das denkende

Wesen (als Mensch) . . . zugleich ein Gegenstand äußerer Sinne ist"[7], d. h. ein Körper im Raum. Wir sind aber versucht, die Relevanz solcher Kriterien vermöge des Umstands zu übersehen, daß wir sie nicht wirklich anwenden müssen, wenn wir das Wort „Ich" benutzen, um uns gegenwärtige oder erinnerte Erfahrungen zuzuschreiben. (Wenn ich Schmerzen habe, muß ich nicht erst nachsehen, daß *ich* es bin, der Schmerzen hat.) Wir sind so also versucht zu denken, daß wir Wissen von einem kontinuierlichen identischen Subjekt als solchem haben, ein Wissen, das von empirischen Identitätskriterien unabhängig ist. Wir versuchen sozusagen, die Bedeutung von „ich" von dem Hintergrund empirischer Kriterien, die ihm die Kraft zur Bezugnahme auf ein kontinuierliches Subjekt verleihen, abzulösen, und es doch so zu betrachten, als besäße es diese Kraft weiterhin. Aber wenn wir diese Abstraktion vornehmen, gibt es nichts mehr, was dieses Wort ausdrückt außer Bewußtsein im allgemeinen oder die allgemeinen Bedingungen der Möglichkeit von Erfahrung. Wir verwechseln also die Einheit von Erfahrung mit der Erfahrung von Einheit; und so entsteht die Illusion des Wissens von der Seele als einem beharrlichen immateriellen Ding. Aber das ist nur ein Schein und wenn wir ihm erliegen, sind wir machtlos, eine derartige Auffassung der Seele gegen konkurrierende und weniger schmeichelhafte Theorien zu verteidigen, weil es keine empirischen Mittel gibt, zwischen ihnen zu entscheiden. Kant fügt hinzu, daß es für seine eigene kritische Philosophie wesentlich ist, die Leere jedes derartigen Wissensanspruchs zu beweisen; denn wäre er zulässig, hätte unser Wissen das Reich der Erfahrung überschreiten und das der Dinge an sich betreten haben müssen.

4. Die Metaphysik des transzendentalen Idealismus

Etwas mehr muß nun über die Lehren des transzendentalen Idealismus gesagt werden. Ich habe bereits die beschwichtigenden Interpretationen erwähnt, die uns verlocken könnten und denen einige von Kants eigenen Beobachtungen Kontur verleihen; und habe gesagt, mit welchem Maß an Zögern auch immer, daß wir zu dem Schluß kommen müssen, daß sie Kants Intentionen nicht oder nicht stetig entsprechen. Die Lehre besagt nicht nur, daß wir kein Wissen über eine übersinnliche Wirklichkeit haben können. Die Lehre sagt vielmehr, daß die Wirklichkeit übersinnlich ist und wir von ihr nichts wissen können. Es gibt Punkte in Fülle, an denen die Lehre das Wagnis der Unverständlichkeit eingeht. Nehmen wir zum Beispiel die Ansicht, daß, da Raum und Zeit nichts sind als Formen unserer Anschauung, unser Bewußtsein von allem in Raum und Zeit, uns selber eingeschlossen, nur Bewußtsein von Erscheinungen und nicht von Dingen, wie sie an sich sind, ist. Wir sind unserer selbst also in einer zeitlichen Verkleidung bewußt und daher nur so, wie wir uns erscheinen, nicht wie wir an uns selber sind. Aber was für eine Art von Wahrheit über uns ist das, daß wir uns nur in zeitlicher Verkleidung erscheinen? Erscheinen wir uns wirklich so oder scheinen wir uns nur so zu erscheinen? Es sieht so aus, als müßten wir entweder sofort die erste

Alternative wählen oder eine ihrer ausgearbeiteten Varianten nur nutzlos herauszögern. Ist es dann also eine zeitliche Tatsache, eine Tatsache, die etwas in der Zeit Geschehendes betrifft, daß wir uns wirklich so erscheinen? Dies zu sagen, hieße unsere Wahl rückgängig machen; denn alles, was in der Zeit geschieht, gehört auf die Seite der Erscheinung. Also ist es keine Tatsache, die etwas in der Zeit Geschehendes betrifft, daß wir uns wirklich in einer zeitlichen Verkleidung erscheinen. Ich *erscheine* mir selber wirklich in der Zeit aber ich erscheine mir selber nicht wirklich *in der Zeit*. Bloß was heißt hier „wirklich erscheinen"? Die Frage ist unbeantwortbar; die Grenzen der Verständlichkeit sind nach jedem Maßstab überschritten. Kant kann kaum beanspruchen, daß diese Tatsache unaufregend sei, etwa mit der Begründung, daß sie mit dem vom Sinnprinzip gesetzten Maßstab übereinstimmt und das Sinnprinzip selber aus der Reihe der Auffassungen abgeleitet ist, zu der die vorliegende Lehre gehört. Denn es ist keine Verteidigung einer unverständlichen Lehre zu sagen, daß ihre Unverständlichkeit durch ein aus ihr gewonnenes Prinzip garantiert wird.[8]

Dies ist nur ein Beispiel für viele Inkohärenzen, in die diese Lehren rasch führen. Aber eine *ad hominem*-Kritik dieser Art ist nicht ausreichend für ein Verständnis. Wir müssen sehen, welche Begriffe in diesen Lehren falsch angewendet und welche Wahrheiten in ihnen pervertiert werden und wie das geschieht. Und dazu müssen wir zurückkommen auf die Analogie oder das Modell, das zu Beginn dieser Einleitung erwähnt wurde. Wir wissen, daß jedem Wesen, das Mitglied der natürlichen raumzeitlichen Welt der Wissenschaft und der alltäglichen Beobachtung ist, die Gegenstände dieser Welt sinnlich nur *erscheinen* können, wenn sie auf irgendeine Weise die Konstitution dieses Wesens *affizieren*. Die Weise, in der Gegenstände erscheinen, und welche Charakteristika sie zu haben scheinen, hängt zum Teil von der Konstitution des Wesens ab, dem sie erscheinen. Wo diese Konstitution verschieden ist, mögen dieselben Dinge verschieden erscheinen. Diese Tatsachen waren für viele Philosophen, z. B. Locke und Lord Russell, gute Gründe dafür, zu bestreiten, daß wir uns in der Wahrnehmung der Dinge so bewußt sind, wie sie wirklich sind oder wie sie an sich sind. Beispielsweise scheinen Gegenstände farbig zu sein, aber, so wird behauptet, sie sind nicht wirklich farbig; tatsächlich ist es so, daß Gegenstände gewisse physikalische Eigenschaften haben und wir selber eine bestimmte physikalische Konstitution haben, so daß die Wirkung der ersteren auf die letztere dazu führt, uns Gegenstände als farbig erscheinen zu lassen. Dieser Argumentationsgang, obwohl nicht zwingend, ist vollkommen verständlich. Wir wissen immer noch, was mit „Gegenständen, wie sie an sich sind" gemeint ist. Das sind Gegenstände, die gedacht werden als ausgestattet mit nur denjenigen Eigenschaften, die ihnen in physikalischen Theorien zuerkannt werden, besonders in solchen Theorien, die Erklärungen für den kausalen Mechanismus der Wahrnehmung bereitstellen. Es sind Gegenstände, die so gedacht werden, daß sie die (primären) Eigenschaften tatsächlich besitzen, vermöge derer sie fähig sind, Wesen, die mit verschiedenen Arten von Sinnesapparaten und Nervensystem ausgestattet sind, auch auf verschiedene Art und Weise zu erscheinen; Gegenstände, die aber nicht jene (sekundären) Qualitäten besitzen, deren Auftreten an ihnen durch die Wirkung der primären Qualitäten auf den Sinnesapparat erklärt wird.

Diese Konzeption ist vielleicht nicht attraktiv, aber sie ist verständlich. Der wissenschaftlich gesonnene Philosoph, der sie akzeptiert, weicht in der Tat von einigen gewöhnlichen Anwendungen des Kontrasts zwischen Erscheinung und Wirklichkeit ab; denn es gibt (das hat Berkeley beklagt) *keine* Umstände, in denen die Dinge, die, wie er sagt, wirklich so sind, *erscheinen* können, wie sie wirklich sind. Aber er schneidet uns nicht von empirischem Wissen darüber ab, wie die Dinge wirklich sind. Die Verbindung mit sinnlicher Erfahrung ist noch da, sie ist nur weniger direkt.

Kants Konzeption des Kontrastes zwischen Dingen an sich und Erscheinungen scheint denselben Ausgangspunkt zu haben wie die Konzeption des wissenschaftlich gesonnenen Philosophen. Beide behaupten, daß, weil wir der Dinge nur gewahr werden, indem wir affiziert werden, und sie uns nur so erscheinen, wie es Resultat dessen ist, daß wir so affiziert werden, wir der Dinge nicht gewahr werden, wie sie an sich selber sind. Aber im nächsten Schritt unterscheiden sich beide. Der wissenschaftlich gesonnene Philosoph bestreitet uns nicht das empirische Wissen der Dinge, wie sie an sich selber sind, die uns so affizieren, daß sie sinnliche Erscheinungen hervorrufen. Er bestreitet nur, daß die Eigenschaften, die jene Dinge uns unter normalen Umständen zu haben scheinen, in der Menge der Eigenschaften enthalten sind (oder *alle* in der Menge enthalten sind), die sie tatsächlich besitzen und von denen wir als von Eigenschaften von Dingen, wie sie an sich selber sind, wissen, daß sie sie besitzen. Kant hingegen bestreitet die Möglichkeit jedes empirischen Wissens überhaupt von den Dingen an sich, die uns so affizieren, daß sie sinnliche Erfahrung produzieren. Es ist offensichtlich konsistent mit dieser Bestreitung, ja sogar von ihr gefordert, daß auch geleugnet wird, daß die physikalischen Gegenstände der Wissenschaft jene Gegenstände *sind*, die uns als Dinge an sich affizieren, indem sie sinnliche Erfahrung hervorrufen. Indem Kant das gesamte raumzeitliche System des natürlichen Universums der rezeptiven Verfassung des Subjekts der Erfahrung zuschreibt, indem er das gesamte natürliche Universum zur bloßen Erscheinung erklärt, ist er in der Lage, seine Bestreitungen formell mit dem gemeinsamen Ausgangspunkt für die Anwendung des Kontrastes zwischen Dingen an sich und Erscheinungen auszusöhnen, den er mit dem wissenschaftlich gesonnenen Philosophen teilt. Aber der Preis für diese formale Aussöhnung ist hoch. Denn die resultierende Transposition der Terminologie von Gegenständen, die die Konstitution des Subjekts „affizieren", nimmt diese Terminologie völlig aus dem Bereich verständlicher Anwendung, dem Bereich von Raum und Zeit, heraus. Die Lehre, daß wir der Dinge nur gewahr werden, wie sie erscheinen, und nicht, wie sie an sich selber sind, weil ihre Erscheinungen Resultat dessen sind, daß unsere Konstitution von den Dingen affiziert wird, können wir nur solange verstehen, wie „Affizieren" als etwas gedacht wird, was in Raum und Zeit geschieht; aber wenn hinzugefügt wird, daß wir Raum und Zeit selber als nichts anderes als unsere Fähigkeit oder Neigung verstehen müssen, auf gewisse Weise von Dingen affiziert zu werden, die selber nicht in Raum und Zeit sind, dann können wir diese Lehre nicht länger verstehen. Denn wir wissen dann nicht mehr, was „affizieren" meint oder was wir unter „uns selbst" verstehen sollen.

Kant gibt uns in der Tat weitere Information zum Thema „Affizieren", aber keine weitere Aufklärung. Jede Art von Bewußtsein, die abhängig ist von der Existenz des Objekts des Bewußtseins, ist eine solche, in der „die Vorstellungsfähigkeit des Subjekts durch dasselbe affiziert wird". Bewußtsein von Dingen an sich („nichtsinnliche oder intellektuelle Anschauung") wäre daher ein *kreatives* Bewußtsein, daß seinen eigenen Gegenstand produzierte; es wäre eine Anschauungsart, „die, so viel wir einsehen, nur dem Urwesen zukommen kann".[9] Kant betont, daß wir unfähig sind, die Möglichkeit einer solchen Anschauungsart zu begreifen. Er sagt nicht, daß alle Unverständlichkeit, die diese Begriffe umgibt, auch die gesamte Lehre umgibt, derzufolge Dinge in Raum und Zeit nur Erscheinungen sind.

Die Lehren von Phänomena und Noumena, des transzendentalen Idealismus und der letztendlichen Subjektivität des natürlichen Universums können also in diesem Sinn verstanden werden: daß wir die Schritte verfolgen können, durch die das ursprüngliche Modell, die beherrschende Analogie, pervertiert oder in eine Form überführt wird, in der sie jedes annehmbare Erfordernis der Verständlichkeit verletzt, Kants eigenes Sinnprinzip eingeschlossen. Wir können weiter die Rolle des resultierenden Modells oder Bildes als eine Hilfe für Kant verstehen, akzeptablere Gedanken geltend zu machen: sowohl das Sinnprinzip zu bekräftigen, als auch die Möglichkeit seines Programms für eine „wissenschaftliche" Metaphysik der Erfahrung zu erklären. Wir können sogar, und sollten in der Philosophie Raum finden für einen Begriff, der zumindest einige der negativen Funktionen des Kantischen Begriffs des Noumenalen erfüllt. Wenn wir auch das sinnlose Dogma zurückweisen, daß unser Begriffssystem nirgends mit der Wirklichkeit korrespondiert, müssen wir doch nicht das restriktive Dogma akzeptieren, daß die Wirklichkeit in unserem Begriffssystem, wie es tatsächlich ist, schon vollständig begriffen ist. Wir geben schnell zu, daß es Fakten gibt, die wir nicht wissen. Wir müssen aber auch zugeben, daß es *Arten* von Tatsachen geben mag, für die wir gegenwärtig ebensowenig eine Konzeption haben, wie unsere menschlichen Vorfahren sie für einige Arten von Tatsachen hatten, die in unserem Begriffssystem zugelassen sind, aber in ihrem nicht zugelassen waren. Wir lernen nicht nur, alte Fragen zu beantworten, sondern lernen auch, neue Fragen zu stellen. Die Idee von Aspekten der Realität, die in Antworten auf Fragen beschrieben würden, die wir noch nicht zu stellen wissen, ist wie die Idee eines Bereichs des Noumenalen, wenn auch nicht im selben drastischen Stil, eine Idee, die die Ansprüche gegenwärtiger menschlicher Erkenntnis und Erfahrung begrenzt, „mit dem Realen koextensiv" zu sein.

Dies scheint die notwendige und nicht sehr weit herausgeschobene Grenze für Sympathie mit der Metaphysik des transzendentalen Idealismus zu sein. Obwohl es schwierig ist, ihre Lehren aus dem analytischen Argument von Kants positiver Metaphysik der Erfahrung zu entwirren, ist es, wenn die Entwirrungsoperation durchgeführt ist, doch bemerkenswert, wie wenig diese Lehren das Argument entstellt haben.

5. Schluß

Viele Fragen über die *Kritik* und ihre Probleme sind in der kurzen Darstellung bis jetzt gar nicht berührt worden. Ich schließe mit der Erörterung von zwei Problemen, die nicht unverbunden sind.

Im Verlauf der *Kritik* macht Kant häufig Gebrauch von einer gewissen Unterscheidung, auf die ich mich bisher nicht bezogen habe, der Unterscheidung zwischen analytischen und synthetischen Sätzen *a priori*. Beide Satzarten sollen dies gemeinsam haben, daß sie von uns nicht nur als wahr gewußt werden können, sondern auch so, daß keine Erfahrung sie je widerlegen oder ein Gegenbeispiel zu ihnen liefern könnte. In dieser Hinsicht werden beide Satzarten mit wahren empirischen Sätzen kontrastiert, die so beschaffen sind, daß wir sie nur dann und nur insoweit als wahr erkennen können, als sie in der Erfahrung bestätigt werden. Kant war der Meinung, daß, während der *a priori*-Charakter von analytischen Sätzen kein tiefes philosophisches Problem aufwerfe, sich dies mit synthetischen Sätzen *a priori* ganz anders verhalte. Tatsächlich sagt er in der Einleitung, daß das ganze Problem, dessen Lösung die *Kritik der reinen Vernunft* gewidmet ist, in der Frage kurz zusammengefaßt werden kann: Wie sind synthetische Urteile a priori möglich? Man könnte das Gefühl haben, daß eine Unterscheidung, der Kant so große Wichtigkeit beimißt, stärker berücksichtigt werden sollte. Aber es ist sehr zweifelhaft, ob das tatsächlich von Vorteil wäre. Kant gibt nirgends eine auch nur mäßig befriedigende theoretische Erklärung der Dichotomie zwischen analytischen und synthetischen Sätzen *a priori*. Es kann auch keine aus seinen gelegentlich verstreuten Beispielen zusammengebracht werden. Unter den Sätzen, die allgemein als *a priori* gelten, gibt es natürlich viele unterscheidbare Unterklassen; und in der Geschichte der Kontroverse über solche Sätze sind viele Philosophen Kant zumindest soweit gefolgt, daß sie den Titel „analytisch" auf die Mitglieder einer oder mehrerer dieser Unterklassen beschränken wollten. Aber es ist sehr zweifelhaft, ob irgendeine klar präsentierbare allgemeine Einschränkung dieser Art zu einer kontrastierenden Klasse von synthetischen Sätzen *a priori* mit genau den Typen von Sätzen als Mitgliedern führen würde, um die es sich in Kants zusammenfassender Frage handeln sollte. Was Kant allgemein mit synthetischen Sätzen *a priori* meinte, war genau die Satzklasse, von deren Mitgliedern wir ein Wissen ihre Notwendigkeit haben, das nur so erklärt werden kann (wie er annahm), daß die gesamten kopernikanischen Ressourcen der *Kritik* mobilisiert werden; daß also das Modell von „Gegenständen, die unseren Vorstellungsweisen entsprechen", d. h. der Verfassung unserer Sinnlichkeit und der Regeln unseres Verstandes, angeführt wird. Da, wie ich bereits argumentiert habe, überhaupt nichts durch dieses Modell wirklich erklärt wird oder werden könnte – denn es ist inkohärent –, muß man zu dem Schluß kommen, daß Kant in Wirklichkeit keine klare und allgemeine Konzeption des synthetischen *A priori* hat. Gleichwohl, so könnte gesagt werden, gibt es hier ein Problem, auch wenn es in Kants zusammenfassender Frage nicht glücklich formuliert ist. Ich habe als das wichtigste positive Ergebnis der *Kritik* die Ausführung bzw. die partielle Ausführung eines bestimmten Programms dargestellt. Das Programm war, die grundlegende allgemeine Struktur jeder Konzeption von Erfahrung, die wir uns verständlich machen können, zu bestimmen. Ob wir nun die Sätze, die diese Struktur beschreiben, „synthetisch *a priori*" nennen wollen oder nicht, zumindest ist klar, daß sie einen ausgezeichneten Charakter oder Status haben; und Kants Kopernikanische Theorie war ein Versuch, diesen Status zu erklären. Ist es nicht schließlich leicht, die Formulierung des Programms selbst – „die Bestimmung der grundlegenden allgemeinen Struktur jeder Konzeption von Erfahrung, die *wir* uns einsichtig machen können" – so zu lesen, daß sich der Kantisch scheinende Gedanke nahelegt, daß irgendwelche notwendigen Grenzen, die wir in solch einer Konzeption finden, Grenzen sind, die von *unseren* Fähigkeiten gezogen werden? Und wenn wir gleichwohl Kants Erklärung der Durchführbarkeit des Programms als in sich inkohärent und im Ergebnis scheiternd aufgeben, welche Alternative sind wir anzubieten in der Lage? Darauf kann ich nur antworten, daß ich keinen Grund sehe, aus dem hier irgendeine erhabene Lehre notwendig sein sollte. Die Reihe der Gedanken oder die Weisen des Denkens, die von menschlichen Wesen verwendet werden, reflektieren natürlich ihre Natur, ihre Bedürfnisse und ihre Situation. Sie sind keine statischen Denkweisen, sondern erlauben unendliche Verfeinerung, Berichtigung und Ausdehnung, die den Fortschritt der Wissenschaft und die Entwicklung der sozialen Formen begleiten. Auf der Stufe begrifflichen Selbstbewußtseins, die die philosophische Reflexion darstellt, können sich Menschen unter anderem Variationen zum Charakter ihrer eigenen Situation und ihrer Bedürfnisse vorstellen und vernünftig darüber diskutieren, wie ihre Denkweisen an solche Variationen angepaßt werden könnten. Aber es ist kein Anlaß zur Verwunderung, wenn vorstellbare Variationen nur innerhalb eines gewissen grundlegenden allgemeinen Rahmens verständlich sind, wenn weitere Entwicklungen nur denkbar sind als Entwicklungen einer Grundlage oder von einer gewissen allgemeinen Grundlage aus. Es gibt hier nichts, was eine Erklärung wie die Kants fordert oder erlaubt. Um dem kohärenten Denken Grenzen zu ziehen, ist es nicht notwendig, von beiden Seiten dieser Grenzen her zu denken, wie es Kant, trotz seiner Dementis, zu tun versuchte. Kein Philosoph ist je in irgendeinem Buch näher daran gewesen, Kants anstrengendes Ziel zu erreichen, als er selber in der *Kritik der reinen Vernunft*.

Anmerkungen

1 „Also beziehen sich alle Begriffe und mit ihnen alle Grundsätze, so sehr sie auch a priori möglich sein mögen, dennoch auf empirische Anschauungen, d. i. auf Data zur möglichen Erfahrung. Ohne dieses haben sie gar keine objektive Gültigkeit" (B 298). Von den allgemeinsten der Begriffe, den Kategorien, sagt Kant, sie seien „von keinem anderen als empirischen Gebrauche, und haben gar keinen Sinn, wenn sie nicht auf Objekte möglicher Erfahrung, d. i. auf die Sinnenwelt angewandt werden." (B 724) Diese Sätze sind typisch für Dutzende in der *Kritik*.

2 Das war, nach Kants Ansicht, nicht die einzige Funktion, die Ideen ohne empirische Bedeutung erfüllen. Er glaubte, daß das moralische Leben auf solchen Ideen beruhte. Aber er unterschied scharf zwischen moralischem Denken und der Art von Denken, das auf Wissen aus ist. Das Sinnprinzip, obwohl streng zu interpretieren, was theoretische Spekulationen und Wissensansprüche angeht, mußte, wie wir sehen werden, mit gewissen Vorbehalten aufgefaßt werden.

3 B 276.

4 Der Ausdruck ist aus Hume adaptiert. Vgl. Ein Traktat über die menschliche Natur, Erstes Buch, Vierter Teil, 2. Abschnitt.

5 Ihre Grundlage ist ein „Beweis", daß es drei und nur drei Typen von unvermeidlichem dialektischem Schein gibt, von denen jeder mit einer der drei Formen deduktiven Argumentierens verbunden ist und die alle aus einer einheitlichen „Forderung der Vernunft", die als das „Vermögen mittelbar zu schließen" verstanden wird, nach der Vollständigkeit der Prämissen für eine gegebene Schlußfolgerung entspringen. Weitere Ausarbeitungen sollen durch die vierfältige Einteilung der Kategorien bestimmt sein.

6 A 483/B 511.

7 B 415.

8 Die Inkohärenz dieser Lehre ist vollständiger in Teil IV Abschnitt 4 weiter unten entfaltet.

9 B 72.

ZWEITER TEIL

DIE METAPHYSIK DER ERFAHRUNG

I. Raum und Zeit

Vier große Dualitäten beherrschen Kants Theorie über die Natur menschlicher Erfahrung: die Dualität von Erscheinungen und Dingen, wie sie an sich sind; die Dualität von Anschauungen und Begriffen; die Dualität des *A priori* und des Empirischen; und die Dualität des Inneren und des Äußeren. Alle vier treten im ersten Hauptabschnitt des Werks auf, der Transzendentalen Ästhetik. Indem wir uns der Dualität von Anschauungen und Begriffen zuwenden, nähern wir uns zugleich der Aufgabe zu verstehen, wie die vier Begriffspaare dort miteinander zusammenhängen.

1. Raum und Zeit als Formen der Anschauung: die karge Interpretation

Die Dualität von Anschauungen und Begriffen ist tatsächlich nur eine Form oder ein Aspekt einer Dualität, die von jeder Philosophie anerkannt werden muß, die sich ernsthaft mit menschlichem Wissen, seinen Gegenständen oder seiner Formulierung und Mitteilung beschäftigt. Es handelt sich dabei eher um drei verschiedene Richtungen philosophischen Interesses als um drei verschiedene Interessen. Die Theorie des Seins, die Erkenntnistheorie und die Theorie der Aussage sind nicht wirklich trennbar; und unsere Dualität von Anschauungen und Begriffen tritt in allen drei Theorien auf, in jeweils verschiedener Form. In der Theorie des Seins können wir es nicht vermeiden, zwischen einzelnen Exemplaren und den allgemeinen Arten oder Charakteristiken, die sie exemplifizieren, zu unterscheiden. In der Erkenntnistheorie haben wir die Notwendigkeit anzuerkennen, zugleich allgemeine Begriffe zu besitzen und in der Erfahrung auf Dinge zu treffen, die, selber keine Begriffe, unter sie fallen. In der Theorie der Aussage schließlich haben wir das Erfordernis solcher sprachlicher und außersprachlicher Mittel anzuerkennen, die uns in den Stand setzen sowohl zu klassifizieren oder in allgemeinen Begriffen zu beschreiben als auch zu indizieren, auf welche einzelnen Fälle unsere Klassifikationen oder Beschreibungen anzuwenden sind.

Den zweiten, erkenntnistheoretischen Aspekt des philosophischen Interesses zum beherrschenden zu machen, wie es Kant tut, ist für sich keine schlechte Sache, obwohl es, wie sein Beispiel eindrucksvoll zeigt, seine Gefahren hat. Sie werden bald genug sichtbar werden. Zunächst können wir sicher anerkennen, daß wir keine Konzeption von Erfahrung oder empirischer Erkenntnis bilden können, in der es nicht möglich wäre, daß wir in der Erfahrung auf Einzelnes aufmerksam werden, das wir wiedererkennen oder als Exemplar allgemeiner Arten oder Charakteristiken klassifizieren können. Wir müssen also die Fähigkeiten zu solchem Wiedererkennen und solchen Klassifikationen haben und d. h. wir müssen über allgemeine Begriffe verfügen; zugleich müssen wir Gelegenheiten zum Gebrauch und zur Entwicklung dieser Fähigkeiten haben und d. h. wir müssen haben, was Kant Anschauungen nennt.

Kant drückt diese Notwendigkeiten in seiner reicheren Terminologie von Teilen oder Vermögen des Verstandes aus und erhöht damit die Risiken des erkenntnistheoretischen Ansatzes beträchtlich. Er unterscheidet zwischen einer Sinnlichkeit, die rezeptiv ist und durch die uns Gegenstände „gegeben" werden, und einem Verstand, der aktiv ist und durch den Gegenstände „gedacht" werden. Vermöge der Sinnlichkeit haben wir Anschauungen; der Verstand ist der Ursprung von Begriffen. Das Zusammenwirken beider ist erforderlich, wenn es Erfahrung, empirische Erkenntnis geben soll. Für jetzt wollen wir es hingehen lassen, daß die gefährlichen Möglichkeiten dieser Terminologie latent bleiben. Für jetzt kann die Lehre vom notwendigen Zusammenwirken der Erkenntnisvermögen als lebhafte Bekräftigung der Notwendigkeiten aufgefaßt werden, die im vorigen Absatz einfacher formuliert sind.

Was hat es nun mit der Lehre auf sich, derzufolge Raum und Zeit Formen der Anschauung sind? Auch dies können wir zunächst als etwas ziemlich Einfaches auffassen. Die Dualität von Anschauungen und Begriffen ist nichts als der erkenntnistheoretische Aspekt der Dualität von einzelnem Exemplar und allgemeinem Typ. Sie ist nur der Gedanke davon, daß ein Einzelnes in der Erfahrung angetroffen und dort als Exemplar eines allgemeinen Typs erkannt wird. Es gibt keinen Grund, warum wir nicht irgendeinen oder alle Aspekt(e) dieser Dualität als Hilfe zum Verständnis der Lehre von Raum und Zeit in Anspruch nehmen sollten. Klarerweise trifft dieser Gedanke, ganz allgemein verstanden, eine eigentümlich enge Beziehung zwischen Raum und Zeit auf der einen Seite und der Konzeption eines Einzelnen, des Exemplars eines allgemeinen Begriffs, auf der anderen Seite.

Und es scheint offensichtlich, daß dieser Gedanke zwingend ist. Wenn man irgendeinen allgemeinen Begriff nimmt, die Vorstellung eines beliebigen allgemeinen Typs von Einzelnen, dann scheint es evident – vorausgesetzt nur, daß die Exemplare des allgemeinen Typs solche sind, die vorstellbarerweise in der Erfahrung angetroffen und Gegenstände empirischer Wahrnehmung werden können –, daß irgendwelche Exemplare des allgemeinen Typs, die tatsächlich auftreten, tatsächlich irgend*wo* auftreten müssen, und daß sie gleichermaßen, wenn sie tatsächlich zu finden sind, sie tatsächlich irgend*wann* zu finden sind. Um Anwendung auf ein Einzelnes gewinnen zu können, muß ein allgemeiner Begriff sozusagen eine räumliche Zuordnung finden – bzw., wie man vorsichtiger sagen könnte, wenigstens eine zeitliche Zuordnung finden. Die Identität von einzelnen Exemplaren allgemeiner Begriffe und ebenso ihre Existenz ist an Raum und Zeit gebunden – natürlich nur dann, wenn es sich um solche allgemeinen Begriffe handelt, deren Anwendungsfälle, wenn es sie gibt, in der Erfahrung anzutreffen sind. Die raumzeitliche Position ermöglicht fundamental die Unterscheidung eines Exemplars eines allgemeinen Typs von einem anderen und ist daher fundamental für die Identität der einzelnen Exemplare.[1]

Wir wollen nun eine zweite der Kantischen Dualitäten einführen, die des *A priori* und des Emprischen. Auch für diese Dualität können wir, für den Anfang, eine relativ einfache Interpretation versuchen. Eine Variante für „*a priori*" ist „rein"[2], wohingegen „empirisch" zusammengehört mit „aus der Erfahrung abgeleitet", „zur Empfindung gehörig". „*A priori*„ und „rein" sind ferner regelmäßig verbunden mit „der Erfahrung vorhergehend" und auch mit „in uns"; aber diese letzte Verbindung werden wir solange außer Acht lassen, wie wir auf der Suche nach einer kargen Interpretation des Kontrasts sind. In meinem allgemeinen Überblick über die *Kritik* habe ich nahezulegen versucht, daß Kants positives Hauptergebnis in der Metaphysik in seinem Versuch gesehen werden sollte, die allgemeine Struktur jeder Konzeption von Erfahrung zu artikulieren, die wir uns wirklich einsichtig machen könnten. Wenn es eine solche Struktur gibt, wenn es eine Reihe von Gedanken gibt, die für eine solche Struktur unentbehrlich sind, dann haben die Mitglieder dieser Reihe sicher einen ausgezeichneten Status. Es wird dann angemessen sein, sie mit denjenigen weniger allgemeinen Gedanken zu kontrastieren, die solchen Zügen unserer Erfahrung entsprechen, von den wir abstrahieren können, ohne die gesamte Struktur der Konzeption von Erfahrung im ganzen zu gefährden. Und das gilt von den Begriffen ebenso wie von den Merkmalen, von denen sie Begriffe sind. Unterstellen wir einmal, daß wir uns den Kontrast zwischen dem *A priori* und dem Empirischen in diesem Sinn zu eigen machen und dann, dem Sinn dieser Zueignung gemäß, Kants Lehre gegenüberstehen, daß Raum und Zeit nicht nur Formen der Anschauung, sondern *apriorische* Formen der Anschauung sind. Wir haben dann nicht nur den Gedanken einer engen Verbindung zwischen der Vorstellung von Einzelnen, die in der Erfahrung angetroffen werden können, und der Vorstellung, sie seien räumlich und zeitlich geordnet. Wir sind vielmehr dem Gedanken konfrontiert, daß diese Verbindung so wichtig ist, daß sie nicht aufgelöst werden kann, ohne die Konzeption von Erfahrung im ganzen zu vernichten. Unsere erste Eingebung könnte sein, auf diesen Gedanken verschieden zu reagieren, je nachdem, ob es sich um den Gedanken zeitlicher oder um den Gedanken räumlicher Ordnung handelt. Vom Gedanken der Zeit zu abstrahieren, vom Gedanken der zeitlichen Reihenfolge zu abstrahieren und doch den Gedanken von Erfahrung im allgemeinen zu bewahren – daß dies eine Aufgabe ist, die unsere Fähigkeiten übersteigt, können wir sofort zugeben. In der Umgangssprache sagen wir von besonders herausgehobenen Momenten in der Erfahrung, sie seien „zeitlos". Aber zeitliche Momente sind sie gleichwohl, sie haben ihre Stelle in der zeitlichen Reihenfolge, ihnen gehen Momente voraus und Momente folgen ihnen. Wir könnten sie uns nicht anders vorstellen als Teil von etwas, das wir mit „Erfahrung" meinen könnten. Daher scheint der Gedanke von Erfahrung im allgemeinen wirklich untrennbar zu sein vom Gedanken einer zeitlichen Folge in der Erfahrung. Das aber scheint, zumindest auf den ersten Blick, anders zu sein mit dem Gedanken räumlicher Ordnung. Das Hören einer Reihe von Tönen z. B. scheint der Fall eines Typs von Erfahrung zu sein, der völlig kohärent in Isolation von allem anderen erwogen werden kann. Ist es nicht vorstellbar, daß Erfahrung im allgemeinen ausschließlich aus solchen Folgen von Hörerfahrung bestünde? Und wo wäre dann die notwendige oder auch nur mögliche Stelle für den Begriff räumlicher Ordnung von Einzelnem, das in der Erfahrung angetroffen wird?

Kant argumentiert in der Transzendentalen Ästhetik nicht dafür, ja er behauptet nicht einmal explizit, daß räumliche Ordnung von wenigstens einigen Elementen, die in der Erfahrung angetroffen werden, ein notwendiger Bestandteil jeder Konzeption von Erfahrung ist, die wir uns verständlich machen können. In späteren Teilen der *Kritik* wird er diese Ansicht in ihrer Kantischen Form behaupten, in der sie besagt, daß Anschauung des „äußeren Sinns" eine notwendige Bedingung der Möglichkeit von Erfahrungen sind – am ausdrücklichsten in der Widerlegung des Idealismus und in der Allgemeinen Anmerkung zum System der Grundsätze. Nachdem er argumentiert hat, daß die Möglichkeit empirischen Selbstbewußtseins und die Erkenntnis von Gegenständen mit Hilfe der Kategorien wechselseitig voneinander abhängen und zusammen für die Möglichkeit von Erfahrung im allgemeinen notwendig sind, wird er in der Widerlegung des Idealismus behaupten, daß das Vorkommen der Anschauung von räumlichen Gegenständen eine notwendige Bedingung für Erfahrung ist und, in der Allgemeinen Anmerkung, daß es eine notwendige Bedingung für unser Verständnis ihrer Möglichkeit ist. Der Argumentationsgang bleibt im ganzen etwas undeutlich. Klarer wäre es gewesen – und vielleicht charakteristischer für den Philosophen – wenn er argumentiert hätte, daß die allgemeinen Bedingungen für die Möglichkeit von Erfahrung die Existenz einer Form von sinnlicher Ordnung von Einzelnem in der Erfahrung erfordern, die von der zeitlichen Ordnung verschieden und der räumlichen zumindest analog ist; und wenn er dann zu der Behauptung fortgegangen wäre, daß, wie die Dinge einmal liegen, wir uns keine Alternative zur räumlichen Ordnung selber denken können. Wenn die letzte Behauptung herausgefordert würde – was mögich ist –, könnte man sich auf die schwächere These zurückziehen, die besagt, daß jedes System von Relationen zwischen Einzelnen, wie es vorhergehende Argumente als für die Möglichkeit von Erfahrung notwendig erwiesen haben, gedacht werden muß nach Analogie zum System räumlicher Relationen, jedenfalls von Wesen, wie wir sie sind. Im allgemeinen Überblick habe ich versucht, diese Undeutlichkeit in Kants Entwicklung seiner Ansichten dadurch zu korrigieren, daß ich die Objektivitätsthese und die Räumlichkeitsthese getrennt aufgeführt habe.

2. Raum und Zeit als Formen der Anschauung: die transzendental-idealistische Interpretation

Der letzte Absatz antizipierte Späteres. Der Punkt, der aus ihm festgehalten werden sollte, ist, daß Kant in der Tat Raum und Zeit als *apriorische* Formen der Anschauung verstand – in dem Sinn, in dem ich vorschlug, sich den Ausdruck „a priori" zu eigen zu machen. Dieser Sinn von „a priori" ist aber nicht der für Kant primäre oder auch nur der, der in der Entwicklung der Lehre der Ästhetik zuoberst steht. Das ist vielmehr ein Sinn von „a priori", der uns unvermeidlich und direkt in die doktrinalen Träumereien des transzendentalen Idealismus einführt. Das Modell, das wir von Kants analytischer Darstellung der Erfahrung abzutrennen uns bemühen wollen, ist schon in den Eröffnungsparagraphen der Ästhetik gegenwärtig und hat dort auch schon beinahe seine volle Kraft. Wir müssen nun alle jene Konnotationen von Kants Terminologie, die bisher unterdrückt oder außer Acht gelassen wurden, ans Licht treten lassen.

Als eine Vorüberlegung erwägen wir erneut die Behauptung, Raum und Zeit seien Formen der Anschauung (und vernachlässigen dabei die nähere Bestimmung „a priori"). Ich habe diese Behauptung als die erkenntnistheoretisch schiefe Fassung der engen Verbindung zwischen dem Gedanken eines Einzelnen und den Gedanken räumlicher und zeitlicher Ordnung dargestellt: Raum und Zeit sind die Formen der Besonderung. Aber die erkenntnistheoretische Schiefe ist selber schon ausreichend, um der Behauptung eine gefährliche Zweideutigkeit zu verleihen. Wenn sie so gelesen wird: das Räumliche und das Zeitliche sind die Modi, in denen wir einzelne Instanzen allgemeiner Begriffe in ihrer Zuordnung zueinander gewahren – zeigt sich die Zweideutigkeit von selbst. Sind das Räumliche und das Zeitliche die Weisen, in denen die einzelnen Instanzen geordnet sind und in denen wir sie *daher* als geordnet wahrnehmen? Oder sind sie *unsere* Weisen, einzelne Instanzen als geordnet wahrzunehmen und *daher* die Weisen, in denen sie geordnet sind? Es ist genug, die Behauptung mit der Betonung auf „wir" zu lesen, um die Balance zur Subjektivität hin zu verschieben.

Soviel können wir einfach schon als in der erkenntnistheoretischen Schiefe enthalten festhalten. Aber Kant ist bei weitem mutwilliger. Der wesentliche Rahmen seines Modells ist ganz bewußt präsentiert in der Lehre, daß Raum und Zeit Formen sinnlicher Anschauung sind.

Wenden wir uns zunächst der These zu, daß menschliche Anschauung wesentlich *sinnliche* Anschauung ist. Für sich genommen scheint darin nichts philosophisch Waghalsiges zu stecken. Sie läuft, wie Kant erklärt, darauf hinaus, daß unser Bewußtsein oder unsere Wahrnehmung eines Objekts erfordert, daß wir durch es *affiziert* werden. Das seinerseits läuft auf nichts anderes hinaus, als daß die Existenz des wahrgenommenen Objekts eine ist und die Existenz unserer-Wahrnehmung seiner eine andere und davon unterschiedene Existenz, die deshalb von der ersteren in einem nicht-logischen, kausalen Sinne abhängig ist, obwohl die Beschreibung der Wahrnehmung des Objekts logisch von der Existenz des Objekts abhängt. Jede Theorie, die behauptet, daß wir Objekte gewahren, deren Existenz von unserer Wahrnehmung ihrer unabhängig ist, ist zur Anerkennung von zumindest soviel verpflichtet. Wenn wir Kant als Analytiker der Konzeption von Erfahrung im allgemeinen verstehen und daher über eine so frühe und ungestützte Behauptung dieser These verwirrt sind, so ist das nur der Fall, weil wir sie als eine These auffassen, die in jeder gewissenhaften Verrichtung der analytischen Unternehmung argumentativ als einen notwendigen Zug der Erfahrung formulierend nachgewiesen werden muß. Denn es ist nicht so offensichtlich, daß es keine mögliche Erfahrung oder keine Erfahrung, von der wir uns ein kohärentes Bild machen können, geben könnte, in der das esse der Objekte nichts als ihr percipi wäre.

Gleichwohl ist die These in sich nicht bemerkenswert. Was die Situation gründlich verändert, ist, daß der Lehre, unsere Anschauung sei in diesem Sinn eine sinnliche, die weitere Lehre, wie Kant sie versteht, hinzugefügt wird, Raum und Zeit seien nichts als Formen unserer Anschauung. Diese Hinzufügung müßte die Situation dann nicht verändern, wenn wir die letztere Auffassung lediglich als die erkenntnistheoretisch schiefe Behauptung der These läsen, daß das Räumliche und das Zeitliche die Formen der Besonderung sind. Solange wir sie so verstehen, können wir unterstellen, daß die affizierenden Objekte, auf deren Existenz, weil unsere Anschauung „sinnlich" ist, unser Gewahren einzelner Gegebenheiten nichtlogisch oder kausal beruht, einfach die räumlich und zeitlich geordneten Gegebenheiten selber sind, auf die wir unsere allgemeinen Begriffe anwenden. Aber jenseits allen möglichen Zweifels wird klargemacht, daß dies nicht intendierte Lesart ist.[3] Räumlich und zeitlich geordnete Gegebenheiten sind nicht die fraglichen affizierenden Objekte, sondern nur und äußerstenfalls ihre Wirkungen, Erscheinungen, die sie Wesen zeigen, die wie wir mit räumlichen und zeitlichen Weisen sinnlicher Anschauung ausgestattet sind. Dies ist die volle subjektive Bedeutung der Lehre, daß Raum und Zeit Formen solcher Anschauung sind. Daß sie auch *apriorische* Formen genannt werden, unterstreicht nur ihre Subjektivität: Raum und Zeit sind „in uns, vor aller Erfahrung"; es ist ein Zug unserer kognitiven Ausstattung und aus diesem Grund eine Bedingung der Möglichkeit solcher Erfahrung, wie wir sie haben, daß uns Objekte in der Weise affizieren, daß sie ein Bewußtsein von räumlich und zeitlich geordneten Gegebenheiten hervorrufen. Insofern Anschauung für die Erkenntnis von Gegenständen wesentlich ist und wir keine anderen Modi der Anschauung als den sinnlichen haben, können wir kein Wissen von den affizierenden Gegenständen, wie sie an sich sind, haben, mit Ausnahme des negativen Wissens, daß sie nicht Dinge in Raum und Zeit sind.

Es ist offenbar genug, daß eine solche Lehre, in der scheinbar so nüchterne Thesen einen so überraschenden und revolutionären Sinn annehmen, sich vermutlich für Paradoxa fruchtbar erweist. Diese Paradoxa werde ich später ausführlicher erörtern. Aber es gibt eine Komplikation, mit der uns Kant jetzt, in der Ästhetik, konfrontiert. Sie muß auf dieser Stufe zumindest eine vorläufige Erörterung erfahren und mit der vierten der Dualitäten in Verbindung gebracht werden, die ich zu Beginn erwähnte: der Dualität des Inneren und des Äußeren. Raum und Zeit werden beide gleichermaßen der subjektiven Konstitution unseres Verstandes zugeordnet und alle räumlich und zeitlich geordneten Gegebenheiten, die in unserer Erfahrung auftreten, werden dazu erklärt, nur das Ergebnis eines Affiziertwerdens unserer Konstitution durch Objekte zu sein, die an sich selber unerkennbar sind. Aber treten nicht unsere eigenen Erlebnisse oder Bewußtseinszustände, von denen einige Wahrnehmungen von räumlich geordneten Gegebenheiten sind und andere nicht, wesentlich in zeitlicher Folge auf? Und wissen wir, wenn wir unsere eigenen Bewußtseinszustände kennen, nicht zumindest dann etwas über uns, wie wir an uns selber sind, selbst wenn wir nichts über andere

Dinge wissen, wie sie an sich selber sind? Und ist nicht die Zulassung dieser beiden Punkte unvereinbar mit der Lehre, daß Wissen von zeitlich geordneten Gegebenheiten nicht Wissen von Dingen an sich ist?

Kant hat klar gesehen, daß dies eine Schwierigkeit ist oder als eine solche betrachtet werden würde. Seine Lösung impliziert die Leugnung der zweiten der beiden Behauptungen, die zusammen mit der Lehre, Wissen von zeitlich geordneten Gegebenheiten sei kein Wissen von Dingen an sich, unvereinbar zu sein scheinen. D. h. er leugnet, daß, wenn wir unsere (zeitlich geordneten) Bewußtseinszustände kennen, wir dann etwas über uns selber oder unser Bewußtsein, wie es an sich ist, wissen. Und er verbindet diese Bestreitung mit der allgemeinen Theorie der Formen der Anschauung durch die These, daß von den beiden Modi, dem räumlichen und dem zeitlichen, in denen einzelne Gegebenheiten in der Erfahrung geordnet sind, die Zeit spezifisch der Modus ist, in dem einzelne Gegebenheiten geordnet erscheinen als Resultat einer *Selbst-Affektion* unserer durch uns, wie wir an uns selber sind. Weil die affizierenden Objekte wir selbst sind, können wir die Resultate der Affektion *Erscheinungen unserer selbst* nennen. Wir können legitim von empirischem Selbstbewußtsein sprechen, davon, daß wir *unserer eigenen* (zeitlich geordneten) Bewußtseinszustände bewußt sind, solange wir in der Erinnerung behalten, daß das nicht Wissen von uns ist, wie wir an uns selber sind, sondern nur von dem, wie wir uns erscheinen. Das ist die, wenn auch noch nicht voll herausgearbeitete Bedeutung der Lehre, daß die Zeit die Form des *inneren* Sinns ist. Ein Teil dessen, was sie besagt, können wir bereitwillig als etwas akzeptieren, zu dem wir uns keinerlei Alternative denken können: nämlich, daß alle einzelnen Bewußtseinszustände unter Einschluß unserer Wahrnehmungen räumlich geordneter Gegenstände zeitlich geordnet sind. Was sie weiter besagt, ist, daß die Erscheinungen so geordneter Zustände das Resultat einer unzeitlichen Selbst-Affektion von uns sind, wie wir an uns selber sind. Zeit ist *nichts als* die Form des inneren Sinns.

Zeitlich geordnete Bewußtseinszustände schließen Wahrnehmungen von räumlich geordneten Dingen ein. (Wie ich schon erwähnt habe, muß noch gezeigt werden, wird aber auch noch gezeigt werden, daß wir uns keine Konzeption möglicher Erfahrung bilden können, von der das nicht gilt.) Bewußtsein von einzelnen Gegebenheiten als räumlich geordnet und solche räumlichen Charakteristika wie Ausdehnung und Gestalt aufweisend, hängt von unserem Besitz einer Fähigkeit räumlicher oder „äußerer“ Anschauung ab, genannt der *äußere Sinn*. Zu sagen, daß der Raum nur die Form unserer Sinnlichkeit (die Form des äußeren Sinnes) ist, bringt *einige* derselben Implikationen mit sich, wie zu sagen, daß die Zeit nur die Form unserer Sinnlichkeit ist. Das heißt, es ist einfach ein Zug unserer kognitiven Konstitution, daß die Wirkung von Gegenständen, wie sie an sich sind, auf diese Konstitution Bewußtsein von räumlich geordneten Gegebenheiten, die räumliche Charakteristika zeigen, ergeben muß. Aber es gibt auch Unterschiede, die hinsichtlich der beiden Formen sinnlicher Anschauung festgehalten werden können. So können wir hinsichtlich der Dinge an sich, die unser Vermögen des äußeren Sinnes affizieren und das Bewußtsein von räumlichen

Gegebenheiten hervorrufen, nicht behaupten, daß sie dasselbe oder derselben Natur sind wie wir, wie wir an uns selber sind. Wir können das nicht behaupten, aber wir können es auch nicht bestreiten.[4] Es ist dies ein Punkt, über den wir unwissend bleiben müssen. Aber wie immer sich das auch verhalten mag, es gibt etwas anderes, das wir behaupten können. Ob nun die Gegenstände, die unser Vermögen des äußeren Sinnes affizieren und Bewußtsein von räumlich geordneten Gegebenheiten hervorrufen, an sich identisch mit oder verschieden von uns sind, wie wir an uns selber sind, oder ob sie nun derselben oder verschiedener Natur sind, wir können sicher sein, daß ihre Erscheinungen, d. h. die räumlich geordneten Gegebenheiten für unser Bewußtsein, die sie hervorrufen, sowohl in der Zeit als auch im Raum geordnet sein müssen. D. h. sie müssen Relationen gleichzeitiger oder aufeinander folgender Existenz zeigen. Denn alle einzelnen Bewußtseinszustände einschließlich unserer Wahrnehmungen räumlich geordneter Gegebenheiten sind in der Zeit geordnet, also sind es auch jene räumlich geordneten Gegebenheiten. Die Zeit ist „ist die unmittelbare Bedingung der inneren ((Erscheinungen)) (unserer Seelen) und eben dadurch mittelbar auch der äußren Erscheinungen. . . . alle Erscheinungen überhaupt . . . stehen notwendigerweise in Verhältnissen der Zeit.“[5]

Daß Kant derart die Zeitlichkeit aller räumlich bezogenen Gegenstände des Bewußtseins als eine Konsequenz der Zeitlichkeit aller Bewußtseinszustände darstellen soll, ist, obwohl völlig konsistent mit dem, was vorherging, eine hinreichend überraschende Tatsache, um weitere Kommentierung zu verdienen. Sie läßt einen Zug des transzendentalen Idealismus hervortreten, den wir (und Kant) gelegentlich zu übersehen geneigt sind, obwohl er bei anderen Gelegenheiten unserer Aufmerksamkeit durch seine Bereitwilligkeit, ihn dann anzuführen, aufgezwungen wird. Kant begleitet seine eigenen Behauptungen der transzendentalen Idealität sowohl der Zeit als auch des Raumes sehr oft mit der Behauptung empirischer Realität beider. Dies, so beansprucht er mit offenbarer Aufrichtigkeit, unterscheidet seinen Idealismus von dem Berkeleys, der „die Körper zu bloßem Schein herabsetzte“.[6] Aber wir dürfen uns fragen, ob der Unterschied wirklich so klar ist, wie Kant dachte. Es könnte scheinen, als sagte Kant in der Beanspruchung gleicher empirischer Realität für Raum und Zeit, daß einzelne Gegebenheiten in Raum und Zeit, sei ihr Charakter der von Körpern in Raum (und Zeit) oder der von Bewußtseinszuständen allein in der Zeit, hinsichtlich ihres wirklichen Daseins gleichgestellt sind, obwohl sie alle nur Erscheinungen von Dingen an sich sind, d. h. für ihre Existenz davon abhängig sind, daß wir, wie wir an uns selber sind, von anderen (oder denselben) Dingen affiziert werden, wie sie an sich sind. Aber das ist nicht wirklich die Bedeutung dieser These. Die These ist nicht, daß Dinge an sich (eingeschlossen uns selbst), indem sie unsere kognitive Konstitution affizieren, zwei verschiedene Arten von Existenzen produzieren, nämlich Körper in Raum (und Zeit) auf der einen und zeitlich geordnete Bewußtseinszustände einschließlich der Wahrnehmung jener Körper im Raum auf der anderen Seite. Vielmehr sind *alle* wirklichen Resultate dieser Transaktionen zwischen Dingen an sich zeitlich geordnete Bewußtseinszustände; aber diese enthalten (und, so wird später argumentiert, müssen enthalten, wenn Erfahrung möglich sein soll) Bewußtseinszustände, die wir als Wahrnehmungen von Körpern im Raum auffassen. Daher sind Raum und Zeit, Körper und Bewußtseinszustände, keineswegs wirklich gleichgestellt. Dieser Umstand kann für uns (und für Kant) durch seinen Nachdruck darauf, daß alle Dinge in Raum und Zeit gleichermaßen Erscheinungen sind, undeutlich werden; aber die Lehre hat hinsichtlich der beiden Klassen von Gegenständen eine durchaus verschiedene Bedeutung. Bewußtseinszustände, geordnet in der Zeit, sind Erscheinungen, weil sie bloß die Wirkungen von Dingen an sich sind und nicht Zustände von irgendwelchen solchen Dingen (uns selbst), wie sie (wir) wirklich, zeitlos, sind. Körper im Raum hingegen sind Erscheinungen in einem viel stärkeren Sinn. Sie sind nicht einmal Wirkungen von Dingen an sich. Es ist einfach so, daß unter den Wirkungen von Dingen an sich einige Bewußtseinszustände sind, die wir als Wahrnehmungen von Körpern im Raum aufzufassen genötigt sind. Und unabhängig von diesen Wahrnehmungen sind Körper gar nichts.

Dieser Aspekt des transzendentalen Idealismus kommt an gewissen Punkten entscheidend zum Vorschein, an denen die Lehre sehr stark beansprucht wird, wie das besonders in der Lösung der ersten und der zweiten Antinomie der Fall ist. Er tritt an solchen Punkten eher in den Hintergrund, an denen die Lehre selbst keine sehr aktive Rolle spielt. Ich verzichte darauf, die Lehre als ganze jetzt zu kommentieren. Wir müssen warten, bis alle ihre Verzweigungen entfaltet sind, bevor wir eine endgültige Einschätzung versuchen können. Wenn wir Kant in der auferlegten Rolle eines Analytikers der Konzeption möglicher Erfahrung sehen, werden wir oft in der Lage sein, sie ganz zu ignorieren. Aber wir müssen zumindest ihrer anfängliche Formulierung vor Augen haben.

3. Form und Materie: Verhältnisse und Empfindung

Wir müssen natürlich fragen, durch welche Argumente diese bemerkenswerten Lehren über Raum und Zeit in der Transzendentalen Ästhetik unterstützt werden. Das bei weitem wichtigste Argument für den Fall des Raumes leitet sich von Kants Auffassung der Natur der Sätze der Geometrie her, der „Mathematik des Raumes", wie er sie an anderer Stelle nennt. Parallel zu ihm gibt es einige eher flüchtige Bezugnahmen auf Sätze über die Zeit, von denen Kant dachte, daß sie derselben Natur seien wie die Axiome und Theoreme der Geometrie. Daher schien ihm unsere Erkenntnis dieser Sätze die gleiche Art von Erklärung zu fordern. Im allgemeinen sind die Erörterungen für den Fall des Raumes gehaltreicher als jene, die für den Fall der Zeit angeführt werden. Letztere sind nur schwache Parallelen der ersteren, wo solche Parallelen verfügbar sind. Ich werde die Aufmerksamkeit daher hauptsächlich den ersteren zuwenden. Aber da Kants Theorie der Geometrie eine ausführliche Erörterung verdient und es die Darstellung und Rekonstruktion seiner allgemeinen Theorie der Erfahrung jetzt zu sehr unterbrechen würde, verschiebe ich ihre Prüfung auf einen späteren Teil, um jetzt nur zu sagen, daß sie, trotz aller großartigen Einsicht, als eine Theorie „der Mathematik des Raumes" nicht länger haltbar ist und nicht die Kraft hat, die These des transzendentalen Idealismus bezüglich des Raumes zu etablieren.

Welche anderen Erwägungen bleiben dann? Wenn wir die Theorie der Geometrie beiseite lassen, müssen wir, glaube ich, vom Mangel wirklicher Argumentation für die These des transzendentalen Idealismus überrascht sein. Insofern wir uns auf Kants intellektuelle Entwicklung beziehen, können wir jene früheren Debatten zwischen Vertretern absoluter und Vertretern relationaler Theorien des Raumes (und der Zeit) anführen, die seine Aufmerksamkeit sehr beansprucht haben; und können bemerken, daß er dachte, der transzendentale Idealismus versöhne die Wahrheit in beiden Theorien, ohne in die Irrtümer einer von beiden zu verfallen. Aber das alles ist im Text zu skizzenhaft angedeutet, als daß sich ein Argument ergäbe, das unabhängig wäre von dem, das sich erneut auf die Natur geometrischer Wahrheit stützt. Es gibt andererseits in der Metaphysischen Erörterung des Begriffs des Raumes (und dem entsprechenden Paragraphen, der die Zeit behandelt) vier Absätze, die als Argumente präsentiert und numeriert werden. Zwei von ihnen beziehen sich auf die Einzigkeit – oder Einheit – von Raum und Zeit, die werde ich im nächsten Abschnitt diskutieren. Die beiden anderen will ich, obwohl sie extrem schwach sind, jetzt erörtern, nur um anzudeuten, wie unerhellend sie für sich genommen sind.

Kant argumentiert, erstens, daß die Vorstellung des Raumes nicht aus der Erfahrung gewonnen werden kann, daß Gegenstände räumlich aufeinander und auf uns bezogen sind. Denn diese Erfahrung setzt die Vorstellung des Raumes schon voraus.[7] Dies Argument ist wirklich zu kurzschlüssig. Es ist schwierig, ihm etwas entfernt Zweckentsprechendes zu entnehmen außer der Tautologie, daß wir Gegenstände nicht als räumlich aufeinander bezogen wahrnehmen könnten, wenn wir nicht die Fähigkeit dazu hätten. Wenn das „Voraussetzen" der „Vorstellung des Raumes" mehr als dies meint, dann wirft das Argument für sich kein Licht darauf, was mehr es bedeutet.

Das nächste Argument stützt sich auf die Behauptungen, daß (a) „man . . . sich niemals eine Vorstellung davon machen (kann), daß kein Raum sei", obwohl (b) „man sich gleich ganz wohl denken kann, daß keine Gegenstände darin angetroffen werden."[8] Dies schlägt eine Art von Gedankenexperiment vor, das anzustellen wir aufgefordert werden. Aber trotz Kants zuversichtlicher Verkündung seiner Ergebnisse ist bei weitem nicht klar, worin das Experiment besteht und was seine Ergebnisse implizieren. Wir können etwa unsere Augen schließen und uns eine monotone Schwärze vorstellen; oder etwa die Worte „grenzenloser leerer Raum" zu uns selber sprechen und damit etwas zu meinen scheinen. Verifiziert das (b)? Und wenn ja, was ist damit gezeigt? Wird behauptet, daß wir solche Gedankenexperimente nicht machen können, wenn nicht die räumliche Bezogenheit der Gegebenheiten, die wir als so bezogen gewahren, völlig auf unsere kognitive Konstitution zurückginge? Das scheint ein zu großer Schritt zu sein. Wie verhält es sich mit (a)? Vielleicht meint (a), daß wir uns die Konzeption einer völlig nicht-räumlichen Erfahrung nicht verständlich machen können. Wir können das vielleicht tatsächlich nicht. Aber wenn das der Fall ist, muß es immer noch argumentativ nachgewiesen werden; und würde, wenn das Argument erfolgreich wäre, zeigen, daß der Raum ein *apriorischer* Zug der Erfahrung eher im Sinne der kargen Interpretation des *„A priori"* ist als im Sinn der transzendentalidealistischen Interpretation. Um die transzendentialistische Schlußfolgerung zu erreichen, müßten wir ein weiteres Argument haben, das zeigt, daß kein Zug der Erfahrung *a priori* im ersten Sinn sein könnte, ohne auch *a priori* im zweiten Sinn zu sein.

Es ist klar, daß nichts dadurch gewonnen werden kann, daß man allein über diesen Argumentbröckchen brütet. Wir müssen vielmehr versuchen, aus dem allgemeinen Argumentationsgang in der Ästhetik die uns nur möglichen Fingerzeige auf Erwägungen zu entnehmen, die unabhängig vom Argument aus der Geometrie nach Kants Meinung Gründe für die Idealitätsthese darstellen.

Ein Hinweis wird durch die Art und Weise nahegelegt, in der Kant im dritten Paragraphen der Ästhetik die Unterscheidung zwischen *Form* und *Materie* der Erscheinungen trifft, d. h. die Unterscheidung zwischen Form und Materie dessen, dessen wir uns bewußt sind, wenn wir Erfahrung mit einzelnen, unter allgemeine Begriffe fallenden Gegebenheiten machen. Die Form, so wird gesagt, ermöglicht, „daß das Mannigfaltige der Erscheinung (d. h. der Komplex von Elementen der Erscheinung) in gewissen *Verhältnissen* geordnet werden kann". Die Materie, so wird gesagt, ist das an den Erscheinungen, was der *Empfindung* korrespondiert. Weil die Form unmittelbar unserem Verstand, unseren kognitiven Vermögen zugeschrieben wird und weil die Empfindung das an den Erscheinungen sein soll, für das die Verantwortung nicht unseren kognitiven Vermögen, sondern den Gegenständen, die sie affizieren, zugeschrieben werden muß, ist der allgemeine Rahmen der idealistischen These mit dieser Entgegensetzung von Form und Materie schon gegeben; es bleibt nur noch übrig, Raum und Zeit eher der formalen als der materialen Seite der Entgegensetzung zuzuordnen. Nichtsdestoweniger scheint es so, als könnten wir dieser raschen Konstruktion zwei Hinweise entnehmen. Der erste steckt im Zusammenhang von Form und Verhältnis; der zweite in der Entgegensetzung von Form und Empfindung. Können die Punkte der Verbindung und der Entgegensetzung mit Beziehung auf Raum und Zeit derart als triftig erwiesen werden, daß sie einen unabhängigen Grund oder wenigstens den Anschein eines unabhängigen Grundes für die Idealitätsthese abgeben?

Für den ersten Punkt können wir Kant gegen sich selbst zitieren. Er gibt nämlich zu, daß kein Widerspruch darin liegt, zugleich eine relationale Auffassung von Raum und Zeit zu vertreten und ihre transzendentale Idealität zu leugnen.[9] Der Einwand gegen eine solche Position liegt für Kant darin, daß sie uns unfähig läßt, das Wissen von notwendigen Wahrheiten über Dinge in Raum und Zeit zu erklären, für das die Geometrie ein so brillantes Beispiel gibt. Wir können von der Newtonischen Belastung, Raum und Zeit als unabhängige Existenzen aufzufassen („zwei ewige und unendliche vor sich bestehende Undinge")[10], befreien, wenn wir sie einfach als Systeme von Relationen zwischen einzelnen, von uns in der Erfahrung angetroffenen Gegebenheiten auffassen. Aber wenn wir an diesem Punkt Halt machen, werden wir keine adäquate Theorie unseres mathematischen Wissens von der Natur haben. Wir werden vielmehr schließen müssen, daß, wenn die Sätze der Geometrie gültig für räumliche Gegenstände sind, es nur eine zufällige Wahrheit ist, daß das der Fall ist. Wir wissen aber, daß diese Schlußfolgerung falsch ist. Wir können sie nur vermeiden, wenn wir den weiteren Schritt tun anzuerkennen, daß die Systeme räumlicher und zeitlicher Relationen zwischen einzelnen Gegebenheiten in der Erfahrung ihren Ursprung allein in unseren Verstandesvermögen haben. So argumentiert Kant und macht damit klar, daß es hier keinen unabhängigen Übergang vom relationalen Charakter von Raum und Zeit (als Zügen der Erscheinungen) zu ihrer Idealität gibt. Auf das Argument aus der Geometrie kann derart nicht verzichtet werden.

Illusion kann an diesem Punkt, worauf ich bereits angespielt habe, durch die erkenntnistheoretische Richtung der Untersuchung begünstigt werden. Wenn wir den Zusammenhang zwischen „Form" und „Verhältnis" betonen und die erkenntnistheoretische Formulierung entfernen, könnten wir die Lehre, daß Raum und Zeit Formen der Anschauung sind, so ausdrücken: Raum und Zeit sind die grundlegenden Systeme von Relationen zwischen einzelnen Gegebenheiten in der Erfahrung; oder so: das Räumliche und das Zeitliche sind die grundlegenden Modi, in denen einzelne Gegebenheiten in der Erfahrung einander zugeordnet sind. Die erkenntnistheoretische Formulierung erneut einführend, reformulieren wir das letztere folgendermaßen: das Räumliche und das Zeitliche sind die fundamentalen Modi, in denen *wir uns* der Zuordnung einzelner Gegebenheiten in der Erfahrung *bewußt werden*. Die Reformulierung führt zu der Zweideutigkeit, die ich bereits kommentiert habe.

Was hat es mit der Entgegensetzung von Raum und Zeit als Formen einerseits, mit dem, „was zur Empfindung gehört" andererseits, auf sich? Kant stellt die Natur der Entgegensetzung für den Fall des Raumes eingehend dar und zeigt so, daß der Punkt nicht so sehr mit dem Raum als mit der Räumlichkeit, nicht so sehr mit der Vorstellung eines Systems räumlich geordneter Gegebenheiten als mit der Vorstellung räumlicher Charakteristika und Relationen im allgemeinen zu tun hat. Nachdem er bemerkt hat, daß eine reine Form der Sinnlichkeit auch eine reine Anschauung genannt werden kann, fährt er fort:

> „So, wenn ich von der Vorstellung eines Körpers das, . . . was davon zur Empfindung gehört, als Undurchdringlichkeit, Härte, Farbe etc. absondere, so bleibt mir aus dieser empirischen Anschauung noch etwas übrig, nämlich Ausdehnung und Gestalt. Diese gehören zur reinen Anschauung, die a priori, auch ohne einen wirklichen Gegenstand der Sinne oder Empfindung, als eine bloße Form der Sinnlichkeit im Gemüte stattfindet."[11]

Wir sind, so scheint es, auf vertrautem Boden, der von Locke und, in anderem Geiste, von Berkeley abgeschritten worden ist. Wir könnten versucht sein, unmittelbar Berkeleys Kritik an Locke wiederzugeben. Wenn wir wirklich von Farbe und Härte und allem, „was zur Empfindung gehört", abstrahieren, sind wir, weit entfernt davon, die „reinen“ Begriffe von Ausdehnung und Gestalt übrig zu behalten, mit nichts als bedeutungsleeren Wörtern zurückgeblieben, Wörtern, die zumindest aller Bedeutung, die plausiblerweise als mit irgendeiner Art Anschauung, mit irgendetwas zum sinnlichen Bewußtsein einzelner Gegebenheiten Analogem zusammenhängend aufgefaßt werden könnte, entleert sind. (Die fraglichen Wörter könnten durch ihren Ort als uninterpretierte Zeichen in einem formalen System mit einer rein logischen Bedeutung versehen worden sein.) Aber wie immer auch Berkeleys Protest für sich genommen berechtigt sein mag, hier wäre er in gewissem Maße fehl am Platze. Kants Lehre von der reinen Anschauung ist nicht im gleichen Geiste konzipiert wie Lockes Lehre von den primären Qualitäten. Von den beiden Sätzen, die ich zitiert habe, gibt der zweite, nicht der erste, die richtigere Anzeige der Natur der Lehre. Sie besagt, daß „ohne irgendeinen *wirklichen* Gegenstand der Sinne oder der Empfindung“, der gegenwärtig wäre, wir die Fähigkeit haben, uns in der Einbildungskraft einzelne Exemplare von Figuren vorzustellen, die gewissen räumlichen Begriffen (z. B. dem eines Dreiecks) entsprechen und mit deren Hilfe wir entscheiden können, daß alle jenen Begriffen entsprechenden Gegenstände notwendigerweise gewisse andere Eigenschaften oder Relationen besitzen, ohne daß das aus jenen Begriffen allein logisch folgte.[12]

Berkeleys Protest, soviel ist richtig, ist dadurch eher nur gedämpft als zum Schweigen gebracht worden. Der erste der beiden zitierten Sätze muß als zumindest irreführend beurteilt werden. Denn man könnte darauf hinweisen, daß wir diese Fähigkeit zur Konstruktion in der Einbildungskraft nicht betätigen könnten, ohne sie in irgendeinem sinnlichen Modus, z. B. dem visuellen zu betätigen. Und es ist schwer zu verstehen, was es heißen könnte, sich eine Linie vorzustellen, ohne zugleich etwas vorzustellen, was, im weitesten Sinn dieses Ausdrucks, eine Farbgrenze genannt werden kann. Aber wir müssen auf diesem Einspruch nicht nachdrücklich bestehen. Wir können sehen, daß der Punkt, den Kant zu machen wirklich interessiert ist, wenn er eine gewisse Klasse räumlicher Begriffe, einschließlich besonders von Begriffen für räumliche Figuren, dem entgegensetzt, „was zur Empfindung gehört“, – wie irreführend immer er ihn auch formuliert –, einfach der folgende ist: Um zu bestimmen, daß gewisse Eigenschaften den Dingen zukommen, die unter Begriffe dieser Klasse fallen, sind wir nicht auf die Ergebnisse empirischer Beobachtung der Charakteristika und Relationen von in der Erfahrung gegebenen Gegenständen angewiesen. Wir sind in der Tat dazu auf den Gebrauch unseres Vermögens sinnlicher Anschauung angewiesen: aber es ist nur sein „reiner“, nicht sein „empirischer“ Gebrauch.

Meine These ist also, daß das äußerste, was wir über eine bloße Bekräftigung der These des transzendentalen Idealismus hinaus in der Entgegensetzung von Raum und Zeit zu dem, „was zur Empfindung gehört“, finden können, eine kurze und möglicherweise unklare Darstellung der Lehre von der reinen Anschauung ist, die entwickelt wird, um das Problem unseres Wissens der geometrischen Wahrheiten zu lösen.[13] Wir finden also einmal mehr kein unabhängiges Argument für die Behauptung, daß der Raum *a priori* im Sinne des transzendentalen Idealismus ist.

Alle Erwägungen, die wir uns bisher vor Augen geführt haben, beruhen, sofern sie mehr als bloße Bekräftigungen dieser Lehre sind, auf dem Argument aus der Geometrie.

4. Die Einheit von Raum und Zeit

Es gibt zumindest drei unterscheidbare, wenn auch zusammenhängende Weisen, auf die Kant in seiner Diskussion des Raumes die Ausdrücke *„a priori"* und „Anschauung" miteinander verknüpft. Erstens erklärt er, daß *Raum und Zeit* apriorische *Formen der empirischen Anschauung* sind – die Lehre, die wir schon sowohl in ihrer kargen, als auch in ihrer transzendentalidealistischen Interpretation diskutiert haben. Zweitens erklärt er, daß wir *ein Vermögen oder eine Fähigkeit zu* apriorischer *oder nicht-empirischer räumlicher Anschauung* haben, durch deren Betätigung wir ein Wissen geometrischer Wahrheiten haben – eine Lehre, auf die wir angespielt haben. Drittens erklärt er, daß *Raum und Zeit selber* apriorische *Anschauungen sind.*

Es ist diese dritte These, dargelegt in den letzten beiden numerierten Absätzen der Metaphysischen Erörterung, die uns jetzt beschäftigt. Der zentrale Gedanke scheint zu sein, daß es nur einen Raum und eine Zeit gibt und beide unendlich sind. Wenden wir uns zuerst dem Gedanken der Einheit des Raumes und der Zeit zu. Seine Bedeutung kann am besten verstanden werden, wenn wir einen Einwand erwägen, der für den Fall des Raumes gegen ihn gemacht werden kann. Zu sagen, daß es nur einen Raum gibt, heißt mindestens zu sagen, daß jedes räumlich lozierte Objekt auf jedes andere solche Objekt räumlich bezogen ist. Es heißt zu sagen, daß es nur ein System von räumlich aufeinander bezogenen Dingen gibt. Dagegen könnte eingewendet werden, daß es tatsächlich räumlich voneinander unabhängige Systeme räumlich aufeinander bezogener Dinge gibt. So können z. B. die Elemente des Vorstellungsbildes einer Person (X) in räumlichen Verhältnissen zueinander stehen, ebenso die Elemente des Vorstellungsbildes einer anderen Person (Y). Aber es hat keinen Sinn, nach räumlichen Verhältnissen zwischen Elementen des Vorstellungsbildes von X und Elementen des Vorstellungsbildes von Y zu forschen. Die Elemente beider Vorstellungsbilder haben keinen gemeinsamen Raum. Weiterhin hat es keinen Sinn, nach räumlichen Relationen zwischen Elementen meines Vorstellungsbildes und Teilen meines Körpers oder Gegenständen in meinem Zimmer zu fragen. Der Raum, der die Tintenflasche auf meinem Tisch einschließt, enthält nicht auch die Tintenflasche vor meinem geistigen Auge. Letztere nimmt keinen Teil des Raumes ein (oder füllt keinen Platz in ihm aus), zu dem meine physikalische Tintenflasche gehört.

Es ist klar, daß, selbst wenn das in diesem Einwand Behauptete wahr ist, Kant es als irrelevant betrachten würde. Die Klasse von räumlich aufeinander bezogenen Gegebenheiten, von der er behauptet, daß in ihr jedes Mitglied auf jedes andere in einem einzigen umfassenden System bezogen ist, ist die Klasse öffentlicher physikalischer Körper, die wir als Gegenstände unserer Wahrnehmung und darin verschieden von unseren Wahrnehmungen ihrer oder von Bewußtseinszuständen im allgemeinen auffassen. Es ist der Raum, den solche Körper ausfüllen, von dem er behauptet, er sei einheitlich und einzig.

Nun scheint es wahr zu sein, daß wir eine solche Konzeption des physikalischen Raumes haben, und es scheint ebenfalls wahr zu sein, diesmal sogar ohne die Beschränkung, die das Wort „physikalisch" impliziert, daß wir eine gleichartige Konzeption der Zeit haben. Von jeder gegenwärtigen Gegebenheit, die zu irgendeiner anderen in einer zeitlichen Relation steht, denken wir, daß sie auch zu *jeder* anderen derartigen Gegebenheit in zeitlichen Relationen steht. Alle wirklichen zeitlichen Einzelheiten denken wir uns als in einem einzigen System zeitlicher Relationen geordnet, ebenso alles materiell Einzelne als geordnet in einem einzigen räumlichen System. D. h. wir haben die Konzeption eines einzigen raumzeitlichen Systems, daß alles, was geschieht, und alles, was physikalisch existiert, umfaßt.[14]

Wie ist die Tatsache, daß wir uns Raum und Zeit so denken, mit Kants Behauptung in Verbindung zu bringen, Raum und Zeit seien reine oder *apriorische* Anschauungen? Was das Wort „Anschauung", wiederum im Kontrast zu „Begriff" angeht, so können wir es, zum Teil zumindest, so verstehen, daß es darauf hinweist, daß der Ausdruck „Raum" in zweierlei Sinn gebraucht wird, von denen der eine ein Allgemeinbegriff ist und der andere nicht. So können wir einen besonderen Raum von drei Kubikmetern als eine Instanz des Allgemeinbegriffs „Raum von drei Kubikmetern" auffassen. Genauso können wir sagen, daß der Raum, der durch Fußboden, Wände und Decke eines Zimmers begrenzt ist, größer ist als der Raum, den Fußboden, Wände und Decke eines anderen Zimmers begrenzen; beide sind einzelne Instanzen des Begriffs „ein Raum". Aber diese einzelnen Räume, obwohl jeder eine Instanz des Begriffs „ein Raum", sind nicht Instanzen des Begriffs „der Raum" oder *des* Raumes in dem Sinn, in dem wir den Ausdruck gerade gebraucht haben, d. h. mit Bezug auf das umfassende System räumlich einander zugeordneter physikalischer Dinge. Sie sind vielmehr *Teile* des Raums. Das gleiche gilt für „Zeiten" (i. S. von Zeitpunkten oder i. S. von Zeiträumen) und „die Zeit".[15]

Das soll für den Augenblick als Erläuterung des Gebrauchs von „Anschauung" in Verbindung mit Raum und Zeit genügen. So verstanden, fügt die Verwendung des Wortes der Lehre von der Einzigkeit von Raum und Zeit nichts hinzu. Was hat es dann mit der Qualifikation *„a priori"* auf sich? Sollen wir sie so auffassen, daß die *Einzigkeit* von Raum und Zeit selber unserem Vermögen der Sinnlichkeit zugeschrieben werden muß? Vielleicht. Aber die Konvergenz verschiedener Gedankengänge an diesem Punkt und ein gewisser Mangel an Integration der Ästhetik mit der Transzendentalen Analytik verursacht einige Interpretationsschwierigkeit.

Nehmen wir zuerst unseren relativ kargen Sinn von *„a priori."* Zu behaupten, daß die Einheit von Raum und Zeit in diesem Sinn *a priori* ist, hieße zu behaupten, daß sie ein wesentliches Element jeder kohärenten Konzeption von Erfahrung ist, die wir ausbilden könnten. Ich habe bereits darauf hingewiesen, daß der Raum, von dem behauptet wird, er sei „wesentlich einer", der Raum ist, in dem physikalische Körper einander zugeordnet und von den Wahrnehmungen verschieden sind, die wir von ihnen haben. Zu behaupten, daß die Konzeption eines einzigen einheitlichen Raum-Zeit-Systems im kargen Sinn „*a priori*" ist, heißt also, schon eine ganz komplexe Verpflichtung hinsichtlich notwendiger Züge unserer Erfahrung eingegangen zu sein: erstens eine Verpflichtung auf die (oder eine Form der) Objektivitätsthese; zweitens auf die Räumlichkeitsthese; und schließlich auf die These der raumzeitlichen Einheit. Es gibt keinen Zweifel daran, daß Kant auf alle drei Thesen verpflichtet ist; und wenn es in der *Kritik* als ganzer eine beherrschende Idee gibt, dann ist es die Idee, daß die Existenz von *apriorischen* Notwendigkeiten im kargen Sinn nur erklärbar ist durch die These, daß solche Notwendigkeiten nichts als Züge unserer kognitiven Konstitution reflektieren. Aber sich an dieser Stelle auf diese Notwendigkeiten zu berufen, um die Zuschreibung der Einzigkeit von Raum und Zeit zu unserem Vermögen der Sinnlichkeit zu rechtfertigen, scheint der Übereinstimmung mit der Tatsache zu entbehren, daß die Themen der Objektivität und der Einheit zu den zentralen Themen der Analytik gehören, die doch eher die Bedingungen des Verstandes als die der Sinnlichkeit auf die Natur unserer Erfahrung erforschen soll. Das verdient hervorgehoben zu werden, nicht im Blick auf den Versuch, Kants Modell der Vermögen glatter funktionieren zu machen, sondern in der Absicht festzustellen, in welchem Ausmaß in der Ästhetik bekräftigte Thesen als für die Analytik und ihre Argumentation vorausgesetzt anzusehen sind.

Wenn wir uns den tatsächlichen Bemerkungen im Text zuwenden, durch die Kant seine Behauptung unterstützt, Raum und Zeit seien nicht nur Anschauungen (d. h. wesentlich einheitlich), sondern reine oder *apriorische* Anschauungen, scheinen sie auf folgendes hinauszulaufen: die Begriffe eines einzigen unbegrenzten oder unendlichen Raumes und einer einzigen unbegrenzten oder unendlichen Zeit sind in gewissem Sinne *fundamentaler* als irgendwelche Begriffe, die wir uns von einzelnen oder begrenzten Räumen bzw. Zeit(räum)en machen können. Wir können zur Vorstellung eines unendlichen allumfassenden Raumes nicht dadurch kommen, daß wir ihn sozusagen aus vorhergegebenen Teilräumen aufbauen (zusammensetzen); im Gegenteil, wir kommen zur Vorstellung einzelner Räume durch Begrenzungen, die in den unendlichen und allumfassenden Raum eingeführt werden.

Wie müssen wir das interpretieren? Wir können das schwerlich als eine Bemerkung über die Reihenfolge, in der dieses Vorstellungen im menschlichen Denken ausdrücklich gebildet werden, auffassen. So aufgefaßt, müßten wir es nämlich als unbefriedigend bezeichnen, weil die beiden erwähnten Alternativen nicht erschöpfend sind und keine von beiden so plausibel wie eine dritte ist: nämlich, daß, während wir in der Tat die Vorstellung des einen allumfassenden Raumes nicht nur durch eine Art geistiger Addition aus verschiedenen wahrgenommenen Räumen gewinnen, wir sie ausbilden in der Folge des Operierens mit räumlichen Begriffen über begrenzte Gegenstandsbereiche (der Erfahrung verschiedener Räume).

Wenn wir die Bemerkung so auffassen, daß sie eher ein Verhältnis begrifflicher Voraussetzung als eines der zeitlichen Reihenfolge der Ausbildung von Begriffen betrifft, ist sie gleichermaßen unbefriedigend. Es könnte gut behauptet werden, daß die Vorstellung eines allumfassenden Raumes unserer gewöhnlichen Anwendungsweise von räumlichen Begriffen auf die empirische Realität, auf das, was uns als physikalischer Raum gilt, immanent ist. Aber das würde die Auszeichnung begrifflicher Priorität nicht begründen. Die Vorstellung einzelner Räume, bestimmt durch Mengen einander räumlich zugeordneter physikalischer Gegenstände, bringt die Vorstellung des einen allumfassenden Raumes, der alle solchen Gegenstände enthält, vielleicht mit sich; aber ganz sicher führt auch die Vorstellung des einen allumfassenden Raumes die Vorstellung einzelner Räume, bestimmt durch einzelne Mengen solcher Dinge, mit sich.

Ich glaube nicht, daß wir Kants Gedanken hier verstehen können, ohne uns wieder auf das Argument aus der Geometrie zu beziehen. Nach Kants Auffassung ist unser Wissen geometrischer Wahrheiten, obwohl abhängig von der Anschauung, unabhängig von empirischer Anschauung. Es hängt in keiner Weise von der Beobachtung solcher wirklicher physikalischer Gegenstände ab, wie wir sie mit den Sinnen wahrnehmen. Es hängt vielmehr völlig vom Gebrauch des Vermögens reiner räumlicher Anschauung ab. Wenn wir wollen, können wir dieses Vermögen mit der Hilfe physikalischer Linien, die wir auf ein Blatt Papier zeichnen, betätigen. Aber wir können es genauso gut in der Vorstellung allein betätigen. Durch seine Betätigung gewinnen wir nicht nur Wissen über die notwendigen Charakteristika räumlicher Figuren (z. B. Dreiecke und Kreise), die wir in reiner Anschauung konstruieren; wir gewinnen auch Wissen über die notwendigen Charakteristika des Raumes, in dem wir sie konstruieren, z. B. darüber, daß er unendlich und dreidimensional ist. Wir können daher den unendlichen (euklidischen) Raum richtig so beschreiben, daß er selber eine reine Anschauung, ein Produkt der Ausübung des Vermögens reiner Anschauung ist. Die These des tranzendentalen Idealismus mit Beziehung auf den Raum ist die komplexe Behauptung, daß das Vermögen räumlicher Anschauung oder räumlichen Bewußtseins, das *rein*, d. h. ganz unabhängig von der Affektion unserer kognitiven Konstitution durch Dinge an sich, ausgeübt werden *kann*, genau dasselbe Vermögen ist, das in anderer Rolle durch die Wirkung von Dingen an sich auf uns angeregt wird und dann für unser Bewußtsein von räumlich geordneten und räumlich charakterisierten Gegebenheiten in der empirischen Anschauung verantwortlich ist. Das ist der Grund dafür, warum die reine Mathematik des Raumes zugleich die Mathematik des physikalischen Raumes ist, warum die Sätze der reinen Geometrie für die physikalischen Gegenstände der empirischen Anschauung notwendig gelten.

Diese Theorie der Geometrie muß, wie ich schon gesagt habe, später bewertet werden. Aber es macht einige Dinge klarer, wenn wir uns schon jetzt auf sie beziehen. Wenn Kant für den unendlichen Raum den Status einer Anschauung *a priori* beansprucht, können wir ihn so verstehen, daß er an die Ergebnisse der reinen oder nicht-empirischen Betätigung des Vermögens räumlicher Anschauung denkt. Wir müssen nicht unterstellen, daß er zu der Behauptung der These verpflichtet sei, daß die Vorstellung von einzelnen *empirischen* Räumen in ihrer Bestimmung durch einzelne Mengen räumlich einander zugeordneter Objekte die Vorstellung des einen, allumfassenden Raumes, der alle so einander zugeordneten Gegenstände enthält, impliziert, während er die konverse Implikation bestreite. Im Gegenteil, obwohl keineswegs offensichtlich ist, daß Kant über diesen Punkt Klarheit hatte, ist der Weg offen für das Eingeständnis, daß die Behauptung der notwendigen Einheit des physikalischen Raumes, der alle räumlich geordneten Gegenstände umfaßt, nicht allein auf Erwägungen beruhen kann, die in der Ästhetik vorgebracht werden. Die Geometrie kann nichts darüber sagen, daß es nur ein umfassendes System physikalischer Körper gibt.

Sogar die beiden ersten numerierten Absätze der Metaphysischen Erörterung, die ich als nicht hilfreich abgetan habe, werden in diesem Licht klarer. Die vorausgesetzte „Vorstellung des Raumes" aus Argument 1 und die Fähigkeit zu denken, „daß keine Gegenstände" im Raum „angetroffen werden", aus Argument 2 können beide als Anspielung auf die reine oder nichtempirische Ausübung des Vermögens räumlicher Anschauung verstanden werden. Selbstverständlich, wenn wir diese Formulierungen so verstehen, reduzieren wir die Absätze, in denen sie enthalten sind, darauf, völlig vom Argument aus der Geometrie abhängig zu sein. Sie verlieren ihren Status als unabhängige Argumente. Aber das heißt, in ihrem Fall, nicht sehr viel zu verlieren.

Wir sind also einmal mehr zu der Schlußfolgerung geführt, daß die Qualifikation von Raum und Zeit als *„a priori"* im Sinn oder im vielfachen Sinn des transzendentalen Subjektivismus (d. h. in jedem Sinn, der impliziert, daß sie „vor aller Erfahrung in uns" sind) auf keinem Grund beruht, der unabhängig vom Argument aus der Geometrie oder von seiner oberflächlichen Parallele für den Fall der Zeit wäre. Diese Schlußfolgerung ist ganz unabhängig davon, ob der transzendentale Subjektivismus die Form der Behauptung annimmt, Raum und Zeit seien selber *apriorische* Anschauungen, oder ob er die Form der Behauptung annimmt, sei seien *apriorische* Formen der (empirischen) Anschauung.

5. *„A Priori"* und *„Angeboren"*

Ich habe mich bisher auf zwei Bedeutungen oder Interpretationen des Ausdrucks *„a priori"* bezogen. In der ersten oder kargen Interpretation kann ein Begriff oder Zug (Element) *a priori* genannt werden, wenn er (es) ein wesentliches strukturelles Element in jeder Konzeption von Erfahrung ist, die wir uns verständlich machen können. In der zweiten oder transzendentalidealistischen Interpretation hieß ein Element *a priori* zu nennen, zu behaupten, daß sein Auftreten als ein Zug der Erfahrung vollständig der Natur unserer kognitiven Konstitution und überhaupt nicht der Natur der Dinge an sich zuzuschreiben ist, die unsere Konstitution affizieren und dadurch Erfahrung erzeugen. Es könnte jemand darauf bestehen, daß ich, in der Beschränkung der Aufmerksamkeit auf diese beiden Interpretationen des Ausdrucks, eine dritte mögliche vernachlässigt habe, die zudem in der Geschichte der Philosophie vertraut ist. Und einige von Kants Argumenten könnten befriedigender so verstanden werden, als beabsichtigten sie zu begründen, daß unsere *Vorstellungen* von Raum und Zeit (eher als Raum und Zeit selber) *a priori* in diesem dritten Sinn seien. Dieser dritte Sinn ist derjenige, der in jenen alten und pittoresken Debatten über den Ursprung unserer Vorstellungen durch das Wort „angeboren" ausgedrückt wird. Vielleicht sollten mindestens einige von Kants Argumenten interpretiert werden, als wollten sie den Vorstellungen von Raum und Zeit den Charakter zusprechen, den Descartes und Leibniz für zumindest einige unserer Vorstellungen beansprucht haben und den Locke und Hume mit der Behauptung, alle unsere Vorstellungen seien aus der Erfahrung abgeleitet, allen abgesprochen haben. Es gibt zwei gute Gründe, diesen Vorschlag zurückzuweisen. Erstens tendierten diese Debatten dazu, wegen der Terminologie, in der sie geführt wurden, hoffnungslos unklar zu sein, was immer die echten Fragen gewesen sein mögen, um die es in ihnen ging. Jene Terminologie war reich genug, überreich an metaphorischer Suggestion: Vorstellungen als Zeichen, die auf die Tafel des Geistes geschrieben waren (und dabei aus erfahrenen Originalen kopiert oder durch die Hand Gottes aufgeschrieben waren); oder Vorstellungen als Einrichtungen des Hauses des Geistes (entnommen einem allgemeinen Lager, genannt Erfahrung, oder als eingebaute strukturelle Momente). Selbst wenn eine entschlossene Anstrengung gemacht wird, solchen Bildern zu entkommen, ist die Debatte über Ursprünge geeignet, ein unfruchtbarer Austausch von Standpunkten zu bleiben: auf der einen Seite die Auffassung, daß alle Fähigkeiten zu denken, wiederzuerkennen, zu klassifizieren, erworben werden müssen (denn ein Kind denkt in keiner Weise); auf der anderen Seite die Auffassung, daß die Aneignung solcher Fähigkeiten die Fähigkeit voraussetzt, sie sich aneignen zu können.

Der zweite Grund für die Zurückweisung des Vorschlags ist ausschlaggebend. Was immer angenommen werden könnte, daß die These des Angeborenseins bedeutet, sie wäre für Kant von keinerlei Interesse hinsichtlich der „Vorstellungen", die er zu *apriorischen* erklärt, wenn sie nicht mit der Behauptung verknüpft würde (oder als eine Konsequenz aus ihr folgte), daß die Manifestation des entsprechenden Zuges in der Erfahrung, sein Auftreten in der Welt, allein unserem kognitiven Vermögen, der Natur unserer Fähigkeiten, zugeschrieben werden kann, und nicht den Dingen an sich, die unsere Vermögen affizieren und dadurch Erfahrung erzeugen, ja, in der Tat, unsere Welt erzeugen. Kant hätte kein Interesse an einer These, die dahin ginge, daß die *Vorstellungen* von Raum und Zeit „vor aller Erfahrung in uns" seien, ohne die These mit sich zu bringen, daß Raum und Zeit selber vor aller Erfahrung in uns sind. *Mutatis mutandis* macht Kant später einen analogen Punkt in der Zurückweisung eines parallelen Vorschlags hinsichtlich der Kategorien, der *apriorischen* Elemente in der Erfahrung, die vom Verstand beigesteuert werden sollen.[16]

6. Abschließende Bemerkungen

(1) Die Ästhetik enthält oder impliziert eine Anzahl von Behauptungen, die wir, aufgefordert, ohne Verpflichtung hinsichtlich ihres logischen Charakters, allein zu ihrer Wahrheit Stellung zu nehmen, bereitwillig genug für wahr erklären oder zumindest als getreue Wiedergaben unser wirklich fungierenden Konzeption der Erfahrung und der Welt akzeptieren sollten. Unter ihnen sind die folgenden: (a) daß einzelne Bewußtseinszustände zeitlich geordnet sind; (b) daß solche Zustände Sinneswahrnehmungen einzelner Gegebenheiten einschließen, die sowohl zeitlich als auch räumlich geordnet sind und als unabhängig von Bewußtseinszuständen existierend aufgefaßt werden; (c) daß der Raum, in dem diese einzelnen Gegebenheiten geordnet sind, einheitlich ist, d. h. daß jede Gegebenheit jeder anderen räumlich zugeordnet ist; (d) daß die Zeit, in der sowohl diese Gegebenheiten als auch Bewußtseinszustände unter Einschluß der Sinneswahrnehmungen von ihnen geordnet sind, einheitlich ist, d. h. jede einzelne Gegebenheit, die eine Erfahrung darstellt oder in ihr angetroffen wird, jeder anderen zeitlich zugeordnet ist.

(2) Mit diesen einwandfreien Thesen ist die komplexe Lehre des transzendentalen Idealismus verflochten. Ihre Komplexität reflektiert sich in den verknüpften Behauptungen, daß Raum und Zeit *apriorische* Formen empirischer Anschauung sind, daß sie selber reine Anschauungen sind und daß wir ein Vermögen der reinen oder *apriorischen* räumlichen und zeitlichen Anschauung haben. Diese überraschende Lehre beruht, in all ihrer Komplexität, in der Transzendentalen Ästhetik auf keiner anderen erkennbaren Stützung als dem Argument aus der Geometrie für den Fall des Raumes und oberflächlichen Andeutungen eines parallelen Arguments für den Fall der Zeit. Die entscheidende Prämisse des Arguments aus der Geometrie besagt, daß wir von den Sätzen der Geometrie wissen, daß sie notwendigerweise für physikalische Gegenstände im Raum gelten.

(3) Hinsichtlich der unter (1) aufgeführten einwandfreien Thesen erhebt sich die Frage, welche von ihnen *apriorische* Züge unserer Konzeption von Erfahrung verkörpern, in dem relativ kargen Sinn des Ausdrucks, von dem ich gesprochen habe. Obwohl vielleicht jedermann bereit wäre anzuerkennen, daß beispielsweise die Vorstellung eines einheitlichen physikalischen Raumes einen Teil unserer tatsächlich fungierenden Konzeption der Wirklichkeit darstellt, gibt es viele Evidenzen, in der Form literarischer und philosophischer Phantasie, für die Bereitschaft, die These zu bestreiten, daß wir keine kohärente alternative Konzeption ausbilden könnten, der dieser Zug fehlte. Nun muß ein wesentlicher Teil unseres Interesses an der *Kritik* Interesse an der Frage sein, inwiefern Kant der Nachweis gelingt, daß gewisse Züge unserer Konzeption von Erfahrung *apriorische* Züge im kargen Sinn sind. Wo immer Kant so verstanden werden kann, daß er diesen Charakter für irgendeinen Zug jener Konzeption beansprucht, müssen wir natürlich darauf vorbereitet sein, daß er diesen Anspruch mit dem weiteren Anspruch verbindet und durch ihn erklärt, daß der fragliche Zug seinen

Ursprung allein in unseren kognitiven Vermögen hat. Aber es wäre ein Fehler anzunehmen, daß, weil ein Zug unserer Konzeption der Erfahrung in der Ästhetik einen prominenten Stellenwert hat, wir schlußfolgern dürften, daß Kant seine Herkunft allein der Sinnlichkeit zuschreibt und daß daher kein weiteres Argument dahingehend zu erwarten ist, seinen Anspruch als eines *apriorischen* Zugs unserer Konzeption von Erfahrung nachzuweisen. Um in die Terminologie von Kants eigenem Modell zu verfallen: wesentlich für Erfahrung ist die Kooperation des Vermögens der Sinnlichkeit mit einem anderen Vermögen, dem Verstand. Wir dürfen daher zuversichtlich eine weitere Ausarbeitung des Modells unserer Vermögen erwarten, unserer Vermögen, die Dingen an sich so korrespondieren, daß sich Erfahrung ergibt. Wir dürfen ebenfalls auf weitere analytische Argumentation hoffen, die dahingeht, vielleicht einigen der schon erwähnten Züge, ebenso wie einigen noch zu erwähnenden den Status von *apriorischen* Elementen unserer Konzeption von Erfahrung zu sichern.

II. Objektivität und Einheit

1. Das Programm für die Analytik

Vor dem Hintergrund des transzendentalen Idealismus stellt die reiche Terminologie der Vermögen eine einfach klingende Formulierung für die nächste Stufe der kritischen Untersuchung bereit. Die Kooperation von Sinnlichkeit und Verstand ist genauso wesentlich für die Erfahrung wie die Anregung dieser Vermögen durch Dinge an sich. Was die Sinnlichkeit *a priori* zur Erfahrung beiträgt, ist bereits in der Transzendentalen Ästhetik erklärt worden. Der Transzendentalen Logik ist vorbehalten, den *apriorischen* Beitrag des Verstandes zu bestimmen. Diese Wissenschaft wird „es bloß mit den Gesetzen des Verstandes . . . zu tun" haben, „aber lediglich, so fern sie auf Gegenstände a priori" bezogen werden.[17]

Wenn wir versuchen, diese Formulierung der Ziele von ihrem transzendentalidealistischen Hintergrund zu trennen und in unserer kargeren Terminologie zu reformulieren, scheinen wir mit einer ziemlich leeren Aussicht konfrontiert zu sein. Damit Erfahrung überhaupt möglich wird, müssen wir einzelne Gegebenheiten wahrnehmen und uns bewußt werden, daß sie unter allgemeine Begriffe fallen. So geben wir die Dualität von Anschauungen und Begriffen, der notwendigen Kooperation von Sinnlichkeit und Verstand wieder. Wir können uns keine Form der Erfahrung vorstellen, die nicht eine zeitliche Ordnung der einzelnen Gegebenheiten, deren wir gewahr werden, involvierte; und vielleicht können wir uns kein kohärentes Bild einer Form von Erfahrung machen (obwohl dafür immer noch argumentiert werden muß), die nicht die räumliche Ordnung zumindest einiger dieser Gegebenheiten einschlösse. So geben wir die These der Ästhetik über den *apriorischen* Beitrag der Sinnlichkeit wieder. Welche Frage stellt sich uns dann jetzt? Es scheint so, als müßte die Frage ungefähr so lauten: Welche Züge können wir als notwendig in jeder kohärenten Konzeption von Erfahrung auffinden, wenn wir von den Formen der Besonderung, der räumlichen und zeitlichen Ordnung der einzelnen Gegebenheiten in der Erfahrung, abstrahieren, welche notwendigen Züge auffinden allein auf Grund der Tatsache, daß die einzelnen Gegebenheiten, die wir gewahren, unter allgemeine Begriffe fallen (gebracht werden) müssen?

Die Frage scheint uns ziemlich wenig zu bearbeiten zu bieten: in der Tat nichts als, wie Kant es milde ausdrückt, „die Form des Denkens eines Gegenstandes überhaupt".[18] In dem Maße, in dem die Untersuchung voranschreitet, wird uns jedoch klar, daß das Wort „Gegenstand" (engl. „object") gewichtiger zu nehmen ist, als wir zuerst gedacht haben mögen. Es meint mehr als nur die einzelne Instanz eines allgemeinen Begriffs. Es führt Konnotationen von „Objektivität" mit sich. Etwas über einen Gegenstand zu wissen, z. B. daß er unter den-und-den Allgemeinbegriff fällt, heißt etwas zu wissen, das unabhängig davon ist, ob ein bestimmter Bewußtseinszustand auftritt, und unabhängig davon, ob irgendeine bestimmte Erfahrung oder ein Bewußtsein davon auftritt, daß der Gegenstand unter den fraglichen Allgemeinbegriff fällt. Urteile über Gegenstände sind, wenn sie gültig sind, gültig unabhängig vom Vorkommen eines bestimmten Bewußtseinszustandes oder der besonderen Erfahrung, die sich im Urteil äußert.

Wenn wir Kant als Analytiker der Struktur der Erfahrung im allgemeinen betrachten sollen, müssen wir das Gewicht des Wortes „Gegenstand" mit gemischten Gefühlen erkennen. Auf der einen Seite wird uns die Hoffnung geboten, daß die Untersuchung des „*apriorischen* Beitrags des Verstandes" fruchtbarer sein könnte, als zunächst wahrscheinlich war. Es könnte sehr gut sein, daß wir keine Konzeption von Erfahrung ausbilden können, Erfahrung verstanden als die Erkenntnis von Gegenständen in dem gewichtigen Sinn einschließend, die nicht die Anwendung bestimmter identifizierbarer allgemeiner Begriffe oder Typen von allgemeinen Begriffen einschlösse, die ihrerseits über solche nur zeitlichen oder nur räumlichen Begriffe hinausgehen und zu ihnen hinzukommen, mit denen wir vermutlich ausgestattet sein müssen, wenn die karg interpretierte Lehre der Ästhetik wahr ist. Wenn dem so ist, wird es die Aufgabe der Analytik sein, solche Begriffe oder Begriffstypen zu identifizieren und zu zeigen, daß sie diesen Status haben. Klarerweise glaubt Kant, daß es solche Begriffe gibt, und er hat schon einen Namen für sie: sie sind die Kategorien, die reinen Verstandesbegriffe.

Die Erkenntnis des Gewichts des Wortes „Gegenstand" mag also unsere Hoffnungen auf eine Weise ermutigen. Aber sie scheint sie auf eine andere und noch wichtigere Weise zu enttäuschen. Wenn es eine Frage der Definition des Wortes „Erfahrung" sein soll, ob Erfahrung notwendigerweise Erkenntnis von Gegenständen in dem gewichtigen Sinn einschließt, dann geht einiges Interesse an der analytischen Unternehmung verloren. Zuerst sieht es so aus, als ginge die Untersuchung unter der Annahme voran, es *sei* eine Frage der Definition, als wäre die These, daß Erfahrung Erkenntnis von Gegenständen in diesem Sinn einschließt, als grundlegende *Prämisse* des analytischen Arguments zu behandeln. Aber in dem Maße, in dem sich das Argument entwickelt, wird glücklicherweise klar, daß das nicht der Fall ist, sondern daß diese These ihren Platz als Prämisse an ein fundamentaleres Prinzip, aus dem sie selber abgeleitet ist, abtreten muß, ein Prinzip , das wir jetzt einfach das Prinzip der notwendigen Einheit des Bewußtseins nennen werden. Daß das Prinzip des objektiven Wissens den Status einer Prämisse der Untersuchung abtritt, gibt ihm alle Tiefe und alles Interesse zurück, die es zu verlieren drohte. Was wir also zu tun haben, ist, dem Argument so gut wie möglich zu folgen und es zu interpretieren, die zeitweilige Usurpation hinnehmend und auf den Augenblick vorbereitet, in dem die wahrhaft souveräne Prämisse ihre Vorherrschaft geltend machen wird.

2. Formale und transzendentale Logik

Kant wendet sich zunächst der formalen Logik zu, um einen Anhaltspunkt zur Entdeckung der Kategorien zu finden. Ich will versuchen, die Argumentation, die zu diesem Schritt führt, zu rekonstruieren, ohne mich von dem Modell abhängig zu machen, das sich mit der transzendentalen Subjektivität verbindet. Es handelt sich um einen Argumentationsgang, der zunächst nicht unattraktiv scheint, aber bei näherer Überprüfung in sich zusammenfällt.

Beginnen wir mit der erneuten Bekräftigung des schon vertrauten Punktes, daß alle Erfahrung, alles empirische Wissen die Kooperation von Sinnlichkeit und Verstand erfordert, das Bewußtsein, daß einzelne Gegenstände unter allgemeine Begriffe fallen; der Punkt ist jetzt nur durch die Maßregel modifiziert, daß das Wort „Gegenstand" in dem gewichtigen Sinn genommen werden muß, von dem ich bereits gesprochen habe. Was unsere Aufmerksamkeit jetzt beanspruchen muß, ist die Frage, was es heißt, Gegenstände als unter *Begriffe* fallend zu erkennen, „sie unter Begriffe zu bringen". Es ist dies dasselbe wie Urteile über Gegenstände fällen. „Von diesen Begriffen kann nun der Verstand keinen anderen Gebrauch machen, als daß er dadurch urteilt."[19] Einen Gegenstand unter einen Begriff bringen führt mit sich, daß man einen gewissen Satz über den Gegenstand für wahr oder objektiv gültig hält. Empirisches Wissen ist, wie alles andere Wissen, wesentlich in Sätzen ausdrückbar.

Nun haben wir bereits in der formalen Logik eine vollständige und völlig allgemeine Klassifikation der allgemeinen Formen von Sätzen zur Verfügung. Die formale Logik versieht uns sozusagen mit der vollständigen Theorie der allgemeinen Formen des Denkens. Jeder Satz oder jedes Urteil, welche sie auch seien, müssen die eine oder andere der allgemeinen Formen besitzen, die in der formalen Logik anerkannt und klassifiziert sind. Das heißt nicht, daß uns die formale Logik direkt mit dem versieht, was wir suchen, nämliche allgemeinen Begriffen, die eine Anwendung auf Gegenstände der Erfahrung haben müssen. Denn in der eigentlichen formalen Logik wird, worauf Kant wiederholt besteht, den Bedingungen nicht Rechnung getragen, die Gegenstände erfüllen müssen, damit die verschiedenen „Funktionen zu urteilen", die in der formalen Logik unterschieden werden, im Fällen objektiv gültiger Urteile zur Anwendung gebracht werden können. Die allgemeine Logik, wie Kant sie nennt, interessiert sich nicht für die Beziehungen ihrer Formen auf Gegenstände, sondern für die Beziehungen, die zwischen ihren Formen selber Geltung haben. „Die allgemeine Logik abstrahieret, wie wir gewiesen, von allem Inhalt der Erkenntnis, d. i. von aller Beziehung derselben auf das Objekt, und betrachtet nur die logische Form im Verhältnisse der Erkenntnisse auf einander".[20] Die allgemeine Logik macht Gebrauch von solchen Begriffen wie Wahrheit, Subjekt, Prädikat, hypothetischer Satz usw. Sie sagt uns z. B., daß wenn die Wahrheit eines hypothetischen Satzes und die Wahrheit seines Antezedens gegeben sind, die Wahrheit seines Konsequens notwendigerweise folgt. Aber sie hat nichts direkt über die Bedingungen zu sagen, unter denen die hypothetische

Satzform verwendet werden kann, um wahre oder gültige Urteile über Gegenstände zu fällen, d. h. über die Bedingungen, unter denen wir wahrheitsgemäß oder gültig behaupten können, daß ein möglicher Sachverhalt auf einen anderen so bezogen ist, daß, wenn der erste gegeben ist, wir auf die Existenz des zweiten schließen dürfen. Ebenso bietet uns die allgemeine Logik für den Fall von singulären Sätzen den Gedanken von etwas, das Gegenstand der Prädikation, aber selber kein Prädikat ist; aber sagt nichts darüber, unter welchen Bedingungen wir von diesem Gedanken in Urteilen über Gegenstände Gebrauch machen können.

Gleichwohl, auch wenn die formale Logik in dieser Weise von aller Beziehung ihrer Formen auf Gegenstände empirischen Urteilens abstrahiert, ist es sicher möglich, den Gedanken einer anderen parallelen „Logik" (der transzendentalen Logik) zu fassen, die von dieser Beziehung nicht abstrahiert. Damit Erfahrung oder empirisches Wissen möglich ist, müssen wir empirische Urteile fällen. Die Formen, die die Logik isoliert, sind die Formen, die wir im Fällen solcher Urteile gebrauchen müssen. Soviel ist eine Denknotwendigkeit des ganzen Unternehmens, Gegenstände unter Begriffe zu bringen. Deshalb müssen wir irgendeine Konzeption der allgemeinen Bedingungen für die Anwendung dieser Formen in wahren empirischen Urteilen, gültigen Urteilen über Gegenstände der Erfahrung haben; und die allgemeinen Anwendungsbedingungen dieser Formen auf Gegenstände müssen objektiv erfüllt sein, andernfalls könnten wir niemals objektiv gültige Urteile fällen und empirisches Wissen bzw. Erfahrung wären unmöglich. Wenn wir daher für jede grundlegende Form der Logik den Gedanken der allgemeinen Bedingung ihrer Anwendung auf Gegenstände der Erfahrung fassen, wird das Resultat in jedem Fall ein reiner Begriff oder eine Kategorie sein – d. h. ein allgemeiner Begriff, der eine notwendige Anwendung auf die Welt der Erfahrung hat.

Das ist der allgemeine Gang der (rekonstruierten) Argumentation. Die Formulierung Kants, die der Form, in der ich ihn gerade vorgetragen habe, am nächsten kommt, findet sich vermutlich in den Prolegomena. Es heißt dort in § 39: „Hier lag nun schon fertige . . . Arbeit der Logiker vor mir . . . Ich bezog endlich diese Funktionen zu urteilen (d. h. die Formen oder formalen Züge von Sätzen) auf Objekte überhaupt, oder vielmehr auf die Bedingung, Urteile als objektiv-gültig zu bestimmen, und es entsprangen reine Verstandesbegriffe . . ." Es muß zugegeben werden, wenn wir auf die Tafel der Kategorien sehen und sie mit der logischen Tafel der Urteile vergleichen, dann scheinen uns die ersteren aus den letzteren nicht ganz in der anstrengungslosen und unvermeidlichen Weise zu „entspringen", die Kants Wortwahl nahelegt. Aber das ist eine andere Sache, die ich für jetzt auf sich beruhen lasse. Bevor wir näher die Natur des allgemeinen Arguments erwägen, das dieser Ableitung zugrunde liegt, sollten wir fragen, inwiefern Kant der erklärten Absicht treu bleibt, den *apriorischen* Beitrag, den der Verstand allein zur Erfahrung leistet, erörtern zu wollen. Das heißt soviel wie die Frage, kann das bisherige Argument wirklich so verstanden werden, als abstrahierte es von der Notwendigkeit einer zeitlichen (und vielleicht auch einer räumlichen) Ordnung der einzelnen Gegebenheiten in der Erfahrung? Es gibt einen Abschnitt in der

Kritik, der diese Frage herausfordert und dessen Anfangssatz eine negative Antwort nahelegen könnte. Die Passage, die direkt der wirklichen Ableitung der Kategorien vorhergeht, beginnt so:

> „Die allgemeine Logik abstrahiert, wie mehrmalen schon gesagt worden, von allem Inhalt der Erkenntnis, und erwartet, daß ihr anderwärts, woher es auch sei, Vorstellungen gegeben werden, um diese zuerst in Begriffe zu verwandeln . . . Dagegen hat die transzendentale Logik ein Mannigfaltiges der Sinnlichkeit *apriori* vor sich liegen, welches die transzendentale Ästhetik ihr darbietet . . . Raum und Zeit enthalten nun ein Mannigfaltiges der reinen Anschauung *a priori* . . ."[21]

Im Fortgang der Passage wird jedoch klar, daß Kant sich auf dieser Stufe nicht auf den spezifisch räumlichen und zeitlichen Charakter unserer Formen der Anschauung beruft. Was angeführt werden muß, ist der Begriff einer „synthetischen Einheit des Mannigfaltigen in der Anschauung *überhaupt*".[12] Das ist eine vorwegnehmende Bezugnahme auf Lehren, die in der Transzendentalen Deduktion entwickelt werden. Für den Augenblick müssen wir mit der Erklärung zufrieden sein, daß diese „synthetische Einheit des Mannigfaltigen" für die Erkenntnis von Gegenständen erforderlich und das Produkt des Verstandes ist.

Es gibt darüberhinaus ausschlaggebende unabhängige Gründe dafür, daß die Raum-Zeitlichkeit der Erfahrung auf dieser Stufe nicht in Anspruch genommen wird. Die Kaegorien, wie sie jetzt abgeleitet werden, sind „unschematisiert". Die schematisierten Kategorien sollen Begriffe sein, die eine Anwendung haben müssen, wenn die allgemeinen Formen der Logik zu Urteilen über Gegenstände einer Erfahrung sollen verwendet werden können, die spezifisch *zeitlichen* Charakter aufweist. Sie werden aus den unschematisierten Kategorien durch *Hinzufügung* dieser Bedingung abgeleitet; und indem wir erwägen, was ihre notwendige Anwendbarkeit mit sich bringt, werden wir darauf aufmerksam, daß eine Notwendigkeit besteht, daß sie auch auf *räumliche* Objekte, Gegenstände des äußeren Sinnes Anwendung haben. Daher kann die ursprüngliche Ableitung der Kategorien in den Abschnitten, die wir gerade erwägen – der „Metaphysischen Deduktion" der Kategorien –, nicht als auf dem raum-zeitlichen Charakter der Erfahrung beruhend aufgefaßt werden. Wir müssen annehmen, daß die Kategorien hier so abgeleitet werden, daß einfach den Formen der Logik der Gedanke ihrer Anwendung im Urteilen über Gegenstände unseres Bewußtseins (unserer Anschauung) überhaupt hinzugefügt wird, was auch immer der Charakter der Modi der Anschauung dieser Gegenstände sein mag.

Natürlich ist es einfacher, dies zu sagen, als zu verstehen, was es bedeutet. Aber in gewissem Sinn können wir es verstehen. Wir können einsehen, daß Kant hier den Unterschied zwischen Anschauungen und Begriffen, Sinnlichkeit und Verstand auf die Spitze treibt und versucht, soviele der *apriorischen* Bedingungen des empirischen Wissens oder der Erfahrung wie ihm nur möglich ist, aus der Berücksichtigung nur einer Hälfte dieser Disjunktion zu gewinnen, nämlich der Notwendigkeit, einzelne Gegenstände der Erfahrung unter allgemeine Begriffe zu bringen, was immer die „Formen der Besonderung" sein mögen. Um dies zu tun –

und ich skizziere jetzt erneut das Argument – müssen wir die in der Logik unterschiedenen Formen gebrauchen. Die Logik gibt uns analytische Wahrheiten über die logischen Beziehungen zwischen diesen Formen, sagt uns z. B., daß, wenn ein Urteil einer Form wahr ist, ein darauf bezogenes Urteil einer anderen Form wahr (oder falsch) sein muß. Sie sagt uns aber nichts darüber, wann einzelne empirischer Urteile der verschiedenen Formen empirisch wahr sind, über Gegenstände der Erfahrung wahr sind. Um empirisches Wissen zu haben, ist es nicht genug, wenn wir, gegeben die Wahrheit eines Urteils einer bestimmten Form, kalkulieren oder ableiten können, daß ein Urteil einer anderen Form wahr ist. Wir müssen dazu vielmehr die empirische Wahrheit einzelner Urteile kennen. Wenn es, wie immer unsere Erfahrung von Gegenständen tatsächlich beschaffen sein mag, irgendeine Bedingung, die erfüllt, irgendeinen Begriff, der Anwendung haben muß, tatsächlich gibt, – wenn die eine oder andere dieser Formen gebraucht werden soll, um wahre Urteile über Gegenstände der Erfahrung zu ergeben, – dann wird dieser Begriff notwendigerweise eine Anwendung in der Erfahrung haben, auch wenn eine völlige Aufklärung dessen, was es heißt, daß dieser Begriff eine Anwendung in der Erfahrung hat, darauf warten muß, daß die Bedingung der Raum-Zeitlichkeit hinzugefügt wird. Und die Notwendigkeit der Anwendung solcher Begriffe wird allein auf die Notwendigkeit, Gegenstände unter Begriffe zu bringen, zurückzuführen sein, d. h. allein auf den reinen Verstand.

Soviel über die allgemeine Form des Arguments und die Annahmen, auf denen es aufbaut. Ernsthafte Zweifel ergeben sich, wenn wir es etwas näher betrachten. Erwägen wir zunächst Kants Klassifikation der „logischen Funktionen der Urteile“, die in der Tafel der Urteile gegeben wird. Die formalen Züge, die er aufführt, sind unter vier Titeln gruppiert, von denen jeder drei Unterteilungen hat. Allgemeine, besondere und einzelne Formen werden unter dem Titel der *Quantität* unterschieden; bejahende, verneinende und „unendliche“ unter dem Titel der *Qualität*; kategorische, hypothetische und disjunktive unter dem Titel der *Relation*; und unter dem Titel der *Modalität* wird eine Unterscheidung zwischen Urteilen getroffen, die besagen, daß etwas möglicherweise, wirklich oder notwendigerweise der Fall ist. Wir können festhalten, daß nicht völlig klar ist, wovon dies eine Liste ist. Es ist sicherlich keine Liste von logischen Formen, die einander auf gleicher Ebene zugeordnet sind, und Kant betrachtet sie auch nicht als solche; eine kategorische Behauptung z. B. könnte allgemein oder einzeln sein. Es ist auch nicht eine Liste von vier Klassen von Zügen, derart, daß die logische Form jedes Satzes bestimmt ist, wenn spezifiziert wird, welches der drei wechselseitig sich ausschließenden Kennzeichen aus jeder der vier Klassen der Satz besitzt; sie ist auch nicht eine solche Liste, obwohl Kant sie vielleicht als solche betrachtet. Ein hypothetischer Satz könnte z. B. ein allgemeines Antezedens und ein einzelnes Konsequens haben. Ist er dann allgemein oder einzeln? Klarerweise sind die Beziehungen zwischen den Klassifikationen ein wenig komplexer, als dieser Vorschlag erlauben würde; und es gibt Eigenartigkeiten der Aufnahme und der Anordnung, die ein Muster ergeben, das mit hartnäckiger Künstlichkeit durch die ganze Transzendentale Logik hindurch wiederholt wird.

Es wäre zwecklos, auf die Unvollkommenheit in den Einzelheiten von Kants Tafel der Urteile näher einzugehen. Zumindest hat er eine Liste von Zügen zusammengestellt, von denen behauptet wird, daß sie alle fundamental für die Klassifikation der logischen Formen von Sätzen sind und daß es keine anderen gibt, die das sind. Der Gedanke ist, eine parallele Liste von dem, was vermutliche kategoriale Interpretationen genannt werden könnte, je eine für jeden Zug, zu konstruieren; d. h. eine Liste von Begriffen, für die beansprucht wird, daß der geeignete Begriff immer dann angewendet wird, wenn ein Urteil mit dem entsprechenden formalen Zug über einen Gegenstand der Erfahrung gefällt wird. Von jedem Begriff in dieser parallelen Liste mag behauptet werden, daß er eine notwendige Anwendung auf die empirische Realität hat.

Aber bei dieser Schlußfolgerung müssen wir verweilen. Es ist richtig, daß Erkenntnis (in jedem Sinn zumindest, in dem wir mit ihr beschäftigt sind) wesentlich in Sätzen ausdrückbar ist. Aber es folgt nicht, daß jede Form oder jeder formale Zug von Sätzen, den Logiker für wert erachten, unterschieden zu werden, in der Formulierung von Erkenntnis absolut notwendig ist. Wenn eine gewisse Minimalausstattung mit Begriffen gegeben ist, kann der Logiker, wenn er will, unendlich viele Formen von Sätzen unterscheiden, die alle zur formalen Logik gehören. Wenn wir eine Kategorie für jede Form zuließen, hätten wir unendlich viele Kategorien. Aber Kant beansprucht, daß seine Liste von Kategorien vollständig und erschöpfend ist. „... es entsprangen reine Verstandesbegriffe, bei denen ich außer Zweifel sein konnte, daß gerade nur diese, und ihrer nur soviel, nicht mehr noch weniger, unser ganzes Erkenntnis der Dinge aus bloßem Verstande ausmachen können.“[23]

Was Kant nun hier als vollständig behauptet, war nicht die ganze Liste reiner Verstandesbegriffe; denn er deutet an, daß es eine „nicht unangenehme ... Bemühung“ wäre, das System dieser derivativen Begriffe, die gleichermaßen rein oder *a priori* wären, aus seiner fundamentalen Liste auszuarbeiten.[24] Er beanspruchte, eine vollständige Liste der *primitiven* oder unabgeleiteten reinen Verstandesbegriffe zu haben. Nur diese verdienten den Namen Kategorien; für ihre Ableitungen reservierte er den Namen „Prädikabilien“. Und das sollte uns, vor allem im Licht nach-Kantischer Entwicklungen in der Logik, ernsthafter zu einer kritischen Einstellung zu Kants Liste von logischen Formen oder formalen Zügen veranlassen. Damit eine Form oder ein Zug einen Platz in der Kantischen Liste verdient, ist es nicht ausreichend, daß sie nur eine mögliche logische Form oder ein möglicher Zug sind, die ein Logiker aus seinen fundamentalen Ressourcen bilden oder mit ihrer Hilfe beschreiben kann. Es muß eine wesentliche Form oder ein wesentlicher Zug sein, der wie kein anderer irgendeinen Teil der fundamentalen und unentbehrlichen Ressourcen selber darstellt. Nur unter dieser Bedingung können wir überhaupt versuchen, eine Kategorie, d. h. ein unentbehrliches begriffliches Element unseres Denkens über Gegenstände, aus einer logischen Form oder einem Zug von Sätzen abzuleiten. Es ist jedoch keinesfalls klar, daß diese Bedingung von allen Punkten in Kants Liste erfüllt wird. Z. B. schließt die Liste sowohl die hypothetische als auch die disjunktive Form ein, deren Analoga in der modernen Logik mit Hilfe der Negation interdefinierbar sind. Es reicht eben nicht aus, daß dies Formen sind, die der Logiker bilden kann, oder sogar Formen, die wir faktisch gebrauchen. Denn wenn eine Form bloß derivativ ist, dann wird jeder reine Begriff, dessen Gebrauch mit dem Gebrauch der Form einhergeht, auch derivativ und also keine Kategorie sein.

Wenn wir einen Anhaltspunkt aus der formalen Logik ernstnehmen sollen, müssen wir erneut nachdenken. Wir müssen fragen, was das Minimum dessen ist, was ein Logiker an logischen Formen anerkennen muß. Das läßt uns auf die Schwierigkeit stoßen, daß, was logische Formen betrifft, die Wahl des Logikers hinsichtlich seiner undefinierten Grundelemente (engl. primitives) eine Wahl *ist*. Z. B. könnte vom Gedanken der Quantifikation im allgemeinen gesagt werden, daß er deshalb ein primitiver Gedanke ist, weil er, außer für eine vorgängig beschränkte Sprache, nicht in terms von Satzkonstanten, Namen und Prädikaten definiert werden kann; aber es ist eine Sache der Wahl, ob wir den Existenzquantor ohne eine formale Definition einführen und mit seiner Hilfe den Allquantor definieren, oder ob wir umgekehrt verfahren. Es ist daher besser, sogar, wenn ein einzelnes System der Logik betroffen ist, nicht an fundamentale logische Formen zu denken, sondern an fundamentale logische Gedanken – die Grundausstattung der Begriffe, aus denen sich das logische System aufbaut. Selbst, wenn man so vorgeht, hat man eine Wahl zu treffen; denn man muß ein logisches System einem anderen vorziehen. Dieser letzte Punkt ist vielleicht nicht sehr gewichtig. Denn es scheint so zu sein, daß es eine Menge grundlegender Begriffe gibt, die auf dem einen oder anderen Wege in allem enthalten sein müssen, was wir als eine umfassende und vollständige Logik von Aussagen mit vollem Recht anerkennen könnten. Und es scheint sehr unwahrscheinlich, daß wir uns sehr weit verirren werden, wenn wir die gegenwärtige Logik, in der die Ökonomie primitiver Begriffe so hartnäckig verfolgt worden ist, als unseren Ratgeber wählen. Die gegenwärtige Logik wird gewöhnlich in zwei Teilen dargestellt: Aussagenlogik oder die Logik der Wahrheitsfunktionen; und Prädikatenlogik oder die Logik der Quantifikation. An ihrem Fundament liegen daher entsprechend zwei grundlegende und unabgeleitete Gedanken: erstens, der Gedanke wahrheitsfunktionaler Zusammensetzung im allgemeinen; zweitens, der allgemeine Gedanke der Quantifikation.

Keiner der beiden Gedanke scheint im Hinblick auf den Gewinn von Kategorien sehr fruchtbar zu sein. Es kann keine bestimmte Weise geben, in der wir über Gegenstände der Erfahrung denken *müssen*, damit wahrheitsfunktionale Zusammensetzung von Aussagen über solche Gegenstände möglich wäre. Wenn zugestanden wird, daß die notwendigen Bedingungen für das Fällen *atomarer* objektiver Urteile erfüllt sind, kann die Möglichkeit, solche Urteile wahrheitsfunktional zusammenzusetzen, nicht von unserer Verfügung über irgendeinen weiteren Begriff *a priori* von einem Gegenstand überhaupt abhängen. Zugestanden, daß wir überhaupt jemals in der Lage sind, ein objektives Urteil derart zu fällen, daß einem bestimmten *spezifizierten* Gegenstand ein gewisses Prädikat zukommt, fällt es schwer zu glauben, daß irgendwelche weiteren Annahmen darüber, wie wir

Gegenstände denken müssen, erforderlich sein können, um die Möglichkeit eines Urteils derart zu erklären, daß dieses Prädikat auf irgendetwas, *unspezifiziert*, zutrifft – d. h. um die Möglichkeit der Quantifikation zu erklären.

Es handelt sich hier um zwei Punkte. Der erste ist, daß alle besonderen Formen wahrheitsfunktionaler Zusammensetzung definiert werden können durch den Gedanken wahrheitsfunktionaler Zusammensetzung im allgemeinen, der seinerseits völlig erklärt werden kann durch den Begriff einer Behauptung als etwas, das wahr oder falsch, aber nicht beides zugleich ist; während alle Quantifikation einschließenden Formen entweder durch den Existenz- oder den Allquantor zusammen mit den Gedanken wahrheitsfunktionaler Zusammensetzung definiert werden können. Der zweite Punkt ist, daß die „Beziehung" der allgemeinen Begriffe der wahrheitsfunktionalen Zusammensetzung und der Quantifikation „auf die Bedingung, Urteile als objektiv-gültig zu bestimmen" nichts für einen „Begriff *a priori* von einem Gegenstand überhaupt" ergeben kann, *was nicht schon im Begriff eines singulären Subjekt-Prädikat-Satzes enthalten wäre,* d. h. im Begriff eines formal atomaren Satzes, in dem ein ein- oder mehrstelliges Prädikat auf einen oder mehrere Gegenstände der Bezugnahme angewendet wird. Wenn wir also *überhaupt einen* Gebrauch von dem von der formalen Logik bereitgestellten Anhaltspunkt machen sollen, müssen wir uns an diesen einzelnen Begriff halten.

Der formal atomare Satz ist etwas, das wesentlich als wahr oder falsch bestimmbar ist und das wesentlich die Einführung allgemeiner Begriffe und ihre Anwendung auf spezifizierte oder identifizierte Instanzen mit sich führt; es führt wesentlich mit sich, daß Begriffe von identifizierten Gegenständen der Bezugnahme ausgesagt werden. Dem Anhaltspunkt aus der formalen Logik zu folgen, hieße also, folgende Frage zu stellen: Wie müssen wir uns Gegenstände im allgemeinen denken, wenn wir empirische Urteile, die als wahr oder falsch bestimmbar sind, sollen fällen können, in denen wir Begriffe von identifizierten Gegenständen der Bezugnahme aussagen? Oder: Was muß für eine Welt von Gegenständen gelten, über die wir solche Urteile fällen? Aber nun sieht es so aus, als wenn die Frage wenig oder gar nichts der Frage hinzufügt, mit der wir begannen, nämlich: Was heißt es, Gegenstände der Erfahrung unter Begriffe zu bringen, d. h. als wahr oder falsch bestimmbare Urteile über Gegenstände der Erfahrung zu fällen? Die Abschweifung durch die Formen der Logik hat uns nicht einen einzigen Schritt weitergebracht. Wir haben lediglich den Begriff unschematisierter Kategorien zurückbehalten, die, wenn überhaupt, der logischen Unterscheidung zwischen einzelnem „Namen" (bestimmt bezugnehmendem Ausdruck) und Prädikat-Ausdruck korrespondieren. Diese logische Unterscheidung auf die Bedingungen für das Fällen objektiver Urteile der Erfahrung zu beziehen, scheint uns höchstens die Begriffe eines einzelnen Gegenstands und einer allgemeinen Art bzw. einer Charakteristik als „Kategorien" zu liefern, die in einer Welt Anwendung haben müssen, in der solche Urteile gefällt werden können. Aber dieses magere Ergebnis hätten wir auch direkt aus der ursprünglichen Unterscheidung zwischen Anschauungen und Begriffen, Sinnlichkeit und Verstand gewinnen können.

3. Skizze eines übereilten Argumentes

Die Ergebnisse der Berufung auf die formale Logik sind nicht nur mager. Ihre Dürftigkeit ist derart, daß sie eine kritische Diskussion der Einzelheiten von Kants Ableitung der Kategorien aus der Tafel der Urteile beinahe zwecklos werden läßt. Gleichwohl könnte darauf bestanden werden, daß selbst mit diesem drastisch reduzierten Ergebnis immer noch ein Fortschritt erreicht werden könnte. Denn, so könnte gesagt werden, die Verschiebung zu der Frage nach den Bedingungen für das Fällen eines atomaren Subjekt-Prädikat-Urteils macht es, obwohl keine beträchtliche Verschiebung, doch wirklich leichter, eine mögliche Linie der Entwicklung zu sehen, vorausgesetzt wir sind bereit, diese Frage durch Hinzufügung *aller* jener Thesen der Transzendentalen Ästhetik als Annahmen auszufüllen, die von der Lehre des transzendentalen Idealismus abgetrennt werden können.

Die Frage wird dann lauten: Wie müssen wir im allgemeinen über Gegenstände denken, wenn wir als wahr oder falsch bestimmbare Urteile sollen fällen können, in denen wir Begriffe von identifizierten Gegenständen der Bezugnahme aussagen, *die wir als in einem einzigen einheitlichen raumzeitlichen System einander zugeordnet auffassen?* Diese Frage wiederum wird dieselbe sein wie folgende: Was muß im allgemeinen von einer Welt von Gegenständen gelten, die so aufgefaßt wird und von der wir solche Urteile fällen können? In der Beantwortung dieser Fragen werden wir gleichzeitig unsere Begriffe *a priori* oder Kategorien finden und ihre Anwendung garantieren. Und wir werden diese Ergebnisse gleichzeitig erzielen, weil sie nicht zwei Ergebnisse sind, sondern nur eines. Natürlich werden die resultierenden Kategorien nicht jene unschematisierten Kategorien sein, die Kant ins Auge faßte und die er meinte, mit Hilfe des Anhaltspunktes aus der formalen Logik ohne Bezugnahme auf unsere wirklichen Anschauungsmodi entdecken zu können. Sie werden vielmehr schematisierte Kategorien sein, die wir in unserer raumzeitlichen Welt wirklich anwenden.

Richtig ist, daß wir tatsächlich einigen Fortschritt machen könnten, wenn wir bereit wären, die Untersuchung an diesen Linien entlang sich entwickeln zu lassen. Erstens könnten wir argumentieren, daß wir, um die Einheit des raumzeitlichen Systems von einem Urteil zum anderen zu bewahren, wir uns zumindest einige räumliche Gegenstände der Bezugnahme als beharrlich in der Zeit und als reidentifizierbar von einer Gelegenheit der Bezugnahme zur anderen denken müssen. Denn die Einheit des raumzeitlichen Systems erfordert, daß es zu verschiedenen Zeiten nur einen Raum gibt. Weder der Raum selber, den Gegenstände einnehmen, noch Teile jenes Raumes sind, getrennt von den ihn einnehmenden Gegenständen, Gegenstände der, wie Kant sagen würde, empirischen Anschauung. Daher verlangt die Bewahrung der Einheit des Raumes von einem Urteil zum anderen die Beharrlichkeit und Reidentifizierbarkeit der Gegenstände, die den Raum einnehmen. In diesem Begriff eines raumeinnehmenden dauerhaften Gegenstandes haben wir, so könnte gesagt werden, zumindest ein schwaches

Analogon zu Kants schematisierter Kategorie der Substanz – die er, bemerkenswert genug, mit dem logischen Begriff des Subjektes einer kategorischen Behauptung assoziiert.

Weiterhin hat das Erfordernis der Reidentifizierbarkeit einige Konsequenzen für die Begriffe, unter die diese beharrlichen Gegenstände der Bezugnahme fallen müssen. Wir können nicht einfach ein Ding reidentifizieren oder es als dasselbe wiedererkennen, ohne von dem Begriff Gebrauch zu machen, daß es sich um ein Ding einer bestimmten *Art* handelt. Es ist der Begriff der Art des Dinges, der in seiner besonderen Anwendung dem Ausdruck „der-(die-, das-)selbe" seine Bedeutung gibt. Das heißt soviel wie, daß es Begriffe geben muß, unter die wir beharrliche Dinge bringen, derart, daß die fraglichen Begriffe den Gedanken von Bedingungen in sich enthalten, unter denen wir sagen können, daß ein unter den Begriff fallendes Ding dasselbe ist wie ein früher identifiziertes Ding, das unter diesen Begriff fiel. Aber daß es solche Begriffe geben sollte, die allgemein und einfach genug anwendbar sind, um den Gebrauch des Begriffs eines einheitlichen Raumzeitsystems von beharrlichen Gegenständen zu ermöglichen, scheint zu erfordern, daß, um das mindeste zu sagen, die Welt eine gewisse Regelmäßigkeit ihrer Wirkungsweisen zeigt. Wenn sich Dinge verändern oder bewegen, wie sie es tun, dann müssen sie sich in einer Weise verändern oder bewegen, der ihre Begriffe Rechnung tragen können. Unsere Begriffe beharrlicher Dinge müssen Begriffe von Dingen sein, die sich auf regelmäßige oder erklärbare Weisen verändern oder bewegen – oder, wie Kant sagen würde, dies entsprechend den kausalen Gesetzen tun. Daher muß, wenn diese Begriffe ohne weiteres anwendbar sein sollen – wie sie es müssen, wenn Erkenntnis einer einheitlichen Welt möglich sein soll –, zumindest ein Großteil der Veränderung in der Welt dem Kausalgesetz unterworfen sein.

Diese zweite Ergebnis erinnert natürlich noch stärker an Kant. Die notwendige Anwendbarkeit des Begriffs einer Ursache war eine der Thesen, für die er am kraftvollsten argumentiert hat, wenn auch aus anderen Gründen. Aber, obwohl seine Gründe andere waren, war er sich der Verbindung zwischen der Kategorie der Substanz und der Kategorie der Ursache wohl bewußt; und es gibt Abschnitte, sogar in der Transzendentalen Deduktion, die ähnliche Erwägungen mit sich zu führen scheinen wie die es sind, die ich gerade skizziert habe.

Das Vorstehende ist nicht mehr als der Grundriß eines Arguments. Es soll andeuten, daß, obwohl die Berufung auf die formale Logik so gut wie kein Ergebnis erbrachte und obwohl der Versuch, Kategorien aus dem Begriff eines objektiven Urteils abzuleiten, ein Fehlschlag war, gleichwohl ein Fortschritt in der Gewinnung von Kategorien gemacht werden könnte, *wenn* wir bereit wären, einige der in der Transzendentalen Ästhetik vorgebrachten Thesen als Prämissen in Anspruch zu nehmen. Aber klar ist, erstens, daß dies nicht die Linie ist, der Kants eigenes Argument folgt; und, zweitens, daß es keine Linie ist, von der es wünschenswert wäre, daß ein Argument sie verfolgt. Der erste Punkt ist aus dem Umstand klar, daß wir vor Erreichen der Grundsätze kein detailliertes Argument dafür finden, daß diese oder jene besondere Kategorie (z. B. der Substanz oder der

Ursache) ein notwendiges Element in unserer Konzeption von Erfahrung oder ein notwendiger Zug der Erfahrung ist. Tatsächlich erfahren wir nicht vor dem Schematismus, welches die Interpretation der Kategorien in ihrer Anwendung auf eine wesentlich zeitliche Erfahrung wirklich ist (z. B. daß die Interpretation der Kategorie der Substanz in Begriffen der Beharrlichkeit des Realen in der Zeit geschieht). Zwischen der Metaphysischen Ableitung der Kategorien aus den Formen des Urteils und dieser Interpretation und Demonstration einzelner Kategorien liegt das ganze Geheimnis der Transzendentalen Deduktion.

Was den zweiten Punkt angeht – daß es auf jeden Fall nicht wünschenswert wäre, wenn das Argument den von mir skizzierten Linien unmittelbar folgen würde – ist es ausreichend, an einige meiner früheren Bemerkungen zu erinnern. Wenn es eine Enttäuschung unserer analytischen Hoffnungen wäre, wenn wir herausfänden, daß ein Argument auf der Annahme (oder Definition) beruht, daß Erfahrung notwendigerweise die Erkenntnis von *Gegenständen* als den Themen *objektiver* Urteile einschließt, um wieviel mehr müßten jene Hoffnungen enttäuscht sein von einem Argument, das unterstellt, daß Erfahrung notwendigerweise Erfahrung von einer objektiven und raumzeitlichen Welt ist. Die Schlußfolgerungen eines solchen Arguments könnten nicht stärker sein als diese fragwürdigen Annahmen.

4. Warum eine Transzendentale Deduktion?

Wir sollten also nicht spekulativ auf einem Weg voraneilen, der weder attraktiv noch Kantisch ist. Wir müssen stattdessen zwei Fragen stellen. Erstens, wie entwickelt sich die nächste Stufe der Untersuchung bei Kant tatsächlich? Zweitens, was könnte sich der sympathetische Kritiker von der nächsten Stufe der Untersuchung erhoffen? Wenig genug, so haben wir gesehen, war aus der letzten Stufe zu gewinnen, der „metaphysischen Deduktion" der Kategorien aus den Formen der Logik; obwohl wir natürlich diesen Gedanken für einen Moment beiseite lassen müssen, wenn wir Kants eigene Konzeption für die Rolle der nächsten Stufe, die Transzendentale Deduktion der Kategorien, verstehen wollen. Diesen Gedanken beiseite lassen, scheint zunächst die Schwierigkeiten für das Verständnis der Rolle der Deduktion zu vergrößern. Sie ist, anscheinend, konzipiert, um ein allgemeines Argument beizubringen, das die notwendige Anwendbarkeit der Kategorien auf Erscheinungen, auf Gegenstände der Erfahrung, nachweist. Kant sagt über die Kategorien: „... es ist schon eine hinreichende Deduktion derselben, und Rechtfertigung ihrer objektiven Gültigkeit, wenn wir beweisen können: daß vermittelst ihrer allein ein Gegenstand gedacht werden kann."[25] Aber sollte nicht schon die Metaphysische Deduktion beweisen, „daß vermittelst ihrer allein ein Gegenstand gedacht werden kann"? Warum sollte es notwendig sein, einen anderen und unabhängigen Beweis derselben Schlußfolgerung zu suchen? Wie sollte das überhaupt möglich sein, wenn nicht der neue Beweis auf anderen Prämissen beruhte?

Dieser Gedanke verschiedener Prämissen ermutigt noch einmal jene analytischen Hoffnungen, die wir aufzugeben gezwungen schienen, solange der Begriff der „Objektivität" unter den als Prämissen angesetzten Zügen der Erfahrung figurierte. Die Erwägung dieser Hoffnungen noch ein wenig länger aufschiebend wollen wir zunächst bemerken, daß, obwohl die Transzendentale Deduktion tatsächlich ein Argument ist, sie nicht nur ein Argument ist. Sie ist auch eine Erklärung, eine Beschreibung, eine Geschichte. Um ihre Rolle als Geschichte zu verstehen, müssen wir erneut alle jene Elemente des Kantischen Modells berücksichtigen, die wir in unserer kargeren Interpretation vermeiden. Wir müssen uns an die subjektiven Implikationen erinnern, die der Ausdruck „*a priori*" für Kant hat, und die Ernsthaftigkeit, mit der er die Trennung zwischen den Vermögen der Sinnlichkeit und des Verstandes betrachtet. Zu sagen, daß die Form einer Anschauung oder der Begriff eines Gegenstandes überhaupt *a priori* ist, heißt für ihn nicht in erster Linie, daß sie eine begrenzende Bedingung jeder Erfahrung sind, von der wir uns einen kohärenten Begriff machen können. Es heißt für ihn primär, etwas über die Quelle oder den Ursprung des entsprechenden Zuges der Erfahrung zu sagen. Unser Bewußtsein von Gegenständen muß raumzeitlichen Charakter haben, *weil* derart unser Vermögen der Sinnlichkeit verfaßt ist. Wir müssen über Gegenstände in Übereinstimmung mit den Kategorien denken, *weil* soviel von der Verfassung unseres Verstandesvermögens gefordert ist. Wenn das so ist, ist in der Tat richtig, daß kein weiterer *Beweis* dafür gefordert ist, daß nur vermittelst der Kategorien ein Gegenstand gedacht werden kann. Aber etwas anderes könnte gut erfordert zu sein scheinen – nämlich eine *Erklärung*. Damit haben wir die Materialien eines transzendentalen Dramas vor uns; und wir wollen wissen, wie das Drama aufgeführt wird. Im Geiste haben wir die reinen Formen sinnlicher Anschauung und die reinen Begriffe von einem Gegenstand überhaupt; außerhalb des Geistes haben wir die unbekannte und unerkennbare Quelle der Materie für diese Formen, die Quelle dessen, aus dem unsere inhaltsreiche Erfahrung gemacht ist. Die Natur, das Thema unserer objektiven Urteile, ist das Ergebnis. Aber wenn der Geist die Natur macht, wollen wir, soviel wir können, über die Geschichte dieser Produktion erfahren, insbesondere wollen wir verstehen, wie so disparate Vermögen in dieser Produktion kooperieren können. In der Transzendentalen Deduktion wird diese Geschichte erzählt, diese Erklärung gegeben. Diese *erklärende* Rolle der Transzendentalen Deduktion – die in der ersten Auflage einen prominenteren Platz einnimmt als in der zweiten – wird genau in dem Abschnitt angekündigt, der den Satz enthält, den ich im letzten Absatz zitiert habe und den ich jetzt in seinen Kontext zurückversetze:

> „Diese Begriffe nun, welche *a priori* das reine Denken bei jeder Erfahrung enthalten, finden wir an den Kategorien, und es ist schon eine hinreichende Deduktion derselben, und Rechtfertigung ihrer objektiven Gültigkeit, wenn wir beweisen können: daß vermittelst ihrer allein ein Gegenstand gedacht werden kann. Weil aber in einem solchen Gedanken mehr als das einzige Vermögen zu denken, nämlich der Verstand beschäftiget ist, und dieser selbst, als ein *Erkenntnis*vermögen, das sich auf Objekte beziehen soll, eben so wohl einer Erläuterung, wegen der Möglichkeit dieser Bezie-

> hung bedarf: so müssen wir die subjektiven Quellen, welche die Grundlage *a priori* zu der Möglichkeit der Erfahrung ausmachen, nicht nach ihrer empirischen, sondern transzendentalen Beschaffenheit zuvor erwägen."[26]

In einer rückblickenden Passage am Ende der Version der Deduktion in der ersten Auflage heißt es erneut, ihre Aufgabe sei gewesen, „dieses Verhältnis des Verstandes zur Sinnlichkeit, ... mithin die objektive Gültigkeit seiner reinen Begriffe a priori *begreiflich* zu machen".[27]

Wir müssen nun zur Rolle der Transzendentalen Deduktion als eines Arguments zurückkehren. Wir werden finden, daß ihre grundlegende Prämisse ist, daß die Erfahrung eine Mannigfaltigkeit von Elementen (Anschauungen) enthält, die, für jeden Fall eines Gegenstandes der Erfahrung, geeignet sein muß, irgendwie in einem einheitlichen, zu einem Urteil fähigen Bewußtsein vereinigt zu werden, d. h. die für die Konzeptualisierung der so vereinten Elemente geeignet sein muß. Wir werden finden, daß ihre allgemeine Schlußfolgerung ist, daß diese Einheit eine andere Art von Einheit oder Verknüpftheit auf Seiten der vielfältigen Elemente der Erfahrung erfordert, nämlich genau eine solche Einheit, wie sie auch gefordert ist, damit Erfahrung den Charakter einer Erfahrung von einer objektiven Welt hat und daher fähig ist, in objektiven empirischen Urteilen artikuliert zu werden. Sofern es diese allgemeine Schlußfolgerung betrifft, bleibt es eine weit offene Frage, genau welche spezifischen Begriffe oder Begriffs-Typen, wenn überhaupt, wesentlich sind, wenn die Konzeptualisierung der Erfahrung diese allgemeinen Erfordernisse der Objektivität und der Einheit erfüllen soll. Aber Kant wird sich auf der Grundlage der Metaphysischen Deduktion für berechtigt halten, die „reinen Begriffe", die er in dieser aus den Formen der Logik abgeleitet hat, als genau solche begrifflichen Elemente zu identifizieren.

Wenn diese Skizze richtig ist, dann paßt Kants Sinn für die Notwendigkeit der Transzendentalen Deduktion nicht nur als Erklärung, sondern auch als Beweis – eine Notwendigkeit, die er selber klar fühlt, ohne sie jemals sehr klar zu erklären – sehr befriedigend zu unseren suspendierten analytischen Hoffnungen. Ein wesentlicher Teil der Rolle der Deduktion wird es sein, nachzuweisen, daß Erfahrung notwendigerweise Erkenntnis von *Gegenständen* mit sich bringt, Gegenständen in dem gewichtigen Sinn, und daher diese These aus ihrem Status als vorgängige Definition oder als einer als Prämisse vorausgesetzten Annahme der Untersuchung zu verdrängen. Natürlich werden wir, auch wenn wir mit dem allgemeinen Argument der Deduktion zufrieden sind, Kant nicht darin folgen, von seinen hoch allgemeinen Schlußfolgerungen zu der weiteren, spezifischen Schlußfolgerung fortzugehen, daß gerade die aufgeführten „reinen Begriffe" diejenigen sind, die eine notwendige Anwendung auf die Erfahrung haben. Denn wir haben kein derartiges Vertrauen in die Metaphysische Deduktion, das diesen Schritt rechtfertigte. Stattdessen dürfen wir vernünftigerweise erwarten, daß eine weitere Ausarbeitung dieser hoch allgemeinen Schlußfolgerungen in den Grundsätzen zumindest teilweise von jeder Annahme der Richtigkeit der Kategorietafel unabhängig sein wird.

Aber wir sollten nicht von der Beobachtung überrascht sein, daß Kants eigener Plan für die Entwicklung des Arguments der *Kritik* nach der Deduktion einen zusätzlichen Schritt einschließt. Weil die Deduktion, wie er sie versteht, nicht nur die Deduktion der hoch allgemeinen Schlußfolgerungen ist, die ich erwähnt habe, sondern die Deduktion der reinen Kategorien – der Begriffe, die zuvor in der Abstraktion von unserem wirklichen, zeitlichen Modus der Anschauung abgeleitet wurden –, findet es Kant natürlich wünschenswert, im Schematismus zu einer weiteren Liste von Begriffen zu kommen – indem er die Bedeutung der unschematisierten Begriffe durch Hinzufügung der zeitlichen Bedingung ihrer Anwendung konkretisiert –, bevor er dazu fortgeht, in den Grundsätzen die Anwendung jedes Begriffs im einzelnen zu demonstrieren.

Wenn wir nun die Transzendentale Deduktion diskutieren, müssen wir in Erinnerung behalten, sie zugleich in zweierlei Funktion zu sehen: sowohl als ein Argument über die Implikationen des Begriffs der Erfahrung im allgemeinen, als auch als eine Beschreibung der transzendentalen Wirksamkeit subjektiver Vermögen, durch die Erfahrung produziert wird. Es wäre ohne Zweifel befriedigend, wenn wir den letzteren Aspekt völlig auf den ersteren reduzieren und die ganze transzendentale Psychologie in den Terminis des analytischen Arguments interpretieren könnten. Aber jede Anstrengung, das zu tun, wäre, obwohl vielleicht heroisch, ganz sicher fehl am Platze. Wir müssen vielmehr versuchen, die beiden Elemente zu entwirren, während wir ihrer beider gewahr bleiben; denn es scheint wahrscheinlich, daß wir die Darlegung des Arguments nicht völlig werden verstehen können ohne einige Aufmerksamkeit auf die Erfordernisse des Modells. Es ist, denke ich, ein ernsthafteres Hindernis für das Verständnis, daß Kant, zum Teil wegen der Forderungen der transzendentalen Psychologie, zum Teil auch wegen seines typischen Bestrebens, auf jeder Stufe der Untersuchung ein Höchstmaß an Allgemeinheit und Abstraktheit zu erreichen, einige Erwägungen bis zu den Grundsätzen zurückstellt, die den hoch allgemeinen Argumenten und Schlußfolgerungen der Deduktion wirklich Substanz geben.

5. Objektivität und Einheit

Wir beginnen damit, daß wir die These, daß Erfahrung notwendigerweise Bewußtsein von Gegenständen einschließt, die als unterschieden von bestimmten subjektiven Bewußtseinszuständen, bestimmten „Vorstellungen" oder „Erlebnissen" gedacht werden, so nehmen, daß sie als vorläufige Prämisse fungiert. Kant behauptet, daß es, damit Vorstellungen derart einen objektiven Bezug haben, notwendig ist, daß sie untereinander eine gewisse Einheit oder Verknüpftheit besitzen oder zeigen. Wir könnten keinen der gewöhnlichen empirischen Begriffe von Gegenständen anwenden, wenn nicht unsere mannigfaltigen Wahrnehmungserlebnisse die Art von Kohärenz und Verknüpfung aufwiesen, die für die Anwendung solcher Begriffe erfordert ist. Kant spricht von solchen Begriffen von Gegenständen als Regeln, die die Verknüpfung der Erfahrungen regeln. Wir können diesen Punkt dadurch illustrieren – Kant tut das nicht in der Deduktion, aber in den Grundsätzen –, daß wir darauf hinweisen, daß irgendeine bestimmte „unregelmäßige" Wahrnehmung, die nicht mit dem allgemeinen Gang der Erfahrung, wie er in Urteilen, die diese Begriffe verkörpern, ausgedrückt wird, kohärent ist, als bloß subjektiv, als Illusion oder „Schein" bewertet wird, nicht als eine richtige Wiedergabe, wie die Welt objektiv ist. Kant denkt, daß sich dieses Erfordernis der Einheit und Verknüpftheit über den ganzen Bereich unserer Erfahrung erstreckt. Keine Verletzungen dieses Erfordernisses sind in ihm erlaubt. Eine bestimmte unregelmäßige Wahrnehmung wird nicht als flüchtiger Anblick einer anderen objektiven Welt anerkannt, sondern in den Status subjektiver Illusion versetzt. Ebenso müssen wir, wenn irgendeine Phase der Erfahrung als eine Phase der Erfahrung des Objektiven gelten soll, in der Lage sein, sie mit anderen Phasen als Teile einer einzigen einheitlichen Erfahrung einer einzigen objektiven Welt zu integrieren.

Die Zweifel über diese letzte Verallgemeinerung des Erfordernisses der Verknüpftheit wird jetzt beiseite gelassen und erst sehr viel später erörtert. Es gibt einen noch grundlegenderen Einwand, der schon gegen den Beginn dieser Darstellung dessen erhoben werden kann, was in der Erfahrung von Gegenständen, aufgefaßt im Unterschied von bestimmten subjektiven Bewußtseinszuständen von ihnen, involviert ist. Es könnte zugestanden werden, daß die Anwendung der gewöhnlichen empirischen Begriffe in der Tat die Art von regelgeleiteter Verknüpftheit von Wahrnehmungen impliziert, von der Kant spricht, aber geleugnet werden, daß die Anwendung irgendwelcher solcher Begriffe nötig sei für die Erfahrung von Gegenständen, die als verschieden von bestimmten subjektiven Bewußtseinszuständen von ihnen aufgefaßt werden. Warum sollten nicht Gegenstände des Bewußtseins als Gegebenheiten mit einer von Bewußtseinszuständen über sie verschiedenen Existenz aufgefaßt werden, auch wenn die Begriffe, unter die sie fallen, nicht derart wären, daß sie Gelegenheit für die Zurückweisung irgendeiner bestimmten vermeintlichen Wahrnehmung als „unregelmäßig" und daher als keine richtige Darstellung eines Gegenstandes gäben? Die Anwendung gewöhnlicher empirischer Begriffe für Gegenstände geht, wiederum, Hand in Hand mit der Konzeption, daß Gegenstände und ihre besonderen Charakteristika in einer eigenen Folge und Anordnung existieren, die nicht nur theoretisch unterscheidbar, sondern faktisch verschieden ist von der Folge und Anordnung der Bewußtseinszustände über sie, die ein Subjekt erlebt. Aber warum sollte dieser Zug als wesentlich für eine Erfahrung, die Erfahrung von Gegenständen ist, aufgefaßt werden? Warum sollten nicht Gegenstände des Bewußtseins als Gegebenheiten begriffen werden, die eine von den Erlebnissen des Bewußtseins von ihnen verschiedene Existenz besitzen, selbst dann, wenn ihre Folge und Anordnung, in der sie als unabhängig existierend begriffen werden, genau, Punkt für Punkt, die Folge und Anordnung der Erlebnisse des Bewußtseins von ihnen, die ein Subjekt hat, widerspiegelte?

Unabhängig von irgendwelchen Argumenten Kants könnte es scheinen, als gäbe es ausreichende Gründe zur Zurückweisung dieser Vorschläge. Es gibt jedoch eine Passage in der Version der Deduktion in der ersten Auflage, die beinahe als eine Antwort auf solche Einwände aus der Perspektive des transzendentalen Idealismus konstruiert werden könnte. Kant führt, in dieser Auflage, das Thema Objektivität durch eine Anspielung auf jene Lehre ein. Gegenstände überhaupt werden als jene unabhängig existierenden Gegebenheiten konzipiert, denen sich unsere sinnliche Erfahrung verdankt. Aber Gegenstände, *wie sie wirklich sind* oder wie sie an sich selber sind, liegen gänzlich außerhalb unserer Erfahrung. Wir sind ihrer niemals gewahr. Alles, was wir gewahren, sind Erscheinungen, die „selbst nichts als sinnliche Vorstellungen sind, die an sich, in eben derselben Art, nicht als Gegenstände (außer der Vorstellungskraft) müssen angesehen werden."[28] Wenn daher unsere Erfahrung für uns den Charakter der Objektivität haben soll, der für empirische Erkenntnis erfordert ist, müssen unsere „sinnlichen Vorstellungen" irgendein Substitut oder Surrogat für das Bewußtsein des wirklichen, unbekannten Gegenstandes enthalten. Dieses Surrogat ist genau jene regelgeleitete Verknüpftheit unserer Vorstellungen, die sich in unserer Anwendung von Begriffen für *empirische* Gegenstände widerspiegelt, die so aufgefaßt werden, daß sie zusammen ein einheitliches natürliches Universum mit seiner eigenen Ordnung bilden, die verschieden von der subjektiven Ordnung unserer Wahrnehmungen ist und diese kontrolliert. *Wirklich* kommt nichts in die Reichweite unserer Erfahrung als jene subjektiven Wahrnehmungen selber; daher ist alles, was wirklich unter empirischer Erkenntnis von Gegenständen verstanden werden kann, die Existenz einer solchen Regelhaftigkeit und Ordnung unter jenen Wahrnehmungen, wie sie in unserer Fähigkeit involviert ist, sie als Wahrnehmungen einer objektiven Welt mit ihrer eigenen Ordnung aufzufassen, der wir, als Konsequenz, die Ordnung unserer Wahrnehmungen zuschreiben können. Der Begriff einer *Erfahrung von Gegenständen* kann nicht mehr bedeuten als dies; aber, aus demselben Grund, auch nicht weniger.

Das ist ein enthüllendes Argument. Die Behauptung, daß Erfahrung, um als Erfahrung vom Objektiven zu gelten, gerade die Züge zeigen muß, deren Notwendigkeit unser imaginärer Bestreiter in Frage stellte, wird so dargestellt, daß sie auf jenen Teil der Lehre des transzendentalen Idealismus begründet ist, demzufolge wir gar nicht *wirklich* unabhängig existierende Gegenstände gewahren, sondern nur Erscheinungen, „die selbst nichts als sinnliche Vorstellungen sind". Aber diese Begründung scheint überflüssig. Wir brauchen die Prämisse nicht, daß, was wir gewöhnlich als unabhängig existierende Gegenstände auffassen, unabhängig von unseren Erlebnissen des Bewußtseins von ihnen, *in Wirklichkeit* solche Dinge nicht sind, um den Punkt zu machen, daß diese Konzeption leer wäre, wenn die Erfahrung nicht den Grund für sie enthielte, den sie in der Verknüpftheit, die die Anwendung gewöhnlicher empirischer Begriffe von Gegenständen möglich macht, tatsächlich enthält. Das ist ein wiederkehrender Zug von Kants transzendentalem Subjektivismus. Er wird regelmäßig für die Unterstützung von Behauptungen angeführt, die auf ihren eigenen Füßen stehen können; und dies ist der Grund dafür, daß wir manchmal versucht sind, derart unschuldige Interpretationen der Thesen des transzendentalen Subjektivismus zu unterstellen. Aber solche

Interpretationen zeigen sich der Tendenz des Werks als ganzem nicht wirklich gewachsen.

Meine Bezugnahme auf diese Passage erfolgte eigentlich in Parenthese. Wir sollten in erster Linie festhalten, was Kant als in der vorläufigen Prämisse der Objektivität in der Erfahrung impliziert ansah. Nun müssen wir den Punkt zur Kenntnis nehmen, an dem die vorläufige Prämisse ihren Platz räumt, den Punkt, an dem offensichtlich wird, daß es keineswegs nur eine Frage der Definition von „Erfahrung“ ist, daß Erfahrung Erkenntnis von Gegenständen einschließt. Wo dies offensichtlich wird, wird auch noch etwas anderes offensichtlich: daß das Argument von der fundamentalen Prämisse nicht nur ein Argument für die vorläufige Prämisse ist, wie sie allgemein formuliert wurde, sondern ein Argument auch für alles, was in der vorläufigen Prämisse impliziert sein soll. Es wird daher unnötig zu diskutieren, ob, was in der vorläufigen Prämisse impliziert sein soll, auch tatsächlich in ihr impliziert ist.

Unsere sinnliche Erfahrung mag jene Verknüpftheit zeigen – und tut das tatsächlich –, die uns befähigt, empirische Begriffe von Gegenständen zu gebrauchen, unsere sinnlichen Vorstellungen – abgesehen von wenigen unregelmäßigen Ausnahmen – als richtige Wahrnehmungen von Sachverhalten in einer objektiven Welt gelten zu lassen. Aber hätte nicht jene Erfahrung einen ganz verschiedenen Charakter haben können? Hätten nicht sinnliche Vorstellungen im Bewußtsein aufeinander folgen können, ohne etwas von der Verknüpftheit zu besitzen, die den Gebrauch der gewöhnlichen Begriffe für das Objektive möglich macht? Kant antwortet, daß keine Erfahrung von derart diskontinuierlichem Charakter möglich wäre. Er stützt seine Antwort nicht auf eine Definition, die „Erkenntnis von Gegenständen“ in die Bedeutung von „Erfahrung“ aufnimmt. Er stützt seine Antwort auf ein ganz verschiedenes Prinzip. Man könnte fast sagen, wie er selbst es tut, daß er sie auf eine Tautologie stützt. Wenn wir den Gedanken einer möglichen Erfahrung fassen, in der sinnliche Vorstellungen aufeinander folgen, aber nichts von der Verknüpftheit besitzen, die für die Anwendung von Begriffen für das Objektive notwendig ist, denken wir zumindest an eine solche Folge von Vorstellungen, die zu einem einzelnen Bewußtsein gehört. Die Tautologie, auf die Kant seine Behauptung der Unmöglichkeit einer derartigen Erfahrung stützt, ist die Tautologie, daß Erlebnisse oder Vorstellungen, die zu einem einzelnen Bewußtsein gehören, die Bedingungen erfüllen müssen, zu einem einzelnen Bewußtsein zu gehören.

Was sind dann jene Bedingungen? Den Stand des Arguments vorausgesetzt, muß Kants Antwort zugebilligt werden, eine gewisse Großartigkeit zu haben. Was erforderlich ist, damit eine Sequenz von Erlebnissen zu einem einzelnen Bewußtsein gehört, ist, daß sie genau jene regelgeleitete Verknüpftheit besitzen, die auch erfordert ist, damit sie zusammen eine zeitlich erstreckte Erfahrung einer einzigen objektiven Welt konstituieren. Die Beweislast des ganzen Arguments wird so auf die notwendige Einheit des Bewußtseins verschoben.

Offensichtlich wirft diese Antwort Fragen auf und fordert Einwände heraus. Bevor wir versuchen, sie zu bewerten, müssen wir jenen anderen Aspekt der

Transzendentalen Deduktion – die Geschichte der Aktivität unserer Vermögen – ins Auge fassen, mit dem das Argument nun anfängt, verflochten zu sein. Ich werde nicht versuchen, zu jedem Punkt in diesem Dschungel vorzudringen; ich werde eher versuchen, mich lange genug in ihm herumzutreiben, um seine wesentlichen Züge verzeichnen zu können.

6. Synthesis, Selbstbewußtsein und die Natur als Produkt des Verstandes

Kant drückt die These von der notwendigen Einheit des Bewußtseins manchmal so aus, daß er sagt, das „Ich denke“ müsse alle meine Vorstellungen begleiten können, wenn sie überhaupt etwas für mich sein sollen. Dieser Gedanke scheint komplex zu sein, eine Fusion zweier Gedanken. (Später werden wir sehen, daß Kant sie als einer den anderen implizierend auffaßt.) Der eine Gedanke ist der alte, daß Anschauungen unter Begriffe gebracht werden müssen, um Erfahrung zu ergeben. Also muß, in Kants Ausdrucksweise, das Verstandesvermögen (das Vermögen der Gedanken, der Begriffe, der Regeln) ins Spiel gebracht werden. Aber wenn, des weiteren, verschiedene Erfahrungen zu einem einzelnen Bewußtsein gehören sollen, muß es die Möglichkeit des *Selbst*bewußtseins für das Subjekt dieser Erfahrungen geben. Es muß ein und derselbe Verstand sein, der bei seiner konzeptualisierenden Arbeit mit all den Anschauungen, die zu einem einzelnen Bewußtsein gehören, geschäftig ist, und es muß möglich sein, daß diese Identität vom Subjekt dieser Erfahrungen *gewußt* wird.

Es wäre nutzlos, für eine Erklärung der Erfüllung dieser Bedingung in dem zu suchen, was gewöhnliches empirisches Selbstbewußtsein genannt werden könnte. „Das Bewußtsein seiner selbst, nach den Bestimmungen unseres Zustandes, bei der innern Wahrnehmung ist bloß empirisch, jederzeit wandelbar, es kann kein stehendes oder bleibendes Selbst in diesem Flusse innrer Erscheinungen geben“.[29] Die These ist vertraut in allen Diskussionen persönlicher Identität, obwohl sie weder hier, bei Kant, noch anderswo, bei Hume, in ihrer vollen Bedeutung vertreten wird. Das Problem wäre nicht gelöst, wenn die „Bestimmungen“ unseres inneren Zustandes nicht „jederzeit wandelbar“ wären, wenn einige, sagen wir, konstant wären oder relativ konstant; sie wären immer noch *Zustände* unserer selbst. Der Punkt ist, daß sich einfach auf das Faktum empirischen Selbstbewußtseins (des Bewußtseins der eigenen inneren Zustände als solchen) zu berufen, heißt, das Problem nicht zu lösen, sondern allererst zu stellen. Wonach wir suchen ist genau der fundamentale Grund der Möglichkeit empirischer Selbstzuschreibung der verschiedenen Bewußtseinszustände durch ein Bewußtsein, das des Wissens von seiner eigenen Identität über seine wandelbaren (oder konstanten) Bestimmungen hinweg fähig ist.

Gelegentlich scheint sich Kant für eine Antwort an eine besondere Art von „transzendentalem Selbstbewußtsein“ zu wenden, das mit der *Aktivität* des

Verstandesvermögens assoziiert wird. Der Schlüssel zur Einheit des Bewußtseins, so scheint es, muß in dem Umstand gesucht werden, daß die Verknüpftheit unserer Wahrnehmungen durch die *Aktivität* des Verstandes *produziert* ist. Der Prozess des Produzierens solcher Verknüpftheit oder Einheit wird Synthesis genannt; und unser Bewußtsein der Identität unserer selbst ist fundamental nichts anderes als unser Bewußtsein von dieser Fähigkeit zur Synthesis oder Kombination und ihrer Betätigung. Ich kann eine gegebene Vorstellung nur deshalb als *meine* gelten lassen, weil *ich* sie mit anderen kombiniert oder synthetisiert habe. Nun sind die einzigen Modi der Synthesis für einen Verstand wie unseren jene, die durch die Kategorien repräsentiert werden; und die Kombination von Vorstellungen in Übereinstimmung mit den Kategorien ist ihre Kombination in Urteilen über das, was objektiv der Fall ist. Daher ist die Tatsache, daß meine Erfahrung Erfahrung einer einheitlichen objektiven Welt ist, eine notwendige Konsequenz der Tatsache, daß ich nur unter dieser Bedingung meiner diversen Erfahrungen als samt und sonders meiner eigenen bewußt sein kann. Und daher sind wir selbst auch, so schließt Kant, der Ursprung jedweder allgemeinen Ordnung und Verknüpfung in der Natur, die notwendig ist, um dieses Erfordernis der Objektivität und Einheit zu erfüllen.

Hier sind viele Behauptungen zusammengespannt. Der Vorschlag, der uns unmittelbar betrifft, ist der Vorschlag, daß unser Bewußtsein der eigenen Identität fundamental nichts anderes als unser Bewußtsein der Fähigkeit zur Synthesis oder Kombination und ihrer Ausübung ist. Diese Ansicht scheint in mehreren Bemerkungen Kants ihren Ausdruck zu finden. So schreibt er, in der zweiten Auflage, daß die Beziehung verschiedener Vorstellungen auf die Identität des Subjekts dadurch zustandekommt, „daß ich eine zu der andern *hinzusetze* und *mir der Synthesis* derselben *bewußt* bin“[30]; oder, schärfer in der ersten Auflage, daß „das Gemüt ... sich unmöglich die Identität seiner selbst in der Mannigfaltigkeit seiner Vorstellungen ... denken (konnte), *wenn es nicht die Identität seiner Handlung vor Augen hätte*, welche alle Synthesis der Apprehension ... einer transzendentalen Einheit unterwirft“.[31] An anderer Stelle jedoch wird der Nachdruck nicht auf das Bewußtsein der *Aktivität* der Synthesis oder Kombination gelegt, sondern auf das Bewußtsein der *Fähigkeit* dazu. So heißt es in der zweiten Auflage: „Der Gedanke: diese in der Anschauung gegebene Vorstellungen gehören *mir* insgesamt zu, heißt ... so viel, als ich vereinige sie in einem Selbstbewußtsein, oder *kann* sie wenigstens darin vereinigen“.[32] Später schreibt er: „... ich existiere als Intelligenz, die sich lediglich ihres Verbindungsvermögens bewußt ist“.[33]

Der vorsichtige Charakter der beiden letzten Bemerkungen sollte uns eine Warnung davor sein, zuviel in die ersten beiden hineinzulesen. Kant denkt schließlich nicht, daß wir eine besondere Art von Erfahrung oder Bewußtsein des Selbsts oder seiner Aktivität haben, die unterschieden wäre von dem empirischen Selbstbewußtsein, in dem wir, wie er behauptet, nur Erscheinungen unserer selbst gewahren. So bemerkt er in der zweiten Auflage: „Dagegen bin ich mir meiner selbst in der transzendentalen Synthesis der Mannigfaltigen der Vorstellungen überhaupt, mithin in der synthetischen ursprünglichen Einheit der Apperzeption, bewußt, nicht wie ich mir erscheine, noch *wie* ich an mir selbst bin, sondern nur *daß* ich bin. Diese *Vorstellung* ist ein *Denken*, nicht ein *Anschauen*."[34] In der ersten Auflage wiederum sagt er von der „bloße(n) Vorstellung *Ich*", die „das transzendentale Bewußtsein" ist und die ‚kollektive Einheit aller anderen Vorstellungen möglich macht'[35]: „Diese Vorstellung mag nun klar (empirisches Bewußtsein) oder dunkel sein, daran liegt hier nichts, ja nicht einmal an der Wirklichkeit desselben".[36]

Wir mögen anfangen, uns zu wundern, auf genau welche Weise eine Bezugnahme auf die kombinierenden oder synthetischen Aktivitäten des Verstandes die Bedingungen, unter den Selbstbewußtsein möglich ist, aufklären soll, wobei dies auch die Bedingungen sind, unter denen behauptet werden kann, daß verschiedene Erfahrungen in einem einzelnen Bewußtsein vereinigt sind. Das höchste Prinzip der synthetischen Einheit „sagt nichts weiter, als, daß alle *meine* Vorstellungen in irgend einer gegebenen Anschauung unter der Bedingung stehen müssen, unter der ich sie allein als *meine* Vorstellungen zu dem identischen Selbst rechnen . . . kann".[37]. Das ist für sich klar genug. Die Bedingung, unter der von verschiedenen Vorstellungen gesagt werden kann, daß sie in einem einzelnen Bewußtsein vereinigt sind, ist genau die Bedingung, wie immer sie laute, unter der ein Subjekt von Erfahrungen sich verschiedene Erfahrungen zuschreiben darf und dabei der Identität dessen, zu dem diese verschiedenen Erfahrungen zu verschiedenen Zeiten gehören, bewußt ist. Aber da die synthetisierenden Aktivitäten schließlich doch keine andere Art von Selbstwissen oder Selbstbewußtsein, als sie das gewöhnliche empirische Selbstbewußtsein erbringt, ergeben, scheinen wir für die Erklärung der Möglichkeit einer Selbstzuschreibung von Erfahrungen eher in der Natur des *Ergebnisses* der synthetisierenden Aktivitäten suchen zu dürfen als in irgendeinem besonderen Bewußtsein dieser Aktivitäten selber oder der Fähigkeiten, die in ihrer Ausübung betätigt werden. Vielleicht ist gerade die Verknüpftheit der Erfahrungen unter Begriffen des Objektiven, die die Synthesis *produzieren* soll, selber die Bedingung – oder die fundamentale Bedingung –, unter der allein Selbstzuschreibung von Erfahrungen möglich ist. Die Möglichkeiten dieser Akzentverlagerung werden wir im nächsten Abschnitt untersuchen.

Kant also macht in der Deduktion nicht wirklich klar, wie die Lehre von der Aktivität des Verstandes die Möglichkeit erklärt, dem einen Selbst Erfahrungen zuzuschreiben, und damit die Einheit von verschiedenen Vorstellungen in einem einzelnen Bewußtsein erklärt. Was klarerweise *behauptet* wird, ist die notwendige Verbindung zwischen der Einheit des Bewußtseins durch die Synthesis auf der einen Seite und der Beziehung der Vorstellungen auf eine objektive (empirische) Welt auf der anderen Seite; und es bleibt zu sehen, ob diese Verbindung unabhängig von der Lehre der Synthesis ausgemacht werden kann. Was ebenfalls klarerweise *behauptet* wird, ist die Subjektivität des Ursprungs einer derartigen Ordnung in der Natur, wie sie notwendig ist, um die einheitliche objektive Welt unserer Erfahrung zu ergeben – eine Behauptung, die auf der Seite des aktiven Verstandesvermögens der Behauptung des subjektiven Ursprungs der räumlichen und zeitlichen Beziehungsmodi auf der Seite des passiven Vermögens der Sinnlichkeit parallel geht. Aber die einzige Unterstützung für diese Behauptung liegt in der Lehre der Synthesis, und diese Lehre kann vielleicht durch die Etablierung einer direkten analytischen Verbindung zwischen der Einheit des Bewußtseins und der einheitlichen Objektivität der Welt unser Erfahrung überholt werden.

In der Hoffnung auf eine gänzliche Überholung der Lehre von der Synthesis werde ich jetzt nicht noch lange bei ihrer Ausarbeitung in der *Kritik* verweilen, die einen so unerschöpflichen Gegenstand für Kommentatoren bietet. Einige folgende Bezugnahmen auf diese Lehre werden in der Tat nötig sein, um den Zusammenhang späterer Bemerkungen klar zu machen. Hier beschränke ich mich auf die gröbste Skizze und den kürzesten Kommentar.

Die Lehre von der Synthesis beruht fest auf der Unterscheidung der Vermögen. Was in der Sinnlichkeit, in der bloßen Rezeptivität gegeben ist, ist ein Ding; was daraus vom Verstand, dem aktiven Vermögen mit der Hilfe seines nicht weniger aktiven Statthalters, der Einbildungskraft als Vermittler zwischen Sinnen und Verstand, gemacht wird, ist ein ganz ander Ding. Die Sinnesdaten allein sind diskret, einzeln, getrennt, ohne Komplexität. Alle Kombination und Verbindung wird von der Einbildungskraft produziert, die, wie erforderlich, die diskreten Sinnesdaten zusammenfaßt und reproduziert und dabei immer unter der Kontrolle des Verstandes, des Ursprungs der Begriffe handelt. Erfahrung ist das Ergebnis dieser Aktivität der Kombination oder Synthesis. Nicht daß die Aktivität der Synthesis auf Daten der empirischen Anschauung eingeschränkt wäre. „Reine“ Synthesis ist auch in der Erzeugung der Einheit der „reinen Mannigfaltigkeit“ von Raum und Zeit und in den Konstruktionen der reinen Mathematik involviert.

Es ist nutzlos, über den Status dieser Sätze zu rätseln. Sie gehören weder zur empirischen Psychologie (einschließlich der physiologischen) noch zur analytischen Philosophie des Geistes, *obwohl einige von ihnen nahe oder entfernte Analoga in beiden haben mögen.* Sie gehören zu dem imaginären Fach der transzendentalen Psychologie, einem Teil des Kantischen Modells. Es gibt natürlich genügend Punkte, an denen wir auf das Modell bezugnehmen müssen, wenn wir dem Gang folgen sollen, den Kants Darstellung nimmt.

7. Einheit und Objektivität

Wir müssen nun die These erwägen, daß es, damit eine Sequenz von verschiedenen Erfahrungen zu einem einzelnen Bewußtsein gehört, notwendig ist, daß sie so verknüpft sein müssen, daß sie die zeitlich erstreckte Erfahrung einer einheitlichen objektiven Welt konstituieren. Wir müssen diese These ohne eine Abhängigkeit von den Lehren der transzendentalen Psychologie erwägen. Im Fortgang werden wir dazu kommen zu sehen, daß die These von der notwendigen Einheit selber noch als auf einer noch grundlegenderen Prämisse beruhend dargestellt werden kann – auf nicht mehr als der Notwendigkeit der ursprünglichen Dualität von Anschauung und Begriff dafür, daß irgendeine Erfahrung überhaupt möglich ist.

Aber zuerst müssen wir erinnern, was auf der einen Seite unter dem Begriff eines einheitlichen Bewußtseins und was auf der anderen Seite unter dem Begriff der Erfahrung, oder der empirischen Erkenntnis von Gegenständen zu verstehen ist.

Der Begriff eines einzelnen Bewußtseins, zu dem verschiedene Erfahrungen gehören, ist an den Begriff des Selbstbewußtseins, der Selbstzuschreibung einer Erfahrung oder eines Bewußtseinszustands gekoppelt. Damit verschiedene Erfahrungen zu einem einzelnen Bewußtsein gehören, ist es nicht notwendig, daß das Subjekt jener Erfahrungen von ihnen ständig als *seinen* Erfahrungen denkt; aber es ist notwendig, daß jene Erfahrungen jedweder Bedingung unterworfen sind, die gefordert ist, damit das Subjekt die *Möglichkeit* hat, sie sich als *seine* Erfahrungen zuzuschreiben. „... alle *meine* Vorstellungen ... (müssen) unter der Bedingung stehen ..., unter der ich sie allein als *meine* Vorstellungen zu dem identischen Selbst rechnen ... kann."[38] Das gilt für alle „meine Vorstellungen (ob ich mich ihrer gleich nicht als solcher (sc. meiner) bewußt bin)".[39] Einheit des Bewußtseins, zu dem eine Sequenz von Erfahrungen gehört, impliziert also die *Möglichkeit* der Selbstzuschreibung von Erfahrungen auf seiten des Subjekts jener Erfahrungen; es impliziert auf Seiten des Subjekts die *Möglichkeit* des Bewußtseins der numerischen Identität dessen, dem jene verschiedenen Erfahrungen von ihm zugeschrieben werden.

Wir haben schon diskutiert, was als Implikation der Erfahrung oder Wahrnehmung von *Gegenständen* genommen werden muß, die als verschieden von irgendwelchen bestimmten Bewußtseinszuständen von ihnen aufgefaßt werden.[40] Ein Urteil, das objektive Gültigkeit behauptet, beansprucht wahr zu sein, „ohne Unterschied des Zustandes des Subjekts"[41]; Erfahrung von Gegenständen ist nur möglich, wenn objektiv gültige Urteile möglich sind. Die Möglichkeit objektiv gültiger Urteile impliziert jene regelgeleitete Verknüpftheit der Wahrnehmungen, die sich in unserer Anwendung empirischer Begriffe von Gegenständen widerspiegelt, Gegenständen, die so aufgefaßt werden, daß sie eine eigene Folge und Anordnung besitzen, unterschieden von der Folge und Anordnung der Erlebnisse des Bewußtseins von ihnen, die ein Subjekt hat.[42]

Einheit von verschiedenen Erfahrungen in einem einzelnen Bewußtsein erfordert Erfahrung von Gegenständen. Wir können die Stärke dieser These überprüfen, wenn wir zusehen, wie sie Herausforderungen standhält. Beginnen wir mit der offensichtlichsten Herausforderungslinie. Kein Zweifel, so könnte gesagt werden, die Inhalte einer möglichen Erfahrung müssen in gewisser Weise vereinigt und unter Begriffe gebracht sein. Aber warum sollten nicht die Gegenstände (Akkusative) des Gewahrens eines solchen Bewußtseins eine derartige Folge von Gegebenheiten sein, daß keine Unterscheidung zwischen der Folge und Anordnung der Gegenstände (und ihrer besonderen Züge und Charakteristika) und der Folge und Anordung der Erlebnisse des Gewahrens, die ein Subjekt hat, getroffen werden müßte – Gegebenheiten, die daher nicht Gegenstände objektiver Urteile in Kants Sinn wären? Solche Gegenstände könnten von der Art sein, von der die früheren Sinnesdaten-Theoretiker sprachen –, rote, runde Flecken, braune Rechtecke, Blitze, Pfeiftöne, Kitzelempfindungen, Gerüche. Sicher wären Begriffe, Wiedererkennung, ein gewisser Umfang der Erinnerung für ein Bewußtsein notwendig, das überhaupt irgendeine Erfahrung hat; und all dies wäre ineinander involviert. Aber warum sollten die Begriffe nicht einfach solche Sinnesqualitäten-Begriffe sein, die in dem früheren und beschränkten Sinnesdaten-Vokabular figurieren? Die Behauptung, daß eine mögliche Erfahrung diesen begrenzten Charakter haben *könnte*, ist in keiner Weise inkonsistent mit der Anerkennung, daß sie tatsächlich nicht nur einen komplexeren, sondern einen ganz andersartigen Charakter hat. Das heißt, es kann konsistenterweise zugegeben werden, daß es tatsächlich unmöglich ist, eine adäquate Darstellung des Charakters unserer wirklichen Wahrnehmungserfahrung zu geben, ohne daß Begriffe substantieller Gegenstände angewendet würden. Beansprucht wird nur, daß dies kein notwendiger Zug jeder möglichen Erfahrung ist, sondern daß es sehr gut vorstellbar ist, daß Erfahrung zu ihren Inhalten genau die Sorte wesentlich unverbundener Eindrücke haben sollte, von denen wir gesprochen haben – Eindrücke, die weder erfordern noch erlauben, in dem Sinn „im Begriff eines Gegenstandes vereinigt" zu werden, in dem Kant diesen Ausdruck versteht.

Es gibt Passagen in der Version der Deduktion in der ersten Auflage, die beinahe als Kommentare zu einem solchen Vorschlag gelesen werden könnten. Wenn Erscheinungen nicht derart wären, daß sie in objektiven Urteilen ausdrückbares Wissen erlaubten, wären sie „für uns so viel als gar nichts"[43]; sie wären dann „nichts als ein blindes Spiel der Vorstellungen, d. i. weniger, als ein Traum".[44] Oder, in einer unbeholfen formulierten Passage sagt Kant wiederum, wenn es zufällig wäre, daß Erscheinungen sich in ein verknüpftes Ganzes menschlichen Wissens einfügten, es sein könnte, daß sie nicht so zusammenpaßten, nicht in der erforderlichen Weise „assoziabel" wären; „und in dem Falle, daß sie es nicht wären, so würde eine Menge Wahrnehmungen, und auch wohl eine ganze Sinnlichkeit möglich sein, in welcher viel empirisches Bewußtsein in meinem Gemüt anzutreffen wäre, aber getrennt, und ohne daß es zu *einem* Bewußtsein meiner selbst gehörete, welches aber unmöglich ist."[45]

Kommentare sind keine Argumente; und in jedem Fall scheinen diese Kommentare nicht sehr glücklich formuliert zu sein. Die Schwierigkeit, die Kant in der als Einwand zu seiner These vorgebrachten Hypothese finden muß – nennen wir sie die Hypothese einer reinen Sinnesdaten-Erfahrung – reicht wirklich sehr tief. Wenn wir uns ihr zunächst auf einer vergleichsweise oberflächlichen Ebene nähern, werden wir uns sehr bald auf einer tieferen Ebene wiederfinden. Wir fragen zuerst: wie können wir dem Begriff eines einzelnen Bewußtseins, zu dem aufeinander folgende „Erfahrungen" gehören sollen, einen Sinn verleihen? Wir scheinen der Hypothese der Sukzession wesentlich unverbundener Eindrücke eine bloße Formulierung hinzuzufügen, wenn wir stipulieren, daß sie alle zu einem identischen Bewußtsein *gehören*. Auch scheinen wir nichts mehr hinzuzufügen, wenn wir sagen: das einheitliche Bewußtsein ist das, welches ihrer aller sukzessive *gewahr* ist. Das Problem mit solchen „Objekten des Gewahrens", wie sie die Hypothese anbietet, ist, daß ihr esse ebenso ganz und gar ihr percipi ist, wie ihr percipi nichts als ihr esse zu sein scheint – d. h. es gibt keine effektiven Grund für die Unterscheidung zwischen beidem. Die Hypothese scheint keinen Grund der Unterscheidung zwischen dem Erlebnis des Gewahrens und der besonderen Gegebenheit, von der das Gewahren ein Gewahren ist, zu enthalten. Wenn wir das Wort „Erfahrung" haben, sind wir wegen der hartnäckigen Implikationen unseres Vokabulars und seiner verdeckten Beibehaltung von Konnotationen, die in der philosophischen Spekulation formell aufgegeben worden sind, geneigt, diese Tatsache zu übersehen. Aber wenn wir die Hypothese ernst nehmen sollen, dürfen wir sie nicht übersehen.

Wir haben die tiefere Ebene der Schwierigkeit bereits erreicht. Zu Beginn wurde zugestanden, daß Erfahrung sowohl einzelne Anschauungen als auch allgemeine Begriffe erfordert. Es kann keine Erfahrung überhaupt geben, die nicht die Erkenntnis einzelner Gegebenheiten *als* von der-und-der allgemeinen Art seiend einschlösse. Es scheint also möglich sein zu müssen, selbst an den flüchtigsten und rein subjektiven aller Eindrücke eine Komponente des Wiedererkennens oder des Urteils zu unterscheiden, die nicht einfach identisch mit oder völlig absorbiert ist von der einzelnen Gegebenheit, die erkannt wird und das Thema des Urteils bildet. Gleichwohl sind wir zur gleichen Zeit einzuräumen gezwungen, daß es bestimmte subjektive Erfahrungen (z. B. ein momentanes Kitzelgefühl) gibt, deren Objekte (Akkusative) keinerlei Existenz unabhängig von ihrem Gewahrtwerden haben. Es ist klar, was Kant als den Ausweg aus dieser Schwierigkeit ansehen mußte. Der Ausweg ist die Anerkennung, daß die für Erfahrung notwendige Wiedererkennenskomponente nur deshalb in der Erfahrung präsent sein kann, weil es die *Möglichkeit* gibt, die verschiedenen Erfahrungen auf ein identisches Subjekt ihrer zu beziehen. Erkenntnis impliziert die *potentielle* Anerkennung der Erfahrung, in die die Erkenntnis notwendigerweise als die eigene eingeht, als eine solche, die mit anderen diese Beziehung auf das identische Selbst teilt. Es ist die Tatsache, daß diese Potentialität in der Erkenntnis implizit ist, die die Wiedererkennenskomponente in einem einzelnen Erlebnis vor der Absorption in die erlebte Gegebenheit bewahrt (und daher den Charakter des einzelnen Erlebnisses als einer *Erfahrung* rettet), selbst wenn jene Gegebenheit nicht so aufgefaßt werden kann, als hätte sie eine von dem einzelnen Erlebnis ihrer unabhängige Existenz. Was also ist in der Möglichkeit solcher Anerkennung impliziert, der Möglichkeit – die in jeder Erfahrung präsent sein muß –, daß man sich selbst als ein solches Erlebnis habend gewahrt? Das Minimum dessen, was impliziert ist, muß Kant antworten, ist genau, was die Hypothese der reinen Sinnesdaten-„Erfahrung" auszuschließen versucht. Das implizierte Minimum ist, daß zumindest einige der Begriffe, unter die zu fallen einzelne Gegebenheiten erkannt werden, so beschaffen sind, daß die Erlebnisse selber die Basis für bestimmte verwandte Unterscheidungen enthalten: jedes für sich die Unterscheidung einer subjektiven Komponente *innerhalb* des Erfahrungsurteils (so wie „dies scheint mir ein schwerer Stein zu sein" von „dies ist ein schwerer Stein" unterscheidbar ist); und alle zusammengenommen den Unterschied *zwischen* der subjektiven Folge und Anordnung einer Sequenz solcher Erlebnisse auf der einen Seite und der objektiven Folge und Anordnung der Gegebenheiten, von denen sie

Erlebnisse sind, auf der anderen Seite. Zugestanden, daß diese Unterscheidungen im begrifflichen Charakter einiger Erlebnisse impliziert sind – von denen wenige vielleicht als bloß subjektive Täuschung abgetan werden müssen mit der Begründung einer fehlenden Verknüpftheit mit anderen – sind wir frei zuzugestehen, daß es *auch* Erlebnisse gibt, denen dieser begriffliche Charakter gänzlich fehlt, d. h. deren Objekte (Akkusative) nicht so beschaffen sind, daß sie als unabhängig von den Erlebnissen existierend aufgefaßt werden müssen. Was ausgeschlossen ist, ist, daß alle Erlebnisse zu der Klasse der letzteren gehören. Denn wenn das per impossibile doch so wäre, fehlte völlig die Grundlage für den Gedanken, daß ein identisches Subjekt solcher Erfahrungen eine Sequenz von ihnen auf sich beziehen könnte; und wenn die Grundlage für diesen Gedanken fehlte, wäre es unmöglich, die Wiedererkennenskomponente in solchen „Erfahrungen“ als Komponente zu unterscheiden, die nicht völlig von ihren sinnlichen Akkusativen absorbiert ist; und wenn dies unmöglich wäre, würden sie überhaupt nicht als Erfahrungen zählen. Hier haben wir die Bedeutung der Lehre, daß das „Ich denke“ (mit einem identischen Bezugsobjekt für „Ich“) alle Wahrnehmungen eines einzelnen Erfahrungssubjekts muß begleiten *können*; und wir haben hier auch ihre Implikationen hinsichtlich der notwendigen Objektivität der Erfahrung. Aber ihre Bedeutung und ihre Implikationen sind hier von der Lehre von der Synthesis, den Thesen der traszendentalen Psychologie, abgelöst.

Wir wollen nun zusehen, wie die Kantische These aus einer anderen Richtung angegriffen werden könnte. Es könnte vorgebracht werden, daß die Kantischen Erfordernisse für eine „mögliche Erfahrung“ durch seine eigenen Vorkehrungen, sie zu erfüllen, einfach nicht getroffen werden. Es sei vorläufig zugestanden, daß die Möglichkeit von Erfahrung im allgemeinen mit der Möglichkeit der Selbstzuschreibung von Erfahrungen verbunden ist. Es ist eine ganz allgemeine Wahrheit, daß die Zuschreibung verschiedener Zustände oder Bestimmungen an ein identisches Subjekt davon abhängt, daß irgendein Mittel existiert, das Subjekt solcher Zuschreibungen als ein Objekt unter anderen zu unterscheiden oder zu identifizieren. In Anwendung dieser allgemeinen Wahrheit auf unseren Fall können wir in Kants Terminologie sagen, daß die Möglichkeit, einem Erfahrungssubjekt Erfahrungen zuzuschreiben, und also die Möglichkeit der Selbstzuschreibung von Erfahrungen fordert, daß es eine „bestimmte Anschauung“ gibt, die dem Begriff eines Erfahrungssubjekts entspricht; oder wir können, indem wir eine spätere Terminologie an Stelle der Kantischen setzten, sagen, daß diese Möglichkeit voraussetzt, daß es empirisch anwendbare Identitätskriterien für Erfahrungssubjekte gibt.[46] In der Praxis ist diese Bedingung dadurch erfüllt, daß jeder von uns ein körperlicher Gegenstand unter anderen körperlichen Gegenständen ist, in der Tat ein Mensch unter Menschen ist. Unsere persönlichen Fürwörter, das Pronomen „Ich“ eingeschlossen, haben einen empirischen Bezug; und irgendwie muß ein solcher Bezug gesichert sein, wenn der allgemeine Begriff, einem Erfahrungssubjekt Erfahrungen zuzuschreiben, Sinn machen soll.

Aber Kants Vorkehrungen für die Möglichkeit einer Selbstzuschreibung von Erfahrungen (so fährt der Einwand fort) enthalten keine Bezugnahme auf diese

Tatsachen. Er spricht von dem „bleibenden Selbst“ der transzendentalen Apperzeption; aber er meint damit bestimmt nicht den (zumindest relativ) bleibenden Menschen, ein Objekt unter anderen in der Welt, einen Punkt der Anwendung von empirischen Kriterien für persönliche Identität. Aber wenn Kant diese Interpretation des „bleibenden Selbsts“ zurückweist, entleert er dann nicht den Begriff der Zuschreibung von Erfahrungen an ein Subjekt seiner gewöhnlichen Bedeutung, ohne irgendetwas zu produzieren, das die Leere füllen könnte? Er ist da wirklich in keiner *besseren* Position als der Sinnesdaten-Theoretiker, der behauptet, eine mögliche Erfahrung, die Inhalte eines Bewußtseins, könnten theoretisch aus einer Folge von intern unverbundenen Sinnesdaten bestehen, die irgendwie durch Erinnerung und Erwartung verkoppelt werden. Richtig aber ist, daß sich Kant in einer von diesem Theoretiker *verschiedenen* Position befindet. Denn er behauptet, daß es, damit eine Sequenz von Erlebnissen zu einem einheitlichen Bewußtsein gehört, der Fall sein muß, daß einige (wenn auch nicht alle) Mitglieder der Sequenz derart konzeptualisiert sind, daß sie zusammenpassen, um das kohärente Bild einer objektiven Welt zu bilden. Kant nimmt also eine vermittelnde Position zwischen einem Sinnesdaten-Theoretiker und jemandem ein, der darauf besteht, daß der Begriff einer Sequenz von Erfahrungen, die zu einem Bewußtsein gehört, für seinen Sinn davon abhängt, daß empirisch anwendbare Identitätskriterien für das Erfahrungssubjekt existieren.

Aber in Wirklichkeit (so schließt der Einwand) ist diese vermittelnde Position eine unmögliche. Wenn von Kants wesentlich verknüpften Erfahrungen, die zusammen das Bild einer objektiven Welt ergeben, sinnvoll gesagt werden kann, daß sie die möglichen Inhalte eines Bewußtseins bilden, warum kann das nicht genauso sinnvoll von den wesentlich unverknüpften Erfahrungen des Sinnesdaten-Theoretikers gesagt werden? Wenn, auf der anderen Seite, eingewandt wird, daß der Rede von solchen unverbundenen „Erfahrungen“ noch kein Sinn gegeben worden ist, weil auch dem Begriff der Selbstzuschreibung solcher Erfahrungen durch ein Subjekt noch kein Sinn gegeben worden ist (d. h. dem Begriff des Selbstbewußtseins), gilt dann nicht genau derselbe Einwand auch gegen die Kantische Position? Der Kantianer muß entweder dem Begriff des Selbstbewußtseins größeres Gewicht geben oder seine Einwände gegen die Sinnesdaten-Konzeption einer möglichen Erfahrung aufgeben.

Das Bellen dieses Einwandes, so könnte geantwortet werden, ist schlimmer als sein Biß. Denn sein Hauptpunkt kann ohne Schaden für die Kantische Position zugegeben werden. Es ist für Kant nicht wesentlich zu behaupten, daß seine Bedingungen *hinreichend* seien, um das wirkliche Vorkommen einer Selbstzuschreibung von Erfahrungen zu erklären. Es ist genug, wenn sie für ihre Möglichkeit *notwendig* sind. Es mag sein, daß sie nicht die vollständigen Bedingungen darstellen, die wir brauchen, um aus dem Begriff des Selbstbewußtseins befriedigenden Sinn zu machen; und gleichwohl hat Kant erfolgreich ein schwieriges Kunststück fertig gebracht, indem er den grundlegenden Teil dieser vollständigen Bedingungen abstrahierte.

Wir wollen die Sache also aus diesem Gesichtswinkel betrachten. Wir können die Geschichte eines normalen menschlichen Wesens erwägen, ein „Fall“, in dem es keine Frage ist, daß die Bedingungen für die Selbstzuschreibung von Erfahrungen erfüllt sind und es daher keinen möglichen Einwand dagegen gibt, von einer Sequenz von Erfahrungen zu sprechen, die zu einem einheitlichen Bewußtsein gehören. Nicht alle Mitglieder einer solchen Sequenz sind tatsächlich selbstzugeschrieben: ein Mensch mag eher dazu veranlagt sein, sich in der Betrachtung der Welt (oder seiner Transaktionen mit ihr) zu vergessen als sich bewußt zu sein oder so zu denken, daß er wahrnimmt (oder tut), was er wahrnimmt (oder tut). Aber es ist eine glänzende Tatsache, daß eine solche Sequenz von Erfahrungen, ob selbstzugeschrieben oder nicht, mit ihren Elementen – auch wenn nicht alle dazu beitragen – zusammengenommen ein Bild einer einheitlichen subjektiven Welt ergeben oder aufbauen, durch die die Erfahrungen selber zusammengenommen einen einzelnen, subjektiven Erfahrungsweg konstituieren, einen subjektiven Weg und anderen möglichen durch dieselbe objektive Welt. Der springende Punkt des gerade skizzierten Einwandes ist, daß der Begriff einer *Identität des Subjekts* einer solchen Sequenz von Erfahrungen abhängig ist von dem komplexen Begriff einer Identität eines Menschen. Der noch grundlegendere Punkt der Kantischen Bedingungen ist, daß die Erfahrungen eines solches Subjekts selber noch begrifflich so gefaßt sein müssen, daß sie die Unterscheidung zwischen dem subjektiven Weg seiner Erfahrungen und der objektiven Welt, durch die er ein Weg ist, bestimmen. Die Geschichte eines Menschen – so könnten wir sagen – ist, unter vielem anderen, eine Verkörperung eines zeitlich erstreckten *Gesichtspunkts* auf die Welt. Wir müssen nicht behaupten, daß wir den Begriff einer Selbstzuschreibung von Erfahrungen allein in den Begriffen eines solchen zeitlich erstreckten Gesichtspunkts in Abstraktion von allem anderen vollständig erklären könnten. Alles was wir aufrechterhalten müssen, ist, daß wir den ersten Begriff nicht erklären könnten, ohne dem zweiten überhaupt Rechnung zu tragen.

Es gibt hier Implikationen hinsichtlich der kausalen Verwicklung eines wahrnehmenden Subjekts mit der objektiven Welt seiner Wahrnehmung, für deren Erwähnung ich das Argument unterbreche, bei denen ich mich aber nicht lange aufhalten werde. Eine Sequenz von Erfahrungen baut das Bild einer objektiven Welt auf, in der Folge und Anordnung der Gegenstände, von denen sie Erfahrungen sind, als unterschieden von der Folge und Anordnung der Erfahrungen, die die Sequenz bilden, aufgefaßt werden müssen. Aber die Erfahrungen, die die Sequenz bilden, können nicht in jeder beliebigen Folge kommen. Daß eine solche Sequenz das objektive Bild ergibt, das sie vermittelt, ist zum Teil darauf zurückzuführen, daß ihre Elemente eine eigene Ordnung besitzen. Es gibt eine gewisse notwendige Interdependenz zwischen den beiden Typen von Folge und Anordnung, dem subjektiven und dem objektiven. Natürlich können wir, auf diesen sehr allgemeinen Grundlagen, keine bestimmten Formen der Interdependenz spezifizieren. Wir können auf dieser sehr allgemeinen Grundlage nur auf die allgemeine Tatsache hinweisen, daß unsere Bilder der objektiven Welt und unser Bild von möglichen Wahrnehmungswegen durch sie nicht unabhängig voneinander sein können. Die weitere Erforschung dieser Interdependenz ist ein Desiderat der Erkenntnistheorie. Ich erwähne die Sache jetzt nur, um die Implikationen des Begriffs eines zeitlich erstreckten Gesichtspunktes auf eine objektive Welt klarer herauszubringen.

Um zu der zentralen Behauptung zurückzukehren. Die These des zu diskutierenden Einwandes war, daß der Begriff, einem Erfahrungssubjekt Erfahrungen zuzuschreiben, davon abhängig ist, daß es die Konzeption eines Erfahrungssubjekts gibt, das ein unterscheidbarer „Gegenstand der Anschauung" ist. Derartige Subjekte müssen, wenn eine Vielheit in Frage steht, als wahrnehmungsmäßig zu einer gemeinsamen Welt gehörig aufgefaßt werden. Die These der Erwiderung war, daß, wenn derartige Subjekte als wahrnehmungsmäßig zu einer gemeinsamen Welt gehörig aufgefaßt werden müssen, sie auch so betrachtet werden müssen, daß jedes seine eigene Erfahrung jener Welt hat. Angemessen verstanden widerspricht die These des Einwenders der Kantischen nicht, sondern schließt sie ein. Wenn wir von der Tatsache abstrahieren, daß das Subjekt eine anschauliche Gegebenheit in der objektiven Welt seiner Erfahrung ist, verlassen wir die Tatsache, daß die Welt eine objektive Welt ist; und dieser Tatsache muß in der Natur der Erfahrung des Subjekts Rechnung getragen werden. Darauf nimmt Kant Rücksicht. Eine Sequenz von Erfahrungen, die die Kantische Bedingung erfüllt, hat einen gewissen Doppelaspekt. Auf der einen Seite baut sie kumulativ ein Bild der Welt auf, in dem Gegenstände und Ereignisse (mit ihren bestimmten Charakteristiken) so dargestellt sind, daß sie eine objektive Ordnung besitzen, die von jedem einzelnen Erfahrungsweg durch die Welt logisch unabhängig ist. Auf der anderen Seite besitzt sie ihre eigene Ordnung als eine Sequenz der Erfahrungen von Gegenständen. Wenn wir uns eine solche Sequenz von Erfahrungen kontinuierlich in einer Sequenz von detaillierten Urteilen artikuliert denken, dann würden jene Urteile, wenn man ihre Folge und ihren Inhalt zusammennimmt, so beschaffen sein, daß sie auf der einen Seite eine (partielle) Beschreibung einer objektiven Welt und auf der anderen Seite ein Diagramm des Weges einer einzelnen subjektiven Erfahrung jener Welt ergeben. Nicht nur die Sequenz als ganze, auch jedes ihrer Elemente hat einen Doppelaspekt. Das tritt ausdrücklich dann hervor, wenn ein objektives Urteil durch ein anderes korrigiert wird: was unverändert bleibt, wenn die Korrektur vorgenommen ist, ist die subjektive Erfahrung, der „Schein". In dieser Doppelheit der Aspekte liegt der fundamentale Grund der Möglichkeit – wenn auch nicht, zugestandenermaßen, die vollständigen Bedingungen der Wirklichkeit – der Selbstzuschreibung von Erfahrungen überhaupt, einschließlich solcher, die keinerlei oder keinen hineinpassenden Beitrag zum Bild der objektiven Welt zu machen haben.

Der Kritiker, der für die Notwendigkeit empirisch anwendbarer Identitätskriterien für ein Erfahrungssubjekt argumentiert, mag angesichts dieser Antwort gut das Gefühl haben, daß der subtilere Sinn seiner Kritik nicht wahrgenommen wurde. Denn angenommen es ist zugestanden, daß die Anwendung von Begriffen für das Objektive eine notwendige Bedingung der Möglichkeit von Erfahrung ist. Muß nicht gleichwohl eingeräumt werden, daß die Notwendigkeit der Erfüllung der Objektivitätsbedingung im ursprünglichen Argument inkorrekt oder inadäquat erklärt wurde? Denn die Notwendigkeit der Objektivitätsbedingung wurde erklärt als erforderlich für die Möglichkeit von Selbstbewußtsein, der Selbstzuschreibung von Erfahrungen. Es hat dem Kritiker aber faktisch zugestanden werden müssen, daß die Erfüllung der Objektivitätsbedingung nicht hinreichend ist, um die Selbstzuschreibung von Erfahrungen möglich zu machen, d. h. den Begriff der Selbstzuschreibung von Erfahrungen durch ein Subjekt, das des Bewußtseins seiner eigenen numerischen Identität über die Sequenzen seiner Erfahrungen hinweg fähig ist, voll verständlich zu machen. Aber wenn die Erfüllung der Objektivitätsbedingung für sich eine derartige Selbstzuschreibung nicht möglich macht, dann kann es nicht der Fall sein, daß die Erfüllung der Objektivitätsbedingung *als* Ermöglichung solcher Selbstzuschreibung ein notwendiges Element in einer kohärenten Konzeption einer möglichen Erfahrung ist. Eine adäquate Erklärung würde einschließen, daß auf die vollständigen Bedingungen der Möglichkeit einer Selbstzuschreibung von Erfahrungen bezuggenommen würde (einschließlich der Existenz des Subjekts als eines anschaulichen Gegenstandes in der Welt); und *dann* den Hinweis, daß die vollständigen Bedingungen die Objektivitätsbedingung einschließen. Aber es gibt keine Andeutung in Kants Werk, derzufolge die Möglichkeit der Erfahrung erforderte, daß das Erfahrungssubjekt ein anschaulicher Gegenstand in der Welt sein muß.

Um diese endgültige Form der Kritik zurückzuweisen, genügt es zu zeigen, daß das Erfordernis, das der Objektivitätsbedingung zugrunde liegt, als etwas erklärt werden kann und erklärt wird, das weniger bedeutet als die Erfüllung der vollständigen Bedingungen für die empirische Selbstzuschreibung von Erfahrungen, obwohl es von ihnen impliziert wird. Das einzige Zugeständnis, das gemacht werden muß, ist, daß die Formulierung dieses Erfodernisses etwas unklar ist. Der Einwand, den wir diskutiert haben, ging in seiner ursprünglichen Form dahin, daß die Zuschreibung von Zuständen an ein *Subjekt* es erforderlich sein läßt, daß das Subjekt selber ein anschaulicher Gegenstand ist, für den empirisch anwendbare Identitätskriterien existieren. Das Erfordernis jedoch, das der Objektivitätsbedingung zugrunde liegt, besagt genaugenommen nicht, daß Erfahrung einem solchen Subjekt zuzuschreiben sein sollte, sondern daß sie einen gewissen Charakter von Selbstreflexivität haben sollte, *der von Kant mit Hilfe des Begriffs des Selbstbewußtseins ausgedrückt wird.* Diese Ausdrucksweise ist nicht völlig glücklich, weil wir durch sie unmittelbar dazu geführt werden, in Begriffen des *persönlichen* Selbstbewußtseins und also in Begriffen der vollständigen Bedingungen für die gewöhnliche empirische Selbstzuschreibung von Erfahrungen zu denken. Intendiert ist aber etwas weniger als dies, das gleichwohl tatsächlich den wesentlichen Kern persönlichen Selbstbewußtseins bildet.

Was mit der notwendigen Selbstreflexivität einer möglichen Erfahrung überhaupt gemeint ist, könnte anders so ausgedrückt werden, daß man sagt, Erfahrung müsse so beschaffen sein, daß sie Raum für den Gedanken der Erfahrung selber läßt. Der Sinn der Objektivitätsbedingung ist es, für diesen Gedanken Raum zu schaffen. Sie schafft Raum für „So-und-so ist, wie die Dinge objektiv sind" auf der einen Seite, und für „So-und-so ist, wie die Dinge zu sein erfahren werden" auf der anderen Seite; und den Raum für den zweiten Gedanken schafft sie, *weil* sie Raum für den ersten schafft. Das ist der Punkt, der – wie wir sehen, nicht völlig glücklich – durch die Bezugnahme auf die isolierbare subjektive Komponente subjektiver Erfahrung in jedem bestimmten objektiven Erfahrungsurteil und durch die Bezugnahme auf einen subjektiven Erfahrungsweg (unter anderen möglichen) durch eine objektive Welt gemacht wird. Was notwendig ist, ist, daß es eine *Unterscheidung*, wenn auch (gewöhnlich) keinen *Gegensatz* geben muß, der in den in der Erfahrung angewendeten Begriffen implizit enthalten ist und einander kontrastiert, wie die Dinge in der Welt, auf die die Erfahrung bezogen ist, wirklich sind, und wie sie zu sein erfahren werden, die also die Ordnung der Welt der Ordnung der Erfahrung gegenüberstellt. Diese notwendige Doppelheit ist der wirkliche Punkt der Verbindung zwischen dem, worauf sich Kant als das „ursprüngliche (oder transzendentale) Selbstbewußtsein" bezieht, einerseits und der Objektivitätsbedingung andererseits. Es ist legitim, die erstere Konzeption in Begriffen des *Selbst*bewußtseins, der *Selbst*zuschreibung von Erfahrungen auszudrücken, auch wenn es vielleicht irreführend ist, weil es doch wirklich die fundamentale Basis der Möglichkeit der Selbstzuschreibung von Erfahrungen darstellt, wenn es ihr auch nicht äquivalent ist (d. h. keine Konzeption der vollständigen Bedingungen ist, die dem Begriff einer Identität eines Erfahrungssubjekts Sinn geben). Denn „So ist es, wie die Dinge zu sein *von mir* erfahren werden (worden sind)" setzt voraus „So ist es, wie die Dinge zu sein *erfahren* werden (worden sind)"; und das letztere setzt die Unterscheidung, wenn auch (gewöhnlich) nicht den Gegensatz, voraus zwischen „Dies ist, wie die Dinge zu sein erfahren werden" und „So-und-so ist, wie die Dinge wirklich sind".

Das transzendentale Selbstbewußtsein darf also nicht mit der Möglichkeit der empirischen Selbstzuschreibung von Erfahrungen *identifiziert* werden. Aber es muß als die fundamentale Bedingung dieser Möglichkeit erkannt werden. Und von ihm wird gezeigt, daß es die Erfüllung der Objektivitätsbedingung erfordert. Diese Erwiderung auf die endgültige Form der Kritik hat eine wichtige Konsequenz. Sie läßt es eine offene Frage sein, ob die Bedingungen „einer möglichen Erfahrung überhaupt" die Erfüllung der vollständigen Bedingungen empirischer Selbstzuschreibung von Erfahrungen, d. h. die Existenz empirisch anwendbarer Identitätskriterien für ein Erfahrungssubjekt einschließen oder nicht einschließen. Wenn ja, dann ist das Erfordernis transzendentalen Selbstbewußtseins vom Erfordernis der Möglichkeit empirischer Selbstzuschreibung abgeleitet und gewinnt letztlich daraus seine Verständlichkeit. Wenn nein, dann ist das Erfordernis transzendentalen Selbstbewußtseins von nichts als dem Gedanken einer möglichen Erfahrung überhaupt abgeleitet und ist verständlich ganz unabhängig von dem empirisch anwendbaren Begriff der Identität eines Erfahrungssubjekts. Da Kant diese Alternative niemals explizit ins Auge gefaßt hat, kann nicht völlig klar sein, was seine Antwort auf die Frage gewesen wäre. Aber es ist klar, daß beide Antworten auf sie mit dem Anspruch vereinbar sind, daß das Argument der Deduktion die allgemeinsten Züge jeder Konzeption von Erfahrung nachweist, die wir uns verständlich machen können.[47]

Diese Erwiderung zeigt auch, daß es an vielen Punkten der Darstellung, an denen der Begriff des „Selbstbewußtseins" in Anspruch genommen wird, sorgfältiger Lektüre bedarf. Sie zeigt nicht, daß es soviel an Sorgfalt bedarf, daß die totale Preisgabe der Sprache der Darstellung gefordert wäre.

Ich schließe mit einigen wenigen Bemerkungen, die dem Argument selber nichts hinzufügen, aber die zu machen hilfreich sein mag, bevor dieser Abschnitt zu Ende gebracht wird.

(1) Wir wollen zuerst kurz auf die Konzeption des Sinnesdaten-Theoretikers von einer möglichen Erfahrung zurückkommen. Wenn eine solche Erfahrung möglich wäre, wäre eine Sequenz von entsprechenden Erfahrungsurteilen möglich. Aber die Menge solcher Urteile würde kein Bild einer Welt von Gegenständen ergeben, deren Relationen unterschieden wären von den Relationen der Erfahrungen über sie. Daher würde sie keine Grundlage für die Konzeption eines Erfahrungsweges durch eine solche Welt und für die Isolierung der subjektiven, erfahrungsmäßigen Komponente in einzelnen Urteilen abgeben. Sie würde daher auch keine Grundlage für die notwendige Selbstreflexivität der Erfahrung bieten, die ihrerseits der wesentliche Kern der Möglichkeit der Selbstzuschreibung von Erfahrungen ist. Dem Theoretiker ist es also nicht gelungen, die Beschreibung einer möglichen Erfahrung hervorzubringen.

Sogar angesichts des Arguments könnten wir noch immer von dem letzten Einwand versucht sein, demzufolge jeder von uns sich sehr gut vorstellen kann, daß ein Stück *seiner eigenen* Erfahrung so beschaffen sei, wie der Sinnesdaten-Theoretiker es beschreibt, und sich also ebenfalls sehr gut vorstellen kann, daß eine Vielheit anderer Erfahrungssequenzen ähnlich beschaffen sei, die nicht seine eigenen sind. Was könnte darüberhinaus gefordert sein, um die Möglichkeit zu demonstrieren, daß eine Erfahrung insgesamt, über die gesamte Dauer ihrer zeitlichen Erstreckung hinweg, den Charakter einer solchen Sequenz hat? Und genau dies ist die Konzeption des Sinnesdaten-Theoretikers von einer möglichen Erfahrung. Aber natürlich ist es nicht genug, daß wir, ausgestattet mit den begrifflichen Ressourcen, mit denen wir ausgestattet sind, uns ein solches Bild machen können. Was gezeigt werden muß, ist, daß dieses Bild in sich die Materialien für die Konzeption von sich als Erfahrung enthält. Was *gezeigt worden ist*, ist, daß das nicht der Fall ist. Wir dürfen auch nicht unterstellen, daß den Einwänden gegen diese Konzeption einer möglichen Erfahrung einfach dadurch begegnet werden kann, daß ihre Ausarbeitung bis zu dem Punkt, an dem sie die „logische Konstruktion" einer objektiven Welt erlaubt, vorgesehen wird, während für die Sinnesdaten-Urteile der Status als grundlegende Erfahrungsurteile aufrechterhalten wird. Denn wenn die ausgearbeitete Konzeption einer möglichen Erfahrung sinnvoll wäre, wäre es auch die einfachere Konzeption, deren Ausarbeitung sie ist. Wenn aber diese Schlußfolgerung nicht gilt, ist keine wirkliche Alternative zu dem Kantischen Erfordernis vorgebracht worden, daß die grundlegenden Erfahrungsurteile selber objektive Urteile sein müssen. (Es wäre ein großes Mißverständnis anzunehmen, daß die Lehre von der Synthesis irgendetwas diesem Erfordernis Entgegenstehendes implizierte: wie immer wir diese Lehre interpretieren, klar ist, daß Synthesis keine auf der Basis der Erfahrung vollführte Operation ist, sondern eine Vorbedingung für Erfahrung.)

(2) Die Untersuchung des Arguments der Deduktion in diesem Abschnitt war eine sich entwickelnde Untersuchung; dieser Umstand verlangt vielleicht einen retrospektiven Blick auf eine ihrer früheren Phasen, um etwas explizit zu machen, was in der Entwicklung implizit enthalten ist. Wenn irgendeine These der Deduktion zuerst als zentrale erschien, dann war es diese: daß die Möglichkeit der Erfahrung die Erfüllung der Grundbedingung des Selbstbewußtseins fordert, worunter die Möglichkeit der Selbstzuschreibung verschiedener Erfahrungen von Seiten eines Subjekts verstanden wird, das des Bewußtseins der numerischen Identität dessen fähig ist, dem die verschiedenen Erfahrungen zugeschrieben werden. Diese zentrale These, so wird dann argumentiert, hat zur Konsequenz die Notwendigkeit einer derartigen begrifflich strukturierten Verknüpftheit von (zumindest einigen) Erfahrungen, die das Subjekt sich zuzuschreiben fähig ist, daß sie Erfahrungen von einer einheitlichen objektiven Welt bilden. Nun ist es möglich, wie an einem frühen Punkt meiner Darstellung gezeigt wurde, die zentrale These selber als Konsequenz der allgemeineren Behauptung darzustellen, daß jedwede Erfahrung eine begriffliche Komponente oder Wiedererkennenskomponente enthalten muß. Diese Verbindung wurde dort dargestellt, ohne die Schwierigkeit zu antizipieren, die in der Folge hinsichtlich des Begriffs des Selbstbewußtseins auftrat.[48] Wie muß diese Phase des Arguments reformuliert werden, um der Schwierigkeit Rechnung zu tragen?

Die Operation ist sehr einfach. Denn die Notwendigkeit, die Wiedererkennenskomponente in einer Erfahrung vor ihrer Absorption in ihren sinnlichen Akkusativ zu bewahren (und damit den Status der Erfahrung als Erfahrung zu retten) ist einfach dieselbe wie die Notwendigkeit, in der Erfahrung für den Gedanken der Erfahrung selber Raum zu lassen; und es ist gerade diese Notwendigkeit, die unmittelbar die Unterscheidung zwischen den Dingen, wie sie sind und wie zu sein sie erfahren werden, und also die Anwendung von Begriffen des Objektiven in Erfahrungsurteilen (wenn auch nicht in *jedem* derartigen Urteil) fordert. In dieser Reformulierung ist die Bezugnahme auf das empirische Bewußtsein der eigenen numerischen Identität auf Seiten des Subjekts kurzgeschlossen. Aber sie kann dann mit dem Hinweis wiedereingeführt werden, daß die für die Selbstreflexivität der Erfahrung geforderte Bedingung zugleich die Grundbedingung ist, die für die empirische Selbstzuschreibung von Erfahrungen erfüllt sein muß, daß also das „transzendentale Selbstbewußtsein" der Kern des empirischen Selbstbewußtseins ist.

Das Argument für die Objektivitätsbedingung in dieser Form darzustellen, heißt, es in seiner kühnsten Form darzustellen. Als wir die Alternativen skizzierten, mit denen sich Kant niemals explizit konfrontiert sah,[49] haben wir auch gesehen, daß eine weniger kühne Form des Arguments zur Verfügung steht.

Es wird aufgefallen sein, daß in dem Maß, in dem die Untersuchung des Arguments der Deduktion sich in diesem Abschnitt entwickelt, der einfach-scheinende Begriff eines „einheitlichen Bewußtseins, zu dem verschiedene Erfahrungen gehören" immer weniger adäquat erscheint, den grundlegenden Gedanken auszudrücken, auf dem das Argument beruht. Der Begriff tritt seine Stelle zuerst an den der Möglichkeit empirischen (persönlichen) Selbstbewußtseins ab, dann an den grundlegenderen Begriff des transzendentalen Selbstbewußtseins, das als die Grundbedingung der Möglichkeit empirischen Selbstbewußtseins erscheint. Und er muß seine Stelle abtreten; denn nur in diesen Begriffen interpretiert drückt er einen kohärenten Gedanken aus.

(3) Meine letzte Bemerkung betrifft den Sachverhalt der Erinnerung. Es mag sonderbar erscheinen, daß ich die Themen dieses Abschnitts unter so wenig expliziter Bezugnahme auf diesen wichtigen Faktor in der Erfahrung behandelt habe. Bringt nicht der Begriff einer zeitlich erstreckten Sequenz von Erfahrungen, die zu einem einzelnen Bewußtsein gehören, den Begriff der Erinnerung mit sich, was immer er sonst noch involviert? Bringt nicht der Begriff einer begrifflichen Komponente in der Erfahrung den Begriff des Wiedererkennens und daher den der Erinnerung mit sich? Wie *kann* dieses Vermögen derart vernachlässigt werden? Nun ist natürlich Erinnerung Teil der Erfahrung, der Erkenntnis, des Bewußtseins der Identität des Selbsts in der Verschiedenheit der Erfahrung. Aber sie ist bei weitem zu tief und zu wesentlich involviert, als daß sie sicher so behandelt werden könnte, als sei sie ein trennbarer und isolierbarer Faktor, der sozusagen bequem angeführt werden kann, um die zeitlich sukzessiven oder getrennten Episoden zu einer Erfahrungssequenz zu verkoppeln. Wenn Erfahrung ohne Erinnerung unmöglich ist, ist auch Erinnerung ohne Erfahrung unmöglich. Auf wie immer dunklen Ebenen sie hervortreten, sie treten zusammen hervor.

8. Transzendentale Subjektivität und die Einschränkung der Kategorien auf die Erfahrung

Es gibt Stränge in der Deduktion, denen ich bisher nur spärlich Aufmerksamkeit geschenkt habe oder gar keine. Die meisten sind verbunden mit der Subjektivitätsthese hinsichtlich der Ordnung der Natur, der These, daß wir selber der Ursprung von Ordnung und Objektivität im natürlichen Universum sind. Die These entspricht auf der Seite des Verstandes der These des transzendentalen Idealismus auf der Seite der Sinnlichkeit. Wir müssen natürlich erkennen, daß Kant den Begriff der Subjektivität in zweifachem Sinn verwendet, genauso wie er den Kontrast zwischen dem, was „in uns" ist, und dem, was „außerhalb von uns" ist, in zweifachem Sinn gebraucht. Die Subjektivitätsthese hinsichtlich der Ordnung der Natur ist kein *Widerruf* der Unterscheidung zwischen der subjektiven Ordnung selbstzugeschriebener oder selbstzuschreibbarer Erfahrungen auf der einen Seite und der objektiven Ordnung der Welt auf der anderen Seite, wobei einigen jener Erfahrungen zugebilligt werden muß, Erfahrungen über diese objektive Ordnung der Welt zu sein. Der subjektive Ursprung dieser objektiven Ordnung ist nicht das Selbst, wie es im gewöhnlichen empirischen Selbstbewußtsein erscheint, sondern jenes Mysterium, das Selbst, wie es an sich ist.

Die beiden Thesen der transzendentalen Subjektivität, die der Ästhetik und die der Deduktion, sind nicht nur parallel. In Kants Augen beruht die letztere auf der ersteren und setzt sie voraus. Es gibt dafür eine Argumentation, die folgendermaßen zu verlaufen scheint.[50] Zugestanden daß alle natürlichen Gegenstände, einfach als in Raum und Zeit existierend, wie Raum und Zeit selber *in uns* sind (nur Erscheinungen, bloße Modifikationen der Sinnlichkeit, ohne eine Existenz außerhalb unserer Vorstellungskraft zu haben), dann ist einsichtig, daß sie notwendigerweise den Bedingungen des Verstandes für empirisches Wissen, für Gegenstände einer möglichen Erfahrung entsprechen. Was nur als Erscheinungen existieren kann (d. h. Dinge in Raum und Zeit), *muß alle* die Bedingungen erfüllen, die es für die Existenz als Erscheinungen gibt (sowohl diejenigen, die der Verstand stellt, als auch die, die die Sinnlichkeit auferlegt). Wenn, auf der anderen Seite, Dinge in Raum und Zeit eine eigene Existenz hätten, dann wäre es keineswegs notwendig, daß sie die Bedingungen des Verstandes für sie als Gegenstände der Erkenntnis erfüllten (d. h. daß sie den Kategorien entsprächen); und es wäre bloß ein Zufall, daß sie das täten, ein Zufall prästabilierter Harmonie[51], es sei denn, wir wären bereit, die Kategorien als empirischen Ursprungs zu betrachten. Es genügt , über diese Argumentation zu bemerken, daß sie in ihren eigenen Begriffen respektabel ist; aber ihre Begriffe sind die des Modells.

Es gibt einen anderen Punkt in der Version der Deduktion in der zweiten Auflage, an dem explizit eine Verknüpfung mit der Lehre der Ästhetik hergestellt wird. So bemerken wir, daß, obwohl Kant am Ende von § 20 beansprucht, bewiesen zu haben, daß „das Mannigfaltige in einer gegebenen Anschauung“ überhaupt notwendigerweise den Kategorien unterworfen ist, er dies nur einen Beginn der Deduktion der Kategorien nennt und diese Aufgabe für nicht vollendet hält, bis er, in § 26, die Tatsache in Anspruch genommen hat, daß Raum und Zeit, wie sie unsere *Formen* sinnlicher Anschauung sind, auch selber Anschauungen sind. Bis zu § 20 wird unterstellt, daß das Argument für die notwendige synthetische Einheit des Verstandes in Abstraktion von den wirklichen Modi sinnlicher Anschauung, dem zeitlichen und dem räumlichen, entwickelt wurde. Wenn wir uns auf sie beziehen, sollen wir sehen können, wie die allgemeine Schlußfolgerung mit der Natur dieser Modi der Anschauung harmoniert, wie sie sich im allgemeinen in Verbindung mit ihnen entwickelt. Raum und Zeit können unabhängig von wirklicher empirischer Anschauung, unabhängig von der Materie der Empfindung erörtert werden, wie es im Fall des Raumes in den Konstruktionen der reinen Geometrie geschieht. Sogar in solchen Konstruktionen in reiner Anschauung haben wir es mit einer Mannigfaltigkeit zu tun, die verschiedene Teile hat, die zusammen erwogen werden, d. h. synthetisiert und vereinigt werden müssen. Aber was derart in reiner Anschauung synthetisiert wird, ist, aus einer anderen

Perspektive, gerade das System von Relationen, in dem in der Erfahrung angetroffene und also den Kategorien (die selber Funktionen der Synthesis sind) unterworfene Gegebenheiten sich notwendigerweise zeigen. Raum und Zeit sind sowohl reine Anschauungen als auch die Formen der empirischen Anschauung. Also geht notwendigerweise zusammen, daß etwas in einem *einheitlichen* Raum und einer *einheitlichen* Zeit empirisch angetroffen wird und daß es den vom Verstand dem „Mannigfaltigen in einer gegebenen Anschauung" überhaupt auferlegten allgemeinen Prinzipien der Einheit (d. h. den Kategorien) unterworfen ist. Über diese Passage genügt es zu bemerken, daß sie teilweise als eine Antizipation der Grundsätze angesehen werden kann, in denen die Kategorien in eine Beziehung zu den sinnlichen Modi der Anschauung gebracht werden, und daß sie andernteils eine weitere Manifestation der komplexen Erfordernisse der Theorie der Synthesis darstellt.

Als nächstes müssen wir von der Verbindung Notiz nehmen, von der Kant annahm, daß sie zwischen der Subjektivitätsthese hinsichtlich der Naturordnung und einer anderen wichtigen Lehre der Transzendentalen Deduktion bestand und die er sogar für eine ihrer Schlußfolgerungen hielt. Es ist dies die Lehre, daß der Gebrauch der Kategorien auf Gegenstände möglicher sinnlicher Erfahrung eingeschränkt ist. Sie erhält besonders starke Betonung in der Version der Deduktion in der zweiten Auflage.[52] Ich werde über sie und ihren Zusammenhang mit den Kantischen Thesen der transzendentalen Subjektivität nachher ausführlicher sprechen, wenn ich dazu komme, die Metaphysik des transzendentalen Idealismus im allgemeinen zu behandeln. Aber jetzt muß etwas darüber gesagt werden, welche Behandlung diese Themen in der Deduktion erfahren.

Die Schlußfolgerungen, die ich tentativ im vorhergehenden Abschnitt aus einer rekonstruierten Version des analytischen Arguments der Deduktion herausgezogen habe, waren extrem allgemeiner Natur. Alles, was wir unter einer möglichen Erfahrung verstehen könnten, muß der Möglichkeit nach die Erfahrung eines selbstbewußten Subjekts sein und muß daher eine interne Verknüpftheit aufweisen, die notwendig ist, um sie zu einem einzelnen Erfahrungsweg in einer objektiven Welt zu machen. Es gibt hier keinerlei Erwähnung irgendwelcher bestimmter Begriffe oder Begriffstypen, die Anwendung haben müßten, wenn Erfahrung möglich sein soll. Indem er sich auf die Metaphysische Deduktion stützt, fühlt Kant sich berechtigt zu der spezifischeren Schlußfolgerung, daß die aufgeführten Kategorien genau derartige Begriffe sind; denn sie sind, so denkt er, die Begriffe, die wir in der Erfahrung anwenden müssen, wenn wir beim Fällen objektiv gültiger Urteile die Urteilsformen verwenden, die wir verwenden müssen, wenn wir überhaupt urteilen wollen.

An unserm Ort in der Entwicklung der Philosophie mag es unnötig erscheinen, der These besonderen Nachdruck zu verleihen, daß ein Begriff, der notwendige Anwendung in der Erfahrung hat, keinen möglichen Gebrauch in der Formulierung von Erkenntnis hat, es sei denn in Verbindung mit empirischen Kriterien für seine Anwendung, d. h. außer in Anwendung auf Gegenstände einer möglichen Erfahrung. Niemand, denken wir, könnte je den Gedanken vertreten, daß der

Gebrauch von gewöhnlichen empirischen Begriffen von den Bedingungen ihrer empirischen Anwendung getrennt werden könnte, ohne einen Verlust an Bedeutung zu erleiden. Zu dieser Annahme gäbe es für den Fall der Kategorien – wenn die Analyse des Begriffs der Erfahrung ergibt, daß es derartige Begriffe gibt – nicht mehr Grund als für den Fall gewöhnlicher empirischer Begriffe. Denn was eine Kategorie, wenn es welche gibt, von einem gewöhnlichen empirischen Begriff unterscheidet, ist der Umstand, daß wir, wenn wir unseren Begriff der Erfahrung bis zu den Grenzen kohärenter Abstraktion entwickeln, immer noch finden, daß dieser Begriff die Anwendbarkeit des fraglichen Begriffs impliziert. Wir nennen einen Begriff bloß empirisch, wenn wir sagen: Wenn die Erfahrung in *diesen* oder *diesen* Hinsichten anders beschaffen wäre, hätten wir für diesen Begriff keine Verwendung. Wir nennen einen Begriff nicht-empirisch (*a priori*), wenn wir kein kohärentes kontrafaktisches Antezedens bilden können, von dem wir ein derartiges Konsequens hinsichtlich dieses Begriffs ableiten könnten. Es gibt hier nichts, was dafür spräche, daß wir einen solchen Begriff völlig von seinen empirischen Anwendungsbedingungen ablösen und immer noch dazu verwenden könnten, sinnvolle Behauptungen aufzustellen.

Aber den Sachverhalt einfach in diesen Begriffen zu präsentieren, heißt zu ignorieren, welche Doppelseitigkeit der Begriff des *a priori* für Kant hat. Was immer ein *notwendiger* Zug der Erfahrung ist, er ist es wegen der *Subjektivität* seines Ursprungs. Diese beiden Gedanken sind für Kant unauflöslich verknüpft.[53] Darüberhinaus gibt es zwei verschiedene subjektive Quellen für notwendige Züge der Erfahrung: Sinnlichkeit auf der einen Seite, Verstand auf der anderen. Die Kategorien werden so gedacht, daß sie nur in Rücksicht auf die Erfordernisse des Verstandes in Abstraktion von der Sinnlichkeit abgeleitet werden. Wenn diese Ableitung mehr als ein Schein sein soll, dann muß angenommen werden, daß die so abgeleiteten Begriffe *einige* Bedeutung auch unabhängig von der sinnlichen Anschauung haben. Und tatsächlich hat Kant andere, mit dem Thema der Moralität zusammenhängende Gründe für den Wunsch, den Kategorien eine nicht-sinnliche Bedeutung zu sichern. Es muß uns z. B. erlaubt sein, Ursachen zu *denken*, die nicht auf die Bedingungen von Raum und Zeit eingeschränkt sind.[54] All dies macht es für Kant um so dringender, in den Begriffen seiner Theorie der kognitiven Vermögen nachdrücklich die Gründe zu formulieren, die für die Einschränkung des sinnvollen Gebrauchs dieser Begriffe bestehen, soweit es die Erkenntnis angeht. Ebendies tut er. Die Kategorien sind „nur Regeln für einen Verstand, dessen ganzes Vermögen im Denken besteht . . ., der also für sich gar nichts *erkennt*, sondern nur den Stoff zum Erkenntnis, die Anschauung, die ihm durchs Objekt gegeben werden muß, verbindet und ordnet."[55] Auf der einen Seite gilt also: „Die Ordnung und Regelmäßigkeit also an den Erscheinungen, die wir *Natur* nennen, bringen wir selbst hinein, und würden sie auch nicht darin finden können, hätten wir sie nicht, oder die Natur unseres Gemüts ursprünglich hineingelegt."[56] Auf der anderen Seite ist diese ordnende Funktion die einzige Funktion der Kategorien in der Erkenntnis. Die These über die Schranken der Anwendung der Kategorien wird derart als die Kehrseite der These präsentiert, derzufolge der Verstand für die grundlegende Ordnung der Natur verantwortlich ist.

Nur der grundlegenden Ordnung allerdings. Kant legt großen Nachdruck darauf, daß, obwohl wir *a priori* wissen können von der notwendigen Konformität der Natur zum Gesetz überhaupt – denn soviel ist eine Bedingung der Möglichkeit von Erfahrung –, dies nicht bedeutet, daß die Methoden der gewöhnlichen wissenschaftlichen Erforschung der Natur irgend andere als empirische sein können. Dieser Punkt wird in beiden Auflagen sehr klar formuliert.[57] Wir müssen natürlich noch die Frage diskutieren, was genau Kant als in der notwendigen Konformität der Natur zum Gesetz überhaupt involviert betrachtete. Es könnte so aussehen, als ginge sogar diese vage Konzeption über alles hinaus, was wir als durch das analytische Argument der Transzendentalen Deduktion nachgewiesen ansehen können.

9. Schlußbemerkung

Womit haben wir es am Ende dieser langen Diskussion als Ergebnis zu tun? Was wir an analytischem Argument finden können, wird in schwindelerregenden Höhen der Abstraktheit und Allgemeinheit entwickelt; es ist verflochten mit der Ausarbeitung der Subjektivitätsthese, der transzendentalen Psychologie der Vermögen; für seine detaillierten und spezifischen Schlußfolgerungen hängt das Argument völlig von der Ableitung einer Liste von Kategorien aus den Formen des Urteils ab. Wir können in diese Ableitung keinerlei Vertrauen setzten. Wir glauben auch nicht an die Theorie der Synthesis. Gleichwohl behalten wir etwas übrig, wenn nicht mit einem Beweis, so doch mit Grund, eine äußerst allgemeine Schlußfolgerung wohlwollend zu erwägen: nämlich daß jeder Verlauf der Erfahrung, von dem wir uns eine kohärente Konzeption machen können, potentialiter die Erfahrung eines selbstbewußten Subjektes sein muß und als solche eine derartige interne, begrifflich strukturierte Verknüpftheit aufweisen muß, daß sie (zumindest teilweise) einen Erfahrungsverlauf von einer objektiven Welt darstellt, die so aufgefaßt wird, daß sie selber den Erfahrungsverlauf bestimmt. Ob diese allgemeine Schlußfolgerung die notwendige Anwendbarkeit irgendwelcher weiteren Begriffe oder Prinzipien in der Erfahrung impliziert und, wenn ja, welche diese sind, sind für weitere Argumente offene Fragen. Die Hauptargumente, die Kant benutzen wird, stützen sich auf die Beziehung des allgemeinen Begriffs der Objektivität auf den der zeitlichen Folge. Wir dürfen von ihnen erwarten, daß sie weniger abstrakter Natur sind als die Argumente der Deduktion, und dementsprechend dürfen wir nicht nur auf spezifischere Schlußfolgerungen hoffen, sondern auch auf ein besseres Verständnis und vielleicht auch ein gestärktes Vertrauen in die allgemeine Schlußfolgerung, – mit der uns die Deduktion so zurückläßt, daß wir sie eher wohlwollend erwägen, als daß wir sie uns völlig angeeignet hätten und von ihr vollständig überzeugt wären.

III. Beharrlichkeit und Kausalität

Wir wenden uns von der Transzendentalen Deduktion den Grundsätzen zu mit der recht bestimmten Hoffnung, daß die Bedeutung der allgemeinen Schlußfolgerungen, für die in der Deduktion argumentiert wurde, klarer gemacht werden wird und daß im Fortgang jene Schlußfolgerungen selber fester etabliert werden. Denn das Argument der Deduktion, wie ich es interpretiert habe, ist zu allgemein und zu dunkel, um einen mehr als prekären Einfluß auf unseren Verstand zu haben. Wir haben die Lehre, daß *irgendeine* Form von begrifflich strukturierter Verknüpftheit von Erfahrungen, die sie zu Erfahrungen von einer objektiven Welt macht, notwendig ist für die Möglichkeit der Erfahrung überhaupt. Die Überzeugungskraft dieser Lehre wäre ohne Zweifel verstärkt, wenn bestimmte und akzeptable Argumente zeigen würden, daß gewisse *spezifische* Formen begrifflicher Strukturiertheit in einer möglichen Erfahrung notwendigerweise involviert sind. Und nach derartigen Argumenten muß, so wird vorausgesetzt, in den Grundsätzen gesucht werden.

1. Erwägung und Abweisung einer „historischen" Sicht der Grundsätze

Es kann nur mit Einschränkungen gesagt werden, daß unsere recht bestimmte Hoffnung erfüllt wird. Die Einschränkungen sind ernster Natur. Sie sind so ernst, daß es nicht überrascht, daß viele Philosophen eine ganz andere Sicht der Grundsätze für richtig gehalten haben als es die hoffnungsvolle ist, die ich gerade erwähnt habe. Die ganz verschiedene Sicht, die ich skizzieren muß, bevor ich weitergehe, ist selber eine Anwendung einer bestimmten allgemeinen Lehre über die Natur der Metaphysik; und die Anwendung dieser Lehre auf die Grundsätze beruht auf der Tatsache, daß, was Kant als ausdrückliche Schlußfolgerungen der Argumente der Grundsätze anbietet, in einer Anzahl von Fällen mit gutem Grund als die grundlegenden Annahmen physikalischer Theorie angesehen werden kann, wie sie zu Kants Zeit und für einige Zeit vorher und nachher existierte. So argumentiert er für ein quantitatives Erhaltungsprinzip; für ein Prinzip der Kontinuität der Veränderung; für das Prinzip, daß jede Zustandsänderung eine Ursache hat; und für das Prinzip, daß alle Teile der Materie zu jeder Zeit in reziproker Wechselwirkung stehen. Die Verbindung all dieser Prinzipien zur Newtonischen Physik ist leicht herzustellen. Und dieser Zusammenhang war Kant sicherlich bewußt, was wir, wenn aus nichts sonst, aus einer Fußnote zu B 252 ersehen können, wo er gelegentlich der Erörterung des Prinzips, daß jede Veränderung eine Ursache hat, sorgfältig notiert, daß er die gleichförmige Bewegung eines Körpers nicht als einen Fall von Zustandsänderung zählt. Aber obwohl Kant seine Schlußfolgerungen als Voraussetzungen physikalischer Wissenschaft betrachtete, konnte er sie nicht konsistent mit den erklärten Zielen der Grundsätze in der historischen Perspektive verstehen, die in dem Ausdruck „Annahmen der physikalischen Theorie, die zu seiner Zeit existierte" impliziert ist; und er hat das auch nicht getan. Uns jedoch ist die historische Perspektive auferlegt; denn es wird mit Autorität behauptet, daß der Rahmen grundlegender Gedanken, der in einigen der expliziten Schlußfolgerungen der Grundsätze steckt, in der zeitgenössischen Physik zunehmend aufgegeben oder zumindest herausgefordert wird.

Wenn man der Konzeption von Metaphysik folgt, von der ich gerade gesprochen habe, ist diese Position in keiner Weise unbefriedigend. Vielmehr ist sie tatsächlich genau das, was wir hätten erwarten sollen. Denn nach dieser Auffassung der Metaphysik ist die ganze Funktion dieses Unternehmens genau die, das verborgene und grundlegende System von Gedanken zu artikulieren, in dem das wissenschaftliche Denken – und, so würden manche hinzufügen, das soziale und moralische Denken – einer Epoche oder Gesellschaft sich bewegt. Ein solches System von Gedanken wird nicht selber als eine Theorie oder eine Menge von Prinzipien gedacht, die von Wissenschaftlern (oder Moralisten) bewußt als Lösung irgendeines bestimmten Problems angenommen wurde, sondern eher so, daß es die Begriffe selber zur Verfügung stellt, in denen in der fraglichen Epoche oder Gesellschaft Probleme aufgeworfen und konkurrierende Theorien konstruiert werden. Daher meint man nicht, daß eine solche Menge von Gedanken für eine direkte Widerlegung offen ist; vielmehr wird sie stillschweigend verabschiedet, wenn das wissenschaftliche (oder soziale) Denken in eine neue Phase eintritt. Die ganze Aufgabe des Metaphysikers, wie immer *er* sie verstehen mag, ist tatsächlich, uns den Charakter unseres Denkens, jetzt und in der Vergangenheit, klar zu machen, indem er klar macht, welches diese Mengen von Gedanken wirklich sind oder gewesen sind.

Die Unterscheidungen, die in dieser Auffassung von Metaphysik impliziert sind, sind nicht völlig deutlich. Aber sicher ist an ihnen etwas dran. Jemand, der nicht nur diese Unterscheidung, sondern auch die zugehörige Auffassung von Metaphysik akzeptiert, von dem könnte angenommen werden, daß er Kant dazu gratuliert, seine Aufgabe für die Voraussetzungen der Newtonischen Physik ganz gut erfüllt zu haben, und daß er ihn sogar jedem Nachfolge-Metaphysiker als Vorbild empfiehlt, der gewillt ist, dieselbe Aufgabe für die Quanten- und Relativitätsphysik zu erledigen. Es ist wesentlich diese Sicht der Analytik der Grundsätze, die wir bei Collingwood[58] und Körner[59] ausgedrückt finden. Körner schlägt tatsächlich vor, daß die gesamte *Kritik* eine gründliche Rekonstruktion durch einen philosophischen Physiker brauche.

> „Ihre Doktrin von Raum und Zeit als apriorischen Erscheinungen und Formen der Wahrnehmung müßten durch eine neue Raum-Zeit-Vorstellung ersetzt werden und ihre drei Analogien durch eine andere Konstruktion. Whiteheads „Concept of Nature" und andere seiner Werke könnten, denke ich, als derartige Versuche angesehen werden. Jeder Naturwissenschaftler philosophischer Richtung, der sich diese Aufgabe vornimmt, kann nicht nur von Kants allgemeiner Arbeitsweise, sondern auch von den Ergebnissen seiner Beurteilung der Wissenschaft seiner Zeit viel lernen."[60]

Das ist eine Sicht der Sache. Wenn sie die einzig mögliche wäre, wäre die *Kritik* als ganze ein weniger interessantes Werk als wir hofften. Denn diese Sicht zu akzeptieren, würde der Aufgabe des Gedankens gleichkommen, daß wir in den Grundsätzen eine weitere Ausarbeitung der allgemeinen Schlußfolgerungen der Transzendentalen Deduktion zu detaillierteren Formulierungen der allgemein notwendigen Bedingungen der Möglichkeit jeder Erfahrung einer objektiven Realität, die wir uns verständlich machen können, finden könnten. Statt dessen müßten wir die Transzendentale Deduktion selber in einem neuen Licht betrachten, insofern wir wissen, daß wir ganz allgemein mit einer historischen Metaphysik zufrieden sein müssen: Darstellungen der grundlegenden Systeme von Gedanken, in denen sich wissenschaftliches Denken in der oder jener Periode bewegt hat oder heute bewegt.

Dies ist so weit von Kants Intentionen entfernt und von dem, was er selbst erreicht zu haben glaubte, daß wir über der Sache zumindest zögern sollten. Angenommen, wir gestehen zu, was Collingwood glaubte, daß ein mangelnder historischer Sinn Kant zu dem Fehler verleitet hat, zu unterstellen, daß die grundlegenden Annahmen des wissenschaftlichen Denkens seiner Zeit die absolut notwendigen Annahmen von wissenschaftlichem Denken überhaupt seien. Aus dem Begehen dieses Fehlers folgt nicht, daß es keine formulierbaren notwendigen Bedingungen für die Möglichkeit von Erfahrung überhaupt gibt, und es folgt auch nicht, daß Kant in den Grundsätzen nirgends der Formulierung derartiger Bedingungen nahekäme. Was vielleicht folgt, ist, daß er eher der Gefahr ausgesetzt sein könnte, sie falsch zu formulieren, das, was er als notwendige Voraussetzungen der physikalischen Wissenschaft ansah, fälschlich als jene notwendigen Bedingungen für die Möglichkeit der Erfahrung überhaupt zu identifizieren, die er suchte. Er würde der Gefahr dieses Fehlers besonders dann ausgesetzt sein, wenn zwischen beiden gewisse Typen formaler Relationen bestünden: wenn z. B. die Voraussetzungen einer bestimmten Art von Wissenschaft ziemlich spezifische Formen der notwendigen Bedingungen für Erfahrung wären.

Der Charakter der Schlußfolgerungen, die Kant in den Grundsätzen ausdrücklich vorbringt, ist also keine absolute Schranke für unsere Hoffnungen. Wir können mit guten Gründen die Aufforderung zurückweisen, von vornherein zugunsten einer bloß historischen Sicht aufzugeben, und können mit Reservationen an dem Versuch festhalten, einer Konzeption der Grundsätze gerecht werden zu wollen, die Kants eigener stärker entspricht. Die Vorbehalte sind in der Tat wichtig. Zunächst sind wir nicht durch die Kategorientafel gebunden, die Kant anführt, um seine eigene Auswahl und Darstellung der Grundsätze zu rechtfertigen. Dann müssen wir die Fallen vermeiden, die durch Kants eigene Voreingenommenheit für das gestellt sind, was tatsächlich die Voraussetzungen der zeitgenössischen Physik waren. Das heißt, daß wir als unseren einzigen und kostbaren Anhaltspunkt die allgemeinen Schlußfolgerungen nehmen müssen, die wir als in der Transzendentalen Deduktion nachgewiesen ansehen können oder zumindest so, daß für sie eindrucksvoll argumentiert wurde. Ich habe diese

Schlußfolgerungen in einer ganzen Reihe von Ausdrucksweisen formuliert. Eine war diese: daß das, worauf Kant in der Transzendentalen Deduktion vor allem bestand, die Notwendigkeit einer gewissen Einheit oder Verknüpftheit der Erfahrungen war, genau derjenigen Verknüpftheit, die einschließt (und eingeschlossen ist) die (in der) Anwendung der Begriffe von Gegenständen, die so aufgefaßt werden, daß sie zusammen eine objektive Welt bilden. Die Konzeption einer objektiven Welt ist verbunden mit der Konzeption alternativer möglicher Erfahrungswege durch sie, mit der Unterscheidung zwischen subjektiver Erfahrung und der Welt, von der sie Erfahrung *ist*, und mit der Möglichkeit selbst des empirischen Selbstbewußtseins. Die Verknüpfung zwischen Objektivität und der notwendigen Einheit oder Verknüpftheit der Erfahrung – diese Konzeption ist also das Zentrum unseres kostbaren Anhaltspunktes, und wonach wir in den Grundsätzen suchen müssen, ist die Darstellung dessen, was in dieser Konzeption notwendigerweise involviert ist.

2. Objektive und Subjektive Zeit-Relationen

Die beste Hoffnung, diese Darstellung zu finden, gibt der Abschnitt der Grundsätze, der Analogien der Erfahrung betitelt ist. Wir finden sie nicht in den Axiomen der Anschauung oder in den Antizipationen der Wahrnehmung. Diese Abschnitte sind weitestgehend mit der Anwendbarkeit der Mathematik beschäftigt, zunächst auf empirisch gegebene räumliche und zeitliche Quantitäten – Ausdehnungen und Dauer –, zweitens auf jene Eigenschaften physikalischer Gegenstände, deren Meßbarkeit reflektiert ist in Variationen des Grades oder der intensiven Größe in den Empfindungen, die sie hervorrufen. Wir finden auch nicht, was wir suchen, in den Postulaten des empirischen Denkens überhaupt, die weitgehend aus Anweisungen und Warnungen hinsichtlich des Gebrauchs der Begriffe der Möglichkeit und der Notwendigkeit in anderen Bedeutungen als den eng logischen bei Anwendung auf das natürliche Universum bestehen. Aber die Analogien scheinen etwas von dem zu versprechen, wonach wir suchen. Es wird behauptet, daß der allgemeine Grundsatz der Analogien ist, daß „Erfahrungen . . . nur durch die Vorstellung einer notwendigen Verknüpfung der Wahrnehmungen möglich (ist)“[61]; und Kants eigene retrospektive Beschreibung von ihnen lautet folgendermaßen:

> „Unsere Analogien stellen also eigentlich die Natureinheit im Zusammenhange aller Erscheinungen unter gewissen Exponenten dar, welche nichts anders ausdrücken, als das Verhältnis der Zeit . . . zur Einheit der Apperzeption . . . Zusammen sagen sie also: alle Erscheinungen liegen in *einer* Natur, und müssen darin liegen, weil ohne diese Einheit *a priori* keine Einheit der Erfahrung, mithin auch keine Bestimmung der Gegenstände in derselben möglich wäre.“[62]

Es ist nicht ganz richtig, daß wir uns auf dieser Stufe des Arguments allein den Analogien zuwenden müssen. Es gibt zwei andere Passagen in den Grundsätzen, beide in der zweiten Auflage hinzugefügt, die jetzt unsere Aufmerksamkeit verdienen. Die erste ist die Widerlegung des Idealismus, die nicht sehr strategisch in der Mitte der Postulate des empirischen Denkens plaziert ist[63]; die zweite ist die Allgemeine Anmerkung zum System der Grundsätze, die das ganze Kapitel beschließt.[64] Beide beziehen sich auf die Notwendigkeit äußerer Anschauung, das Bewußtsein von Gegenständen im Raum – ein Punkt, von dem Kant, wenn auch aus gutem Grund, in der Beschreibung der Analogien, die ich gerade zitiert habe, streng abstrahiert. Die erste dieser Passagen ist zum Teil ein anti-Cartesianisches Argument dafür, daß Selbstbewußtsein nur möglich ist durch die Wahrnehmung äußerer Gegenstände – obwohl sie auch mehr als ein solches Argument ist. Nachdem Kant in den Analogien argumentiert hat, daß die Anwendbarkeit der Begriffe der Substanz, der Ursache und der Gemeinschaft (oder der reziproken Wechselwirkung) eine notwendige Bedingung der Möglichkeit objektiver Erfahrung ist, fügt er in der zweiten Passage hinzu, daß es eine Bedingung dafür ist, daß wir diesen Begriffen überhaupt einen Sinn geben oder sie gebrauchen können, daß wir sie auf Gegenstände äußerer oder räumlicher Anschauung anwenden können müssen, d. h. auf Gegenstände, die wir als Gegenstände im Raum zu sein gewahren.

Beide Passagen sind darin wichtig, daß sie einmal mehr unterstreichen, wie wenig Kant sich auf die Thesen der Transzendentalen Ästhetik als Prämissen für seine Argumente in der Analytik stützt – ein Punkt, der in meiner früheren Diskussion der Beziehung zwischen den Thesen der Analytik und denen der Ästhetik vorweggenommen wurde. In der Deduktion ist argumentiert worden, daß es eine Form von Verknüpfung zwischen Erfahrungen geben muß, damit sie Erfahrungen einer objektiven Welt darstellen. Wir könnten erwartet haben, daß Kant sich in dem Argument, das wir jetzt vor uns haben, auf die Thesen der Ästhetik insoweit stützt, daß er die Räumlichkeit der Welt der Gegenstände als Prämisse in Anspruch nimmt. Dann könnte das in den Analogien zu lösende Problem folgendermaßen formuliert werden. Damit die Welt als objektiv aufgefaßt wird, muß es möglich sein, zwischen der Ordnung der Wahrnehmungen, die in einem Erfahrungsweg durch sie auftreten, und der Ordnung und Beziehung zu unterscheiden, die die objektiven Konstituentien der Welt unabhängig besitzen. Jene Ordnung und jene Beziehungen können nicht durch Bezugnahme auf das reine raumzeitliche System selber bestimmt werden, das kein möglicher Gegenstand der Wahrnehmung ist. Irgendwie muß daher die objektive Ordnung in den Begriffen repräsentiert sein, die wir auf die Inhalte unserer Wahrnehmungen selber anwenden (oder unter die wir sie bringen) – Begriffe einer, wie Kant sagt, notwendigen Verknüpfung der Wahrnehmungen. Das Problem der Analogien ist zu zeigen, wie jene Ordnung repräsentiert ist und sein muß.

Aber Kant stellt das Problem nicht wirklich in dieser Form. Durch die gesamten Analogien hindurch wird das Problem nur dargestellt als das Problem, die kostbaren Anhaltspunkt die allgemeinen Schlußfolgerungen nehmen müssen, die wir als in der Transzendentalen Deduktion nachgewiesen ansehen können oder zumindest so, daß für sie eindrucksvoll argumentiert wurde. ich habe diese was durch das Argument einfach unterstellt wird, sondern etwas, das in gewisser Weise aus ihm hervorgeht. In den beiden Passagen, die ich gerade erwähnt habe, kommen wir einer expliziten Formulierung dieses Punktes so nahe wie nirgends sonst.

Ich habe gerade gesagt, daß Kant das Problem der Analogien als das Problem der Feststellung der notwendigen Bedingungen für die Bestimmung objektiver Zeit-Relationen darstellt. Nirgends zeigt sich, wie ich glaube, Kants verallgemeinerndes Genie klarer als in der Reduktion des Problems auf diese Form. Es ist vielleicht hinreichend klar, daß es, gegeben die Argumente der Transzendentalen Deduktion, das Problem ist zu entdecken, was notwendig dafür ist, eine zeitliche Folge von Erlebnissen (oder Wahrnehmungen) zu Wahrnehmungen *einer* objektiven Realität zu machen, einer Realität, von der andere zeitliche Sequenzen von Wahrnehmungen ebenfalls möglich sind. Aber es war eine großartige Einsicht zu bemerken, daß dieses Problem reduziert werden konnte auf das Problem, die notwendigen Bedingungen für die Möglichkeit der Unterscheidung zwischen zwei Mengen von Relationen zu entdecken: (1) die Zeit-Relationen zwischen den Gegenständen, von denen die Wahrnehmungen Wahrnehmungen zu sein aufgefaßt werden müssen; (2) die Zeit-Relationen zwischen den Elementen der (subjektiven) Sequenzen der Wahrnehmungen selber. Wenn es keinen Weg gäbe, diese Unterscheidung zu treffen, hätte die Unterscheidung zwischen Gegenständen und Wahrnehmungen von Gegenständen keinen Sinn; und auch alle begleitenden Begriffe würden kollabieren: d. h. der Begriff eines subjektiven oder Erfahrungs-Weges durch eine objektive Welt, die Möglichkeit empirischen Selbstbewußtseins, die notwendige Selbstreflexivität der Erfahrung und also der Begriff der Erfahrung selber. Wenn auf der anderen Seite diese Unterscheidung getroffen werden kann, dann sind jedwede notwendigen Bedingungen für sie auch notwendige Bedingungen der Möglichkeit der Erfahrung. Die Transzendentale Deduktion hat in allgemeinen Begriffen für die Notwendigkeit *irgendeiner* Form von begrifflich strukturierter Verknüpfung oder Einheit unter den Erfahrungen argumentiert, damit sie Erfahrungen von einer Realität bilden, die in objektiven Urteilen beschreibbar ist. Welche diese Formen der Verknüpfung oder Einheit sind, können wir unter den Bedingungen für die Bestimmung objektiver Zeit-Relationen im Gegensatz zu bloß subjektiven Zeit-Relationen zwischen den Erfahrungen zu entdecken hoffen.

Die Elemente, die wir in Kants Lösung seines Problems immer noch akzeptabel finden können, bilden zusammen eine einzige komplexe Argumentstruktur. Aber Kant präsentiert kein derartiges einheitliches Argument. Wir müssen es, so gut wir können, aus den verschiedenen Argumenten der drei Analogien und der Widerlegung des Idealismus herausbekommen. Ich beginne in einer sie verschmelzenden Weise mit der Erörterung der Argumente der Widerlegung und der ersten Analogie.

3. Beharrlichkeit: Die Widerlegung des Idealismus und die erste Analogie

Die verkündete Durchführung der Widerlegung besteht darin, „das das Spiel, welches der Idealismus trieb, ihm mit mehrerem Rechte umgekehrt vergolten wird", indem bewiesen wird, daß empirisches Selbstbewußtsein nur möglich ist durch ein unmittelbares Bewußtsein von Gegenständen im Raum. Die verkündete, aber nicht tatsächliche Durchführung der ersten Analogie besteht darin, ein quantitatives Erhaltungsprinzip zu beweisen, das besagt, daß sich das Quantum der Substanz in der Natur weder vermehrt noch vermindert. Das letztere jedoch ist einfach Kants überraschende Erläuterung einer mehr versprechenden Idee, die in beiden Argumenten eine prominente Rolle spielt: die Idee der Notwendigkeit von etwas Beharrlichem in der Wahrnehmung. Ein Argument ist ausdrücklich mit den allgemeinen Bedingungen der Möglichkeit von Selbstbewußtsein beschäftigt; das andere betrifft ausdrücklich die allgemeinen Bedingungen für die Bestimmung von Zeit-Relationen zwischen Gegenständen der Erfahrung. Im Hinblick auf das, was über den Zusammenhang zwischen beiden Problemen gesagt worden ist, wäre es nicht überraschend, wenn beide Argumente auf eine gemeinsame Schlußfolgerung hinauslaufen sollten.

Unglücklicherweise tun sie das nur unschlüssig. Ein Argumentationsgang, den wir uns eher erhofft haben könnten als daß wir ihn wirklich fänden, könnte folgendermaßen skizziert werden. Es ist unmöglich, die notwendigen Unterscheidungen zwischen (1) den Zeit-Relationen der Elemente einer subjektiven Sequenz von Wahrnehmungen und (2) den Zeit-Relationen von zumindest einigen der Gegenstände, von denen die Wahrnehmungen Wahrnehmungen sind, zu treffen, wenn nicht die fraglichen Gegenstände als zu einem dauernden System von Relationen gehörig angesehen werden, in dem die Gegenstände selber in ihren zeitlichen Relationen (der Gleichzeitigkeit und der Abfolge) zueinander stehen, unabhängig von der Ordnung unserer Wahrnehmungen von ihnen. Dieses beharrliche System von Relationen ist räumlich. Der Raum ist das notwendige beharrliche System für objektive Zeit-Relationen. Wie Kant selber es B 291 nachdrücklich formuliert: „der Raum allein (ist) beharrlich bestimmt". Aber es gibt nicht die Möglichkeit einer Wahrnehmung des notwendigen Systems selber, sozusagen der Wahrnehmung reiner räumlicher Beharrlichkeit. So müssen wir einige *Gegenstände* als beharrliche Objekte wahrnehmen, selbst wenn unsere Wahrnehmungen über sie nicht beharren, müssen sie als unter Begriffe dauerhafter Gegenstände fallend ansehen, wenn auch Gegenstände nicht-beharrlicher Wahrnehmungen. Der Gedanke eines subjektiven Erfahrungsweges durch eine objektive Welt hängt ab vom Gedanken der Identität dieser Welt während und trotz der Veränderungen in unserer Erfahrung; und dieser Gedanke hängt seinerseits davon ab, daß wir Gegenstände so wahrnehmen, daß sie eine Beharrlichkeit unabhängig von unseren Wahrnehmungen von ihnen haben, und wir also fähig sind, Gegenstände als numerisch dieselben in verschiedenen Wahrnehmungssituationen zu identifizieren.

Keines der beiden Argumente nimmt genau diesen Gang. Die erste Analogie argumentiert unklar für die Notwendigkeit eines Beharrlichen und springt dann zu dem schon erwähnten Erhaltungsprinzip. Die Widerlegung argumentiert mit Hilfe des Gedankens eines Beharrlichen für die Notwendigkeit des unmittelbaren Bewußtseins von äußeren Gegenständen. Wir wollen das letztere etwas näher erörtern. Kant fängt an: „Ich bin mir meines Daseins als in der Zeit bestimmt bewußt" und geht von da aus direkt über zu „Alle Zeitbestimmung setzt etwas *Beharrliches* in der Wahrnehmung voraus", ein Echo der ersten Analogie. Dann fährt er fort zu argumentieren, daß dies Beharrliche etwas sein muß, das ich außerhalb von mir wahrnehme. Er war aber klarerweise nicht sehr glücklich mit der Formulierung des Arguments im Haupttext. Wie er richtig bemerkt, „(findet) sich in den Ausdrücken des Beweises . . . einige Dunkelheit" und er müht sich erneut mit dem Argument in einer langen Fußnote der Vorrede zur zweiten Auflage, die mehrfach so lang ist wie die ursprüngliche Formulierung des Beweises. Vielleicht ist es möglich, seinem wirklichen Gedankengang etwas näher zu kommen als ich es in dem gerade skizzierten Argumentationsgang getan habe. Ich werde den Versuch dazu machen.

Nehmen wir an, wir denken uns zuerst einfach eine zeitliche Sequenz von Vorstellungen oder Erlebnissen und abstrahieren dabei für einen Moment von der Tatsache, daß, was wir damit meinen, wenn wir sagen, daß ein Erlebnis ein Element einer derartigen Sequenz ist, nicht verschieden davon ist, daß es ein Erlebnis eines potentiell selbstbewußten Subjekts ist. Wir können dann einfach denken, daß die Elemente der Sequenz im Verhältnis zueinander zeitlich geordnet sind, daß jedes relativ zu allen anderen eine bestimme zeitliche Position hat. Aber, wenn wir uns nun an das erinnern, wovon wir gerade abstrahiert haben, sehen wir, daß diese internen zeitlichen Relationen der Elemente der Sequenz ganz unzureichend dafür sind, dem Gedanken eines *Selbstbewußtseins des Subjekts davon*, die-und-die Erfahrung zu der-und-der Zeit (d. h. an der-und-der Stelle einer zeitlichen Folge) zu haben, Kraft oder irgendeinen Gehalt zu geben. Um diesem Gedanken einen Gehalt zu verleihen, benötigen wir zumindest den Gedanken eines Systems zeitlicher Relationen, das mehr als diese Erlebnisse selber umfaßt. Aber es gibt für das Subjekt selber keinen Zugang zu diesem umfassenderen System zeitlicher Relationen als durch seine eigenen Erfahrungen. Jene Erfahrungen müssen daher, oder mindestens einige von ihnen müssen aufgefaßt werden, Erfahrungen *von* Dingen zu sein, die (unterschieden von den Erfahrungen selber) untereinander die zeitlichen Relationen dieses umfassenderen Systems aufweisen. Aber es gibt nur einen Weg, auf dem die wahrgenommenen Dinge oder Prozesse ein System zeitlicher Relationen zur Verfügung stellen können, das von der Ordnung der Wahrnehmungen des Subjekts von ihnen unabhängig ist – nämlich dadurch, daß sie *beharrlich* und in zeitlich verschiedenen Wahrnehmungserlebnissen *wieder* anzutreffen sind. Bewußtsein von beharrlichen Dingen, die von mir selbst verschieden sind, ist daher unentbehrlich dafür, daß ich mir selbst Erlebnisse zuschreibe, daß ich meiner bewußt bin, zu verschiedenen Zeiten verschiedene Erlebnisse zu haben.[65]

Was wir hier vor uns haben, ist offenbar eine Form des Argumentes für die Objektivitätsthese mit einem besonderen Nachdruck darauf, daß Dauer oder Beharrlichkeit irgendwie in der objektiven Ordnung repräsentiert sein muß. Es gibt, wie üblich, kein unabhängiges Argument dafür, daß die objektive Ordnung eine räumliche Ordnung sein muß. Statt dessen gibt es den üblichen Übergang von „Dingen, die von unseren Vorstellungen von ihnen verschieden sind" über „äußere Dinge" oder „Gegenstände der äußeren Anschauung" zu „räumlichen Dingen" oder „Gegenständen im Raum". Wenn Kant an diesem Punkt direkt herausgefordert würde, würde er ohne Zweifel und vernünftigererweise antworten, daß wir uns, ausgestattet mit der Art von Erfahrung, mit der wir nun einmal ausgestattet sind, eine Alternative zu einer objektiven räumlichen Ordnung nicht wirklich verständlich machen können; oder daß wir zumindest, wenn wir uns eine Alternative denken können, sie nur in Analogie zum Raum denken können. Es ist vielleicht der Mühe wert, den Gang des Arguments auf eine Weise erneut darzustellen, die die Bedeutung dieser Antwort herausbringt.

Der Gedanke, der im Zentrum aller Argumentation für die Objektivitätsthese liegt, ist ein Gedanke, dem wir schon früher begegnet sind und den ich zuerst im Zusammenhang mit der Transzendentalen Deduktion eingeführt habe. Er besagt, daß die grundlegende Bedingung für die Möglichkeit empirischen Selbstbewußtseins die ist, daß die Erfahrung zumindest die Keime des Gedankens eines Erfahrungsweges oder eines subjektiven Weges durch eine objektive Welt enthalten muß. Der Gedanke einer bloßen zeitlichen Folge von Vorstellungen in der Form „Jetzt A, jetzt B, jetzt C" usw. enthält für sich nicht die Keime dieses Gedankens. Wir finden sie aber dann und nur dann, wenn wir den Gedanken in die Form „Hier jetzt A" usw. erweitern und auf die Implikationen dieser Erweiterung näher eingehen. Denn die Hinzufügung von „hier" zu „jetzt" ist völlig müßig, wenn sie nicht die Möglichkeit solcher Kontrastierungen wie „woanders jetzt" und „wieder hier etwas später" mit sich bringt; d. h. wenn sie nicht die Implikationen eines umfassenderen und dauerhaften räumlichen (oder quasi-räumlichen) Systems mit sich bringt, durch welches *ein* Erfahrungsweg möglich ist, weil verschiedene Erfahrungswege in ihm möglich sind. Daher ist, weil das „reine" System selber kein möglicher Gegenstand der Wahrnehmung ist, die grundlegende Bedingung der Möglichkeit empirischen Selbstbewußtseins in der Zeit die Wahrnehmung von beharrlichen Gegenständen im Raum (oder zumindest in einem Analogon des Raumes, das wir uns *als* Analogon verständlich machen können).

Und nun müssen wir zu den tatsächlichen Ansprüchen zurückkehren, die Kant für das Argument der ersten Analogie geltend macht. Wir müssen den Kontrast zur Kenntnis nehmen, der besteht zwischen dem, was er nachgewiesen zu haben glaubte, und dem, was ihm mit diesen Argumenten dafür, daß Beharrlichkeit oder Dauer irgendwie in der objektiven (räumlichen) Ordnung repräsentiert sein müssen, tatsächlich nachgewiesen zu haben zugebilligt werden kann. Die verkündete Schlußfolgerung der ersten Analogie ist faktisch das wissenschaftliche Prinzip der Erhaltung von Masse oder irgendeines anderen meßbaren Wesens der

Materie. Das zu beweisende Theorem wird folgendermaßen formuliert: „Bei allem Wechsel der *Erscheinungen* beharrt die *Substanz*, und das *Quantum* derselben wird in der Natur weder vermehrt noch vermindert.“[66] Am Ende des ersten kurzen Durchgangs durch den Beweis lautet die Schlußfolgerung wiederum:

> „Folglich ist das Beharrliche, womit in Verhältnis alle Zeitverhältnisse der Erscheinungen allein bestimmt werden können, die Substanz in der Erscheinung, d. i. das Reale derselben, was als Substrat alles Wechsels immer dasselbe bleibt. Da diese also im Dasein nicht wechseln kann, so kann ihr *Quantum* in der Natur auch weder vermehrt noch vermindert werden.“[67]

Diese Interpretation seiner eigenen Ergebnisse durch Kant ist ganz unerklärlich, außer mit Hilfe der Hypothese, die ich bereits erwähnt habe, nämlich daß Kant einer sehr starken Versuchung ausgesetzt war, das, was ihm als notwendige Bedingungen der Möglichkeit der Erfahrung von einer objektiven Welt nachzuweisen gelang, mit dem zu identifizieren, was er schon als die grundlegenden, fraglosen Annahmen der Physik begriffen hatte. Mit dieser Hypothese ist es nicht völlig uneinsichtig, daß die Versuchung in diesem Fall wirksam gewesen sein sollte. Wir können sagen, daß Kant darin erfolgreich war, ein bestimmtes metaphysisches Erhaltungsprinzip zu etablieren. Er hat das Prinzip der notwendigen Erhaltung der Identität der Welt der Dinge im Raum nachgewiesen. Es ist dies, was als absolut beharrlich und dauernd begriffen werden muß: der raumzeitliche Rahmen der Dinge im Ganzen. Es ist auch völlig richtig, daß dieser absolut beharrliche Rahmen selber kein sozusagen reiner Gegenstand der Wahrnehmung ist und seine Beharrlichkeit daher für uns irgendwie in unserer wirklichen Wahrnehmung von Gegenständen empirisch repräsentiert sein muß. Aber alles, was dafür erforderlich ist, ist, daß wir in der Lage sein müssen, in dem dauerhaften System jedes Objektive, das uns begegnet, zu lokalisieren, d. h. alles, was wir als objektiv ansehen, allem anderen als objektiv Angesehenen in einem System raumzeitlicher Relationen zuzuordnen. Und damit das möglich ist, ist es ganz sicher nicht notwendig, daß wir entweder mit irgendeinem wissenschaftlichen Erhaltungsprinzip operieren (oder auch nur davon träumen) oder daß irgend so ein Prinzip tatsächlich auf die Welt unserer Erfahrung anwendbar sein sollte. Was ohne Zweifel notwendig ist, ist, daß wir Örter und also Gegenstände oder Prozesse als dieselben zu verschiedenen Zeiten identifizieren können müssen. Gegeben die Beschränkungen unserer tatsächlichen Wahrnehmungserfahrung, erfordert dies seinerseits, daß wir einige Gegenstände so *wahrnehmen* müssen, *daß* sie eine Beharrlichkeit haben, die unsere Wahrnehmungen von ihnen nicht haben. Es erfordert, daß unsere Wahrnehmungserfahrung so beschaffen ist, daß sie nur durch die Anwendung von Begriffen einer bestimmten Art adäquat beschreibbar ist – Begriffen genau der Art (z. B. Begriffen für materielle Körper), deren tatsächlicher Gebrauch durch uns vom Sinnesdaten-Theoretiker auf andere Weise zu rechtfertigen versucht wird. Aber nichts von alledem impliziert die Notwendigkeit irgendeiner absoluten Beharrlichkeit entweder von einzelnen

Gegenständen oder von solchen quantitativen Aspekten der Materie, auf die Physiker früher und heute mit solchen Namen wie „Masse“ oder „Energie“ bezugnahmen und -nehmen.

Kants radikale Unklarheiten in dieser Sache treten in einer Passage wie der folgenden auf:

> „Substanzen (in der Erscheinung) sind die Substrate aller Zeitbestimmungen. Das Entstehen einiger, und das Vergehen anderer derselben, würde selbst die einzige Bedingung der empirischen Einheit der Zeit aufheben, und die Erscheinungen würden sich alsdenn auf zweierlei Zeiten beziehen, in denen neben einander das Dasein verflösse, welches ungereimt ist. Denn es ist *nur Eine* Zeit, in welcher alle verschiedenen Zeiten nicht zugleich, sondern nach einander gesetzt werden müssen.“[68]

Die Verschiebung von „Substanz“ im Singular (in der ursprünglichen Formulierung des Beweises) zu „Substanzen“ im Plural ist verwirrend genug. Kant hat über die Substanz im Singular gesagt, daß *ihre* Quantität in der Natur weder vermehrt noch vermindert werden kann. Durch die Annahme, daß die Substanz in gleiche Einheiten (letzte Partikel vielleicht) aufzuteilen ist, die Substanzen genannt werden können, könnten wir von diesem Diktum zu der Schlußfolgerung kommen, daß die *Anzahl* der Substanzen in der Natur weder vermehrt noch vermindert werden kann. Wir würden dann immer noch nicht die Konsequenz haben, daß Substanzen nicht zu existieren aufhören oder anfangen könnten, sondern bloß die Konsequenz, daß sich Verluste und Gewinne immer und gleichzeitig aufheben müssen. Aber was wir immer unter „Substanzen“ verstehen mögen, es scheint offensichtlich, daß unser Begriffssystem (oder unsere Mythen) das Aufhören und das Beginnen der Existenz von einzelnen Gegebenheiten jedweder Klasse zulassen könnte, wie immer auch konzipiert, ohne unser Verständnis der fortdauernden Einheit und Identität des Raum-Zeit-Systems der Welt, zu dem diese Gegebenheiten gehören, zu zerstören. Wenn es eine Voraussetzung irgendeiner wissenschaftlichen Ansicht oder Theorie gewesen ist oder noch ist, daß es dauerhafte und unzerstörbare elementare Bestandteile der Materie gibt, dann zeigt diese Tatsache nur, daß die Voraussetzung einer solchen Ansicht oder Theorie in keiner Weise eine notwendige Vorbedingung für die Möglichkeit der Erfahrung von einer objektiven Welt ist.

Vielleicht können wir, wenn nicht einer Rechtfertigung, so doch einer Erklärung der fraglichen Passage etwas näher kommen. Kant, so wollen wir sagen, hat die Notwendigkeit von etwas Beharrlichem und Dauerhaftem nachgewiesen, nämlich des gesamten Gerüsts der Natur; und wenn das Wort „Substanz“ mit dem Begriff absoluter Beharrlichkeit zu verknüpfen ist, dann ist es das gesamte Gerüst der Natur, auf das es angewendet werden sollte – wie es Spinoza getan hat. Zugleich ist sich Kant zumindest teilweise dessen bewußt, daß, was für uns diese Beharrlichkeit in der Erfahrung repräsentiert, nicht irgendein absolut beharrliches Ding ist, sondern vielmehr jene bloß relativ beharrlichen Gegenstände der Wahrnehmung, die, in ihren Beziehungen zueinander, das eine beständige System ergeben.[69] Es wäre deshalb nur natürlich, das Wort „Substanz“ in einem übertragenen Sinn auch auf diese Gegenstände anzuwenden. Dann hätten wir Substanzen im Plural; und natürlich haben zumindest einige Arten der relativ beharrlichen raumzeitlichen Einzeldinge ein historisches, faktisch Aristotelisches Anrecht auf diesen Titel. Wenn wir nun eine Verschmelzung dieser beiden Gedanken annehmen, der absoluten Beharrlichkeit und der Vielheit, die jeweils zu einer der beiden Verwendungsweisen des Wortes gehören, und – unter dem Einfluß der Versuchung, die ich bereits erwähnt habe – eine Identifikation des Resultats der Verschmelzung mit einer dritten und wissenschaftlichen Verwendungsweise des Wortes unterstellen, dann erhalten wir das Ergebnis, das zu erklären wir uns vornahmen.

Es ist klar, daß Kant in seiner Lehre von der Substanz nicht nur unklar war, sondern daß ihm auch unwohl mit ihr war. Am Ende der ersten Analogie fährt er nach einer Wiederholung ihrer allgemeinen Schlußfolgerung („So ist demnach die Beharrlichkeit eine notwendige Bedingung, unter welcher allein Erscheinungen, als Dinge oder Gegenstände, in einer möglichen Erfahrung bestimmbar sind.") fort: „*Was aber das empirische Kriterium* dieser notwendigen Beharrlichkeit und mit ihr der Substantialität der Erscheinungen *sei*, davon wird uns die Folge Gelegenheit geben, das Nötige anzumerken."[70] Daß Kant das Bedürfnis nach weiteren Anmerkungen zu diesem Punkt gehabt haben sollte, ist nur zu natürlich. Er muß hier nicht nur mit dem allgemeinen und bewunderungswürdigen Kantischen Prinzip rechnen, daß wir einem Begriff nur im Hinblick auf die Bedingungen seiner empirischen Anwendung Sinn geben können. Es ist auch der Umstand, daß der fragliche Begriff eine Kategorie sein soll, d. h. ein derartiger Begriff, daß die Tatsache, daß wir von ihm einen empirischen Gebrauch machen, eine notwendige Bedingung dafür ist, daß wir überhaupt eine Erfahrung von einer objektiven Welt haben. Daß es notwendig ist, daß der Begriff eine Anwendung auf die objektive Welt hat, ist in der Tat identisch mit *dieser* Notwendigkeit. Nun kann ohne Zweifel eine Beschreibung des Gebrauchs irgendeines wissenschaftlichen Prinzips der quantitativen Konstanz in der Materie gegeben werden, der in der Anwendung auf Objekte der Erfahrung gemacht wird. Ebenso können Regeln für die empirische Anwendung des Begriffs angegeben werden. Aber es ist ganz unplausibel anzunehmen, daß der Gebrauch dieses Begriffs notwendigerweise in irgendwelchen Erfahrungsurteilen eines Nichtwissenschaftlers implizit enthalten ist. Eine Person mit vorwissenschaftlicher Einstellung ist sehr wohl in der Lage, etwas in Rauch aufgehen oder zu Asche verbrennen zu sehen oder zu denken, ohne in irgendeinem Sinn anzunehmen, daß irgendetwas quantitativ Identisches während dieser Transaktion bestehen bleibt. Wenn wir es wirklich mit einer Kategorie zu tun haben, dann gehen wir mit einem Begriff um, den jeder, der objektiver Erfahrung fähig ist, zumindest implizit gebrauchen *muß*; aber die Auffassung, es handele sich hier um einen impliziten Gebrauch, ist in diesem Fall ganz unplausibel. Deswegen sagt uns Kant faktisch überhaupt nichts über den Gebrauch, den Wissenschaftler von Erhaltungsprinzipien machen. Er stellt die ganze Frage nach dem „empirischen Kriterium für eine Substanz" bis zu der späten Passage zurück, auf die ich bezuggenommen habe und in der er dann sagt, daß eine „Substanz . . . sich nicht durch die Beharrlichkeit der Erscheinung, sondern besser und leichter durch Handlung zu offenbaren scheint"[71], und wiederum sagt: „Kraft dessen beweiset nun Handlung, als ein hinreichendes empirisches Kriterium, die Substantialität, ohne daß ich die Beharrlichkeit desselben durch verglichene Wahrnehmungen allererst zu suchen nötig hätte".[72] Aber obwohl Kant sagt, daß „Handlung" ein Kriterium für Substantialität ist, sagt er uns nicht, was das oder ein Kriterium für Handlung ist, außer daß er sagt, daß Handlung die Relation eines Subjekts der Kausalität zu seiner Wirkung bedeutet. Ich erwähne diese Passage hauptsächlich als ein Symptom für Unwohlsein und will sie nicht weiter untersuchen.

Was also die erste Analogie zusammengenommen mit der Widerlegung des Idealismus angeht, können wir, glaube ich, folgendes sagen. Es gelingt Kant nicht, das wissenschaftliche Erhaltungsprinzip zu beweisen, das er als ihre Schlußfolgerung bekräftigt. Aber er beweist etwas Wichtiges. Erfahrung des Objektiven fordert die Möglichkeit der Bestimmung objektiver Zeit-Relationen. Zu sagen, daß objektive Zeitbestimmung möglich ist, heißt zu sagen, daß wir Gegenständen und Geschehnissen die zeitlichen Relationen der Gleichzeitigkeit und der Abfolge zuordnen können und daß wir, wo notwendig, diese Relationen von den zeitlichen Relationen unserer Wahrnehmungen unterscheiden können, obwohl wir ihnen natürlich aufgrund unserer Wahrnehmungen Geltung zuerkennen. Damit dies möglich ist, müssen wir Gegenstände als zu einem identischen, dauernden räumlichen System gehörig ansehen und Ereignisse als in ihm geschehend auffassen. Damit dies seinerseits möglich ist, müssen wir empirisch anwendbare Kriterien der Beharrlichkeit und der Identität haben, die in Begriffen verkörpert sind, unter die wir die Gegenstände nicht-dauernder Wahrnehmungen bringen. Wenn wir solche Begriffe „Substanzbegriffe" nennen wollen, dann müssen wir Substanzbegriffe haben und anwenden.

4. Kausalität: Die Argumente der zweiten und dritten Analogie

In der ersten Analogie war Kant erklärtermaßen an den allgemeinen Bedingungen objektiver Zeitbestimmung interessiert; und hat behauptet, daß jede derartige Bestimmung einschließt, daß objektive Beharrlichkeit in Wahrnehmungen, die selber beständig wechseln, irgendwie repräsentiert ist. Nun sind alle Zeit-Relationen überhaupt und also alle objektiven Zeit-Relationen grundlegend von zweierlei Art: Relationen der Folge und Relationen gleichzeitiger Existenz oder, wie Kant sagt, des Zugleichseins. (Die Relationen zeitlicher Überlappung können in Begriffen der beiden anderen Arten von Zeitrelationen analysiert werden.) In der zweiten und dritten Analogie scheint sich Kant von der Frage der allgemeinen Bedingungen der Möglichkeit einer Bestimmung objektiver Zeit-Relationen dem zuzuwenden, was er als die selbständigen Fragen nach den besonderen Bedingungen für empirisches Wissen von objektiver Zeitfolge bzw. für empirisches Wissen von objektivem Zugleichsein zu behandeln scheint. Es könnte gut so aussehen, als müsse an dem Gedanken weiterer *unabhängiger* Beweise der Bedingungen für diese beiden Fälle etwas seltsam sein. Denn jede Darstellung, oder jede vollständige Darstellung der Bedingungen für die Bestimmung objektiver Zeitrelationen überhaupt muß sicher eine Darstellung der Bedingungen für die Bestimmung genau dieser beiden Arten von Relationen sein. Es könnte daher scheinen, als wäre es das natürliche Vorgehen, die Schlußfolgerung der ersten Analogie als Prämisse jedes weiteren Arguments zu nehmen; das heißt, zu untersuchen, welche weiteren Bedingungen erfüllt sein müssen, wenn objektive Beharrlichkeit in wechselnden Wahrnehmungen repräsentiert sein soll. Aber dies sind nur vorläufige Zweifel. Wir wollen sie beiseite lassen, während wir uns der Prüfung der Argumente selber zuwenden.

Der zentrale Gedanke sowohl der zweiten als auch der dritten Analogie könnte folgendermaßen ausgedrückt werden. In Beziehung auf alle einander folgenden Wahrnehmungen, die für Wahrnehmungen des Objektiven gehalten werden, erhebt sich eine bestimmte Frage. Das ist die Frage, ob jene Wahrnehmungen hätten in umgekehrter Reihenfolge zu der, in der sie faktisch aufgetreten sind, auftreten können oder nicht; ob sie also einen Zug besitzen oder entbehren, der „Reihenfolgen-Indifferenz" genannt werden könnte. Der Sinn dieser Frage ist nicht unmittelbar offensichtlich. Aber er wird zumindest teilweise aufgeklärt durch Kants Antwort auf sie, die folgendermaßen aussieht. Wenn, was wir wahrnehmen, eine objektive Veränderung, ein Ereignis, ein Fall ist, in dem ein objektiver Zustand einem anderen weicht, dann *fehlt* unseren aufeinander folgenden Wahrnehmungen dieser objektiv aufeinander folgenden Zustände der Charakter der Reihenfolgen-Indifferenz.[73] Unsere aufeinander folgenden Wahrnehmungen hätten nicht in einer umgekehrten Reihenfolge als der, in der sie tatsächlich auftraten, auftreten können. Positiver ausgedrückt, die Reihenfolge, die sie aufweisen, ist eine notwendige. Wenn, auf der anderen Seite, das, was wir nacheinander wahrnehmen, objektiv zugleichseiende Dinge oder Teile eines Dinges sind (d. h. Dinge oder Teile eines Dinges, die während der Zeit, die wir für unsere aufeinander folgenden Wahrnehmungen brauchen, gleichzeitig existieren), dann *besitzen* unsere aufeinander folgenden Wahrnehmungen dieser objektiv zugleich existierenden Gegebenheiten den Charakter der Reihenfolgen-Indifferenz. Sie hätten in der umgekehrten Reihenfolge zu der, in der sie faktisch auftraten, auftreten können.

Kant drückt diese Zusammenhänge, besonders im Fall der objektiven Abfolge, mit einer besonderen erkenntnistheoretischen Betonung aus. Jedweder Gebrauch, den wir in der Erfahrung vom Begriff eines objektiven Ereignisses machen, hängt davon ab, daß wir implizit auch Gebrauch vom Begriff einer notwendige Folge der relevanten Wahrnehmungen machen. Ebenso hängt unser durch Wahrnehmung vermitteltes Wissen vom Zugleichsein von Dingen von der impliziten Anerkennung der Reihenfolgen-Indifferenz der relevanten Wahrnehmungen ab. Ob unsere Wahrnehmungen eine solche Reihenfolgen-Indifferenz aufweisen oder nicht, das ist, so scheint Kant zu sagen, unser Kriterium für objektive Abfolge oder objektives Zugleichseins – ob wir nun diese Tatsache reflektiv realisierten oder nicht.[74]

Bevor wir erörtern, wie Kant darin fortgeht, diese Zusammenhänge auszubeuten, müssen wir fragen, ob sie tatsächlich bestehen. Es scheint, daß das der Fall ist, wenn sie in geeigneter Weise und vernünftig interpretiert und qualifiziert werden. Gegeben eine Periode des Zugleichseins von zwei einzelnen, unabhängig wahrnehmbaren Gegenständen, A und B, dann ist es möglich, daß wir sie während der Periode ihres Zugleichseins entweder in der Reihenfolge A, B, oder in der Reihenfolge B, A, wahrnehmen; und wenn wir sie in dieser Periode in der Reihenfolge A, B, wahrnehmen, dann ist es möglich, daß wir sie stattdessen in der Reihenfolge B, A, hätten wahrnehmen können. Auf der anderen Seite, gegeben, daß eine Veränderung geschieht, die darin besteht, daß ein objektiver Zustand, A, einem anderen objektiven Zustand, B, weicht, dann ist es möglich, daß wir diese Zustände in der Reihenfolge A, B, wahrnehmen, aber nicht möglich, daß wir sie in der Reihenfolge B, A, wahrnehmen; und wenn wir sie in der Reihenfolge A, B, wahrnehmen, ist es nicht möglich, daß wir sie stattdessen in der Reihenfolge B, A, hätten wahrnehmen können.

Der erste Teil dieser Lehre erfordert einige Kommentierung. Natürlich bringt die Unterstellung, wir hätten zwei zugleich seiende Gegenstände in der umgekehrten Reihenfolge zu der, in der wir sie faktisch wahrnahmen, wahrnehmen können, eine Annahme einer weiteren Differenz in der Situation als ganzer mit sich: eine verschiedene Anordnung der Erscheinung der Gegenstände in ihrer Reihenfolge, eine andere Richtung des Überblickens der Situation durch uns usw. Diese Unterstellungen von Verschiedenheit können recht radikal sein und doch solange legitimerweise gemacht werden, als die gegebene Bedingung des Zugleichseins von bestimmten Gegenständen, A und B, nicht verletzt wird.

Dieses Erfordernis, daß die gegebene Bedingung nicht verletzt werde, bewahrt den zweiten Teil der Lehre vor dem einfältigen Einwand, wir hätten den objektiven Sachverhalt B (das Schiff flußabwärts) vor dem objektiven Sachverhalt A (das Schiff flußaufwärts) wahrnehmen können, wenn das Schiff, mit rückwärts laufenden Maschinen, in die entgegengesetzte Richtung gefahren wäre als es die war, in die es tatsächlich fuhr. Es bleiben anspruchsvollere Einwände. Angenommen, der Sachverhalt A sei derart gewesen, daß von uns zu Recht gesagt werden könnte, wir hätten ihn *gehört*, während der Sachverhalt B derart beschaffen war, daß von uns zu Recht gesagt werden könnte, wir hätten ihn *gesehen*. Könnte dann nicht angenommen werden, daß wir B wahrgenommen (gesehen) hätten, bevor wir A wahrgenommen (gehört) hätten? Oder wiederum, ohne eine Ausbeutung irgendwelcher Unterschiede zwischen den sinnlichen Modi der Wahrnehmung, könnte nicht angenommen werden, daß wir, während wir B direkt sahen (oder hörten), wir A nur sehr indirekt sahen (oder hörten) vermöge irgendeines komplexen Verzögerungsmechanismus für die Übertragung von Licht (oder Schall), so daß unsere Wahrnehmung von B der Wahrnehmung von A vorausging, obwohl es sich um denselben sinnlichen Modus handelt?

Offensichtlich kann diesen besonderen Einwänden durch die Festsetzung begegnet werden, daß die Lehre so zu verstehen ist, daß sie nur auf Wahrnehmungen von A und B Anwendung hat, die gleichermaßen direkt sind und im selben sinnlichen Modus erfolgen. Irgendwelche weiteren Einwände einer ähnlich allgemeinen Art könnten mit weiteren Festsetzungen ähnlich allgemeiner Art beantwortet werden. Oder, noch besser, das allgemeine Prinzip derartiger Qualifikationen kann in die Lehre selber aufgenommen werden. Es gibt, wie wir sogleich sehen werden, keine Schwierigkeit, dieses Prinzip zu formulieren.

In geeigneter Weise verstanden und qualifiziert scheint also die Lehre in ihren beiden Teilen richtig zu sein, d. h. sowohl, was die Wahrnehmung objektiver Ereignisse angeht als auch, was die Wahrnehmung zugleich seiender Gegenstände angeht. Wir wissen, daß Kant vorschlägt, diese Wahrheiten für den Beweis zu nutzen, daß gewisse Prinzipien der Kausalität für alle Gegenstände oder objektiven Ereignisse gelten, von denen wir irgendein empirisches Wissen durch die Wahrnehmung haben können. Bevor wir den Gang seines Arguments für diese Prinzipien untersuchen, mag es lohnend sein, in einer vorläufigen Weise die Frage aufzuwerfen, welche prima-facie-Zusammenhänge, wenn überhaupt, zwischen diesen Wahrheiten und dem Thema der Kausalität gefunden werden können. Daß es solche Zusammenhänge gibt, kann kaum bezweifelt werden. Aber sie scheinen nicht so sehr mit kausalen Transaktionen oder Abhängigkeiten, die Gegenstände der subjektiven Wahrnehmung verbinden, zu tun zu haben als vielmehr mit den kausalen Abhängigkeiten der subjektiven Wahrnehmungen selber von ihren Gegenständen. Daß ein Effekt seiner Ursache in der Zeit nicht vorausgehen kann, würde Kant vermutlich als eine begriffliche Wahrheit anerkennen, die keiner besonderen Art des Beweises bedarf. Daß jedwede Erfahrung, die als Wahrnehmung irgendeiner objektiven Gegebenheit aufgefaßt wird, eben dadurch als kausal abhängig von der Existenz jener Gegebenheit (als ihre Wirkung) aufgefaßt wird, ist eine Wahrheit, die in dem Begriff einer Sinneswahrnehmung von Gegenständen, deren Existenz von unserer Wahrnehmung unabhängig ist, selber enthalten ist. Wenn diese Wahrheiten zusammengenommen werden mit den Anahmen (1) daß A und B objektive Sachverhalte sind, von denen A B in der Zeit vorausgeht, und diese Abfolge ein einzelnes Ereignis bildet (das Ereignis, daß A von B gefolgt wird), (2) α eine Wahrnehmung von A ist und β von B, (3) daß es keinen relevanten Unterschied in den Weisen der kausalen Abhängigkeit gibt, die α und A bzw. β und B verbinden (wobei ein relevanter Unterschied jeder wäre, der die Zeit affiziert, die der kausale Prozeß, in dem das Objekt (A oder B) seine Wirkung (α oder β) produziert, zu seiner Vollendung braucht), dann folgt mit logischer Notwendigkeit die Schlußfolgerung, das α β vorausgeht. Wenn für (1) aber die Annahme substituiert wird, daß A und B zugleichseiende Gegenstände sind, dann bleibt es eine logisch offene Frage, welches von beiden, α oder β, zuerst kommt. Die notwendige Reihenfolge der Wahrnehmungen im einen Fall und ihre Reihenfolgen-Indifferenz im anderen Fall reduzieren sich, wie es scheint, genau auf diese logische Notwendigkeit und diese logische Indifferenz. Kausalität spielt in dem Argument tatsächlich eine Rolle; aber dies auf keine andere Weise als die angedeutete.

In Kants Argument spielt die Kausalität ihre Rolle nicht in dieser Weise. Seine Gedanke ist nicht, daß die Verursachung von Wahrnehmungen durch ihre

Gegenstände als eine Brücke dient, die die Begriffe objektiver Veränderung und objektiven Zugleichseins mit den Begriffen einer determinierten (notwendigen) oder undeterminierten (indifferenten) Reihenfolge von Wahrnehmungen verbindet. Seine Gedanke ist vielmehr, daß diese letzteren Begriffe selber als eine Brücke dienen, die die Begriffe objektiver Veränderung und objektiven Zugleichseins mit gewissen allgemeinen Prinzipien für kausale Relationen zwischen den Gegenständen der Wahrnehmung verbindet. Die Funktion der verbindenden Begriffe ist es, einen Beweis dafür zu liefern, daß wir keinerlei empirisches Wissen jener objektiven Zeit-Relationen beanspruchen könnten, ohne die Anwendung dieser Prinzipien auf die objektive Welt vorauszusetzen. Der Gedanke ist, daß wir die Begriffe objektiver Veränderung und objektiven Zugleichseins empirisch nicht anwenden (und also nicht wirklich verstehen) könnten, wenn wir nicht implizit die Begriffe einer notwendigen Reihenfolge und einer Reihenfolgen-Indifferenz von Wahrnehmungen gebrauchten, und daß diese Begriffe keine Anwendung hätten, wenn nicht die kausalen Prinzipien für die Gegenstände der Wahrnehmung Geltung hätten, auf die diese Begriffe implizit angewendet werden.

Im Licht der vorstehenden Diskussion der Lehre von der notwendigen und indifferenten Reihenfolge von Wahrnehmungen könnte es so aussehen, als gäbe diese allgemeine Beschreibung von Kants Argument bereits hinreichend festen Grund für Skepsis hinsichtlich seines Wertes. Aber wir können Argumente nicht verwerfen, ohne sie erst zu hören.

In der zweiten Analogie formuliert Kant auf verschiedene Weise den Gedanken, daß die Reihenfolge der Wahrnehmungen solcher objektiven Sachverhalte, deren Aufeinanderfolge eine objektive Veränderung konstituiert, so, wie wir sie sehen, im erörterten Sinn und mit den erwähnten Qualifikationen, eine notwendige Ordnung ist. Die Ordnung in der Folge der Wahrnehmungen wird nicht nur als ein *notwendige*, sondern auch als eine *bestimmte* Ordnung[75] charakterisiert, als eine Ordnung, an die unsere Apprehension *gebunden* ist[76] oder die wir zu beobachten genötigt sind.[77] Diese Formulierungen mögen vielleicht alle als legitime Möglichkeiten zugelassen werden, die Bestreitung der Reihenfolgen-Indifferenz auszudrücken. Aber von diesem Punkt an fährt das Argument mit einem *non sequitur* von betäubender Grobheit fort. Angenommen, die fragliche objektive Abfolge besteht in der Folge eines Sachverhalts B auf einen Sachverhalt A, d. h. in einer Veränderung von A zu B. Es ist in dem Sinn und mit den Qualifikationen, die erwähnt wurden, als *notwendig* zugegeben, daß die Wahrnehmung des zweiten Zustands (B) der Wahrnehmung des ersten Zustands (A) folgt und ihr nicht vorausgeht. Die Folge der Wahrnehmungen als die Wahrnehmung einer objektiven Veränderung aufzufassen, heißt, die Reihenfolge der Wahrnehmungen als in diesem Sinne notwendige aufzufassen. Aber – und hier kommt der Schritt – die Ordnung der Wahrnehmungen als notwendig aufzufassen, ist äquivalent dazu, den Übergang oder die Veränderung von A zu B *selber* als notwendig, d. h. als unter eine Regel oder ein Gesetz kausaler Determination fallend aufzufassen; es ist äquivalent dazu, das Ereignis der Veränderung oder des Übergangs so aufzufassen, daß ihm irgendeine Bedingung vorauslag, derart, daß ein Ereignis dieses Typs beständig und notwendigerweise auf eine Bedingung diesen Typs folgt. (Es sollte festgehalten werden, daß Kant nicht behauptet, es sei äquivalent, die Ordnung der Wahrnehmungen von A und B als notwendig aufzufassen und A als B kausal notwendigerweise hervorbringend aufzufassen. Er behauptet nur, es sei äquivalent dazu, die Veränderung von A zu B als kausal notwendigerweise durch *irgendwelche* vorhergehenden Bedingungen hervorgebrachte aufzufassen.) Kurz ausgedrückt, jede Folge von Wahrnehmungen ist eine Wahrnehmung objektiver Veränderung nur dann, wenn die Ordnung jener Wahrnehmungen notwendig ist; aber die Ordnung der Wahrnehmungen kann nur dann notwendig sein, wenn die Veränderung selber notwendig, d. h. kausal determiniert ist. Jede objektive Veränderung, die für uns ein Gegenstand möglicher Erfahrung, d. h. ein Gegenstand möglicher Wahrnehmung ist, ist kausal determiniert. Daher ist das Gesetz der universalen Kausalität für alle mögliche Erfahrung in Geltung.

Der Charakter des Fehlschlusses sollte aus unserer vorhergegangenen Diskussion des Begriffs der Notwendigkeit oder der Indifferenz einer Reihenfolge von Wahrnehmungen klar sein. Kant steht unter dem Eindruck, daß er es mit einer einzigen Anwendung eines einzigen Begriffes von Notwendigkeit zu tun hat. Tatsächlich verschiebt er nicht nur die *Anwendung* des Wortes „notwendig“, sondern er verändert auch seine *Bedeutung*, indem er einen Typ von Notwendigkeit für einen anderen substitutiert. Gegeben, daß, was beobachtet wird, tatsächlich eine Veränderung von A zu B ist und daß es keinen Unterschied zwischen den kausalen Bedingungen der Wahrnehmung dieser beiden Zustände gibt, der so beschaffen wäre, daß er eine Zeitverzögerung in der Wahrnehmung von A bewirkt, dann ist es begrifflich notwendig, daß die Wahrnehmungen des Beobachters die Reihenfolge: Wahrnehmung von A, Wahrnehmung von B haben müssen, und nicht die umgekehrte Reihenfolge. Aber die Notwendigkeit, die in der Schlußfolgerung des Argumentes angeführt wird, ist überhaupt nicht eine begriffliche Notwendigkeit; es ist vielmehr die kausale Notwendigkeit einer auftretenden Veränderung unter Voraussetzung eines vorhergehenden Sachverhalts. Es ist in der Tat eine sehr merkwürdige Verzerrung, durch die eine begriffliche Notwendigkeit, die auf der Tatsache der Veränderung beruht, mit der kausalen Notwendigkeit der Veränderung selber gleichgesetzt wird. Wenn der Gebrauch, den Kant vom Begriff einer notwendigen Reihenfolge von Wahrnehmungen im Sinne der zweiten Analogie macht, illegitim ist, könnte gleichwohl gefragt werden, ob es irgendeinen legitimen Gebrauch von ihm gibt, der Kants Absichten zumindest verwandt wäre. Die Antwort auf diese Frage ist, wie ich denke, daß es keinen solchen legitimen Gebrauch gibt, daß der Begriff einer notwendigen Reihenfolge im fraglichen Sinn nutzlos für diese Absichten ist. Das heißt aber nicht, daß nicht eine Schlußfolgerung hinsichtlich von Veränderung in der objektiven Welt mit Hilfe anderer in den Analogien erörterter Begriffe etabliert werden könnte, die Kants Schlußfolgerung verwandt wäre. Aber wir müssen dazu weniger direkt ans Werk gehen.

Bevor wir das tun, müssen wir jedoch das offizielle Argument der dritten Analogie erwägen. Es ist, wenn überhaupt, sogar noch weniger überzeugend als das Argument der zweiten Analogie, in dem wir wenigstens das Spiel mit dem Begriff der Notwendigkeit haben, das uns verwirrt. Es gibt einen gewissen formalen Parallelismus zwischen den beiden Argumenten. Genauso, wie in der zweiten Analogie die notwendige Reihenfolge der Wahrnehmungen mit der kausalen Determiniertheit objektiver Veränderung gleichgesetzt wird, wird in der dritten Analogie die Reihenfolgen-Indifferenz der Wahrnehmungen mit der wechselseitigen kausalen Beeinflussung zugleichseiender Gegenstände gleichgesetzt. Der Gedanke, daß wir genau zum gleichen Zeitpunkt, an dem wir tatsächlich den Gegenstand A wahrnehmen, stattdessen den Gegenstand B wahrnehmen könnten, soll implizit den Gedanken enthalten, daß die beiden Gegenstände sich in reziproker kausaler Wechselwirkung befinden. Der Gedanke vom Zugleichsein von Gegenständen während einer gewissen Zeitspanne ist identisch mit dem Gedanken, daß unsere Wahrnehmungen dieser Gegenstände während dieser Zeitspanne reversibel und Reihenfolgen-indifferent sind. Daher impliziert das Wissen von objektivem Zugleichsein die Wahrheit all dessen, was der letztere Gedanke impliziert. Und also gilt das Gesetz der Wechselwirkung zwischen zugleichseienden Gegenständen für alle mögliche Erfahrung.

In diesem Argument wird hauptsächlich mit dem Begriff der „Wechselwirkung" gespielt: eine mögliche „Wechselwirkung von Wahrnehmungen" reflektiert eine wirkliche Wechselwirkung kausaler Beeinflussung; oder, die Möglichkeit von „wechselwirkenden Wahrnehmungen" von Gegenständen reflektiert die Existenz wechselseitiger kausaler Beeinflussung von Gegenständen. Die relevanten Bedeutungen der Wörter „wechselwirkend" und „Wechselwirkung" sind hier so weit voneinander verschieden, daß die bloße Wiederholung des Wortes in diesem Fall der verwirrenden Kraft entbehrt, die die Verschiebung in Bedeutung und Anwendung des Wortes „Notwendigkeit" in der zweiten Analogie besitzt. Ein wenig später werden auch die Wörter „bestimmen" und „Gemeinschaft" dazu gepreßt, einer Äquivokation zu dienen. Wir finden – zu Beginn einiger Bemerkungen, von denen Kant sagt, sie könnten „zur Erläuterung . . . dienen", was sie tatsächlich tun – den folgenden Satz: „. . . so fern die Gegenstände als zugleichexistierend verknüpft vorgestellt werden sollen, so müssen sie ihre Stelle in einer Zeit wechselseitig bestimmen, und dadurch ein Ganzes ausmachen."[78] Diesem Satz kann ein anderer gegenübergestellt werden, der tatsächlich auf einer früheren Seite steht, der aber ohne jede Entstellung von Kants Argument dem eben zitierten hätte folgen können, nämlich: „Nun bestimmt nur dasjenige dem andern seine Stelle in der Zeit, was die *Ursache* von ihm oder seinen Bestimmungen ist." Daher „muß jede Substanz . . . die Kausalität gewisser Bestimmungen in der andern, und zugleich die Wirkungen von der Kausalität der andern in sich enthalten".[79] Der Übergang erfordert nur die knappste Kommentierung. Es sei zugestanden, daß der Gedanke eines Gegenstandes möglicher Wahrnehmung, der gerade nicht als mit einem anderen zugleich existierend wahrgenommen wird, wobei aber dieser andere wahrgenommen *wird,* den Gedanken mit sich bringt, daß beide Gegenstände in anderer Weise als der des bloßen Zugleichseins aufeinander bezogen sind. So können sie etwa (müssen vielleicht – das ist eine weiter zu diskutierende

Frage) als aufeinander in einem gemeinsamen Raum bezogen gedacht werden. Insofern als die Position jedes von beiden in einem gemeinsamen Raum spezifiziert werden kann, indem er auf den anderen bezogen wird, könnte gesagt werden, daß sie wechselseitig ihre Positionen bestimmen. Daß sie sich auch kausal beeinflussen, ist jedoch, wenn sie es tun, eine zusätzliche Wahrheit, die aus der wechselseitigen Bestimmung der Position im gerade erwähnten Sinn abzuleiten etwas Besseres erforderte als eine Äquivokation.

5. Kausalität: ein weiterer Versuch

Wenn auch die direkten Argumente sowohl der zweiten als auch der dritten Analogie fehlgehen, folgt daraus jedoch nicht, daß das Problem der Analogien überhaupt nicht vorangebracht werden kann, und zwar vorangebracht in so etwas wie einer Kantischen Richtung und mit der Hilfe von Materialien, die uns Kant zur Verfügung stellt. Wir werden hier die Reihenfolge der Analogien vertauschen und mit Themen beginnen, die in der dritten Analogie hervortreten. Trotz Kants unrichtigem Spiel mit den Begriffen der Wechselwirkung und der gegenseitigen Bestimmung ist es möglich, daß die Vorstellungen, die diesen Begriffen zugrunde liegen, einem legitimeren Gebrauch zugeführt werden können. Wir wollen uns erinnern, was das allgemeine Problem der Analogien ist. Es ist das Problem der Bedingungen der Möglichkeit objektiver Zeit-Bestimmung; und die Wichtigkeit dieses Problems liegt in der Tatsache, daß nur, wenn es möglich ist, zwischen der subjektiven Zeitfolge der Wahrnehmungen und den Zeit-Relationen der Gegenstände, von denen die Wahrnehmungen Wahrnehmungen sind, zu unterscheiden, es möglich ist, dem allgemeinen Begriff einer Erfahrung von einer objektiven Wirklichkeit Inhalt zu geben und also die Möglichkeit von Erfahrung selber verständlich zu machen. Offensichtlich ist ein oder der Schlüsselbegriff in diesem Problem der Begriff gegenwärtig nicht wahrgenommener Gegenstände, die gleichwohl Gegenstände einer möglichen Wahrnehmung sind und zugleich oder zur selben Zeit wie die Gegenstände wirklicher Wahrnehmung existieren. Wenn es kein derartiges Zugleichsein von Gegenständen möglicher und Gegenständen wirklicher Wahrnehmung gäbe, könnte keine wirkliche Unterscheidung zwischen objektiven und subjektiven Zeitfolgen getroffen werden. Wiederum ist der bloße Gedanke solcher Gegenstände als Gegenstände möglicher Wahrnehmung nicht genug dafür, daß die Unterscheidung irgendeine effektive Anwendung hat. Sie wird effektiv nur angewendet, wenn wir die tatsächlich in der Erfahrung angetroffenen Gegenstände, die Gegenstände, die wir wirklich wahrnehmen, als Gegenstände denken, die nicht nur existieren, wenn wir sie wahrnehmen, sondern auch an anderen Zeitpunkten, an denen wir nicht sie, sondern andere Gegenstände wahrnehmen. Dies nun ist der Gedanke, der dem Begriff der Reihenfolgen-Indifferenz von Wahrnehmungen zugrunde liegt. Dieser Begriff führt den Gedanken mit sich, daß die Gegenstände, die wir tatsächlich wahrnehmen, eine relative Beharrlichkeit und Dauer besitzen, die unsere Wahrnehmungen von ihnen nicht besitzen. Er gibt dem Begriff einzelner oder numerischer Identität von Gegenständen Wichtigkeit: die Identität eines tatsächlich wahrgenommenen Gegenstandes zu einem gewissen Zeitpunkt mit einem Gegenstand, den der Beobachter zu einem früheren oder späteren Zeitpunkt hätte wahrnehmen können.

Offensichtlich sind wir hier nicht weit von der beherrschenden Konzeption der ersten Analogie entfernt. Die Frage ist, wieviel mehr wir aus dieser Konzeption machen können. Wir haben schon behauptet, können aber jetzt klarer sehen, daß ein Zusammenhang besteht zwischen der Vorstellung von etwas Beharrlichem in der Wahrnehmung und zwei weiteren Gedanken, die sowohl aus Kantischem Geist als auch nicht unabhängig voneinander sind. Wir *gewahren* Gegenstände *nacheinander*, von denen wir gleichwohl *wissen*, daß sie *zugleich existieren*. Aber wie können wir das wissen? Kant stellt diese Frage und beantwortet sie durch Anführung der Reversibilität oder Reihenfolgen-Indifferenz von Wahrnehmungen.[80] Er geht dann fort zu etwas, was als bloße Äquivokation mit dem Begriff der Wechselwirkung erscheint. Nichtsdestoweniger ist etwas an Kants Antwort richtig; und was daran richtig ist, ist der Vorschlag, den sie mit sich zu bringen scheint, daß es der Charakter unsere Wahrnehmungen selber ist, der uns instandsetzt, Wahrnehmungen, die aufeinander folgen, als Wahrnehmungen von Gegenständen aufzufassen, die das nicht tun. Dieser Charakter der Wahrnehmungen selber kann so ausgedrückt werden, daß gesagt wird, daß wir (einige) der Dinge, die wir wahrnehmen, *als* Dinge gewisser allgemeiner Arten, *als* Dinge, die unter allgemeine Begriffe relativ dauerhafter und reidentifizierbarer Gegenstände fallen, *wahrnehmen*. Das heißt, wir können jene Wahrnehmungen selber nicht charakterisieren außer mit Hilfe von Begriffen beharrlicher Dinge, als deren Instanzen wir die Gegenstände jener Wahrnehmungen wahrnehmen. Das ist der erste und inzwischen vertraute Gedanke. Der zweite ist, daß wir derartige Gegenstände als *geordnet in irgendeinem System oder Rahmen von solchen Relationen* auffassen müssen, *wie er allein dem Begriff einer einzelnen Identität solcher Gegenstände Sinn geben kann*. Ich behaupte, daß diese beiden Gedanken nicht unabhängig voneinander sind; denn die Vorstellung, allgemeine Begriffe der erforderlichen Art zu haben und Gegenstände als unter sie fallend wahrzunehmen, ohne jedoch eine Vorstellung davon zu haben, wie Fragen nach der einzelnen Identität mit Beziehung auf solche Gegenstände entschieden werden könnten, ist sinnlos.

Es ist schon ausreichend vermerkt worden, daß die natürlichste und vielleicht die einzige Weise für uns, einen solchen möglichen Rahmen oder ein System von Relationen der erforderlichen Art zu konzipieren, die ist, es als räumlich aufzufassen. Dem dürfen wir nun zwei weitere Punkte hinzufügen, die beide in der Thematik völlig kantisch sind, wenn auch nicht gleichermaßen aus Kantischem Geist. Der erste ist, daß wir uns selber als Beobachter so verstehen müssen, daß wir zu jedem Zeitpunkt eine bestimmbare Position im System der Relationen einnehmen, zu dem die wahrgenommenen Gegenstände gehören. Denn nur unter dieser Bedingung kann die subjektive Sequenz unserer Erlebnisse als eine Sequenz der *Wahrnehmungen* von Gegenständen aufgefaßt werden, die unabhängig existieren und ihre gegenseitigen Relationen in dem System aufweisen. Der zweite

Punkt hat den Charakter eines Zweifels oder einer Warnung. Ich habe von der Notwendigkeit gesprochen, daß Gegenstände zu einem System von Relationen gehören oder in ihm geordnet sind, in dem wir als Beobachter auch eine Position einnehmen. Aber ist es notwendig, daß es nur *ein* derartiges System geben sollte? Natürlich ist die einfachste und natürlichste Weise für uns, uns die Erfüllung dieser Bedingung zu denken, einfach die, in der wir das tatsächlich tun: jeder natürliche Gegenstand überhaupt wird so gedacht, daß er, in mehr oder weniger direktem Sinn, in einem dauerhaften und allumfassenden Raum lokalisiert ist. Aber ist es wirklich unmöglich, dazu irgendeine kohärente Alternative zu konzipieren? Wäre es nicht möglich, zum Beispiel, daß wir, um unsere Position als Beobachter zu jedem Zeitpunkt anzugeben, uns auf zwei voneinander unabhängige Systeme von Relationen beziehen müßten – eins vielleicht der Raum des Gesichts- und Tastsinns, den wir kennen, und das andere ein unverbundener Quasi-Raum, der andere Weisen der Wahrnehmung involviert? Oder, wiederum, könnten wir uns nicht, indem wir uns gewisse Arten radikaler Diskontinuität in unserer Erfahrung imaginieren, zu verschiedenen Zeiten als Einwohner verschiedener räumlicher Welten vorstellen, die aufeinander räumlich nicht bezogen sind? Diese Fragen in diesem Abschnitt zu verfolgen, würde uns zu weit von unserem unmittelbaren Vorhaben abführen. Ich werde zu ihnen etwas später zurückkehren. Kant würde natürlich jede derartige Möglichkeit bestritten haben mit der Begründung, daß die Einheit des Bewußtseins eine durchgängige Einheit der objektiven Welt impliziert. Aber wenn man akzeptiert, daß die Einheit des Bewußtseins die Einheit *einer* objektiven Welt impliziert, könnte man immer noch das Gefühl haben, daß es weiterer Argumentation bedürfte, um zu zeigen, daß der Gedanke, ein einheitliches Bewußtsein habe Zugang zu einer Vielheit von objektiven Welten, inkohärent ist. Für jetzt wollen wir jedoch diesen Zweifel beiseite lassen. Es gibt noch weitere Ergebnisse, die hinsichtlich der Bedingungen der Möglichkeit des Wissens von *einer* (jedweder) objektiven Welt zu erreichen sind.

Bis hierher haben wir die Notwendigkeit von Begriffen für beharrliche und reidentifizierbare Gegenstände nachgewiesen, die in einem gemeinsamen räumlichen (oder quasi-räumlichen) Rahmen lokalisierbar sind. Wir müssen über solche Begriffe verfügen und sie auf Gegenstände der Wahrnehmung anwenden, wenn wir von dem entscheidenden Begriff der gleichzeitigen Existenz von Gegenständen, die nicht gleichzeitig wahrgenommen werden, Gebrauch machen sollen – einem Begriff, der entscheidend ist, weil wir ohne ihn keine Verwendung für die Unterscheidung zwischen objektiven und subjektiven Zeitbestimmungen hätten. Aber angenommen nun, wir fügen dem Gedanken eines *nicht wahrgenommenen* objektiven Zugleichseins (dem Schlüsselbegriff der dritten Analogie) den Gedanken einer *wahrgenommenen* objektiven Abfolge oder Veränderung (den Schlüsselbegriff der zweiten Analogie) hinzu. Bringt die Hinzufügung dieses Gedankens irgendwelche weiteren Notwendigkeiten mit sich? Die beiden Gedanken sind klarerweise in einer höchst wichtigen Hinsicht verschieden. Der erste fordert uns auf, die Bedingungen zu erwägen, unter denen wir einen Unterschied machen zwischen der Weise, in der unsere Wahrnehmungen geordnet sind (d. h. als nacheinander), und der Weise, in der ihre Gegenstände geordnet sind (d. h. als zugleich existierend). Aber der zweite Gedanke kann uns gar nicht auffordern, die Bedingungen dafür, daß wir irgendeine derartige Unterscheidung treffen, zu erwägen; denn bei ihm stellt sich die Frage einer solchen Unterscheidung gar nicht. Tatsächlich fordert er uns auf, etwas neues zu erwägen, nämlich die Bedingungen für die Auffassung einer Veränderung in unseren Wahrnehmungen als der Wahrnehmung einer Veränderung. Eine wahrgenommene Veränderung *in* Gegenständen ist sicherlich etwas Verschiedenes von einer Veränderung *von* wahrgenommenen Gegenständen. Aber wir könnten geneigt sein, dies so zu kommentieren: alles, was dazu erforderlich ist, ist, daß die Begriffe von dauerhaften Gegenständen, über die wir verfügen und die wir anwenden müssen (wofür bereits hinreichend argumentiert wurde), Begriffe von Gegenständen sein müssen, die der Veränderung fähig sind, z. B. einer qualitativen Veränderung; oder einer Veränderung ihrer relativen Position im gemeinsamen Rahmen; oder einer Veränderung in der relativen Position ihrer Teile. Bei den Implikationen dieser Antwort müssen wir jedoch verweilen. Wir sollen anerkennen, daß Veränderungen in der sich ständig verändernden subjektiven Sequenz von Erlebnissen nicht nur Veränderungen der Perspektive des Beobachters zuzuschreiben sein können, sondern auch Veränderungen in der Welt der Gegenstände, die er wahrnimmt. Es wird behauptet, dieser Punkt sei durch das Erfordernis berücksichtigt, daß seine Begriffe von beharrlichen Gegenständen Begriffe von veränderbaren Gegenständen sein müssen – von Gegenständen, heißt das, die sich verändern können sowohl, wenn sie wahrgenommen werden, als auch, wenn sie nicht wahrgenommen werden. Gleichwohl müssen diese Begriffe – weil das die grundlegende Bedingung für alles Wissen vom Objektiven ist – immer noch Begriffe von beharrlichen Gegenständen sein, so daß es für den Beobachter möglich ist, Kriterien für die Reidentifizierbarkeit jener Gegenstände empirisch anzuwenden. Gegenstände könen sich ändern; aber sie dürfen sich nicht, sozusagen, über die Grenzen der Wiedererkennbarkeit hinaus verändern. Wenn sie das täten, könnten wir es nicht wissen; denn wir könnten *sie* nicht als die wiedererkennen, die sich verändert haben. Gegenstände mögen ihre Positionen relativ zueinander behalten oder verändern; aber nicht in einer Weise, durch die es für uns unmöglich ist zu sagen, welche ihre relative Position behalten und welche sie geändert haben. Wir können also tentativ annehmen, daß, während manche Wahrnehmungen der Welt *einige* objektive Veränderungen enthüllen mögen, die wir als ganz unerklärlich, unvorhersagbar und äußerst zufällig charakterisieren können, sie dies nur tun können vor dem Hintergrund von Beharrlichkeiten und Veränderungen, die wir als erklärlich, vorhersagbar und regelmäßig erkennen.

Wir wollen für einen Moment zu den Veränderungen in unseren Wahrnehmungen zurückkehren, die Veränderungen der Perspektive des Beobachters zuzuschreiben sind. Derartige Veränderungen sind in einer gesetzesartigen Weise mit Bewegungen des Körpers des Beobachters oder von Teilen seines Körpers relativ zu anderen beharrlichen Gegenständen assoziiert. Allgemeiner, sie zeigen eine regelmäßige Korrelation mit der Veränderung der Position des Beobachters und seiner Sinnes-Orientierung in Beziehung auf die Gegenstände der Welt. Ohne irgendeine derartige Korrelation ist unmöglich zu sehen, wie Begriffe für dauerhafte und reidentifizierbare Gegenstände einer sich verändernden Wahrnehmung ihre Anwendung in der Erfahrung des Beobachters sicherstellen könnten. Aber die Möglichkeit dieser Korrelation scheint ihrerseits davon abzuhängen, daß die Veränderungen und Beharrlichkeiten in der Welt der Gegenstände selber einer gewissen Art und einem gewissen Grad von Ordnung und Regelmäßigkeit unterworfen sind.

Diese Einschränkungen müssen irgendwie im Charakter unserer Begriffe selber reflektiert werden. Das heißt, unsere Begriffe für Gegenstände und die Kriterien der Reidentifizierung, die sie verkörpern, müssen Veränderungen in der objektiven Welt zulassen unter der Einschränkung, daß Veränderung mit der Möglichkeit der Anwendung jener Begriffe und Kriterien konsistent sein muß. Wie wird dieses Erfordernis erfüllt? Die Antwort scheint in der Tatsache zu liegen, daß unsere Begriffe von Gegenständen mit Mengen von bedingten Erwartungen über die Dinge verknüpft sind, die wir als unter sie fallend wahrnehmen. Für jede Art von Gegenstand können wir Listen der Weisen aufstellen, in denen wir erwarten sollten, daß er sich nicht verändert, wenn nicht . . ., Listen der Weisen, in denen wir erwarten sollten, daß er sich ändert, falls . . ., und Listen der Weisen, in denen wir erwarten sollten, daß er sich ändert, es sei denn . . .; und wo hinsichtlich jedes Typs von Veränderung oder Nichtveränderung, der aufgeführt wurde, die untergeordneten Sätze weitere und unendliche Listen von Sätzen mit sich bringen, von denen jeder eine erklärende Bedingung für die fragliche Veränderung oder das fragliche Fehlen einer Veränderung darstellen würde.

Aber, könnte gesagt werden, derartige bedingte Erwartungen sind genau von der Art der Dinge, die wir *aus* der Erfahrung der objektiven Welt lernen. Wie kann dann die Existenz irgendwelcher solcher Verknüpfungen zwischen Begriffen und Erwartungen eine Bedingung der Möglichkeit der Erfahrung vom Objektiven sein? Darauf genügt es zu antworten, daß nicht die Existenz irgendeiner spezifischen Verknüpfung zwischen Begriff und bedingter Erwartung zu einem notwendigen Zug der Begriffe von Gegenständen erklärt worden ist, sondern nur die Existenz irgendwelcher solcher Verknüpfungen für jeden derartigen Begriff. Denn die Zielrichtung des Einwandes muß es sein nahezulegen, daß jeder derartige Begriff unabhängig von allen solchen Verknüpfungen gebildet wird und die letzteren in jedem Fall nach der Begriffsbildung empirisch gewonnen werden. Nun könnten wir an dieser Stelle bei der Erwiderung versucht sein, eine zu scharfe Unterscheidung zu treffen und einfach zu sagen, daß solche Verknüpfungen in zwei Klassen fallen, nämlich die Klassen derer, die empirisch gewonnen werden, und derer, bei denen das nicht der Fall ist, die vielmehr in die Bildung des Begriffs selber eingehen. Aber es ist besser anzuerkennen, worauf viele bestanden haben, daß unseren Begriffen eine gewisse Unbestimmtheit eignet. Wir müssen uns für die Einzelheiten dieser Kontroverse nicht interessieren. Der Punkt ist, daß im Gegensatz zu Begriffen für einfache sinnliche *Qualitäten* und auch im Gegensatz zu irgendwelchen Begriffen, die es für einzelne sinnliche *Gegebenheiten* geben mag, die vollständig mit Begriffen einfacher sinnlicher Qualitäten beschreibbar sind („Sinnesdaten" vielleicht, in einer Bedeutung des Terminus'), Begriffe für *Gegenstände* immer und notwendigerweise Zusammenfassungen von kausaler Gesetzlichkeit oder Gesetzesartigkeit sind und Implikationen kausaler Vermögen oder Abhängigkeit mit sich führen. Vermögen machen, wie Locke bemerkt hat – und unter „Vermögen" schloß er passives Ausgesetztsein und Disposition im allgemeinen ein – einen großen Teil unserer Vorstellung von Substanzen aus.[81] Allgemeiner, sie müssen einen großen Teil unserer Begriffe von allen beharrlichen und reidentifizierbaren Gegebenheiten ausmachen. Und ohne einige derartige Begriffe wäre keine Erfahrung einer objektiven Welt möglich.

Kant argumentierte, wie wir gesehen haben, mit einem kurzschlüssigen, ungültigen Schritt für die Schlußfolgerung, daß das Gesetz der universalen Kausalität für jede mögliche Erfahrung gelte, d. h. für die Schlußfolgerung, daß es strikt hinreichende Bedingungen für absolut jede Veränderung gibt, von der wir Kenntnis nehmen können. Natürlich können wir keine derartig absolute Schlußfolgerung als durch die gerade angestellten Erwägungen nachgewiesen ansehen. Wir müssen nicht annehmen, daß vollständig formulierte erklärende Bedingungen für jede Veränderung oder jedes Fehlen einer Veränderung strikt hinreichende Bedingungen sein müssen. Wir müssen nicht annehmen, daß es immer eine erklärende Bedingung geben muß, wenn wir sie nur auffinden könnten. Wir könnten manche unerklärbare objektive Veränderung und einige bloße Ausnahmen zu unseren gesetzesartigen Erwartungen hinnehmen, ohne dem notwendigen, aber lose gewebten Netz unserer Begriffe vom Objektiven einen Schaden zuzufügen. Das äußerste, was wir zu diesen beiden absoluten Gedanken sagen können – den Gedanken von *strikt hinreichenden* Bedingungen für *jede* objektive Veränderung –, ist nicht, daß sie notwendige Gedanken sind, sondern daß sie natürliche Hoffnungen sind. Sie stellen in unserer Ausstattung mit Begriffen keine absolut unverzichtbaren Elemente dar, mit deren Hilfe wir die Welt sehen müßten, um überhaupt eine objektive Welt zu sehen. Sie stellen vielmehr eine Verstärkung, eine Überhöhung, ein an die Grenze Treiben derjenigen wirklich unverzichtbaren, aber durchaus lockereren Bedingungen dar, für die ich argumentiert habe.

6. Ein Element täuschender Logik

Wir haben gesehen, daß wir, wenn wir mit Kantischen Prämissen beginnen und einem Argumentationsgang folgen, der teilweise mit seinem übereinstimmt und teilweise von ihm abweicht, zu Schlußfolgerungen kommen können, die gewisse Analogien zu denen Kants aufweisen: wir haben, sozusagen, unbestimmtere Substitute für seine Prinzipien der Beharrlichkeit und der Kausalität. Die anfänglichen Hinweise, die Kant bietet, haben wir in der Tat in einer Richtung verfolgt, die er kaum erwogen hat: der Richtung einer Untersuchung, welche Schlußfolgerungen aus der allgemeinen Notwendigkeit der Unterscheidung objektiver von subjektiven Zeitfolgen hinsichtlich notwendig allgemeiner Züge unserer gewöhnlichen klassifikatorischen (empirischen) Begriffen gezogen werden können. Er ist seinen Hinweisen in diese Richtung nicht gefolgt, weil er glaubte, kürzere Schritte zu eindrucksvolleren Ergebnissen tun zu können. Jeder dieser Schritte kann so leicht als ungültig erkannt werden, daß wir uns darüber wundern mögen, warum Kant sie getan hat. Aber unsere Verwunderung kann ein wenig verringert werden, wenn wir auf einen allgemeinen Zug von Kants Denken in den Analogien aufmerksam machen, den ich bisher noch nicht mit Rücksicht auf alle drei Analogien kommentiert habe und der dazu verhilft, diesen Abschnitt des Werkes verständlicher, wenn auch nicht, so, wie er dasteht, akzeptabler zu machen.

Der grundlegende Gedanke der Analogien ist der Gedanke einer Verbindung zwischen der Objektivität der Erfahrung und der Einheit des raumzeitlichen Rahmens der Erfahrung. Ihm hinzugefügt ist die klare Einsicht, daß außer Frage steht, daß die reine Raum-Zeit selber kein Gegenstand der Wahrnehmung ist, auf den wir andere Gegenstände der Wahrnehmung direkt beziehen könnten. Und aus diesen beiden Gedanken zusammengenommen folgt die allgemeine Schlußfolgerung, daß die notwendige Einheit der Raum-Zeit irgendwie durch ein System von Verknüpfungen zwischen unseren gewöhnlichen empirischen Wahrnehmungen repräsentiert sein muß. Dann entfernt sich, wie wir gesehen haben, Kants Denken von den Tatsachen – den Tatsachen, wie dieses System von Verknüpfungen wirklich sichergestellt wird, und wie es in der Tat sichergestellt werden muß. Es entfernt sich von den Tatsachen, herbeigelockt von dem Reiz, die drei wissenschaftlichen Super-Prinzipien zu beweisen. Aber in dieser Entfernung und ihrer Richtung steckt genau ein Element täuschender Logik, das in den Analogien gegenwärtig ist und das ich noch nicht völlig herausgearbeitet habe. Kant scheint gelegentlich zu denken, daß gewisse formale Eigenschaften des einheitlichen raumzeitlichen Rahmens direkte Korrelate in den Gegenständen der Wahrnehmung selber oder den Beziehungen zwischen jenen Gegenständen haben müssen. Darauf habe ich bereits im Fall der ersten Analogie hingewiesen. Dort ist offenbar genug, daß Kant denkt, daß es einige absolut beharrliche Gegenstände der Wahrnehmung geben muß, um die Beharrlichkeit des Raum-Zeit-Rahmens selber zu repräsentieren. Er ist nicht damit zufrieden zuzulassen, daß eine bloß relative Beharrlichkeit einzelner Gegenstände der Wahrnehmung hinreichend ist, die dauerhafte Identität des ganzen Systems solcher Gegenstände zu sichern.

Die anderen formalen Eigenschaften, für die Kant in den beiden anderen Analogien Korrelate zu finden versucht, könnten mit Hilfe eines von Kants Lieblingsworten fogendermaßen ausgedrückt werden: „die Teile des Raums bestimmen einander wechselseitig zu jedem Zeitpunkt“ und „die vorige Zeit (bestimmt) die folgende notwendig“. Man wird bemerken, daß die letzte Bemerkung – ein tatsächliches Zitat[82] – nicht so allgemein ist wie die vorhergehende. Indem wir verallgemeinern und das Wort „bestimmen“ fallenlassen, erhalten wir: „ein gegebener Teil des Raumes ist dort, *wo* er ist, notwendigerweise in einer Beziehung zu anderen Teilen des Raumes“ und „eine gegebene Zeit ist *zu ihrer Zeit* in einer Beziehung zu anderen Zeiten“. Worauf diese Gedanken hinauslaufen, ist einfach dies: wir dürfen den Raum (oder einen Sektor des Raumes) als geteilt in Räume und die Zeit (oder eine Spanne Zeit) als geteilt in Zeiten ansehen; und wenn wir, wie wir es tun, Namen oder Beschreibungen für die Resultate einer solchen Teilung einführen, erzeugen wir unbestimmt viele notwendige relationale Sachverhalte. Die Stunde zwischen 3 und 4 folgt notwendigerweise der Stunde zwischen 2 und 3. Das Viereck A 10 hat notwendigerweise die Relation zu den Vierecken A 9 und B 10 und, in der Tat, zu den Vierecken A 1 und C 3, die es hat. Eine Armee könnte eine andere umzingeln und es wäre keine notwendige Wahrheit, daß sie das tut; aber ein Teil des Raumes kann einen anderen nicht einschließen, ohne daß es eine notwendige Wahrheit wäre, daß er das tut.

Wie zuvor haben wir den Gedanken, daß der reine Raum und die reine Zeit sowie ihre Unterteilungen nicht selber Gegenstände der empirischen Wahrnehmung sind, und daß von daher diese notwendigen Beziehungen zwischen Teilen des Raumes und der Zeit irgendwie durch Gegenstände der Wahrnehmung repräsentiert werden müssen, wenn die letzteren als Gegenstände wahrgenommen werden sollen, d. h. so, daß sie zu einem einheitlichen System gehören. Und es wird geschlußfolgert, daß alle derartigen Gegenstände in Relationen notwendiger Verknüpfung stehen müssen, die Analoga und Repräsentanten dieser formalen Beziehungen zwischen Räumen und Zeiten sind. Also befinden sich alle Teile der Materie – die den Raum ausfüllt und darstellt, so weit es alle mögliche Wahrnehmung seiner durch uns angeht – in reziproker Wechselwirkung und bestimmen ihre Zustände zu dem, was sie sind. Oder in Kants Worten:

> „Wenn es nun ein notwendiges Gesetz unserer Sinnlichkeit, mithin *eine formale Bedingung* aller Wahrnehmungen ist: daß die vorige Zeit die folgende notwendig bestimmt (indem ich zur folgenden nicht anders gelangen kann, als durch die vorhergehende): so ist es auch ein unentbehrliches *Gesetz der empirischen Vorstellung* der Zeitreihe, daß die Erscheinungen der vergangenen Zeit jedes Dasein in der folgenden bestimmen, und daß diese, als Begebenheiten, nicht stattfinden, als so fern jene ihnen ihr Dasein in der Zeit bestimmen, d. i. nach einer Regel festsetzen.“[83]

Es war ohne Zweifel die Attraktivität der Schlußfolgerungen, die diese Übergänge von den notwendigen formalen Eigenschaften eines Raum-Zeit-Systems zu ihrer Repräsentation in notwendigen Verknüpfungen zwischen Veränderungen und vorhergehenden Zuständen sowie zwischen gleichzeitig existierenden Zuständen attraktiv gemacht hat. Ohne Zweifel erklärt dies auch, warum Kant die Korrelationen weniger als vollständig durchführt und zum Beispiel nicht sagt, daß alle folgenden Zustände hinreichende Bedingungen vorhergehender Ereignisse enthalten und enthalten müssen.

7. Veridische und Nicht-veridische Wahrnehmungen

Es gibt im Zusammenhang mit den Analogien ein weiteres Problem zu erwähnen, wenn auch nur, weil man gelegentlich geglaubt hat, daß die Analogien mit ihm beschäftigt seien, obwohl das nicht oder nur indirekt der Fall ist. Es ist dies nicht das Problem der allgemeinen Bedingungen für die Unterscheidung zwischen objektiven und subjektiven Zeitrelationen, sondern das Problem, wie wir unter jenen Erlebnissen, die sich als Wahrnehmungen des Objektiven präsentieren, tatsächlich die veridischen von den nicht-veridischen unterscheiden. Es gibt in der Tat eine flüchtige Bezugnahme auf diese Unterscheidung in der zweiten Analogie[84], aber überhaupt keine in der ersten und der dritten. Nun ist diese Form des Problems vertraut aus der Geschichte der Philosophie und sie könnte als eine erscheinen, die Kant sich für die Zwecke der Analogien zunutze machen könnte. Sogar „der gute Berkeley“, wie Kant ihn gönnerhaft nennt, zollte dieser Form des Problems Aufmerksamkeit, als er erörterte, was er irreführend die Unterscheidung zwischen Vorstellungen der Sinne und Vorstellungen der Einbildungskraft nennt; und seine Antwort, die er in Begriffen der Kohärenz und Ordnung gab, die die ersteren, aber nicht die letzteren zeigten, sieht, abgesehen davon, daß sie eine allgemein populäre Antwort ist, so aus, als könnte sie plausibel mit den Begriffen kausaler Regelmäßigkeiten verbunden werden, die Kant sich so bemüht, als Voraussetzungen von Erfahrung überhaupt einzuführen.

Nichtsdestoweniger ist klar, daß eine direkte Erörterung dieser Frage äußerstenfalls eine Bestätigung von Resultaten erbringen kann, die durch die Erforschung der allgemeinen Bedingungen der Möglichkeit eines Wissens vom Objektiven bereits erzielt wurden. Es ist richtig und wichtig, daß wir nur dann in der Lage sind, die Unterscheidung zwischen veridischen und nicht-veridischen unter mutmaßlichen Wahrnehmungen des Objektiven zu treffen, wenn die allgemeinen Bedingungen objektiver Zeitbestimmung und also objektiver Erfahrung erfüllt sind. Aber genauso gilt, daß, wenn sie erfüllt sind, wir in der Lage sind, diese Unterscheidung zu machen. Etwas mag sich – für einen Moment zumindest – als Wahrnehmungserfahrung von einem Gegenstand präsentieren und dann der Sphäre der Fehlleistungen oder der Illusion zugeschlagen werden, weil es überhaupt keine Kongruenz mit der Gesamtheit unserer objektiven Urteile zeigt. Kant behandelt das Thema sehr adäquat in einer Anmerkung zur Widerlegung des Idealismus.[85] Nachdem er bemerkt hat, daß es nicht der Fall ist, „daß jede anschauliche Vorstellung äußerer Dinge zugleich die Existenz derselben einschließe, denn jene kann gar wohl die bloße Wirkung der Einbildungskraft (in Träumen sowohl als im Wahnsinn) sein“, fährt er fort:

> „Ob diese oder jene vermeinte Erfahrung nicht bloß Einbildung sei, muß nach den besondern Bestimmungen derselben, und durch Zusammenhalten mit den Kriterien aller wirklichen Erfahrung, ausgemittelt werden.“

Der einzige Einwand gegen diesen Satz ist, daß er möglicherweise die Frage stärker als eine der Reflexion erscheinen läßt, als sie es gewöhnlich ist. Wir überlegen im allgemeinen nicht, daß es unsere Begriffe zu sehr belasten würde anzunehmen, daß der Busch sich erst in einen Bären und dann wieder in einen Busch verwandelt. Es ist eher so, daß, was wir flüchtig und unbeständig als einen Bären sahen, wir nun und beständig als einen Busch sehen. Natürlich sind die

Typen von Fällen, die Kant, wie Berkeley, alle zusammen der „Einbildungskraft“ zuordnet, sehr verschiedenartig und untereinander sehr unterschiedlich. Aber es ist für uns jetzt nicht notwendig, diese Unterschiede zu diskutieren.

8. Warum nur eine objektive Welt?

Ich habe früher Kants Behauptungen zitiert: „Unsere Analogien stellen ... die Natureinheit ... dar“; und wiederum: „Zusammen sagen sie also: alle Erscheinungen liegen in *einer* Natur, und müssen darin liegen, weil ohne diese Einheit *a priori* keine Einheit der Erfahrung, mithin auch keine Bestimmung der Gegenstände in derselben möglich wäre.“ Bevor wir die Analogien verlassen, muß ich auf den früher erwähnten Zweifel zurückkommen, der genau diesen Begriff der Notwendigkeit *einer* einheitlichen Natur angreift. Wir müssen die Interdependenz gewisser Gedanken als zugestanden unterstellen: nämlich die Möglichkeit empirischen Selbstbewußtseins, der objektive Bezug empirischer Urteile und die Bezugnahme derartiger Urteile auf Gegebenheiten, die zu einer einheitlichen raumzeitlichen Welt gehören. Die aufgeworfene Frage lautet: Warum nur *eine* einheitliche objektive Welt? Die beiden konkurrierenden Möglichkeiten, von denen ich andeutete, daß sie vertreten werden könnten, waren, erstens, gleichzeitige Mitgliedschaft sowohl in einer räumlichen Welt, wie wir sie kennen, als auch in einem mit ihr unverbundenen Quasi-Raum, der andere Modi der Wahrnehmung involviert, und, zweitens, aufeinander folgende oder abwechselnde Mitgliedschaft in verschiedenen und räumlich aufeinander nicht bezogenen räumlichen Welten. Vertraute Phantasien, sowohl literarischer als auch philosophischer Herkunft, lassen uns in dem zweiten Vorschlag eher zu Hause sein als in dem ersten. Ein großzügiger Herausforderer könnte zugestehen, daß die Einheit des Bewußtseins einen ursprünglichen Kontext einer einzigen, einheitlichen raumzeitlichen Welt fordert, und dann fragen, ob nicht das empirische Selbstbewußtsein, diesen ursprünglichen Kontext zugestanden, einen potentiell weiteren Umfang besitze. Wir können uns leicht genug Welten imaginieren und uns selber über sie Geschichten erzählen, die hinreichend verschieden von der Welt unserer Erfahrung sind, obwohl sie ohne Zweifel auf ihrer Grundlage imaginiert werden; und wir müssen in diese Phantasiewelten keine Einzelheiten über ihre Lozierung relativ zu der Welt, die wir kennen, aufnehmen. Natürlich, wenn wir tatsächlich zugeben, daß eine solche Welt *nirgends* ist relativ zu allem, was wir kennen, geben wir zu, daß sie unwirklich, bloß imaginär ist. Aber könnte das nicht nur eine tatsächliche Einschränkung sein? Könnten wir nicht weiter imaginieren, daß es, ohne Verlust an Kontinuität des empirischen Selbstbewußtseins, gewisse radikale Diskontinuitäten in der Erfahrung gäbe, so daß keine wahrgenommene Gegebenheit in der Zeitspanne, die auf einen solchen Bruch in der Erfahrung folgte, räumlich auf irgendeine Gegebenheit bezogen werden könnte, die in der dem Bruch vorhergehenden Zeitspanne wahrgenommen wurde, obwohl alle Gegebenheiten nach dem Bruch, wie alle Gegebenheiten vor ihm, in ihren eigenen einheitlichen Systemen räumlich aufeinander bezogen wären? In anderen Worten, können wir uns nicht vorstellen, daß die Einheit des Bewußtseins von einer einheitlichen objektiven Welt zu einer anderen hinüberführt? Und vielleicht auch wieder zurück?

Wir sollten erinnern, daß Kants gesamte Behandlung der Objektivität unter einer beträchtlichen Einschränkung, fast könnte man sagen, einem Handicap erfolgt. Er stützt sich nirgend auf den Faktor, auf dem zum Beispiel Wittgenstein so nachdrücklich besteht, ja er nimmt nicht einmal auf ihn Bezug: den *sozialen* Charakter unserer Begriffe, die Zusammenhänge zwischen Denken und Sprache, Sprache und Kommunikation, Kommunikation und sozialen Gemeinschaften. Wenn Phantasien der Art, von der ich spreche, überhaupt eine Chance haben sollen, uns die Vorstellbarkeit einer Vielheit objektiver Welten einräumen zu lassen, dann müssen sie zumindest diesem Faktor Rechung tragen; sie müssen zumindest den Punkt einräumen, daß ein anderer Name für das *Objektive* das *Öffentliche* ist. Andernfalls muß, obwohl für das individuelle Bewußtsein imaginiert werden mag, daß es über unabhängige objektive Welten behauptet, was es möchte, angenommen werden, daß die Welt, in einem anderen Sinne, an ihrem eigenen und unsympathetisch exklusiven Standard für Objektivität festhält.

Eine notwendige Bedingung für die Einräumung von räumlich unabhängigen Welten der Erfahrung ist also, daß die Mitglieder einer kulturellen Gemeinschaft in der Lage sein müssen, eine gemeinsame Mitgliedschaft in einer derartigen anderen Welt zu beanspruchen, oder vielmehr einen solchen Anspruch zwingender finden müssen als die Diagnose, es handele sich bei ihren wechselseitig zusammenhängenden Geschichten um eine Art einträchtigen Träumens. Man kann ganz sicher sagen, daß ein solcher Anspruch eine um so größere Chance hätte, für zwingend gehalten zu werden, wenn es irgendeinen Weg gäbe, auf dem Transaktionen in der vermeintlichen anderen Welt als Transaktionen in der ursprünglichen Welt beeinflussend und durch sie beeinflußt dargestellt werden könnten. Insofern physikalische Interaktion durch Voraussetzung ausgeschlossen ist, scheint es, als könnte die wechselseitige Beeinflussung von Welten, wenn überhaupt vorstellbar, am besten so vorgestellt werden, daß sie auf der Ebene interpersonaler und sozialer Arrangements und Beziehungen vorsichgeht. Es gäbe, um das mindeste zu sagen, beträchtliche Schwierigkeiten auf dem Weg der Ausarbeitung eines kohärenten Schemas, das diesen Linien folgte, von einem zwingenden Schema gar nicht zu reden. Es wäre eine interessante Übung, es zu versuchen, obwohl einige sie müßig nennen dürften. Ich werde diesen Versuch nicht unternehmen, sondern mich damit zufrieden geben, erneut zu bemerken, daß diese Übung durch den völlig Kantischen Gedanken kontrolliert sein müßte, daß der Grad unserer Bereitschaft dazu einen einzelnen Begriff vom objektiv Realen zur Anwendung für räumlich unabhängige Welten zuzulassen, direkt dem Grad proportional sein wird, in dem es möglich scheint, jene Welten auf andere als die (durch Voraussetzung ausgeschlossene) räumliche Weise systematisch integriert darzustellen. Derart ist die allgemeine Kantische Betonung des Zusammenhangs zwischen objektiver Realtät und systematischer Einheit bewahrt.

Anmerkungen

1 Die Theorie der empirische Aussage ist eine Richtung des philosophischen Interesses, der Kant in der *Kritik* nicht (weit) folgt. Aber es ist bemerkenswert, wie ein moderner Philosoph unsere fundamentale Dualität reproduziert, wenn er versucht, die semantischen Bedingungen für eine empirische Aussage allgemein zu formulieren. Bemerkenswert auch, wie er die ‚Seite des Einzelnen' in der Dualität mit Raum und Zeit verknüpft. *J. L. Austin* behauptet, eine empirische Aussage erfordere zwei Artein von *Konventionen*, die er folgendermaßen beschreibt:

> „*Deskriptive* Konventionen, die Wörter mit *Typen* von Situationen, Dingen und Ereignissen, die in der Welt angetroffen werden können, korrellieren;
> *demonstrative* Konventionen, die die Wörter mit den *historischen Situationen* usw. korrellieren, die in der Welt angetroffen werden können."

Austins Dualität sprachlicher Konventionen entspricht Kants Dualität von kognitiven Vermögen. Durch die demonstrativen, vereinzelnden Konventionen sollen Korrelationen zu historischen Situationen erreicht werden. Insofern „historisch" offenbar ein Wort der Zeitsprache ist und „Situation" zumindest grundlegend ein Wort der Raumsprache, paßt Austins Auffassung gut zu Kants Lehre, daß Raum und Zeit die Formen der Anschauung seien.

2 Kant macht einen Unterschied zwischen „rein" und „a priori" (vgl. B 3); er kann hier ohne die Gefahr von Verwirrung vernachlässigt wefrden.

3 Vgl. z. B. A 42/B 59.

4 Dieser Punkt wird in der Ästhetik nicht ausdrücklich gemacht, wohl aber später in der *Kritik*, besonders in den Paralogismen.

5 A 34/B 50–1 (Die Einfügung in (( )) in Kants Text ist im Deutschen grammatisch erforderlich; Anm. d. Übers.)

6 B 71.

7 A 23/B 38.

8 A 24/B 38–9.

9 Vgl. A 39–41/56–58-

10 A 39/B 56.

11 A 20–1/B 35.

12 Vgl. A 713/B 741.

13 Der Vorwurf der Unklarheit könnte verschieden begründet werden. Es könnte z. B. hervorgehoben werden, daß Kants Behauptung, wir hätten ein nicht auf empirischer Beobachtung begründetes Wissen von Sätzen über geometrische Figuren, eine gleichartige Behauptung hinsichtlich von Sätzen über Farbrelationen zur Seite gestellt werden könnte. Aber Farbe wird von Kant als erstrangiges Beispiel für das angeführt, „was zur Empfindung gehört".

14 Es wäre unrichtig zu sagen, daß uns die Physik der Relativitätstheorie gezwungen hat, diese Konzeption aufzugeben. Sie hat uns nur dazu gezwungen, sie zu modifizieren. Wir denken uns noch immer jedes physikalisch Einzelne (Ereignis oder Ding) als räumlich und zeitlich auf jedes andere bezogen; wir würden nur nicht länger denken, daß die Feststellungen von zeitlichen Relationen, Länge, Geschwindigkeit der Veränderung usw. unabhängig von dem Bezugspunkt sind, von dem aus sie getroffen werden. Die grundlegende Konzeption eines einzigen umfassenden Systems wird durch die Vielfältigkeit (Nicht-Einzigkeit) der Möglichkeiten, die Gegebenheiten, die es umfaßt, (im Raum und in der Zeit) zu ordnen, nicht gefährdet.

15 Klammerzusatz vom Übers.

16 B 167–8.
17 A 57/B 81–2. (In Kants Text werden nicht „die Gesetze des Verstandes", sondern die „transzendentale Logik" „auf Gegenstände a priori" bezogen – die von Strawson verwendete englische Fassung übersetzt hier irreführend. Anm. d. Übers.)
18 A 51/B 75.
19 A 68/B 93
20 A 55/B 79.
21 A 76–7/B 102.
22 A 79/B 105.
23 Prolegomena § 39. (Es handelt sich um die Fortsetzung des Zitats im Text auf S. 64, im Englischen handelt es sich um zwei Sätze. Anm. d. Übers.)
24 A 82/B 108.
25 A 97
26 A 96–7 (Strawsons Hervorheb.).
27 A 128 (Strawsons Hervorheb.).
28 A 104.
29 A 107.
30 B 133 (Strawsons Hervorheb.).
31 A 108 (Strawsons Hervorheb.).
32 B 134 (Strawsons Hervorheb.).
33 B 158–9.
34 B 157.
35 Der Satz Kants im Englischen erlaubt keine Wiedergabe durch ein wörtliches Zitat aus dem Deutschen. Er lautet auf deutsch: „. . . daß die bloße Vorstellung *Ich* in Beziehung auf alle andere (deren kollektive Einheit sie möglich macht) das transzendentale Bewußtsein sei."
36 A 117 Fußnote
37 B 138.
38 B 138.
39 B 132.
40 Vgl. Abschnitt 5 dieses Kapitels.
41 B 142.
42 Dieses letzte Element im Begriff der Objektivität wird nicht klar formuliert, bevor die Grundsätze erreicht sind. Es ist insoweit notwendig, sie zu antizipieren.
43 A 111.
44 A 112.
45 A 122.
46 Das heißt *nicht* zu sagen, daß derartige Kriterien in der Selbstzuschreibung von Erfahrungen angeführt werden *müssen*. Vgl. die Diskussion der Paralogismen, Teil III, Kapitel 2 weiter unten.
47 An diesem Punkt ist eine Bezugnahme auf Kants Behandlung des Themas „Selbstbewußtsein" in den Paralogismen wünschenswert, eine Behandlung, die das Argument in der Deduktion ergänzt. Vgl. Teil III unten.
48 Vgl. S. 86 und ff. oben.
49 Vgl. oben S. 91.
50 Vgl. A 128–30, B 164.
51 B 166–8.
52 Vgl. B 146–8, B 148–9, B 165–6.
53 Diese Verknüpfung kann für den Fall der Kategorien stärker als durch noch so großen

Aufwand an erläuterndem Kommentar gezeigt werden, wenn man einen einzigen Satz zitiert: „Denn diese Natureinheit soll eine notwendige sein, d. i. *a priori* gewisse Einheit der Verknüpfung der Erscheinungen sein. Wie sollten wir aber wohl *a priori* eine synthetische Einheit auf die Bahn bringen können, wären nicht in den ursprünglichen Erkenntnisquellen unseres Gemüts sujektive Gründe solcher Einheit *a priori* enthalten, und wären diese subjektiven Bedingungen nicht zugleich objektiv gültig, indem sie Gründe der Möglichkeit sein, überhaupt ein Objekt in der Erfahrung zu erkennen." (A 125–6). (Im Engl. *ist* das *ein* Satz. Anm. d. Übers.).

54 Vgl. B 166 Fußnote.

55 B 145.

56 A 125.

57 In der ersten Auflage: „Zwar können empirische Gesetze, als solche, ihren Ursprung keineswegs vom reinen Verstande herleiten, so wenig als die unermeßliche Mannigfaltigkeit der Erscheinungen aus der reinen Form der sinnlichen Anschauung hinlänglich begriffen werden kann." (A 127) In der zweiten Auflage: „Auf mehrere Gesetze aber, als die, auf denen eine *Natur überhaupt,* als Gesetzmäßigkeit der Erscheinungen in Raum und Zeit, beruht, reicht auch das reine Verstandesvermögen nicht zu, durch bloße Kategorien den Erscheinungen a priori Gesetze vorzuschreiben. Besondere Gesetze, weil sie empirisch bestimmte Erscheinungen betreffen, können davon *nicht vollständig abgeleitet* werden, ob sie gleich alle insgesamt unter jenen stehen. Es muß Erfahrung dazu kommen, um die letztere *überhaupt* kennen zu lernen". (B 165).

58 Metaphysik, III B.

59 Kant, dt. Göttingen 1967.

60 Op. cit. (dt.), S. 71.

61 B 218.

62 A 216/B 263 (Strawsons Hervorhebungen).

63 B 274–9, vgl. auch B XXXIX–XLI, Fußnote.

64 B 291–3.

65 Das Argument, das in seiner Zielsetzung erklärtermaßen anti-Cartesianisch ist, nimmt empirisches Selbstbewußtsein als nicht in Frage gestelltes Element jeder möglichen Erfahrung in Anspruch. Es könnte auf der Grundlage des vielleicht weniger anspruchsvollen Erfordernisses der Selbstreflexivität der Erfahrung reformuliert werden. Die erforderliche Unterscheidung zwischen „Dingen, die so-und-so sind" und „Dingen, die so-und-so zu sein erfahren werden" muß innerhalb der zeitlichen Sequenz von Erfahrungen selber vorgesehen werden und kann darin nur vorgesehen werden, wenn einige der Erfahrungen als Erfahrungen *von* Dingen aufgefaßt werden, die untereinander zeitliche Relationen besitzen, die unabhängig sind von der Folge, in der sie tatsächlich gemacht werden. Von diesem Punkt aus fährt das Argument fort wie oben.

66 B 224 (Strawsons Hervorhebung).

67 B 225 (Strawsons Hervorhebung).

68 A 188–9/B 231–2.

69 Vgl. B 277, Anmerkung 2 zur Widerlegung des Idealismus.

70 A 189/B 232. Die betreffende Passage findet sich bei A 204–6/B 249–51. (Strawsons Hervorhebungen).

71 A 204/B 249.

72 A 205/B 250–1.

73 Es sollte festgehalten werden, daß der Begriff einer objektiven Abfolge überhaupt weiter ist als der Begriff, daß ein objektiver Zustand einem anderen in einem einzel-

nene Ereignis oder einer einzelnen Veränderung *weicht*. Ein Zustand (S_2) kann zu einer Zeit zu existieren anfangen, in dem ein anderer Zustand (S_1) zu existieren aufhört, ohne daß es der Fall ist, daß eine *Veränderung* von S_1 nach S_2 stattfindet oder daß die Folge von S_2 auf S_1 ein solches Einzelereignis bildet. Gleichwohl kann eine solche Abfolge von Zuständen in die Wahrnehmung eines einzelnen Beobachters fallen. Kant interessiert sich nur für die engere Anwendung des Begriffs.

74 Vgl. weiter unter Teil IV, Abschnitt 3, S. 212.

75 A 192/B 237.

76 A 192/B 237.

77 A 196/B 242.

78 A 214/B 261.

79 A 212/B 259 (Strawsons Hervorheb.).

80 A 211/B 258.

81 Versuch über den menschlichen Verstand, Buch II, Kapitel 23.

82 A 199/B 244.

83 A 199/B 244.

84 A 201–2/B 247.

85 Anmerkung 3, B 278–9.

DRITTER TEIL

TRANSZENDENTE METAPHYSIK

I. Die Logik des Scheins
II. Seele
III. Kosmos
IV. Gott

I. Die Logik des Scheins

Mit dem Ende der Transzendentalen Analytik ist der Abschluß von Kants positiver oder konstruktiver Metaphysik der Erfahrung erreicht. Die Darstellung jener notwendigen Struktur grundlegender Gedanken, die den Rahmen unseres Denkens über die Welt bildet, ist jetzt vollständig. Was folgt, in der Dialektik, ist die Arbeit der Zerstörung, der Enthüllung der Illusionen der transzendenten Metaphysik. Diese negative Beschreibung für sich gibt jedoch kaum eine adäquate Konzeption von der Rolle der Dialektik in der eindrucksvollen Strategie der *Kritik*. Mit dieser großen Abteilung des Werkes soll eine Anzahl zusammenhängender Ziele erreicht werden. Der Versuch, alle mögliche Erfahrung übersteigendes Wissen von Gott, der Seele und dem Kosmos zu gewinnen, muß in der Tat abgewiesen, die Beschränkung der Erkenntnis auf das Empirische erneut bekräftigt werden. Aber die Zurückweisung dieses anmaßenden Versuchs muß nicht als Vereitelung angesehen werden. Erstens muß die Zurückweisung so durchgeführt werden, daß die gleichzeitige Zurückweisung der entgegengesetzten Vorstöße des Materialismus und des Atheismus sichergestellt wird. Zweitens wird das Territorium, das der spekulativen Forschung bestritten wird, für eine mögliche Einnahme durch eine andere Art von Autorität, nämlich die der Moral, offengelassen. Drittens stellt sich heraus, daß durch eine merkwürdige Harmonie zwischen den Interessen der Erkenntnis und der Moral einige der Gedanken, von denen wir als Forscher nicht wissen können, daß ihnen etwas in einer nicht-sinnlichen Realität entspricht – obwohl wir daran, als moralisch Handelnde, zuversichtlich glauben dürfen –, gleichwohl eine notwendige Rolle für die Orientierung unserer theoretischen Forschungen in ihrem eigenen Feld, dem der sinnlichen Erfahrung, zu spielen haben. Schließlich ist, wenn es irgendeinen Zweifel geben sollte, ob es denn wirklich ein Territorium jenseits des Empirischen gibt, von dem die theoretische Vernunft verwiesen werden muß, dieser Zweifel in triumphaler Weise durch einen neuen und unabhängigen Beweis der These des transzendentalen Idealismus zerstreut, einen Beweis, der dadurch erreicht wird, daß der reinen Vernunft bei ihrem Versuch, Erfahrung-überschreitendes Wissen zu gewinnen, in die Konflikte der mathematischen Antinomien hinein gefolgt wird.

Das wenigstens ist der Plan. Diese glänzenden Aussichten sind aber, wie wir sehen werden, im Ergebnis beträchtlich verdunkelt. Alles, was tatsächlich erreicht wird, ist negativ: die Enthüllung des Scheins im Cartesianischen Begriff der Seele; die Widerlegung der Beweise für das Dasein Gottes; die Darstellung gewisser kosmologischer Fragen als zumindest höchst problematischen Charakters. Aber im Augenblick interessiert uns mehr die allgemeine Struktur der Dialektik als die Einzelheiten ihrer Argumente.

Der Leser der *Kritik* ist durch die Diskussionen der Transzendentalen Analytik schon sehr gründlich auf das Thema des metaphysischen Scheins vorbereitet. Damit irgendeine Anwendung von Begriffen in Behauptungen, die Erkenntnis von Gegenständen zu vermitteln beanspruchen, eine sinnvolle Anwendung sei, muß sie an eine mögliche Anschauung gebunden sein, d. h. an empirische Anwendungsbedingungen des Begriffs. Jeder Gebrauch eines Begriffs, der dieser Einschränkung nicht unterliegt – der Einschränkung auf Gegenstände möglicher Erfahrung – ist illegitim. Das ist das Sinnprinzip; wir werden im letzten Kapitel der Analytik in Gestalt der Existenz formaler oder kategorialer Begriffe auf der einen Seite und Dingen, wie sie an sich selber sind, auf der anderen Seite an Versuchungen, es zu verletzen, erinnert. Wir könnten eine Reihe mehr oder weniger verbundener Illustrationen für solche Verletzungen, derartige Exkursionen in die transzendente Metaphysik erwarten. Aber das wäre kaum systematisch genug, um Kant zufrieden zu stellen. Er versucht zu zeigen, daß es zumindest einen gewissen Bereich von Themen gibt, innerhalb dessen die Illusionen der transzendenten Metaphysik nicht weniger systematisch und, in gewissem Sinn, notwendig sind als die nicht-illusorischen Notwendigkeiten nicht-transzendenter Metaphysik. Die Grundlage für die systematische Struktur des Scheins soll, wie die der systematischen Struktur der Erkenntnis, in der formalen Logik liegen. Genauso, wie die Erfahrung-ordnenden Begriffe des Verstandes mit den grundlegenden logischen Formen des Urteils korreliert sind, sind die Schein-erzeugenden Ideen der Vernunft mit den grundlegenden Formen vermittelnden deduktiven Schließens korreliert. Kant denkt, daß es drei dieser Formen gibt – die kategorischen, die hypothetischen und die disjunktiven Syllogismen; und daß es drei korrespondierende Typen dialektischer Illusion gibt. Genauso, wie wir im formalen Argumentieren Vollständigkeit in den Prämissen einer gegebenen Schlußfolgerung erwarten, nehmen wir bei allen Untersuchungen, die gegebene Gegenstände betreffen, Vollständigkeit in den Bedingungen an, unter denen sie gegeben sind. Die typische Forderung der Vernunft in diesem Bereich ist die Forderung nach Vollständigkeit in der Reihe der Bedingungen und also nach „dem Unbedingten"; und diese Forderung geht in drei Hauptrichtungen, von denen jede in Übereinstimmung mit der vierteiligen Untergliederung der Kategorien eine vierfache Unterteilung aufweist.

Dieser logische Rahmen ist in seinem Zusammenhang mit den Themen der Dialektik und seiner Ausarbeitung unter der Anleitung durch die vierteilige Untergliederung der Kategorien insgesamt zu forciert und künstlich, um ernstgenommen zu werden, und ich werde mich davon dispensieren, ihn weiter zu diskutieren. Das heißt nicht, daß alles, was in seine Konstruktion eingeht, wertlos oder irrelevant ist. Unter der allgemeinen Überschrift „die Forderung der Vernunft nach dem Unbedingten" notiert Kant in der Tat echte Analogien zwischen bestimmten Typen des alltäglichen und des wissenschaftlichen Denkens; und die Züge, hinsichtlich derer die Analogie gilt, können in der Tat, wie es scheint, direkt in den metaphysischen Schein führen, dazu führen, daß wir Begriffe in einer scheinbar legitimen und sinnvollen Weise verwenden, ohne tatsächlich irgendwelche Anwendungsbedingungen zu spezifizieren, wenn sie so gebraucht werden. Kant notiert die in sich legitime und natürliche Tendenz, nach immer größerer Allgemeinheit der Erklärung zu suchen, durch die immer weitere Bereiche von

Phänomenen in die Reichweite eines einzigen Typs von Theorie gebracht werden können – was man in der Tat für eine Spezies der Suche nach immer umfassenderen Prämissen oder Prinzipien der Argumentation halten könnte. Diese Suche zeigt breite Analogien mit anderen Tendenzen des wissenschaftlichen Denkens, die Kant als gleichermaßen legitim und natürlich festhält: etwa die Tendenz, unsere Forschungen immer weiter in entferntere Regionen des Raumes und der Vergangenheit vorzutreiben und die Zusammensetzung der Materie immer genauer zu untersuchen. Diese miteinander verknüpften Tendenzen hochentwickelter Forschung sind kontinuierlich zu einfacheren Wiederholungen der Frage „Warum?", der Fragen „Und was ist jenseits *dessen*?" oder „Was war *davor*?" und der Frage „Und woraus ist *das* gemacht?" – obwohl Kant nicht ausdrücklich von diesen besonders kindlichen Manifestationen der natürlichen Dialektik der menschlichen Vernunft spricht. Ob wir nun an diese Tendenzen in ihrer entwikkelten oder in ihrer primitiveren Form denken, es scheint zumindest möglich, diese seriellen Typen von Untersuchung, wie Kant es tut, einander mit Hilfe des Gedankens anzunähern, ein Ding sei durch ein anderes „bedingt". Wann immer wir eine Antwort auf eine Frage erhalten, die Teil einer derartigen Reihe ist, wird behauptet, daß das, wonach in der Frage gefragt wurde, durch das bedingt ist, was in der Antwort auf diese Frage erwähnt wird. Klarerweise dürfen wir diesem Ausdruck keine Bedeutung über die hinaus zuschreiben, die ihm diese Erklärung gibt. Es ist einfach eine Redeweise, um im allgemeinen über diese verschiedenen Typen serieller Forschung zu sprechen.

Kants zentraler Gedankengang über derartige serielle Forschungen verläuft folgendermaßen. Die Gegebenheiten, die auf einander folgenden Stufen dieser Forschungen aufgedeckt werden, bilden selber eine Reihe, in der jedes Element in einer typischen (z. B. zeitlichen) Relation zu der auf der folgenden Stufe aufgedeckten Gegebenheit steht und von dem gesagt wird, daß es durch jene Gegebenheit bedingt sei. Unvermeidlicherweise bilden wir in jedem Fall den Gedanken der Reihe derartiger Gegebenheiten *als ganzer*; und mit diesem Gedanken geht der Gedanke von etwas einher, das selber, ungleich dem typischen Element der Reihe, nicht durch irgendein Element der Reihe bedingt ist. Das ist der Gedanke des „absolut Unbedingten"; und der metaphysische Schein entsteht in jedem Falltyp aus der Annahme, daß es etwas geben müsse, was diesem Gedanken entspricht. Dieses unbedingte Etwas wird notwendig auf eine von zwei Weisen gedacht. Die natürlichere und weniger verfeinerte Weise es zu denken, ist, es in jedem Fall als absolut letztes Element der Reihe zu denken: als das, für das keine Erklärung notwendig oder möglich ist, aber selber den letzten Grund der Erklärung von allem anderen enthält; z. B. die äußeren Grenzen der Welt im Raum, die jenseits von allem anderen liegen und jenseits derer nichts liegt; der erste Anfang der Dinge in der Zeit; die letzten und absolut einfachen Bestandteile der Materie, aus denen sich alles zusammensetzt. Die weniger natürliche und entwickeltere Weise, das Unbedingte zu denken, besteht darin, es nicht als unbedingtes und letztes Element einer Reihe von bedingten Gegebenheiten zu denken, sondern als die unbedingte Totalität einer *unendlichen* Reihe, deren Elemente allesamt bedingt sind. Für keinen von beiden Begriffstypen ist es jedoch möglich, so Kant, irgendwelche empirischen Anwendungsbedingungen zu spezifizieren; d. h. keine mögliche Erfahrung oder Anschauung könnte die Anwendung eines der beiden Begriffstypen gewährleisten. Also verletzen beide die Bedingungen sinnvoller Verwendung. Gleichwohl ist die Disposition zu der Annahme, der eine oder der andere müsse eine Anwendung haben, für die menschliche Vernunft endemisch, so verpflichtet, wie sie gegenüber diesen seriellen Forschungen nun einmal ist. Wenn wir den Gedanken einer solchen Reihe bedenken, sieht es so aus, als könnten wir dem Gedanken des absolut Unbedingten nicht entkommen; es muß der Fall sein, daß es ein letztes Element der Reihe *entweder* gibt *oder* nicht gibt und wenn das letztere, daß es dann eine unendliche Totalität der Elemente der Reihe gibt. Aber indem wir diese Alternative erzwingen, erlauben wir uns, eine Anwendung des Begriffs *der Reihe als ganzer* anzunehmen, ohne zu erwägen, ob wir das legitimerweise tun dürfen. Wenn wir sinnvoll über Gegenstände sprechen könnten, *ohne sie als Gegenstände möglicher Erfahrung aufzufassen* – ohne allgemein die Bedingungen einer Anschauung oder eines Bewußtseins von ihnen zu erwägen – dann wäre es völlig legitim, auf der Disjunktion in jedem Fall zu bestehen. Aber wir können das nicht; und es ist nicht legitim.

Aber nun muß hervorgehoben werden, daß ich, indem ich zuließ, daß sich die Beschreibung des dialektischen Prozesses in genau dieser Weise entwickelte, die Beschreibung im Ergebnis auf die Antinomien und sogar auf nur die ersten beiden Antinomien beschränkt habe. (Obwohl die Auflösung der ersten beiden Antinomien implizit eine Lösung der letzten beiden mit sich bringt, ist es nicht jene Auflösung, die, wie wir sehen werden, Kant akzeptiert.) Dieser Punkt ist von großer Wichtigkeit. Denn genau auf dem Feld der Antinomien ist es zumindest anscheinend der Fall, daß wir ein brillantes Beispiel für die notwendige Verknüpftheit jener Züge finden, die Kant als über den ganzen Bereich systematischen metaphysischen Scheins hinweg systematisch verknüpft darstellt. Erstens scheint es so zu sein, daß wir bei der Suche vollständigen und systematischen Wissens im Bereich der Kosmologie *unvermeidlich* dazu geführt werden, die Idee jeder relevanten Reihe als ganzer zu fassen, sei sie nun endlich oder unendlich. Zweitens haben diese Ideen in beiden Formen anscheinend den Charakter der *Absolutheit* oder *Letztheit*, den Kant allen metaphysischen Ideen, die er in der Dialektik behandelt, zuerkannte: es sind Gedanken absoluter Totalitäten, letzter Bestandteile der Materie, eines absolut ersten Anfangs des Universums usw. Drittens muß es zu der Zeit, in der Kant schrieb, hinreichend plausibel erschienen sein – obwohl es heute weniger klar zu sein scheint –, daß es niemals empirische Gründe dafür geben könnte, entweder für die endliche oder für die unendliche Alternative im Fall jeder der kosmologischen Fragen zu optieren, d. h. daß die fraglichen Gedanken wesentlich jeder möglichen Erfahrung *transzendent* sind. Viertens und aus demselben Grund konnte es völlig vernünftig erscheinen zu behaupten, daß die Idee der unendlichen Alternative in jedem Fall den Status einer notwendigen *richtunggebenden* oder *regulativen*

Idee in der Wissenschaft einnimmt und uns damit eine Forschungsaufgabe stellt, die wir niemals als vollendet ansehen könnten.

In theoretischen Forschungen auf dem Feld der Kosmologie hat also der Begriff der „Forderung der Vernunft nach dem Unbedingten" einen bestimmten Sinn; und ebenfalls auf diesem Feld scheinen die vier Züge der Unvermeidlichkeit, Absolutheit, Transzendenz und regulativen Nützlichkeit gemeinsam bestimmte der Gedanken zu charakterisieren, die aus dieser Forderung entspringen. Aber Kant glaubte, daß der Ausdruck „die Forderung der Vernunft nach dem Unbedingten" eine sowohl präzise als auch allgemeine Beschreibung der Ursprünge *aller* metaphysischen Ideen enthielt, die in der Dialektik diskutiert werden. Vielleicht war er aus diesem Grund dazu ermutigt, jene vier Züge zu verallgemeinern und der Auffassung zu sein, daß sie gemeinsam auch die Ideen der spekulativen Theologie und der rationalen Psychologie charakterisieren, genauso wie die der Kosmologie. Im Fall der spekulativen Theologie geht die Parallele tatsächlich ein kleines Stück weit. Im Fall der rationalen Psychologie kommt sie kaum in Gang. Richtig ist, daß gezeigt werden kann, daß die Cartesianische Konzeption der Seele so beschaffen ist, daß wir keine empirischen Anwendungskriterien für sie spezifizieren können. Wenn das ausreicht, um sie zu einer transzendenten Idee zu machen, dann ist sie eine transzendente Idee. Auch richtig ist – jedenfalls scheint das die Philosophiegeschichte nahezulegen –, daß sie eine Idee darstellt, die zu entwickeln wir natürlicherweise geführt werden. Aber wenn die Ursprünge des Scheins verfolgt werden, wie Kant sie in den Paralogismen verfolgt, dann wird völlig klar, daß sie nichts mit der Vernunftforderung nach Vollständigkeit und systematischer Einheit zu tun haben; und es gibt überhaupt keinen Anlaß zu behaupten, wie Kant es tut, daß die Idee irgendwelche richtunggebende Nützlichkeit für die systematische empirische Forschung in der Psychologie hat.

Die Parallele geht, wie ich bemerkt habe, im Fall der spekulativen Theologie anscheinend etwas weiter. Das Thema Gott gibt sicherlich reichlichen Raum für Begriffe des Absoluten und des Letzten. Gott ist absolut notwendige Existenz, absolute Vollkommenheit usw. Darüberhinaus gibt es viel traditionale Autorität dafür, den Begriff Gottes mit dem des letzten Grundes oder der letzten Erklärung von allem und also mit der Vernunftforderung nach Endgültigkeit der Erklärung zu verknüpfen. Aber eine Tradition ist nicht dasselbe wie ein Zwang der Vernunft. Zumindest scheint es eine Übertreibung zu sein, wenn gesagt wird, wir seien durch die Suche nach systematischer Einheit in der theoretischen Erklärung *unvermeidlicherweise* dazu veranlaßt, eine derartige Idee zu fassen. Soweit das als Behauptung überhaupt plausibel ist, ist es genau in dem Maße plausibel, in dem die Idee Gottes auf den Begriffen beruht, die in den Antinomien behandelt werden; und diese Grundlage ist, wie Kant erkennt, inadäquat dafür, die Idee von Gott zu stützen. Schließlich ist die Behauptung richtunggebender Nützlichkeit der Idee von einem intelligenten und allmächtigen außerweltlichen Schöpfer – oder die sogar noch stärkere Behauptung, die Kant aufstellt, daß das Projekt der Naturwissenschaft *notwendigerweise* unter der Ägide dieser Idee vollführt werde – von keiner größeren Plausibilität als die These, daß wir unvermeidlicherweise durch die Suche nach systematischer Einheit in der Erklärung zu dieser Idee geführt werden.

Die unterstellte Einheit der Logik des Scheins ist also in sich selber weitgehend illusorisch. Die Paralogismen sind tatsächlich ganz unabhängig von den beiden anderen Hauptstücken der Dialektik. Zwischen den kosmologischen und den theologischen Ideen auf der anderen Seite gibt es, auch wenn Kant die *Parallelen* zwischen ihnen übertreibt, sicherlich gewisse *Zusammenhänge* – wie wir später ausführlicher sehen werden.

II. Seele

Kants Enthüllung der Illusionen der rationalen Psychologie ist sowohl brillant als auch tiefsinnig. Es handelt sich um philosophische Kritik höchsten Ranges. Gleichwohl muß eingestanden werden, daß die Entwicklung des Gedankens im Text oft dunkel und verwickelt ist; und ein großer Teil seiner Dunkelheit ist einer gewissen Unvollständigkeit der Darstellung geschuldet, einer inadäquaten Erörterung eines Sachverhalts von zentraler Wichtigkeit. Ich beginne damit, vergröbernd und kurz (1) die Natur der Lehre, die angegriffen werden soll, zu notieren, (2) die Hauptlinie von Kants Angriff auf sie darzustellen und (3) die Diagnose festzuhalten, die Kant hinsichtlich der Ursprünge des Scheins anbietet. Dann werde ich dazu übergehen, Kants Lehre zu erklären und auszuarbeiten sowie dort, wo es nötig ist, zu kritisieren und zu ergänzen.

Die Lehre, die angegriffen werden soll, besagt, daß jeder von uns durch die bloße Tatsache bewußter Erfahrung weiß, daß er als eine Cartesianische denkende Substanz existiert, d. h. als ein immaterielles, dauerndes, nicht-zusammengesetztes individuelles Subjekt von Gedanken und Erfahrungen sowie einer Existenz in völliger Unabhängigkeit von einem Körper oder von der Materie fähig.

Die Hauptlinie des Angriffs befindet sich in Übereinstimmung mit dem Sinnprinzip. Um Wissen von der Existenz eines Gegenstandes, der unter einen bestimmten Begriff fällt, zu beanspruchen, müssen wir empirische Anwendungskriterien für jenen Begriff sowie Gelegenheit zu ihrem Gebrauch haben. In Kants Terminologie muß uns die sinnliche Anschauung einen Gegenstand darbieten, der jene Kriterien erfüllt. Ein zentral wichtiger Begriff im vorliegenden Fall ist der Begriff der numerischen Identität über die Zeit, der Begriff der Dauer eines identischen Dinges[1]; aber weder gibt es irgendeine Anschauung (ein empirisches Bewußtsein) eines dauernden immateriellen Subjekts der Erfahrungen, noch könnte es sie geben.

Die Diagnose der Ursprünge des Scheins besagt, daß der rationale Psychologe, der Cartesianische Philosoph der Seele, die Einheit der Erfahrungen mit der Erfahrung von Einheit verwechselt. Es ist in der Tat eine notwendige Bedingung dafür, daß Vorstellungen eine *Erfahrung* bilden, daß unter den Elementen einer zeitlich erstreckten Sequenz von Erlebnissen derartige Einheit und Verknüpfung bestehen muß, daß die Grundlage für jene Selbstzuschreibung von Erfahrungen gewährleistet ist, in der wir unser empirisches Selbstbewußtsein ausdrücken. Das heißt aber nicht, daß es irgendetwas gibt, was Bewußtsein von einem immateriellen Gegenstand wäre, der das einheitliche Subjekt aller jener Erfahrungen ist; und doch würde nur so ein Bewußtsein die Cartesianische Konzeption der Seele rechtfertigen. Gleichwohl nehmen wir durch eine natürliche und mächtige Illusion die notwendige Einheit des Bewußtseins fehlerhafterweise für genau ein solches Bewußtsein von einem einheitlichen Subjekt.

Dargestellt wie oben, mag uns diese Diagnose sehr wohl in Erstaunen versetzen. Warum sollte die Einheit des Bewußtseins, eine gewisse Verknüpftheit von Erfahrungen gerade in dieser Weise mißverstanden werden? Zumindest scheint da ein Schritt zu fehlen. Tatsächlich fehlen mehrere Schritte. Wir müssem versuchen, sie einzufügen; und da die Sache nicht unkompliziert ist, wird die Darstellung im nächsten Abschnitt in numerierten Absätzen vorgehen.

1. Die Enthüllung des Scheins: eine Rekonstruktion

(1) *Die transzendentale Einheit der Apperzeption.* Es wird hilfreich sein, uns zuerst an den Sinn des Gedankens der notwendigen Einheit des Bewußtseins oder der Einheit der Apperzeption zu erinnern, wie er sich aus der Diskussion der Transzendentalen Deduktion ergab. Wozu war die transzendentale Einheit des Bewußtseins erfordert und was erforderte sie? Sie erforderte, daß eine zeitlich erstreckte Sequenz von Erlebnissen einen gewissen Charakter von Verknüpftheit und Einheit aufwies, der ihr durch Begriffe des Objektiven verbürgt wurde, und sie erforderte dies als die grundlegende Bedingung der Möglichkeit empirischen Selbstbewußtseins. Daß Erfahrung die Erfahrung einer einheitlichen objektiven Welt sein sollte, läßt zumindest Raum für den Gedanken *eines* subjektiven oder eines Erfahrungsweges durch die Welt, der verfolgt wird von *einer* Sequenz von Erlebnissen, die zusammen *eine* einheitliche Erfahrung der Welt ergeben – eine potentielle Autobiographie. Wir haben hier sozusagen den letzten Grund für einen empirischen Gebrauch des Begriffs eines Subjekts einer solchen Autobiographie, den Begriff des Selbsts.

(2) *Der empirische Begriff eines Subjekts der Erfahrung: eine Person.* Diese notwendige Einheit liefert jedoch nur den letzten Grund, nicht die vollständigen Bedingungen für den Gebrauch eines solchen Begriffs. Es ist in Kants Position ganz klar impliziert, daß jeder Gebrauch des Begriffs eines numerisch identischen Subjekts von Erfahrungen, das in der Zeit dauert, empirisch anwendbare Identitätskriterien verlangt und daß nichts derartiges durch die bloße Art der Verknüpftheit innerer Erfahrungen zur Verfügung gestellt wird, für die die notwendige Einheit der Apperzeption sorgt. Zu dem zweiten Punkt werden wir später mehr zu sagen haben. Zum ersten Punkt ist jetzt zu bemerken, daß es eine der Schwächen von Kants Darstellung ist, daß er auf die Tatsache bloß anspielt, daß unser gewöhnlicher Begriff *persönlicher* Identität empirisch anwendbare Kriterien für die numerische Identität eines Erfahrungssubjekts (eines Menschen oder menschlichen Wesens) über die Zeit hinweg mit sich bringt und daß diese Kriterien, obwohl nicht dieselben wie die Kriterien für körperliche Identität, eine wesentliche Bezugnahme auf den menschlichen Körper einschließen.[2] Er spielt darauf, wenn auch dunkel, in dem Satz an: „. . . ihre (sc. der Seele) Beharrlichkeit im Leben (ist für sich klar), da das denkende Wesen (als Mensch) sich zugleich ein Gegenstand äußerer Sinne ist".[3]

Der Punkt, auf den Kant im Vorbeigehen anspielt, ist sicherlich von erstrangiger Wichtigkeit. Er bedeutet, daß wir schließlich einen Begriff eines dauernden Subjekts von Erfahrungen (eines Menschen) haben, der den strengsten kritischen Erfordernissen genügt. Dieser Begriff bietet eine absolut feste Grundlage für einen wirklich auf Gegenstände bezugnehmenden Gebrauch von Personennamen in Sätzen, in denen Bewußtseinszustände oder innere Erfahrungen den Gegenständen zugeschrieben werden, auf die die Namen oder Pronomina bezugnehmen. Ein Mensch ist etwas für die Wahrnehmung (wenn auch nur relativ) Dauerhaftes, ein dauerndes und identifizierbares Objekt der Anschauung und ein mögliches Subjekt einer Biographie oder Autobiographie. Anstatt in zweifelhafter Weise von einem Erfahrungsweg durch die Welt bzw. einer Sequenz von Erlebnissen, die so einen Weg konstituiert, zu sprechen, dürfen wir zuversichtlich von einem unleugbar dauernden Gegenstand sprechen, einem Menschen, der in seiner Wahrnehmung einen physikalischen, raumzeitlichen Weg durch die Welt markiert und dem eine Sequenz von Erfahrungen zugeschrieben werden darf, ohne daß befürchtet werden muß, daß da überhaupt nichts Dauerhaftes wäre, dem die Erfahrungen zuzuschreiben seien.

(3) *In unmittelbarer Selbstzuschreibung laufender oder erinnerter Erlebnisse werden keine Kriterien persönlicher Identität angeführt.* Und jetzt kommen wir zu der Tatsache, die an der Wurzel der Cartesianischen Illusion liegt. Sie kann folgendermaßen ausgedrückt werden. Wenn ein Mensch (ein Erfahrungssubjekt) sich einen gegenwärtigen oder direkt erinnerten Bewußtseinszustand zuschreibt, ist keinerlei Gebrauch irgendwelcher Kriterien für persönliche Identität erforderlich, um seinen Gebrauch des Pronomens „ich" zur Bezugnahme auf das Subjekt jener Erfahrung zu rechtfertigen. Es würde keinen Sinn machen, zu denken oder zu sagen: *Diese* innere Erfahrung tritt auf, aber tritt sie für *mich* auf? (Dieses Gefühl ist Zorn; aber bin ich es, der ihn fühlt?) Weiterhin würde es auch keinen Sinn machen, zu denken oder zu sagen: Ich erinnere mich deutlich, daß *jene* innere Erfahrung auftrat, aber trat sie für mich auf? (Ich erinnere mich an jenes fürchterliche Verlorenheitsgefühl; aber war ich es, der es fühlte?) Es gibt nichts, was man derart auf dem Felde innerer Erfahrung antreffen oder erinnern kann, daß irgendeine Frage aufkommen könnte, ob man die Kriterien der Subjekt-Identität anwendet, um zu bestimmen, ob die gemachte oder erinnerte Erfahrung zu einem selbst gehört – oder zu einem anderen. (Ich glaube, daß ohne ernstliche Übertreibung gesagt werden könnte, daß Kants Behandlung des Themas der von Hume deshalb so sehr überlegen ist, weil Kant diese Wahrheit erkannte.)

(4)*Die Bezugnahme auf das empirisch identifizierbare Subjekt geht praktisch in kriterienloser Selbstzuschreibung nicht verloren.* Wenn „ich" so gebraucht wird, ohne jedes Erfordernis oder irgendeine Möglichkeit, seinen Gebrauch durch empirische Kriterien der Subjektidentität zu rechtfertigen, verliert es gleichwohl nicht seine Rolle, auf ein Subjekt bezugzunehmen. „Ich" kann ohne Kriterien für Subjekt-Identität gebraucht werden und doch auf ein Subjekt bezugnehmen. Es kann dies, weil es – vielleicht – öffentlich aus dem Mund eines Menschen kommt, der als die Person, die er ist, durch die Anwendung empirischer Kriterien für persönliche Identität erkennbar ist; oder, selbst wenn es im Selbstgespräch gebraucht wird, es von einer Person gebraucht wird, die die Anwendbarkeit jener Kriterien anerkennen würde, wenn die Frage zu entscheiden wäre, ob sie, die Person, die sich jetzt diese Erfahrung zuschreibt, die Person war oder nicht war, die, sagen wir, in der Vergangenheit die-und-die Handlung ausgeführt hat. „Ich" kann ohne Kriterien der Subjekt-Identität gebraucht werden und doch auf ein Subjekt bezugnehmen, weil sogar in einem derartigen Gebrauch die Verknüpfungen mit jenen Kriterien in der Praxis nicht zerschnitten sind.

(5) *Der Schein eines rein inneren Bezuges für „ich" (eines unabhängigen immateriellen Individuums; der Seele als Substanz).* Die Verknüpfungen zwischen kriterienloser Selbstzuschreibung und empirischen Kriterien der Subjekt-Identität sind *in der Praxis* nicht zerschnitten. Aber in der philosophischen Reflexion mag das der Fall sein. Es ist leicht, sich intensiv des unmittelbaren Charakters, der rein inneren Basis derartiger Selbstzuschreibung bewußt zu werden, während man zugleich die Bedeutung der Zuschreibung an ein Subjekt beibehält und vergißt, daß unmittelbare Berichte über Erlebnisse diesen Charakter einer Zuschreibung an ein Subjekt nur aufweisen, weil die Verknüpfungen mit den gewöhnlichen Kriterien für persönliche Identität bestehen, die ich erwähnt habe. Derart entsteht hier ein bestimmter Schein: der Schein eines rein inneren und doch auf ein Subjekt bezugnehmenden Gebrauchs für „ich". Wenn wir versuchen, diesen Gebrauch zu abstrahieren, die Verknüpfung mit gewöhnlichen Kriterien für persönliche Identität abzuschütteln, eine Art von Bezugnahme auf ein Subjekt zu erreichen, die völlig und adäquaterweise auf nichts als innere Erfahrung gegründet ist, dann ist, was wir wirklich tun, einfach dies: daß wir unseren Gebrauch von „ich" jeder bezugnehmenden Kraft überhaupt berauben. Es wird dann einfach, wie Kant sagen würde, „Bewußtsein überhaupt" ausdrükken. Wenn wir gleichwohl fortfahren zu glauben, daß das „ich" bezugnehmende Kraft hat, auf ein Subjekt bezugnimmt, dann wird es, weil wir faktisch nichts als die reine *Form* der Bezugnahme übrigbehalten haben, so aussehen, daß der Gegenstand dieser Bezugnahme ein Gegenstand einzigartiger Reinheit und Einfachheit sein muß – eine reine, individuelle, immaterielle Substanz.

Kant sieht klar, wie die Schlüsseltatsache, daß unmittelbare Selbstzuschreibung von Gedanken und Erlebenissen keine Anwendung von Kriterien der Subjekt-Identität einschließt, zugleich dreierlei erklärt: sie erklärt die Versuchung, daß wir uns den Gebrauch des Begriffs eines Erfahrungssubjekts („ich") gestatten, während wir ausschließlich in Begriffen für die innerlichen Gehalte des Bewußtseins (die Gehalte des „inneren Sinns") denken; sie erklärt, warum jener Begriff, so verwendet, tatsächlich ganz leer jeden Gehalts ist; und sie erklärt, warum es deshalb so *scheint*, als ob er der Begriff eines absolut einfachen, identischen, immateriellen Individuums sei.

(6) *Kants Schnellverfahren.* Kants Einsicht war ohne Parallele, aber seine Darstellung ist dunkel. Einer der Gründe für ihre Dunkelheit ist, daß er ein Schnellverfahren der Darstellung wählt. Wie ich erwähnt habe, gibt es bei Kant nur eine sehr beiläufige Bezugnahme auf die empirischen Kriterien für Subjekt-

Identität, auf den empirischen Begriff eines Erfahrungssubjekts. Er sagt auch nicht explizit, daß der täuschende Gebrauch von „ich", der gerade diskutiert wurde, daraus resultiert, daß er aus seinem gewöhnlichen Zusammenhang abstrahiert wird, daß seine Verknüpfung mit dem empirischen Begriff eines Subjekts ignoriert wird. Stattdessen verbindet er jenen Gebrauch mit der philosophischen Verwendung, die er bereits vom Personalpronomen der ersten Person in der Darlegung der Lehre von der notwendigen Einheit des Bewußtseins, der transzendentalen Einheit der Apperzeption gemacht hat. Er sagt, daß der täuschende Gebrauch von „ich" nur jene Einheit *ausdrückt*, die Erfahrung möglich macht.

Ist das ein Fehler in seiner Darstellung? Ich glaube, die Auslassung ist ein Fehler. Daß Teile der Diagnose ergänzt werden müssen, heißt ja, daß sie insoweit unvollständig ist. Aber die Lehre, daß der täuschende, nicht bezugnehmende Gebrauch von „ich" (oder: der täuschende, nicht bezugnehmende Gedanke vom Subjekt) die notwendige Einheit des Bewußtseins „ausdrückt", könnte, wie ich glaube, verteidigt werden. Denn für jeden empirischen (d. h. legitimen) Gebrauch, der vom Begriff eines Subjekts von Erfahrungen gemacht werden soll, ist sicherlich gefordert, daß es solche empirisch anwendbaren Kriterien für Subjekt-Identität gibt, wie sie von unserem gewöhnlichen Begriff der Person als etwas, das, *inter alia*, ein Gegenstand des äußeren Sinns ist, zur Verfügung gestellt werden. Diese Regel gilt allgemein. Wie wir gesehen haben, ist nicht einmal der Gebrauch des Begriffs eines Subjekts möglich, der in der Selbstzuschreibung unmittelbarer Erfahrungen gemacht wird (im Bewußtsein *von sich*, in dem-und-dem Zustand zu sein), wenn nicht dieses Erfordernis erfüllt wäre. Nichtsdestoweniger hat Kant in der Theorie der transzendentalen Einheit der Apperzeption gezeigt, daß es bestimmte notwendige Bedingungen der Möglichkeit von Selbstbewußtsein gibt, die kohärent beschrieben werden können, ohne die *vollständigen* Bedingungen dieser Möglichkeit zu beschreiben und besonders, ohne auf unsere Konzeption bezugzunehmen, nach der das Subjekt der Erfahrung selber ein Gegenstand des äußeren Sinns ist. Es ist nicht unvernünftig zu behaupten, daß, wenn wir von diesem letzten Zug unsrer Konzeption eines solchen Subjekts abstrahieren, wie wir es sicherlich tun, wenn wir den täuschenden nicht bezugnehmenden Gedanken eines reinen Erfahrungssubjekts fassen, wir in diesem Gedanken (wenn auch, ohne Zweifel, nur zu unklar) die Vorstellung jener Verknüpftheit von Erfahrungen zurückbehalten, von der gezeigt worden ist, daß sie die grundlegende notwendige Bedingung der Möglichkeit empirischen Selbstbewußtseins ist, eine minimale Bedingung des Auftretens von irgendetwas, was berechtigterweise Erfahrung genannt werden kann. Ob wir es nun realisieren oder nicht, unser täuschender Gedanke ist zumindest der Gedanke von so verknüpften, so vereinheitlichten Erfahrungen. Die Erfüllung der von der transzendentalen Einheit der Apperzeption geforderten Bedingungen ist eine notwendige Bedingung für unsere Illusion, genauso wie sie es für den empirischen Begriff eines Erfahrungssubjekts ist. Sie ist keine hinreichende Bedingung für eins von beidem, nicht einmal für die Illusion; denn tatsächlich kommen wir zu der Illusion durch Abstraktion vom empirischen Begriff. Aber wenn wir derart vom empirischen

Begriff abstrahieren, um den Schein zu erzeugen, dann abstrahieren wir nicht auch von den Bedingungen, die von der transzendentalen Einheit der Apperzeption gefordert werden. So kann nach allem gesagt werden, daß es schließlich die Einheit des Bewußtseins ist, die wir, wenn uns der Schein im Griff hat, fälschlicherweise für das Bewußtsein von einem einheitlichen Subjekt nehmen.

(7) *Der Gnadenstoß für den Cartesianismus.* Kant ist nicht damit zufrieden, bloß den Schein in der rationalen Psychologie zu enthüllen. Er unterstreicht ihre Leere, indem er hervorhebt, daß wir, wenn wir dem Schein unterliegen, machtlos sind, unsere Schlußfolgerungen gegen alternative und gleichermaßen leere Theorien zu verteidigen. Der rationale Psychologe behauptet, daß jeder Mensch unmittelbare Sicherheit über die Existenz seiner Seele als einer immateriellen Substanz hat, die über die Abfolge ihrer Zustände hinweg identisch bleibt. Darauf können wir erwidern, daß dieser Anspruch, welche Sicherheit auch immer mit ihm ausgedrückt sein mag, kompatibel mit der Hypothese einer ganzen Sequenz von Seelen-Substanzen ist, von denen jede ihre Zustände und das Bewußtsein von ihnen an die nächste in der Sequenz überträgt, zusammen mit allem, was sie aus früheren Übertragungen derselben Art von vorhergehenden Elementen der Sequenz erhalten hat – so wie Bewegung in einer Reihe von elastischen Kugeln von einer zur anderen übertragen werden könnte.[4] Dieser Vorschlag ist nicht vergeblicher und nicht weniger vergeblich als die ursprüngliche Behauptung.

Diese Linie des Angriffs könnte weiter verfolgt werden, als es Kant tut. So könnten wir, wenn der Mensch (ein rationaler Psychologe?) spricht, annehmen, daß es vielleicht tausend Seelen gibt, die gleichzeitig die Gedanken denken, die seine Worte ausdrücken, und qualitativ ununterscheidbare Erfahrungen haben, verglichen mit denen, die der betreffende Mensch als ihm gegenwärtig beanspruchen würde. Wie könnte er uns davon überzeugen, daß es da nur eine Seele gäbe, die mit seinem Körper assoziiert wäre? (Wie könnte die – oder jede – Seele sich selber von ihrer Einzigkeit überzeugen?)

Der verallgemeinerte Punkt solcher Angriffe ist dieser. Wir *haben* Kriterien der Singularität und Identität von Erfahrungssubjekten (Leuten, Menschen). Wenn wir ebenso gut von individuellen Seelen oder Bewußtseinen reden sollen, *brauchen* wir Kriterien der Singularität und Identität für diese. Der einzige Weg, eine Konsequenz zu garantieren, die sicherlich als eine Adäquatheitsbedingung für einen zulässigen Begriff einer individuellen Seele oder eines individuellen Bewußtseins gelten darf, – nämlich, daß ein normaler Mensch im Lauf eines normalen Lebens zu jeder Zeit genau eine Seele oder ein Bewußtsein hat, die mit ihm seine ganze Lebenszeit hindurch dauern –, ist zuzugestehen, daß die Begriffe der Singularität und Identität von Seelen oder Bewußtseinen begrifflich auf den Begriffen der Singularität und Identität von Menschen oder Leuten beruhen, ja begrifflich von ihnen abgeleitet sind. Die Regel zur Ableitung der Kriterien, deren wir bedürfen, von den Kriterien, die wir haben, ist sehr einfach. Sie lautet: *eine* Person, *ein* Bewußtsein; *dieselbe* Person, *dasselbe* Bewußtsein. Die Annahme dieser Ableitungsregel ist jedoch der Selbstmord der rationalen Psychologie.

Kants Unterlassung, diesen Punkt vollständig zu machen, ist nur ein Aspekt seiner Vernachlässigung des empirischen Begriffs eines Erfahrungssubjekts.

2. Hume und Kant über das Selbst

Zwischen der Behandlung, die Kant dem Thema des Selbsts gibt, und der von Hume gibt es Berührungspunkte. Es gibt aber auch tiefe Differenzen. Kants wiederholte Bemerkung, daß es keine innere Anschauung des Subjekts selber gibt, daß „in der inneren Anschauung gar nichts Beharrliches" ist[5], erinnert an Humes berühmten Satz: „Ich meines Teils kann, wenn ich mir das, was ich als ‚mich' bezeichne, so unmittelbar als irgend möglich vergegenwärtige, nicht umhin, jedesmal über die eine oder die andere bestimmte Perzeption zu stolpern ... Niemals treffe ich *mich* ohne eine Perzeption an und niemals kann ich etwas anderes beobachten als eine Perzeption."[6] Auch hat die Kargheit der Anspielung bei Kant eine Parallele bei Hume in dem völligen Fehlen jeder Anspielung auf den Menschen als „Gegenstand des äußeren Sinns", auf die Rolle, die körperliche Identität für den empirischen Begriff eines Erfahrungssubjekts spielt.

Hier hört die Ähnlichkeit aber auch auf. Hume ist verpflichtet, eine Erklärung der Vorstellung dessen, „was ich als ‚mich' bezeichne", zu geben. Er versucht das zu tun, indem er zwischen den Elementen der Klasse seiner „Perzeptionen" solche Relationen (der Ähnlichkeit und der Verursachung) auffindet, die das „Fingieren" eines identischen Subjekts, zu dem alle jene Perzeptionen gehören, erklären können. Er versucht dabei, auf diesem Feld genau dieselbe Art der Analyse oder Erklärung des Begriffs der Identität zu reproduzieren, deren er sich schon in der Diskussion unseres Glaubens an die kontinuierte Identität materieller Gegenstände über diskontinuierliche Beobachtung hinweg bedient hatte. Verschiedene Perzeptionen gelten als Wahrnehmungen desselben Körpers, weil zwischen ihnen gewisse Relationen bestehen. Genau so, schlägt er vor, gelten verschiedene Perzeptionen als zu demselben Selbst gehörig, weil zwischen *ihnen* bestimmte Relationen bestehen. Es kommt hier nicht sehr darauf an, wie wir dieses „weil" lesen: so, daß es eine Bezugnahme auf Identitätskriterien einführt, oder, in Humes eigenem anti-rationalistischen Geist, so, daß es eine Bezugnahme auf Faktoren einführt, die unsere Fiktionen *verursachen*. In jedem Fall muß uns das fatale Fehlen einer Analogie zwischen den zwei Typen von Fällen auffallen. Soweit eine derartige Erklärung (oder Analyse) für den Fall der Auffassung verschiedener Perzeptionen als Perzeptionen desselben Körpers befriedigend erscheint, ist sie das, weil wir in der Lage sind, die involvierten psychologischen Mechanismen (oder Kriterien) so zu denken, daß sie ein Feld von Wahrnehmungen haben, auf dem sie wirksam sein können und hinsichtlich derer sie *selektiv* operieren können, hier das Fingieren einer (eines Urteils der) Identität produzierend, dort eine (eines) verhindernd. Sogar eine fiktive Identität bedarf eines Kontrastes. Nichts könnte den Gedanken veranlassen: Hier ist dasselbe x (eine Erscheinung desselben x) wie vorhin, ohne daß etwas den Gedanken veranlaßte: Hier ist ein verschiedenes x (eine Erscheinung eines verschiedenen x). Aber im Fall der Selbstidentität gibt es nichts, was zu dem Feld, auf dem die Mechanismen operieren sollen, gehörte und was von jenen Mechanismen möglicherweise aus der Zuschreibung zum eigenen Selbst ausgeschlossen werden könnte. Die Mechanismen sind hier müßig; oder es ist vielmehr so, daß sie Fiktionen sind. Die Suche nach ihnen ist von derselben Vergeblichkeit wie die Suche nach Kriterien der Subjekt-Identität, die im Feld der inneren Erfahrung angewendet werden sollten, um zu bestimmen, ob eine gegenwärtige Erfahrung die eigene ist oder nicht.

Von der Inkohärenz, in die Humes Theorie des Selbst so verfällt und die ihm selber nicht entgangen ist, ist Kants Enthüllung der Illusion der rationalen Psychologie völlig frei. Seine Analyse bedarf in der Tat, wie ich zu zeigen versucht habe, der Ergänzung durch eine Anerkennung der Rolle empirisch anwendbarer Kriterien für Subjekt-Identität, die bei weitem expliziter sein muß als alles, was sich bei Kant in dieser Hinsicht schon findet. Der Punkt ist aber, daß nichts in Kants Erklärung eine solche Ergänzung ausschließt und alles in ihr zu einer solchen Ergänzung einlädt. Hume auf der anderen Seite bietet nicht einfach an, eine Illusion von Philosophen (rationalen Psychologen) zu zerstreuen. Er versucht, eine adäquate Erklärung der vulgären Konzeption des Selbst als des Erfahrungssubjekts zu geben; aber die Begriffe, in denen er eine derartige Erklärung konzipiert, machen es unmöglich, daß seinem Versuch Erfolg beschieden wäre.

3. Die Komplikationen des Transzendentalen Idealismus

In der Diskussion der Paralogismen bis hierher habe ich völlig Kants Verpflichtung auf die Lehren des transzendentalen Idealismus ignoriert; und es ist eine wichtige Tatsache, daß die Bedeutung von Kants Enthüllung der Illusionen der rationalen Psychologie ohne jede Bezugnahme auf jene Lehren vermittelt werden kann. Für Kant selber jedoch schien die Verpflichtung auf den transzendentalen Idealismus die Enthüllung des Scheins zu einer Sache von besonderer Dringlichkeit zu machen.

> „Ein großer, ja so gar der einzige Stein des Anstoßes wider unsere ganze Kritik würde es sein, wenn es eine Möglichkeit gäbe, a priori zu beweisen, daß alle denkende Wesen an sich einfach Substanzen sind, . . ., und sich ihrer von aller Materie abgesonderten Existenz bewußt sein. Denn auf diese Art hätten wir doch einen Schritt über die Sinnenwelt hinaus getan, wir wären in das Feld der *Noumenen* getreten . . .“[7]

Eine allgemeine Diskussion der Komplikationen des transzendentalen Idealismus werde ich für später aufheben und vorher auch nicht die Version des vierten Paralogismus in der ersten Auflage vollständig erörtern, in der diese Lehre eine so große Rolle spielt. Aber etwas muß jetzt gesagt werden, um zu zeigen, wie

Kant den Zusammenhang zwischen jener Lehre und den Themen, die ich gerade diskutiert habe, gesehen hat.

Wir wollen damit beginnen zu notieren, wie es möglich sein könnte, sogar den Alarmruf, den ich gerade zitiert habe, in einer Weise zu lesen, die mit der schwächsten möglichen Interpretation des transzendentalen Idealismus vereinbar wäre. Was auf dem Spiel steht, könnte gesagt werden, wenn die Lehre der rationalen Psychologie aufrechterhalten wird, ist einfach das Prinzip, daß jeder sinnvolle Anspruch auf nicht-analytisches Wissen von Gegenständen von dem Gebrauch empirischer Anwendungskriterien für die Begriffe abhängt, in denen der Anspruch formuliert wird. „Das Feld der Noumenen zu betreten" hieße einfach, einen solchen Erkenntnisanspruch auszuweisen, mit dem gezeigt wäre, daß dieses Prinzip zumindest in einem Fall ohne Folgen verletzt wurde. Die allgemeine methodologische Bedeutung einer Zerstreuung des Scheins der rationalen Psychologie durch eine sorgfältige Diagnose seiner Ursprünge liegt genau darin, daß ihr Erfolg uns in die Lage versetzt, das Prinzip angesichts des verführerischsten aller scheinbaren Gegenbeispiele zu ihm erneut zu bekräftigen.

Es wäre unplausibel zu behaupten, daß dies alles ist, was Kant meint. Die Lehre, daß die Dinge in Raum und Zeit nur Erscheinungen sind, daß Dinge nicht *an sich selber* ausgedehnt sind, daß ich mich nicht, wie ich *an mir selber* bin, zuerst schlecht fühle und dann etwas bedaure, wird plausibler so verstanden, daß sie zumindest besagt, daß auf einander folgende Gefühle und Wahrnehmungen und ihre scheinbaren Gegenstände für ihre Existenz (in einer unbekannten Weise) von etwas abhängig sind, das einen völlig verschiedenartigen Charakter hat (der ebenfalls völlig unbekannt ist). Das „Feld der Noumenen" ist das Feld, von dem diese abhängigen Existenzen derart abhängig sind.

Aus der Menge der naiven Fragen, die sich selber spontan nahelegen, wollen wir die, die zu stellen am relevantesten ist, durch eine andere angehen, die weniger unmittelbare Schwierigkeiten zu präsentieren scheint. Warum spricht Kant, wenn der Charakter des Noumenalen völlig unbekannt ist, auf der einen Seite von äußeren Gegenständen, wie *sie* an sich selber sind, und auf der anderen Seite von uns selber, wie *wir* an uns selber sind? Ist wenigstens bekannt, daß das Feld des Noumenalen zwei unterschiedene Typen von Existenzen enthält? Eine zumindest teilweise Kantische Antwort auf diese Frage könnte folgendermaßen lauten. Nichts Derartiges ist bekannt. Es ist nur so, daß innerhalb der Erfahrung (des Feldes der Erscheinungen) eine Unterscheidung getroffen wird zwischen wahrgenommenen Gegenständen des äußeren Sinns (Körpern im Raum) und aufeinander folgenden Erlebnissen, die menschliche Wesen als Zustände von sich auffassen, ohne welche Unterscheidung Erfahrung unmöglich wäre. (In einer Interpretation des transzendentalen Idealismus hat diese Unterscheidung in der Tat keine letzte Geltung. Für den Augenblick können wir das vernachlässigen. Es ist eine Tatsache, daß diese Unterscheidung getroffen wird und getroffen werden muß, wenn Erfahrung überhaupt möglich sein soll.) Nun wird die allgemeine Abhängigkeit sowohl von Körpern im Raum als auch unserer eigenen inneren Zustände vom unbekannten Noumenalen so ausgedrückt, daß die beiden ersteren in Relation zum letzteren als „Erscheinungen" von „Dingen, wie sie an sich selber sind" beschrieben werden. Von daher wird es natürlich, auf der einen Seite von äußeren Gegenständen, wie sie an sich selber sind, und auf der anderen Seite von uns zu sprechen, wie *wir* an uns selber sind. Aber diese Redeweisen reflektieren nichts mehr als die Unterscheidung zwischen äußeren Gegenständen und Bewußtseinszuständen, die in der Erfahrung getroffen wird und getroffen werden muß. Die Redeweise impliziert keinerlei Wissen von irgendeiner Unterscheidung zwischen Typen noumenaler Existenz. Nach allem, was wir wissen, könnte das Noumenale völlig homogen sein.[8]

Diese Antwort zieht nur einige Züge des transzendentalen Idealismus in Betracht. Wir wollen jetzt die härtere Fragen stellen. Zugestanden, daß der transzendentale Idealismus, wie gerade angedeutet, sehr viel mehr als ein methodologisches Prinzip des Sinns ist, warum ist Kant so sicher, daß, wenn die Prätentionen der rationalen Psychologie erwiesen werden könnten, wir dann das Feld der Noumena betreten hätten? Warum sollte der rationale Psychologe, so er erfolgreich ist, mehr getan haben als zu zeigen, daß ein bestimmtes Sinnprinzip hinsichtlich von Erkenntnisansprüchen zumindest in einem besonderen Fall unhaltbar ist? Warum sollte es nicht immer noch möglich sein aufrechtzuerhalten, daß das Noumenale als das, wovon aller Inhalt der Erfahrung, der inneren und der äußeren, abhängt, völlig unbekannt und im Prinzip unerkennbar ist? Die Antwort, die wir auf diese Frage geben müssen, zeigt, wie inadäquat die Antwort ist, die wir auf die vorige Frage zu geben wagten. Letzten Endes ist Kants Theorie des Selbst *nicht* darin erschöpft, daß die Züge von ihr entwickelt und ergänzt werden, die in Anspruch genommen werden, um die Illusionen der rationalen Psychologie zu zerstreuen; und die These des transzendentalen Idealismus ist auch nicht erschöpft durch die kurze Behauptung in Begriffen von Abhängigkeit hinsichtlich der Existenz, die ich gerade formuliert habe. Was Kant mit dem „Ich denke" der Apperzeption ausdrücken will, ist nicht einfach jene Verknüpftheit von Erfahrungen, gesichert mittels Begriffen vom Objektiven, die die fundamentale Bedingung der Möglichkeit empirischen Selbstbewußtseins ist. Für ihn stellt das „Ich denke" der Apperzeption auch den tangentialen Berührungspunkt zwischen dem Feld der Noumena und der Welt der Erscheinungen dar. „... im Bewußtsein meiner selbst beim bloßen Denken bin ich das *Wesen selbst*, von dem mir aber freilich dadurch noch nichts zum Denken gegeben ist."[9]

Natürlich würde der transzendentale Idealismus kaum seinen Namen verdienen, wenn nicht irgendein solcher Berührungspunkt vorgesehen würde. Der Titel des „Idealismus" könnte in der Tat durch die wiederholten Hinweise darauf gerechtfertigt werden, daß äußere Gegenstände auf „Vorstellungen" reduzierbar sind. Der Titel des „Transzendentalismus" könnte in der Tat durch die Lehre gerechtfertigt werden, daß alles, was wir in der Erfahrung wissen, eingeschlossen unsere eigenen Bewußtseinszustände, von irgendeinem unbekannten Grund abhängig ist, der der Erfahrung unzugänglich ist. Aber wenn das alles wäre, wäre an dem Idealismus nichts besonders transzendental und an dem Transzendentalismus nichts besonders idealistisch. Was den Namen „transzendentaler Idealismus" zu mehr als einer Konjunktion macht, ist die Sprache eines extremen Subjektivismus, in dem der Ursprung *aller* strukturellen Züge der Welt als in *unserem* Subjekt zu liegen behauptet wird, „das Subjekt, in welchem die Vorstellung der Zeit ursprünglich ihren Grund hat".[10] Aber was könnten wir aus dieser Ausdrucksweise machen, wenn das „Subjekt" dieser Slogans nicht *irgendwie* mit dem verknüpft wäre, was wir gewöhnlicherweise unter uns selbst verstehen?

Der Begriff eines denkenden Wesens „überhaupt" soll diesen Verknüpfungspunkt bereitstellen. Jedes menschliche Wesen, obwohl es sich niemals eines Gegenstandes, seiner selbst, als eines bloßen denkenden Wesens bewußt sein kann, sondern sich nur als eines Wesens bewußt sein kann, das denkt, fühlt und wahrnimmt, nacheinander erst dies, dann jenes, *ist* gleichwohl ein denkendes Wesen, ein Sitz der Kategorien und in diesem Ausmaß ein Ursprung und nicht nur ein Ergebnis der Bedingungen der Erfahrung. Kant geht natürlich viel weiter, in Übereinstimmung mit den Erfordernissen des verhängnisvollen Modells, dessen Ursprünge wir noch nicht völlig erforscht haben. Es ist nicht nur *unser* Verstand, der der Ursprung der Kategorien ist, es ist *unsere* Sinnlichkeit, der die Formen von Raum und Zeit geschuldet sind; und weil die ersteren die letzteren in der Erzeugung empirischen Selbstbewußtseins affizieren müssen, ist es der Fall, daß *wir uns* anders erscheinen, als *wir* an *uns selber* sind. Der zuversichtliche Gebrauch der Personalpronomina der ersten Person ist verwirrend genug; aber er ist noch mehr als bloß verwirrend. Er zeigt, daß das Modell sich selber in Stücke schlägt. Denn nach allem scheint doch eine ganze Menge über das noumenale Selbst gewußt werden zu können, wenn auch nicht ganz das, was der rationale Psychologe erhoffte. Kant schreibt in einem ganz außerordentlichen Satz: „. . . das Wesen, welches in uns denkt, (vermeint), (sich selbst) durch reine Kategorien und zwar diejenige, welche die absolute Einheit unter jedem Titel derselben ausdrücken, . . . zu erkennen . . ."[11] Darin scheint „das Wesen, welches in uns denkt" irregeführt zu sein. Aber wenn das Wesen, das in uns *denkt*, unter dem Eindruck ist, daß sein Verstand seine Sinnlichkeit in der Produktion einer zeitlichen Abfolge von verknüpften Wahrnehmungen, Gefühlen und Gedanken (den gegenwärtigen eingeschlossen) affiziert, dann ist anscheinend das Wesen, das in uns denkt, überhaupt nicht irregeführt, sondern hat absolut Recht. Ich leugne nicht, daß auch dies alles als eine reine Redeweise über die strukturellen Charakteristika einer phänomenalen Tatsache konstruiert werden könnte. Es so zu konstruieren, hieße, das Modell *als* Modell zu behandeln, als ein expositorisches Gerüst, das preisgegeben werden muß, wenn es seine Funktionen erfüllt hat. Aber es scheint mir, um das mindeste zu sagen, unwahrscheinlich, daß das die Weise ist, wie Kant die Sache sah.[12]

III. Kosmos

In meiner Diskussion der „mathematischen" Antinomien werde ich folgendermaßen vorgehen. Ich werde zuerst die Argumente darlegen, in denen, wie Kant behauptet, sich „Konflikte der reinen Vernunft mit sich selbst" zeigen, zusammen mit einigen Standardeinwänden, aber auch einigen weniger gewöhnlichen Einwänden gegen diese Argumente. Ich werde dann die Themen in der Weise neu präsentieren, daß sich zeigt, wie eine allgemeine Form der „Auflösung" jedem der „Konflikte" angemessen sein soll. Als nächstes werde ich drei Interpretationen dieser allgemeinen Form der Auflösung unterscheiden und diskutieren, von denen jede einer unterschiedenen Version des transzendentalen Idealismus entspricht. Ich werde eine vierte Version des transzendentalen Idealismus erwähnen, nur um zu zeigen, daß sie keine vierte Interpretation der Auflösung erzeugt. Schließlich erörtere ich die kosmologischen Fragen selber, die die Konflikte erzeugen sollen, zusammen mit einigen nicht-Kantischen Gedankengängen über sie.

In den Antinomien ist es Kants normale Vorgehensweise, nacheinander zwei anscheinend erschöpfende Alternativen (die „Thesis" und die „Antithesis") so zu beweisen, daß er die Falschheit ihres jeweiligen scheinbaren Gegenteils beweist. Im Fall der mathematischen Antinomien wird die Existenz von Paaren gültiger Argumente, die diesen Charakter aufweisen, als ein indirekter Beweis der Lehren des transzendentalen Idealismus in Anspruch genommen (nämlich, daß Raum und Zeit bloße Formen unserer Anschauung und alle Dinge in Raum und Zeit bloße Erscheinungen seien). Offensichtlich sollte Kant, wenn dieser Beweis frei von Zirkularität sein soll, für die Konstruktion der Argumente jene Lehren nicht in Anspruch nehmen. Außer im Fall eines subsidiären Arguments (für den zweiten Teil der Antithesis der zweiten Antinomie) verletzt Kant diese Regel nicht offensichtlich. Gleichwohl können wir kaum verstehen, daß ihm die schwachen Argumente, die er entwickelt, überzeugend zu sein schienen, wenn wir nicht annähmen, daß er sie in seinem Denken unbewußt mit Elementen verstärkte, die zu jenen Lehren gehören , die die „Auflösung" der „Konflikte" bereitstellen sollten.

1. Argumente und Einwände

Die Thesis der ersten Antinomie ist, daß die Welt (1) einen Anfang in der Zeit hat und (2) dem Raum nach auch in Grenzen eingeschlossen ist. Wir wollen Kants Argument für den ersten Teil der Thesis eine konkretere Form mit Hilfe der Annahme geben, daß, solange wie die Welt existiert hat, eine Uhr in regelmäßigen Intervallen getickt hat. Dann lautet das Argument folgendermaßen. Wenn wir annehmen, daß die Welt keinen Anfang, sondern für unendliche Zeit existiert hat, dann folgt, daß bis zum gegenwärtigen oder bis zu jedem früheren historischen Zeitpunkt die Uhr unendlich oft getickt hat, eine unendliche Reihe von Uhrschlägen vollendet worden ist. Aber das ist unmöglich wegen der Natur einer unendlichen Reihe selber. „Nun besteht aber eben darin die Unendlichkeit einer Reihe, daß sie durch sukzessive Synthesis niemals vollendet sein kann."[13] Deshalb ist es unmöglich, daß die Welt für unendliche Zeit existiert hat. Sie muß einen Anfang gehabt haben.

Das Argument scheint offenbar ungültig zu sein. Wir können in der Tat gültig argumentieren, daß, weil die Reihe der (Uhr-)Schläge ein letztes Element hat, nicht beides der Fall sein kann, nämlich (a) daß die Reihe eine unendliche Zahl von Elementen und (b) das sie ein erstes Element hat. Entweder (a) oder (b) muß zurückgewiesen werden. Aber da das Argument auf der Hypothese aufgebaut sein soll, daß (b) falsch ist, muß klarerweise (b) zurückgewiesen werden und nicht (a).

Wie kam Kant dazu, ein solches Argument vorzubringen? Ich glaube, daß es ihm kein Unrecht tut anzunehmen, daß sein zentraler Gedanke so dargestellt werden könnte: es wäre unmöglich, den Prozeß des *Zählens* einer unendlichen Zahl von Schlägen, wie sie aufträten, zu vollenden. Und das mag uns richtig erscheinen. Es scheint wahr, weil wir denken, daß der Prozeß des Zählens irgendwann *begonnen* haben muß. Aber die Tatsache, daß ein derartiger Prozeß des Zählens, der irgendwann *begonnen* hat, zu keinem späteren Zeitpunkt vollendet sein könnte, scheint für die diskutierte Frage ebenfalls entweder ganz irrelevant zu sein, oder sie zugunsten der Annahme vorzuentscheiden, daß auch die Reihe der Schläge irgendwann begonnen hat. Die zu widerlegende Hypothese ist jedoch, daß es keinen Zeitpunkt gab, an dem die Reihe der Schläge anfing. Wir können annehmen, daß dies einer der Punkte ist, an denen Kant, vielleicht unbewußt, nach den Lehren greift, die er später als eine Auflösung des Konfliktes vorbringen muß, den er scheinbar entfaltet.

Das Argument für den zweiten Teil der Thesis, nämlich die Behauptung, daß die Welt Grenzen im Raum haben muß, erscheint noch unbefriedigender. Es nimmt auf, was im ersten Argument schon defizient ist, und fügt selber noch eine Defizienz hinzu. Kant behauptet, daß schon der Gedanke der unendlichen räumlichen Ausdehnung der Welt den Gedanken involviert, daß es möglich sei, einen zeitlich unendlichen Prozeß des Durchmusterns aufeinander folgender endlicher Teile der Welt zu *vollenden*. Wir könnten diesen Gedanken konkreter werden lassen mit Hilfe der Vorstellung, daß mehrere Beobachter in Raumfahrzeugen durch das Universum reisen und aus verschiedenen Richtungen zu einer bestimmten Zeit an einem bestimmten Punkt der Erde ankommen, wobei jeder von ihnen eine unendliche Entfernung zurückgelegt hat. Dies, sagt Kant, ist unmöglich. Deshalb muß die Welt im Raum in Grenzen eingeschlossen sein.

Auf dieses Argument kann erwidert werden, daß erstens die Hypothese einer unendlichen räumlichen Ausdehnung der Welt nicht erfordert, daß die Vollendung eines zeitlich unendlichen Prozesses des räumlichen Durchmusterns der Welt eine Möglichkeit ist. Denn jene Möglichkeit verlangt zumindest die weitere Hypothese, daß die Welt seit unendlicher Zeit existiert hat. Aber die Hypothese, daß die Welt im Raum unendlich ausgedehnt ist, scheint nicht die Hypothese zu implizieren, daß sie bis zu einem gegebenen Zeiptunkt z. B. mehr als zehn Millionen Jahre existiert hat, geschweige denn die Hypothese, daß sie seit einer unendlichen Zahl von Jahren existiert hat. Zweitens, selbst wenn wir auf diesen Einwand verzichten, scheint es so, daß Kant, indem er behauptet, die Vollendung eines unendlichen zeitlichen Prozesses sei unmöglich, den Fehler wiederholt, den wir in seinem Argument für den ersten Teil der Thesis gefunden haben. Ein zeitlicher Prozeß, der sowohl vollendet als auch von unendlicher Dauer ist, scheint unmöglich zu sein, nur, wenn die Ausnahme gemacht wird, daß er einen Anfang hat. Wenn endlich darauf bestanden wird, daß wir uns einen Prozeß des *Durchmusterns* nicht vorstellen können, der keinen Anfang hat, dann müssen wir fragen, mit welcher Relevanz und mit welchem Recht der Begriff des Durchmusterns überhaupt in die Diskussion eingeführt wird.

Die Argumente für die Antithesis der ersten Antinomie sind nicht stärker als die für die Thesis. Das erste sieht folgendermaßen aus. Wenn die Welt einen Anfang hat, dann hat sie zu einer bestimmten Zeit, z. B. vor *n* Jahren zu existieren begonnen und vor dieser Zeit hat überhaupt nichts existiert. Aber wenn überhaupt nichts existiert hat, hat es nichts gegeben, um einen Teil der Zeit von einem anderen zu unterscheiden und also nichts, was erklären könnte, daß die Welt eher zu einem Zeitpunkt zu existieren begonnen hat als zu einem anderen. Daher kann die Welt keinen Anfang gehabt haben.

Das äußerste, was dieses Argument zu zeigen auch nur scheint, ist, daß, wenn die Welt einen Anfang gehabt hat, die Frage „Warum begann die Welt zu dem Zeitpunkt zu existieren, an dem sie tatsächlich anfing, und nicht vielmehr zu einem anderen Zeitpunkt?"prinzipiell unbeantwortbar ist. Die Schlußfolgerung, daß die Welt keinen Anfang gehabt hat, würde nur dann folgen, wenn ausreichende Gründe für die Meinung vorgebracht würden, daß, wenn die Welt einen Anfang gehabt hat, die Frage, warum sie zu dem Zeitpunkt, an dem sie zu existieren begann, anfing und nicht vielmehr zu einem anderen Zeitpunkt, im Prinzip beantwortbar sein muß. Kant produziert keinerlei Gründe dafür, warum wir diese Meinung akzeptieren sollten. Wir wollen versuchen, ob wir Gründe produzieren können, um diese Meinung zurückzuweisen. Genauer stellt sich uns folgende Aufgabe. Wir müssen Gründe für die Widerlegung der Auffassung finden, daß die genannte Frage beantwortbar sein muß, wenn die Hypothese eines Anfangs der Welt in der Zeit richtig ist, für jede Interpretation der Frage, für die Kants Argument relevant ist. Das läßt die Möglichkeit offen, daß es eine andere Interpretation der ganzen Frage geben mag, für die unsere Gründe und Kants Argument gleichermaßen irrelevant sind.

Erörtern wir die Frage „Warum fing es zu dem Zeitpunkt an, an dem es tatsächlich anfing?", wenn sie hinsichtlich eines gewöhnlichen Prozesses oder einer Reihe von Ereignissen gestellt wird, die einen Teil der Geschichte der Welt bildet. Eine derartige Frage hat normalerweise, so können wir sagen, einen doppelt *externen* Charakter. Erstens setzt sie, wenn sie auf *den Zeitpunkt, an dem* der fragliche Prozeß anfing, bezugnimmt, jenen Prozeß in Beziehung zu einem zeitlichen Rahmen anderer Ereignisse und Prozesse. Der Zeitpunkt, an dem der fragliche Prozeß begann, wird in Beziehung auf diesen externen Rahmen bestimmt. Zweitens versucht die Frage die Erwähnung irgendeiner Bedingung hervorzurufen, die dem fraglichen Prozeß ebenfalls extern ist und die zu dem Zeitpunkt statthatte oder auftrat, als der Prozeß anfing, und deren Auftreten oder Statthaben zu jenem Zeitpunkt hinreichend ist, um den Beginn des Prozesses zu eben dieser Zeit zu erklären.

Nun beutet Kants Argument die Tatsache aus, daß unsere Frage, wenn sie hinsichtlich der Geschichte der Welt im ganzen gestellt wird, unmöglich die Erwähnung irgendeiner externen Bedingung hervorrufen könnte, die zu dem Zeitpunkt auftrat oder statthatte, an dem jene Geschichte anfing, und also nicht die Erwähnung einer externen Bedingung hervorrufen könnte, die hinreichend wäre, den Anfang jenes Prozesses zu jenem Zeitpunkt zu erklären. Aber wir müssen auch die Implikationen der Tatsache erwägen, daß, wenn die Frage hinsichtlich der Geschichte der Welt im ganzen gestellt wird, unmöglich etwas der ersten externen Bezugnahme entsprechen könnte, die eine solche Frage normalerweise impliziert. Zweifellos, wenn die Welt einen Anfang hätte, dann würde (oder könnte) es eine richtige Antwort auf die Frage „Wie lange hat sie existiert?“ oder „Vor wie langer Zeit hat sie zu existieren begonnen?“ geben, ob wir die Antwort nun wissen könnten oder nicht wissen könnten. Der Ausdruck „der Zeitpunkt, an dem die Welt zu existieren anfing“ hätte einen objektiven Bezug. Aber ihr Bezug könnte unmöglich derart sein, daß er die Existenz irgendwelcher zeitlicher Relationen zwischen dem Anfang der Weltgeschichte und anderen, zu dieser Geschichte externen Ereignissen oder Prozessen implizierte. Nun scheint es, daß wir solche Fragen wie „Warum begann der Krieg zwischen Nord und Süd zu der Zeit, zu der er tatsächlich anfing?“ genau darum sinnvoll stellen können, weil wir sinnvollerweise annehmen können, daß die externen Zeit-Relationen jenes Konfliktes hätten andere sein können als sie tatsächlich waren. Allgemein scheint es so zu sein, daß wir aus Gründen der Existenz solcher externer Zeit-Relationen in der Lage sind, Annahmen eine Bedeutung zu geben, die wir mit Hilfe solcher hypothetischer Satzteile ausdrücken wie „Wenn ich einen Tag früher geboren worden wäre“ oder „Wenn der Krieg eine Woche später angefangen hätte“ usw. Wir haben jedoch notiert, daß, wenn die Welt einen Anfang gehabt hat, es nichts gibt, was zur Geschichte der Welt extern wäre und zu dem ihr Anfang in eine zeitliche Beziehung gesetzt werden kann. Es ist verführerisch, unmittelbar zu schlußfolgern, daß die Annahme, die Welt hätte zu einer anderen Zeit zu existieren anfangen können, genauso leer ist wie die Annahme, daß ihre externen Zeit-Relationen hätten andere sein können; daß die erste Annahme in der Tat genau dieselbe ist wie die zweite, leere Annahme. Dies würde tatsächlich den Kantischen Punkt bestätigen, daß es keine Erklärung dafür geben kann, warum die Welt zu einer bestimmten Zeit und nicht vielmehr zu einer anderen zu existieren anfing. Aber so würde er bestätigt, indem sich zeigte, daß es da nichts zu erklären gibt; und der Punkt würde damit jedweder Kraft beraubt, die er anscheinend besitzen könnte.

Ist es möglich, bei Unterstellung der Annahme, daß die Welt einen Anfang gehabt hat, die These, daß dieser Anfang zu einer anderen Zeit als der tatsächlichen hätte stattfinden können, in irgendeiner weniger leeren Weise zu interpretieren? Ich will zwei weitere Vorschläge erörtern, von denen der eine, wie ich glaube, Sinn macht. Es könnte vorgeschlagen werden, daß die Annahme nicht als die einer *Verschiebung* der ganzen Sequenz von Ereignisse, die wirklich die Weltgeschichte ausmachen, in der Zeit interpretiert werden muß, sondern als die Annahme einer früheren *Hinzufügung* zu der Sequenz von Ereignissen im ganzen. Der Gedanke ist dann, daß der Sequenz von Ereignissen, aus denen sich die erste Phase der Geschichte der Welt zusammensetzte, eine andere Sequenz von Ereignissen hätte vorausgehen können, die tatsächlich nicht statthatte. Und ich glaube, daß, wenn die Welt einen Anfang in der Zeit gehabt hat, dies als eine echte logische Möglichkeit zugegeben werden muß. Aber wenn wir den Gedanken in diesem Sinne interpretieren sollen, reduziert sich die Kantische Klage, daß es keine Erklärung dafür geben kann, warum die Welt zu einem bestimmten Zeitpunkt zu existieren begann und nicht vielmehr zu einem anderen, auf die Klage, daß es keine (externe) Erklärung dafür geben kann, daß, bevor irgendetwas überhaupt geschah, etwas Zusätzliches zu dem, was geschah, *nicht* geschah. Es ist nicht klar, daß dieser Punkt auch nur den prima facie Anschein eines Einwandes gegen die Thesis gibt, daß die Welt einen Anfang hatte. Es ist nicht wirklich eine Klage hinsichtlich der wirklichen Sequenz der Ereignisse, die die erste Phase der Geschichte der Welt bildete, daß wir nicht erklären könnten, warum diese Sequenz der Ereignisse zu dem Zeitpunkt begann, zu dem sie tatsächlich begann. Es ist jetzt eher eine Klage, daß wir die Tatsache nicht erklären könnten, daß vorher nichts geschah. Aber die bloße Tatsache, daß etwas nicht geschah, wird niemals einer Erklärung für bedürftig gehalten, es sei denn, unter den gegebenen Umständen hätte erwartet werden können, daß etwas Spezifisches geschehen wäre.

Der zweite Vorschlag kann folgendermaßen eingeführt werden. Ist es nicht logisch möglich, daß wir alle zum gegenwärtigen Zeitpunkt mit Tätigkeiten befaßt sein sollten, die uns tatsächlich morgen zur gleichen Zeit beschäftigen werden, und daß wir uns jetzt an die Tätigkeiten gestern erinnerten, die uns tatsächlich zum gegenwärtigen Zeitpunkt beschäftigen, und daß trotzdem alle zeitlichen Relationen dieser Tätigkeiten zu anderen Ereignissen in der Geschichte der Welt unverändert bleiben? Und ist es nicht gleichermaßen logisch möglich, daß wir alle uns zum gegenwärtigen Zeitpunkt mit jenen Aktivitäten befaßten, die uns tatsächlich zur selben Zeit schon gestern beschäftigten, und daß wir gegenwärtig nicht mehr als (äußerstenfalls) die Absichten und Antizipationen hinsichtlich solcher Tätigkeiten hätten, mit denen wir tatsächlich beschäftigt sind, und daß gleichwohl sämtliche zeitlichen Relationen aller dieser Aktivitäten zu anderen Ereignissen in der Geschichte der Welt unverändert bleiben? Wenn dies Möglichkeiten sind, dann ist die Annahme, daß die gesamte Sequenz der Ereignisse, die zur Weltgeschichte gehören, einen Tag früher angefangen haben könnte als sie tatsächlich angefangen hat, äquivalent zu der Annahme, daß die erste dieser Möglichkeiten erfüllt ist, und die Annahme, daß die Sequenz einen Tag später hätte anfangen können, äquivalent zu der Annahme, daß die zweite dieser Möglichkeiten erfüllt ist.

Der Gedanke, der diesem Vorschlag zugrunde liegt, ist klar. Er soll das Fehlen externer zeitlicher Relationen für die gesamte Sequenz von Ereignissen, die die Geschichte der Welt ausmacht, durch einen Appell an unseren Sinn für *den gegenwärtigen Zeitpunkt* ausgleichen. Mit Beziehung auf das *Jetzt*, den gegenwärtigen Zeitpunkt, sollen wir uns die Geschichte der Welt anders zugeordnet denken, in der Zeit nach rückwärts oder nach vorwärts verschoben, wobei alle internen zeitlichen Relationen der Teile der Weltgeschichte erhalten bleiben. Aber diese Konzeption hängt von der Annahme ab, daß die Identität des gegenwärtigen Zeitpunkts sozusagen völlig unabhängig vom Inhalt der Zeit ist. „Ist sie das denn nicht?" könnte man denken oder sagen: „Jetzt ist *jetzt*, was immer auch jetzt geschieht." Aber dieser Gedanke oder diese Äußerung helfen in gar keiner Weise. Gedanken und Äußerungen gehören zu den Ereignissen, die wir uns, ohne Veränderung ihrer zeitlichen Relationen zueinander, als in Beziehung auf den gegenwärtigen Augenblick möglicherweise verschoben denken sollten. Der Begriff, daß *alles* mit Beziehung auf den gegenwärtigen Zeitpunkt in der Zeit anders angeordnet sei, ist in Wirklichkeit genauso leer wie der Gedanke einer Veränderung in den externen zeitlichen Relationen für die gesamte Sequenz der Ereignisse im Universum.

Was diesen Schein ermutigt, ist zweifellos die Tatsache, daß wir mit völliger logischer Konsistenz Geschichten erzählen können, in denen bestimmte Ereignissequenzen gegenüber ihrer tatsächlichen Anordnung relativ zu anderen verschoben sind. Auf diese Weise ist es in der Tat logisch möglich, daß irgend jemand jetzt mit Aktivitäten befaßt sein sollte, die ihn tatsächlich gestern beschäftigten oder morgen beschäftigen werden. Aber im Kontext dieser eingeschränkten Annahmen übt das Wort „jetzt" seine täuschenden Fähigkeiten auch nicht aus und muß sie nicht ausüben. Nur im Kontext der Annahme einer totalen zeitlichen Verschiebung werden diese Fähigkeiten wirksam. Dann ist der Schein ziemlich mächtig; aber es ist nichtsdestoweniger ein Schein.

Es bleibt schließlich zu erörtern, ob nicht eine Frage der Form „Warum begann *x* zu dem Zeitpunkt, zu dem es tatsächlich begann?" nicht in völlig anderer Weise verstanden werden könnte, einer Weise, für die die ganze vorhergehende Diskussion völlig irrelevant wäre. Ist es nicht einfach möglich, daß eine derartige Frage zu Recht so konstruiert werden könnte, daß sie eine Erklärung für die interne Natur des Prozesses sucht, hinsichtlich dessen sie gestellt wird? Es könnte zum Beispiel für einen bestimmten Tanz charakteristisch sein, daß seine Bewegung durch Händeklatschen betont wird, das von den Tanzenden in Intervallen vollführt wird. Dann könnte die Frage „Warum fing es an, als es anfing?", gestellt z. B. nach dem elften Händeklatschen, so interpretiert werden, daß sie die Bedeutung hat „Warum fing es vor elf Mal Händeklatschen an?"; und die Antwort könnte die Form einer Erklärung dafür haben, daß die interne Struktur des Tanzes den Tanzenden nicht erlaubt haben würde, ihre gegenwärtige Position zu erreichen, wenn sie nicht genau elf Mal in die Hände geklatscht hätten.

Ich möchte nicht positiv behaupten, daß die Frage nach dem Anfang der Welt als eine interne Frage konstruiert werden könnte. Mein Beispiel ist offensichtlich eine schwache Analogie für jede derartige Frage nach dem Anfang der Welt. Ich möchte einfach herausstellen, daß, wenn die Frage als interne verstanden werden könnte, jedwedes Argument wie das Kantische ohne irgendwelche Kraft wäre und nicht zeigen könnte, daß die so konstruierte Frage unbeantwortbar ist. Denn es ist klarerweise eine Annahme eines derartigen Arguments, daß die Frage so konstruiert werden muß, daß sie die Erwähnung irgendeiner zu jenem Prozeß – der gesamten Sequenz von Zuständen der Welt –, hinsichtlich dessen gefragt wird, warum er begann, als er begann, externen Bedingung hervorzurufen sucht. Um daher zu zeigen, daß die Frage wirklich unbeantwortbar ist, muß wenigstens gezeigt werden, daß der Gedanke, sie als interne Frage zu konstruieren, irgendetwas Illegitimes oder Absurdes an sich hat. Ich weiß nicht, wie das gezeigt werden könnte. Könnte es nicht das Ziel irgendeines Physikers der Gegenwart oder der Zukunft sein, im Gegenteil zu zeigen, daß die Frage als eine interne konstruiert und beantwortet werden kann?

Wir wollen uns nun Kants Argument für den zweiten Teil der Antithesis der ersten Antinomie zuwenden. Das Argument scheint von einem illegitimen Spiel mit dem Begriff einer Schranke oder Grenze abzuhängen. Wenn die Welt in räumlicher Ausdehnung endlich oder begrenzt wäre, stände sie in einer bestimmten Relation zum leeren Raum außerhalb ihrer, nämlich in der Relation des *Begrenzt*seins durch den leeren Raum. Aber der leere Raum ist überhaupt nichts, d. h. es gäbe nichts, wodurch die Welt begrenzt sein könnte. Daher muß sie in räumlicher Ausdehnung grenzenlos oder unendlich sein.

Das Argument verdient, so, wie es dasteht, kaum einen Kommentar. Aber eine hinzugefügte Fußnote deutet an, daß Kant an ein besseres, wenn auch immer noch erfolgloses Argument gedacht hat. Allgemein gilt, wenn x in y ist, dann hat x eine bestimmte räumliche Relation zu y, und es hat Sinn zu fragen, wo genau in y x ist (z. B.). Aber wenn x die Welt ist und y der Raum ist, hat diese Frage keinen Sinn. Wir dürfen tatsächlich in völliger Angemessenheit sagen, daß die Welt im Raum ist; denn damit meinen wir nicht mehr, als daß alle Dinge der Welt einander räumlich zugeordnet sind. Aber die Hypothese, daß die Welt in räumlicher Ausdehnung endlich ist, würde von uns fordern zu sagen, daß die Welt *im* Raum in einem weiteren und unzulässigen Sinn ist, dem Sinn nämlich, in dem sie eine bestimmte räumliche Relation *zum* Raum hat. Mit dieser Redeweise würde eine Frage zugelassen, die tatsächlich sinnlos ist. Es gibt einen gültigen und einen ungültigen Schritt in diesem Argument. Unter der Annahme, daß die Geometrie des physikalischen Raumes euklidisch ist, würde der Satz, daß die Welt in räumlicher Ausdehnung endlich ist, in der Tat den Satz implizieren, daß sie „im" unendlichen und ansonsten leeren Raum ist; und das ist ein Satz, der verschieden ist von dem Satz, daß alle physikalischen Dinge einander räumlich zugeordnet sind. Aber dieser Satz würde keine sinnlosen Fragen über die räumlichen Relationen der Welt zum Raum zulassen. Er wäre äquivalent zu dem Satz, daß es nichts in der Logik oder in der physikalischen Geometrie des Raumes gäbe, das der räumlichen Ausdehnung der Welt irgendwelche Grenzen auferlegte. Er wäre äquivalent zu dem Zugeständnis, daß nichts *Unmögliches* an dem Gedanken wäre, daß es physikalische Dinge in beliebig größerer Entfernung gäbe, als die äußersten Teile des Universums tatsächlich entfernt sind. (Kant hätte ein ähnliches Argument gegen die Möglichkeit eines Anfangs der Welt in der Zeit gebrauchen können, hat es aber faktisch nicht getan. Es wäre auf gleiche Weise beantwortbar gewesen.)

Kants zweite Antinomie betrifft zusammengesetzte, Raum einnehmende materielle Dinge oder Substanzen. Er argumentiert, daß derartige Dinge sowohl aus einfachen und nichtzusammengesetzten Teilen aufgebaut sein müssen, als auch, daß sie so nicht aufgebaut sein können. Im Argument für die Thesis nimmt Kant einfach das Prinzip in Anspruch, daß von einer zusammengesetzten materiellen Substanz die Zusammensetzung theoretisch entfernbar sein muß, ohne daß das der Existenz dessen schadet, woraus das Zusammengesetzte gemacht ist. Daraus folgt natürlich sofort, daß das Zusammengesetzte im ganzen aus nichtzusammengesetzten oder einfachen Teilen gemacht sein muß, aus den letzten und einfachen Substanzen. Für die Antithesis argumentiert er im Ergebnis, daß, was zusammengesetzt und Raum einnehmend ist, nur aus Teilen gemacht sein kann, die selber Raum einnehmen, und daß alles, was Raum einnimmt, ausgedehnt und deshalb zusammengesetzt ist; daher kann das Zusammengesetzte nicht aus nichtzusammengesetzten oder einfachen Teilen bestehen.

Gegen das Argument für die Thesis kann darauf bestanden werden, daß Kant keinen Beweis für seine Prinzip hinsichtlich zusammengesetzter materieller Substanz anbietet. Nichtsdestoweniger gibt es faktisch ziemlich gute Gründe, die Schlußfolgerung, die er aus dem Prinzip zieht, zu akzeptieren. Denn die einzigen Verwendungen des abstrakten Begriffs des „Zusammengesetztseins", die in diesem Kontext zu erörtern relevant ist, sind die Verwendungen, die von diesem Begriff in physikalischen Theorien der Materie gemacht werden oder gemacht werden könnten, wenn es welche gibt. Der Begriff der Zusammensetzung hat in derartigen Theorien charakteristischerweise einen Platz gefunden in Assoziierung mit einem korrelativen Begriff nichtzusammengesetzter Konstituentien. Die Tatsache, daß eine bestimmte Anwendung dieses letzten Begriffs durch eine andere ersetzt werden kann, ist kein Einwand gegen die allgemeine Assoziierung.

Das Argument für die Antithesis ist in einer viel schlechteren Lage. Es hängt von zwei Sätzen ab, die beide bestreitbar sind: (1) daß, was immer ausgedehnt ist, nicht einfach ist; (2) daß, was immer Raum einnimmt, ausgedehnt ist. Was den ersten Satz angeht, gibt es keinen Grund *a priori* anzunehmen, daß „zusammengesetzt", wie es in physikalischen Theorien gebraucht wird, von „ausgedehnt" impliziert wird; d. h. es gibt keinen Grund *a priori* anzunehmen, daß „einfach" „unausgedehnt" impliziert. Elementare Substanzen oder Partikel können so gedacht werden, daß sie Dimensionen haben. Auf der anderen Seite – und das bringt uns zu dem zweiten Satz – könnten sie so gedacht werden, daß sie einen Ort und keine Dimensionen haben. Aber wiederum läge kein Widerspruch oder keine Absurdität in einer physikalischen Theorie, derzufolge ein zusammengesetzter materieller Körper aus einer endlichen Zahl einfacher und unausgedehnter Punktpartikeln bestünde, von denen jede die alleinige Inhaberin eine Teils des Raumes ist, der von dem materiellen Körper als ganzem eingenommen wird, wobei die Summe der endlichen Teile das Ganze dieses Raumes bildet. Jede Punktpartikel würde in einer solchen Theorie vermutlich so aufgefaßt, daß sie durch den ganzen Bereich des Raumes, den sie allein einnimmt, irgendeine kausale Wirksamkeit ausübt. Aber man ist nicht mehr verpflichtet anzunehmen, daß eine Partikel den Raum, den sie allein einnimmt, ausfüllen muß, als man verpflichtet ist anzunehmen, daß der Fahrgast, der in einem Eisenbahnwagen allein ist, diesen ganz ausfüllen muß – obwohl man annehmen könnte, daß sein abstoßendes Aussehen dafür verantwortlich war, daß er in dem Eisenbahnwagen allein war.

2. Auf jeden Fall ein Problem?

Das sind Kants Argumente für Thesis und Antithesis der beiden mathematischen Antinomien, und so sehen einige der Einwände aus, die gegen sie erhoben werden können. Wenn wir die Argumente als gültig akzeptierten, wären wir tatsächlich mit einem ernsten philosophischen Problem konfrontiert. Wir wären mit der Tatsache konfrontiert, daß auf jede von drei anscheinend legitimen kosmologischen Fragen – nach der Ausdehnung des Universums, nach der Dauer seiner Geschichte, und nach dem Aufbau der Materie – zwei scheinbar einander wechselseitig ausschließende Antworten gleichermaßen als wahr bewiesen werden könnten. Aber selbst, wenn wir die Argumente nicht als gültig ansehen, sind wir immer noch, nach Kants Auffassung, mit einem philosophischen Problem konfrontiert. Wir sehen uns immer noch den kosmologischen Fragen selber gegenüber und der scheinbaren Wahl zwischen jeweils zwei einander wechselseitig ausschließenden Antworten auf jede von ihnen. Wir können nicht, wie Kant herausstellt, unvermeidliche Unwissenheit hinsichtlich der Antworten auf diese Fragen beanspruchen mit der Begründung, daß sie sich auf übersinnliche Gegenstände beziehen.[14] Sie beziehen sich ja, wenn sie sich auf irgendetwas beziehen, auf Dinge in Raum und Zeit. Auf der anderen Seite besteht er darauf – und dieser Punkt ist wesentlich für die gesamte anschließende Diskussion –, daß „die Auflösung dieser Aufgaben niemals in der Erfahrung vorkommen kann".[15] Der Philosoph kann dieses Problem nicht einfach an den Naturwissenschaftler weitergeben. Er muß es selber lösen. Die Begriffe, in die kosmologische Fragen gefaßt sind, sind nicht so beschaffen, daß wir je empirische Gründe dafür haben könnten, sie anzuwenden.[16] Die Quelle dieser Begriffe und der Probleme, die sie aufwerfen, ist einfach unser eigenes Denken; und die Auflösung dieser Probleme müssen wir auch in unserm eigenen Denken finden.

3. Eine Reformulierung der Alternativen

Die beiden mathematischen Antinomien sollen in sich drei „Konflikte der reinen Vernunft mit sich selber" verkörpern. Jeder Konflikt soll auf der Grundlage entstehen, daß wir uns einem Paar von scheinbar erschöpfenden Alternativen gegenübersehen, von denen eine den Begriff einer unendlichen Totalität, die andere den Begriff einer endlichen Totalität involviert. Wir wollen diese Alternativen als unendliche bzw. endliche Alternative bezeichnen. Es ist deutlich genug, wie die endlich-unendlich-Antithese in die beiden ersten Konflikte kommt. Entweder ist die Dauer der Welt von jedem Augenblick in ihrer Geschichte endlich oder sie ist unendlich. Entweder ist die räumliche Ausdehnung der Welt endlich oder sie ist unendlich. Kant nahm an, daß das im Fall des dritten Konflikts gleichermaßen deutlich sei. Entweder ist eine zusammengesetzte materielle Substanz aus einer unendlichen Anzahl nicht-einfacher Teile zusammengesetzt, oder sie ist aus einer endlichen Anzahl einfacher Teile zusammengesetzt. Er glaubte das, weil er der mathematisch zulässigen Möglichkeit nicht gewahr war, daß ein Körper sowohl aus einer *unendlichen* Zahl ausgedehnter Teile als auch aus einer *unendlichen* Zahl nicht ausgedehnter Punktpartikeln bestehen kann. Wir wollen jedoch um des Argumentes willen diese Möglichkeit vernachlässigen. Sie ist keine solche Möglichkeit, die Kant irgendeinen Grund gegeben hätte, seine in seiner Auflösung der Konflikte entwickelten Lehren zu modifizieren.

Um nun die Alternativen in solcher Weise zu reformulieren, daß klar herauskommt, wie Kants allgemeine Form der Auflösung auf alle drei Konflikte passen sollte, muß mit Hilfe des Begriffs einer *Reihe* vorgegangen werden. In jedem Fall entspricht dem Gedanken der endlichen Alternative der Gedanke eines bestimmten Typs einer Reihe als endlicher, d. h. als einer solchen, die eine endliche Zahl von Mitgliedern hat; und in jedem Fall entspricht dem Gedanken der unendlichen Alternative der Gedanke einer bestimmten Reihe als unendlicher, d. h. als einer solchen, die eine unendliche Zahl von Mitgliedern hat. Wir können sagen, daß in jedem Fall der Gedanke einer solchen Reihe, ob endlich oder unendlich, dazu dienen wird, für uns die Gedanken der endlichen und unendlichen Alternative zu *repräsentieren*, obwohl sie nicht in jedem Fall genau dieselben Gedanken sind, wie jene, die zu repräsentieren sie dienen. Welche also sind diese Reihen?

Für den Fall der Dauer der Welt könnten wir als das erste Mitglied unserer Reihe die Klasse der Ereignisse auswählen, die zeitgleich mit den Napoleonischen Kriegen sind. Wir könnten faktisch die Napoleonischen Kriege selber auswählen. Als zweites Mitglied der Reihe würde eine Klasse von Ereignissen fungieren, die den Napoleonischen Kriegen mehr oder weniger nahe vorausgingen und die eine endliche zeitliche Reichweite haben, die nicht kürzer ist als die des ersten Glieds der Reihe. Das dritte Mitglied der Reihe wäre eine weitere gleichartige Klasse von noch früheren Ereignissen; und so weiter. Die Reihe muß, so scheint es, entweder endlich oder unendlich sein.

Der Fall der Ausdehnung der Welt im Raum ist eher komplizierter. Die

Diskussion muß natürlich unter der Voraussetzung geführt werden, daß die Geometrie des physikalischen Raumes euklidisch ist. Aber es scheint alle möglichen Weisen zu geben, insofern es sich um Möglichkeiten *a priori* handelt, in denen sich die Welt, endlich oder unendlich, im euklidischen Raum ausdehnen könnte. Sie könnte zum Beispiel eine Korkenzieherform haben; und das wäre damit vereinbar, daß sie an einer Seite eine Grenze hätte und doch in der Ausdehnung unendlich wäre. Oder sie könnte die Form eines Ringes haben; das wäre damit vereinbar, daß sie endlich in der Ausdehnung wäre und doch ein Reisender, der einem Kurs von geeigneter und konstanter Krümmung folgte, niemals eine Grenze erreichen würde. Wir wollen die Diskussion dadurch vereinfachen, daß wir annehmen, die Welt habe, wenn endlich in der Ausdehnung, die Form einer Kugel, wenn unendlich in der Ausdehnung, dann breite sie sich von jedem ihrer Teilbereiche aus in alle Richtungen aus. Nun bilden wir den Gedanken einer Reihe, deren erstes Mitglied irgendein Teilbereich der Welt ist, deren zweites Mitglied ein anderer endlicher und zum ersten Teilbereich externer Bereich ist, deren drittes Mitglied eine ähnliche Region ist, die extern zum zweiten Teilbereich und vom ersten weiter entfernt als dieser ist, und so weiter, wobei jedes Mitglied der Reihe auf einem um eine gerade Linie zentrierten dreidimensionalen Pfad liegt und kein Mitglied in dieser Reihe in der Richtung des Pfades von geringerer Ausdehnung sein darf als sein Vorgänger. Natürlich wird es viele mögliche Reihen dieser Art geben. Aber welche Reihe auch immer wir auswählen, wenn die endliche Alternative die wahre ist, wird die Anzahl ihrer Mitglieder endlich sein, und wenn die unendliche Alternative die wahre ist, wird die Anzahl ihrer Mitglieder unendlich sein.

Jedes Mitglied irgendeiner dieser Reihen, die für uns die endliche und die unendliche Alternative der ersten Antinomie repräsentieren, ist jedem anderen Mitglied seiner Reihe extern. Aber jedwede Reihe, die für uns die Alternativen der zweiten Antinomie repräsentiert, ist von anderer Art. Jedes Mitglied einer derartigen Reihe ist in dem ihm vorhergehenden Mitglied eingeschlossen. Jede zusammengesetzte materielle Substanz könnte das erste Mitglied einer solchen Reihe sein. Das zweite Mitglied wäre irgendein Teil jenes zusammengesetzten Körpers, das dritte ein Teil jenes Teils und so weiter. Wenn zusammengesetzte Substanzen aus einfachen Teilen zusammengesetzt sind, dann kommt jeder Prozeß progressiver Dekomposition, durch den aufeinander folgende Mitglieder einer solchen Reihe nacheinander isoliert werden, in einer endlichen Zahl von Schritten zu einem Ende; die Reihe hat eine endliche Zahl von Mitgliedern. Aber wenn alle Teile zusammengesetzter Substanzen selber zusammengesetzt sind, kommt ein solcher Prozeß niemals in einer endlichen Zahl von Schritten an ein Ende; die Reihe hat eine unendliche Zahl von Mitgliedern. (War haben bereits bemerkt und waren damit einverstanden, den Punkt zu vernachlässigen, daß dies nicht die, mathematisch gesprochen, wirklich erschöpfenden Alternativen sind.) Dieser Typ einer Reihe ist also, wie die anderen, entweder endlich oder unendlich.

4. Kants Auflösung: Ihre allgemeine Form; und drei Interpretationen

Die allgemeine Form der Auflösung, die Kant für diese Probleme in Anspruch nimmt, ist die folgende. Weil Dinge in Raum und Zeit nur Erscheinungen sind, existiert keine der räumlichen oder zeitlichen Reihen, die die Themen der Antinomien repräsentieren, weder als begrenzte noch als unendliche Totalität. Daher können wir hinsichtlich jeder derartigen Reihe konsistent und richtigerweise behaupten, daß von den folgenden vier Sätzen die ersten beiden falsch und die letzten beiden wahr sind:

(1) Die Reihe existiert als ein begrenztes Ganzes;
(2) Die Reihe existiert als ein unendliches Ganzes;
(3) Wenn die Reihe als ein Ganzes existierte, würde sie als begrenztes Ganzes existieren;
(4) Wenn die Reihe als ein Ganzes existierte, würde sie als ein unendliches Ganzes existieren.

Die gemeinsame Wahrheit aller relevanten Behauptungen der Formen von (3) und (4), und das ist, was durch die Argumente der Antinomien, zusammengenommen, bewiesen wird, stellt einen indirekten Beweis der Behauptung dar, daß keine derartige Reihe als ein Ganzes existiert, sei es begrenzt oder unendlich; und diese Behauptung ist der Behauptung äquivalent, daß die Dinge in Raum und Zeit nur Erscheinungen sind und nicht Dinge an sich selber. Also bilden die Antinomien eine Rechtfertigung der These des transzendentalen Idealismus, und die These des transzendentalen Idealismus enthält die Auflösung der scheinbaren Konflikte der Vernunft mit sich selber, die in den Antinomien entfaltet werden.

Soviel als formale Angabe der Kantischen Auflösung. Die Frage ist: wie soll verstanden werden, was sie besagt? Zumindest drei untereinander sehr verschiedene Interpretationen sind Kandidaten, die in Erwägung zu ziehen sind. Nicht, als ob jede von ihnen plausibel als eine Interpretation ausgegeben werden könnte, die mit all dem konsistent ist, was Kant in der *Kritik* behauptet. (Das hieße, den Standard für Kant-Exegese sehr hoch anzusetzen.) Vielleicht kann nur eine dieser Interpretationen als mit Kants beherrschender Intention im Antinomien-Kapitel übereinstimmend dargestellt werden. Gleichwohl ist jede der drei Interpretationen eine Erörterung wert und keiner fehlt völlig die Unterstützung durch den Text der *Kritik*. Ich habe versucht, meine eigene kurze Darlegung von Kants Lösung im allgemeinen mit der erforderlichen Zweideutigkeit zu formulieren, sie in Worte zu fassen, die einigen von Kants eigenen nahe sind, aber mit mehr oder weniger Gezwungenheit jede der drei Interpretationen zulassen, die ich erörtern will. Ich bezeichne sie respective als die „starke", die „schwache" und die „gemischte" Interpretation. Jeder entspricht offensichtlich eine unterschiedliche Version des transzendentalen Idealismus; und diese Versionen können passenderweise „starker transzendentaler Idealismus", „schwacher transzendentaler Idealismus" und

„gemischter transzendentaler Idealismus" genannt werden. Die drei Interpretationen sind untereinander inkompatibel, was aber nicht heißt, daß es zwischen ihnen keine Überlappungen gibt. Einige Behauptungen können verschiedenen Interpretationen gemeinsam sein; insbesondere teilen die „schwache" und die „gemischte" Interpretation miteinander wichtige Züge.

In der starken Interpretation besagt die Lehre, daß Dinge im Raum und Zeit nur Erscheinungen sind, daß es nur der Fall zu sein scheint, daß es überhaupt etwas im Raum oder in der Zeit gibt. Es scheint nur so, daß irgendetwas irgendwo ist oder daß irgendetwas geschieht. In Wirklichkeit ist nichts irgendwo, geschieht nichts. Sogar der Umstand, daß es so scheint, als gäbe es Dinge in Raum und Zeit, kann nicht als etwas verstanden werden, das stattfindet oder dauert, das in der Zeit auftritt oder selber Zeit braucht. Keine räumliche oder zeitliche Reihe von Dingen existiert als ein Ganzes, weil keine derartige Reihe überhaupt existiert. Es gibt nichts, was ein Mitglied irgendeiner derartigen Reihe sein könnte. Ohne Zweifel, wenn eine solche Reihe wirklich existierte, existierte sie entweder als ein endliches oder als ein unendliches Ganzes. Aber die Frage, welche Alternative wirklich für den Fall irgendeiner derartigen Reihe realisiert ist, kommt gar nicht auf, weil keine solche Reihe existiert. Noch kommt irgendeine vergleichbare Frage im Hinblick auf Erscheinungen auf. Aus der Tatsache, daß es der Fall zu sein scheint, daß es Dinge gibt, die in bestimmter Weise räumlich oder zeitlich geordnet sind, folgt nicht, daß es entweder so scheint, daß alle derartigen Dinge als Mitglieder begrenzter Reihen existieren, noch daß es so scheint, daß alle derartigen Dinge als Mitglieder einer unendlichen Reihe existieren. Tatsächlich ist keines der beiden Glieder der Disjunktion wahr.

Wir müssen auf diese Interpretation wenig Zeit verwenden. Sie ist bei weitem zu schwer mit beinahe allem zu vereinbaren, was im Text enthalten ist und zu der detaillierten Ausarbeitung der Auflösung beiträgt; und selbst wenn, durch irgendein Kunststück von Virtuosität, eine solche Vereinbarkeit zustande gebracht werden könnte, scheint es unwahrscheinlich zu sein, daß die starke Lösung sich als irgendetwas anderes, als überflüssig zu sein, herausstellen könnte. Nichtsdestoweniger verdient diese Interpretation der Erwähnung; denn die entsprechende Version des transzendentalen Idealismus ist keineswegs eine, die in der Diskussion dieses Themas völlig übersehen werden sollte.

Wir wollen uns den anderen beiden Interpretationen zuwenden. In der Entwicklung jedes der drei Konflikte, ob nun die endliche oder die unendliche Alternative dargestellt wird, ist unterstellt, daß die Reihe, die das Thema des Konflikts repräsentiert, als ein Ganzes existiert. Auf der einen Seite werden wir mit dem Gedanken einer endlichen Reihe konfrontiert, die durch ein begrenzendes oder letztes Mitglied beschlossen wird, auf der anderen Seite mit dem Gedanken einer Reihe ohne so ein letztes Mitglied. Die Entwicklung des Konfliktes setzt voraus, daß dem einen oder dem anderen Gedanken ein Gegenstand entsprechen muß. Ein Satz, den Kant wiederholt bekräftigt und der für die beiden Interpretationen seiner Auflösung, die wir jetzt erörtern wollen, zentral ist, ist der Satz, daß keine mögliche Erfahrung uns jemals in der Behauptung rechtfertigen könnte, daß wir einen Gegenstand angetroffen hätten, der einem dieser beiden Gedanken entspräche. Dieser Satz ist, sage ich, zentral sowohl für die schwache als auch für die gemischte Interpretation. Aber beide divergieren in der Konstruktion, die sie ihm geben.

Zuerst die schwache Interpretation. Zu sagen, daß Dinge in Raum und Zeit nur Erscheinungen sind, heißt nicht zu sagen, daß da nur Dinge in Raum und Zeit zu sein scheinen. Es gibt wirklich solche Dinge. Der Sinn, sie „bloße Erscheinungen" zu nennen, liegt darin, die ganze Konzeption als sinnlos auszuschließen, derzufolge sie „an sich selber" Charakteristika oder Relationen haben, die völlig verschieden von allen sind, die zu haben sie uns möglicherweise *erscheinen* könnten, was soviel besagt wie, daß es uns unmöglich wäre, jemals empirisch zu entdecken, daß die Dinge diese Charakteristika und Relationen haben. In keiner Diskussion oder in keinem Argument über Dinge in Raum und Zeit kann es einen legitimen Gebrauch für Begriffe geben derart, daß keine mögliche Beobachtung, keine mögliche Erfahrung die Anwendung jener Begriffe jemals rechtfertigen könnte. Nun sind wir sicher darin gerechtfertigt, daß wir Begriffe für bestimmte Arten sequentieller *Ordnung* von Dingen in Raum und Zeit verwenden. So rechtfertigen Erinnerung und historische Forschungen den Begriff einer sequentiellen Ordnung von Ereignissen, die von kürzlich geschehenen Ereignissen in der Zeit rückwärts zu immer weiter entfernten Ereignissen fortgeht bis zu Ereignissen jenseits der Reichweite der Erinnerung. Es gibt tatsächlich einen völlig legitimen Begriff für einen Typ sequentieller Ordnung, der jedem der Begriffe eines Typs von Reihe entspricht, die das Thema der Antinomien bilden. Aber es ist eine Illusion, wenn auch eine natürliche Illusion zu meinen, daß es für jeden derart legitimen Begriff für einen Typ sequentieller Ordnung auch einen ebenso legitimen Begriff für die *ganze Reihe* der Dinge gibt, die durch die fragliche Ordnungsrelation geordnet sind.

Der Schein wird in komplexer Weise durch viele Faktoren genährt. Der Gedanke einer räumlichen oder zeitlichen Reihe als eines endlichen Ganzen ist der gemeinsame Kern vieler völlig legitimer Vorstellungen, die einen empirischen Gebrauch haben. Die ganze regressive zeitliche Reihe von Königen aus dem Hause Plantagenet, die mit Richard III. beginnt; die vollständige räumliche Reihe von Pflastersteinen, die den Pfad ausmacht; die ganze Reihe ineinander verschachtelter Boxen, die mit der äußersten beginnt – alle diese sind Gegenstände, die jenen Vorstellungen entsprechen. In jeder derartigen Reihe wissen wir, was als empirische Entdeckung gilt, daß dies-und-dies Mitglied das letzte in der Reihe ist. Aber dann sind wir versucht, den gemeinsamen Kern aller dieser Vorstellungen zu isolieren. Wir entkleiden ihn jener Beschreibungen, die uns tatsächlich instandsetzen zu wissen, was als empirische Entdeckung des abschließenden Gliedes jeder derartigen räumlichen oder zeitlichen Reihe gelten würde, und lassen uns z. B. mit der bloßen Idee eines endlichen Ganzen der regressiven zeitlichen Reihe von Zuständen der Welt *im allgemeinen* zurück. Aber diese Idee ist leer. Nicht nur haben wir nicht die leiseste Konzeption irgendeiner Erfahrung, die uns darin rechtfertigen würde, Anwendung für die Wörter zu beanspruchen, in denen sie ausgedrückt ist; wir können sehen, daß keine derartige Erfahrung möglich ist.

Sogar die Realisierung dieser Tatsache könnte, weit entfernt davon, den Schein völlig zu zerstreuen, einfach eine komplementäre Form dieses Scheins ermutigen. Wir könnten schlußfolgern, daß, weil uns nichts in der Behauptung rechtfertigen würde, daß eine bestimmte Region des Universums die äußerste oder eine bestimmte Phase seiner Geschichte die erste sei, die ganze Reihe von Regionen oder Phasen als ein unendliches Ganzes existieren muß. Nicht nur folgt keine derartige Schlußfolgerung, sondern die Idee der ganzen Reihe als eines unendlichen Ganzen ist genauso leer wie die Idee der ganzen Reihe als eines endlichen Ganzen. Die zuletztgenannte Idee entsteht oder kann entstehen, wie wir gesehen haben, wenn eine völlig legitime Klasse von empirisch anwendbaren Gedanken ihres gesamten empirischen Gehalts beraubt wird. Die erstgenannte Idee entsteht aus dem Versuch, einen Gedanken, der in die reine Mathematik gehört, in den andersartigen Bereich einer empirischen Thematik zu versetzen. Denn der Begriff irgendeiner Erfahrung, die uns darin rechtfertigen würde zu behaupten, daß die reihenförmig zu ordnenden Regionen des Universums oder die Phasen seiner vergangenen Geschichte als ein Ganzes eine unendliche Reihe bilden, ist faktisch selbstwidersprüchlich. Empirische Erforschung dieser Gegenstände muß in aufeinanderfolgenden Stufen der Entdeckung immer weiter entfernter Regionen oder Phasen erfolgen und dabei von einer gegebenen Region oder Phase ausgehen, und könnte daher niemals den Punkt erreichen, an dem die Reihe der Regionen oder Phasen als unendlich behauptet wird. Wir können sagen, wenn wir möchten – mehr, wir *sollten* sagen – daß die Aufgabe, diese reihenförmig geordneten Gegebenheiten zu erforschen, insofern eine unendliche Aufgabe ist, als uns nichts darin rechtfertigen könnte zu sagen, daß wir ihr Ende erreicht haben; wir müssen immer bestrebt sein, weitere Glieder von Reihen denjenigen hinzuzufügen, die wir bereits entdeckt haben. Aber wir dürfen uns die unendliche Forschungsaufgabe nicht als eine Aufgabe der Erforschung des Unendlichen denken.

Jemandem, der darauf besteht, daß diese reihenförmig geordneten Gegebenheiten zu einer Reihe gehören müssen, die als ganze entweder endlich oder unendlich ist, müssen wir also antworten, daß er die Wörter in ganz leerer Weise gebraucht, daß „das All . . . in empirischer Bedeutung . . . jederzeit nur komparativ (ist)“[17] und daß vom Begriff ‚das Ganze‘ kein derart unrestringierter Gebrauch gemacht werden kann wie er davon zu machen versucht. Es ist wirklich die Leere der „endlichen Alternative“, die uns, wenn unvollkommen verstanden, dazu zu zwingen scheint, die „unendliche Alternative“ zu akzeptieren, und es ist gleicherweise die Leere der „unendlichen Alternative“, die uns, wenn unvollkommen verstanden, dazu zu zwingen scheint, „die endliche Alternative“ zu akzeptieren. Die wahre Aufgabe ist, unser Akzeptieren von beiden Alternativen fernzuhalten und als eigentliche Aufgabe empirischer Forschung von ihnen festzuhalten, was in die Reichweite jener Tätigkeit fällt. Diese Interpretation von Kants Lösung seines Problems hat offensichtliche Vorzüge. Sie verpflichtet uns evidentermaßen zu einer einigermaßen indirekten Sicht auf die Argumente, die er gebraucht, wenn er die „Konflikte" entwickelt, und sie verpflichtet uns zu einer etwas ausgefallenen Lesart der Position, daß alle relevanten Behauptungen der Formen (1) und (2), die oben erwähnt wurden, als falsch angesehen werden können, während die entsprechenden Behauptungen der Formen (3) und (4) als wahr akzeptiert werden können.[18] Strikt gesprochen müssen nach dieser Interpretation die relevanten Behauptungen der Formen (1) und (2) eher als gehaltlos oder als keine „kognitive Bedeutung" besitzend aufgefaßt werden und nicht als falsch. Aber vielleicht können wir einen erweiterten Gebrauch von „falsch" zulassen, um das abzudekken. Die Lehre von der gleichzeitigen Wahrheit der entsprechenden Behauptungen der Formen (3) und (4) ist ein bißchen unbequemer. Wir können bei der in Rede stehenden Interpretation recht schnell die Lehre verstehen, daß, wenn es richtig wäre, Dinge in Raum und Zeit als Dinge an sich selber anzusehen, dann jede unserer Reihen entweder als ein endliches oder als ein unendliches Ganzes existieren würde. Dinge in Raum und Zeit als Dinge an sich selber zu denken, heißt nach dieser Interpretation nichts anderes, als unsere Gedanken von der restriktiven Bedingung zu befreien, die das Sinnprinzip auferlegt, das Prinzip also, das jede Anwendung eines Begriffs als leer verbietet, für den unmöglich empirische Anwendungsbedingungen spezifiziert werden könnten. Wenn einmal diese Bedingung aufgehoben ist, dann kann unser Gedanke, daß unsere reihenförmig zu ordnenden Gegebenheiten zu einer Reihe gehören, die als ganze entweder endlich oder unendlich ist, vernünftigerweise als unwiderstehlich betrachtet werden. Die Disjunktion ist dann nicht mehr eine, die zu akzeptieren wir uns länger weigern können. Aber was genau sollen wir mit dem weiteren Wahrheitsanspruch anfangen, der für *beide* folgenden Behauptungen erhoben wird: *einmal* die Behauptung, daß, wenn Dinge in Raum und Zeit Dinge an sich selber sind, dann jede unserer Reihen als ein endliches Ganzes existiert; *zum andern* die Behauptung, daß wenn Dinge in Raum und Zeit Dinge an sich selber sind, dann jede unserer Reihen als ein unendliches Ganzes existiert? Ich glaube nicht, daß damit viel angefangen werden kann, es sei denn mit Hilfe eines unbeständigen Gebrauchs des Sinnprinzips. Wir geben es ostentativ – oder insgeheim – auf, um die Zulässigkeit der Disjunktion sicherzustellen, und berufen uns dann unerlaubterweise wieder darauf, um eine der Alternativen auszuschließen und somit die andere zu etablieren. Kants Argumente gegen die unendlichen Alternativen in der ersten Antinomie sind davon nicht so sehr weit entfernt; und der Geist derselben Prozedur kann vielleicht auch als das entdeckt werden, was die merkwürdig unbefriedigenden Argumente der Antithesis belebt.

Diese „schwache" Interpretation von Kants Lösung hat, wie ich gesagt habe, ihre Vorzüge. Sie ist vielleicht die Auffassung, von der wir wünschen könnten, sie möchte Kants gewesen sein, und sie enthält sicherlich Elemente, die jede Ansicht enthalten muß, die ihm plausiblerweise zugeschrieben werden kann. Aber so, wie sie steht, ist sie ganz sicher nicht Kants Auffassung gewesen. Denn wie sie steht, sichert sie die Relevanz des transzendentalen Idealismus für die

Auflösung des Problems nur dadurch, daß sie diese Lehre bis zum Punkt ihres Verschwindens abschwächt. Wie wir später sehen werden, wäre es möglich, die schwache Lösung intakt zu erhalten und zugleich die These des transzendentalen Idealismus wieder zu beleben; aber dies geschähe nur um den Preis der Zerstörung jeder Relevanz der letzteren für die erstere.

Die starke Lösung leugnet die reale Existenz jedweden räumlichen oder zeitlichen Dinges, sei es innerer Zustand, objektive Veränderung an einem äußeren Gegenstand oder äußerer Gegenstand selbst. Die schwache Lösung leugnet die Existenz von gar nichts: sie ächtet einfach bestimmte Ausdrücke als bloß ohnmächtige Prätendenten auf einen Platz, den sie in der Sprache der Naturwissenschaft nicht besitzen. Die gemischte Lösung fällt zwischen die beiden anderen. Sie hängt von der Version des transzendentalen Idealismus ab, die in der ersten Auflage prominenter ist als in der zweiten und von der Kritiker mit gutem Grund behaupten könnten, sie zeige Affinitäten zum Idealismus von Berkeley.

Der zentrale Zug dieser Lösung ist, daß einem Typ von wesentlich zeitlicher Reihe eine reale Existenz zugebilligt wird, die gar keiner anderen zeitlichen oder räumlichen Reihe zukommt. Es ist dies die Reihe von Vorstellungen oder Erlebnissen, die „an sich selbst, als Bestimmungen des Gemüts, zum innern Zustande gehören“[19] und einander wirklich in der Zeit folgen. Was von uns als die Gegenstände dieser Vorstellungen oder Erlebnisse vorgestellt wird, ob wir sie nun „als ausgedehnte Wesen, oder Reihen von Veränderungen“ vorstellen[20], hat keine unabhängige Existenz außerhalb der Reihe unserer Vorstellungen. Dies ist ein Teil der Bedeutung der Lehre, daß die Gegenstände der Erfahrung, die Dinge in Raum und Zeit, bloße Erscheinungen sind: „(Sie) existieren außer derselben (sc. Erfahrung) gar nicht.“[21] (Der andere Teil ihrer Bedeutung bezieht sich auf die unbekannte noumenale Ursache der Dinge, die nicht als in Raum und Zeit existierend vorgestellt werden kann, aber doch so aufgefaßt werden muß, daß sie irgendeine Art von Korrespondenz zum Inhalt unserer Wahrnehmungen hat, weshalb der letztere angemessen eine *Erscheinung* der ersteren genannt werden kann.) „Uns ist wirklich nichts gegeben, als die Wahrnehmung(en)“.[22] „Zu ihnen“ gelangen wir als „zu ihnen selbst“.[23] Aber diese Wahrnehmungen sind, genau gesprochen, nicht Wahrnehmungen von Gegenständen, die unabhängig in Raum und Zeit existieren. Die Gegenstände sind nichts außerhalb und jenseits der Wahrnehmungen selber. Wir sprechen in der Tat von der Existenz von einzelnen Gegenständen in Raum und Zeit, obwohl wir keine wirkliche Erfahrung haben, die als eine Wahrnehmung jener Gegenstände gelten könnte. Aber wir sprechen hier einfach geleitet durch jene empirischen Gesetze für Erscheinungen, die uns die Erfahrung formulieren läßt; und wenn es so etwas wie Erfahrung überhaupt geben soll, dann muß sie so beschaffen sein, daß sie uns in die Lage versetzt, solche Gesetze zu formulieren. Derartige Gesetze sind im Grunde nichts als Regeln hinsichtlich der Verknüpfungen von Wahrnehmungen; und Behauptungen, die solche Gesetze anführen, implizieren in Wahrheit die Existenz von nichts außer den Wahrnehmungen selber.

Nun zur Anwendung dieser Lehre auf unser Problem. Das Problem entsteht direkt aus der Annahme, daß die Dinge in Raum und Zeit unabhängig von unseren Wahrnehmungen ihrer existieren. Wenn sie das tun, dann müssen bestimmte Reihen derartiger Dinge ebenfalls unabhängig von unseren Wahrnehmungen von ihnen existieren: Reihen von Phasen der Geschichte der Welt, die sich in der Zeit nach rückwärts erstrecken; Reihen von immer weiter entfernten Regionen des Universums, die sich im Raum nach außen hin ausdehnen; Reihen von Teilen von Teilen von Teilen materieller Körper, die immer kleinere Volumina der Räume einnehmen, die von jenen Körpern selber eingenommen werden. Wenn diese Reihen von Gegebenheiten unabhängig von unseren Wahrnehmungen existieren, dann muß zugegeben werden, daß sie entweder als endliche oder als unendliche Totalitäten existieren. Wir sind dann notwendigerweise mit den endlichen und unendlichen Alternativen in jedem Fall konfrontiert.

Aber, wie die gegenwärtig verhandelte Lehre behauptet, die Gegebenheiten, die diese Reihen ausmachen, und also die Reihen selber existieren *nicht* unabhängig von unseren Vorstellungen, unseren Wahrnehmungen. Die relevanten wirklich existierenden Reihen, die wir zu erörtern haben, sind die Reihen jener aufeinander folgenden Wahrnehmungen, die den nacheinander erfolgenden Fortschritten in unseren empirischen Erforschungen immer weiter vergangener Zeiten, immer entfernterer Regionen des Universums, immer kleinerer Bestandteile der Materie entsprechen. Die wesentlich aufeinander folgenden Erlebnisse, die die Elemente dieser „Erforschungs-Reihe" bilden, existieren wirklich; aber die Elemente der „erforschten Reihe" existieren nur insofern, als „wir mit ihnen" auf einander folgenden Stufen der Erforschung „zusammentreffen". Wir könnten nur dann schlußfolgern, daß die Elemente der erforschten Reihen wirklich eine endliche Totalität bildeten, wenn die Erforschungs-Reihe in wirklicher Erfahrung an ein Ende käme und wir dieses Ende als ein solches identifizieren könnten, das den Charakter der Anschauung eines begrenzenden oder abschließenden Elements der erforschten Reihe hat. Wir könnten nur dann sagen, daß die erforschte als eine unendliche Totalität existierte, wenn wir die Erforschungs-Reihe unendlich weit fortgesetzt hätten. Nicht nur ist es nicht notwendig, daß eine von diesen beiden Alternativen wirklich sein sollte. Es ist unmöglich, daß eine von ihnen wirklich ist. Auf der einen Seite gilt, daß, wie weit auch immer wir die Erforschung-Reihe fortsetzen, wir niemals eine Stufe erreichen können, auf der wir beanspruchen könnten, sie unendlich weit fortgesetzt zu haben. Auf der anderen Seite gilt, daß wir kein Kriterium haben, das uns zu sagen berechtigte, eine gegebene Erfahrung, die zu einer Erforschungs-Reihe gehört, sei das letzte mögliche Element ihrer Reihe. Im Gegenteil müssen wir immer bestrebt sein, den Fortschritt der Reihen fortzusetzen, z. B. durch verfeinerte und machtvollere Instrumente.

Es kann wenig Zweifel daran geben, daß diese „gemischte" Lösung am nächsten Kants dominierender Intention in den Antinomien entspricht. Sie liefert sozusagen eine metaphysische Versteifung oder Unterstützung für das Sinnprinzip, das die „schwache" Lösung als autonom behandelt. Der Grund dafür, daß Begriffe, die sich selber als möglicherweise auf Dinge in Raum und Zeit anwendbar anbieten, dafür nicht legitim verwendet werden können, ohne daß es mögliche empirische Bedingungen für ihre Anwendung gibt, liegt in der metaphysischen Tatsache, daß – abgesehen vom unbekannten Noumenalen, für das raum-zeitliche Begriffe aufs höchste irrelevant sind – schließlich nichts wirklich existiert außer unseren Vorstellungen und Erlebnissen, die an sich selber bloß zeitlich aufeinander folgende innere Bestimmungen sind, obwohl sie es zulassen – und dies notwendigerweise –, daß sie als Vorstellungen äußerer Dinge aufgefaßt werden. Wenn es diese metaphysische Tatsache nicht gäbe – so könnte ein Vertreter dieser Ansicht behaupten – *müßten* wir zulassen, daß jede der zeitlichen oder räumlichen Reihen, die die Themen der Antinomien repräsentieren, entweder als endliches oder als unendliches Ganzes existiert, auch wenn es für uns im Prinzip unmöglich wäre, empirisch zu bestimmen, welche Alternative tatsächlich statthat. Aber die Erkenntnis der metaphysischen Tatsache lizensiert oder erfordert vielmehr die glatte Leugnung, daß eine der beiden Alternativen statthat, und versetzt uns in die Lage zu sehen, daß die Verfügbarkeit von gleichermaßen zwingenden Beweisen für die beiden Behauptungen – wenn sie denn wirklich verfügbar sind, für die Behauptungen nämlich, daß jede derartige unabhängig existierende Reihe endlich wäre, oder, daß jede derartige unabhängig existierende Reihe endliche wäre – nur eine Selbstbestätigung der metaphysischen Tatsache darstellt. (Zu diesem letzten Punkt können wir erneut und vielleicht mit noch größerer Rechtfertigung bemerken, daß wir nur im Lichte der Kantischen Lösung anfangen können zu sehen, warum ihm einige der „Beweise“, die er bei der Entfaltung der „Konflikte“ anbietet, die Kraft zu haben schienen, die er ihnen offenbar zuschrieb. Der Anspruch, in der Existenz der Konflikte einer Bestätigung dieser Version des Idealismus zu finden, wird entsprechend geschwächt.)

Der gemischten Lösung fehlt, obwohl sie vielleicht nicht formal unvereinbar ist mit Kants besten Gedanken[24], wie ich sie in der Untersuchung der Analytik interpretiert habe, prima facie Übereinstimmung mit jenen Gedanken. Darüberhinaus führt sie zu eigenständigen Problemen im unmittelbaren Kontext der Antinomien. Außerhalb des unbekannten Bereichs des Noumenalen existiert nichts als zeitlich geordnete Wahrnehmungen, Vorstellungen, Erlebnisse, innere Bestimmungen des Gemüts. Aber diese existieren wirklich an sich selber. Wir „gelangen zu ihnen selbst“. Sind wir dann nicht verpflichtet, im Hinblick auf sie eine Frage zu stellen, die ganz analog ist zu der Frage, die in der ersten Antinomie hinsichtlich der vorhergegangenen Geschichte einer angenommenen objektiven Welt erörtert wurde? Hat die Reihe der Wahrnehmungen einen Anfang oder erstreckt sie sich unendlich weit nach rückwärts in der Zeit? Es ist leicht, die Diskussion dieser Frage auf ziemlich unklare Weise anzufangen. Sie könnte auf den ersten Blick sogar überhaupt keine besondere Schwierigkeit aufzuwerfen scheinen. Denn sie ist nicht, wie die entsprechende Frage der ersten Antinomie zu sein schien, eine Frage nach den vorvergangenen Phasen der Geschichte des Universums *im allgemeinen*. Sie scheint vielmehr eine Frage hinsichtlich einer bestimmten Unterklasse von Ereignissen in der Geschichte zu sein, nämlich hinsichtlich der Reihen bewußter Erfahrungen von Wesen, die des Denkens fähig sind. Könnten wir nicht empirische Gründe dafür haben, jener Reihe einen

Anfang zuzuschreiben? Darauf gibt es mehrere unmittelbare Antworten: z. B. daß wir solche Gründe nicht haben könnten, wenn uns die Erfahrung nicht zuvor in der Behauptung rechtfertigen könnte, wir hätten eine Durchmusterung des ganzen Ausmaßes des Universums im Raum vollendet, was schon für unmöglich erklärt worden ist.

Es gibt jedoch tieferliegende Schwierigkeiten für die ganze Art, den Sachverhalt zu diskutieren. Es kann keine Evidenz für die Existenz von Wahrnehmungen vergangener Generationen geben, die nicht in einem gleichermaßen starken Sinn Evidenz für die Existenz jener vergangenen Generationen selber wäre. Ich kann keine Erfahrung haben, die die Behauptung stützt, daß bestimmte Vorstellungen in der bewußten Erfahrung irgendeines Menschen in der Vergangenheit auftraten oder existierten, aber nicht die Behauptung stützt, daß so ein Mensch (in keinem schwächeren Sinn als seine Erfahrung) als ein Gegenstand in Raum und Zeit existierte. Tatsächlich kann ich keine Erfahrung haben, die die Behauptung stützt, daß eine meiner Erfahrung ähnliche, mit ihr gleichzeitige, aber von ihr verschiedene Erfahrung auftritt oder existiert, und nicht zugleich die Behauptung stützt, daß in Raum und Zeit ein von mir verschiedener Mensch existiert, in einem genauso starken Sinn existiert, wie das von der Erfahrung gesagt werden kann. Kant redet beständig in kollektiver Ausdrucksweise von „unseren" Vorstellungen oder Erlebnissen. Nichts, so sagt er, ist *uns* wirklich gegeben außer Wahrnehmungen. (Zu diesen gelangen wir als „zu ihnen selbst".) Aber deine Wahrnehmungen sind nicht mir gegeben und meine nicht dir. Hier haben wir ein scharfes Dilemma für diese Version des transzendentalen Idealismus. Entweder muß er zu transzendentalem Solipsismus werden oder zugunsten einer anderen, schwachen oder starken Version völlig aufgegeben werden. (Berkeley ist einem parallelen Dilemma konfrontiert.)

Es gibt überhaupt keine Evidenz in der *Kritik* dafür, daß Kant ernsthaft erwog, den Solipismus zu akzeptieren. Die Ausdrucksweise, in der er den transzendentalen Idealismus präsentiert, ist konsistent die kollektive Ausdrucksweise. Er spricht für uns alle und nicht nur für sich selbst. „Wir können . . . nur aus dem Standpunkte eines *Menschen* vom Raum, von ausgedehnten Wesen etc. reden."[25] Gleichwohl ist die solipsistische Tendenz des gemischten Idealismus, einmal bemerkt, zu offensichtlich unwiderstehlich, um nicht beachtet zu werden. Sie muß uns in dem allgemeinen Vorsatz bestärken, wo wir können eine Interpretation von Kants Denken in der *Kritik* zu finden, die auf die gemischte Version des transzendentalen Idealismus verzichtet und inneren Vorstellungen und ihren äußeren Gegenständen die gleiche Realität zuerkennt.

5. Eine vierte Interpretation der Lösung?

Ich habe drei mögliche Interpretationen von Kants Lösung des Problems der Antinomien dargelegt, von denen jede einer anderen Version des transzendentalen Idealismus entspricht. Ich habe jedoch die möglichen Versionen des letzteren nicht ausgeschöpft; und es ist die Untersuchung wert, ob nicht eine vierte mögliche Version des transzendentalen Idealismus zu einer vierten möglichen Interpretation der Lösung Anlaß geben könnte. In der gemischten Version des transzendentalen Idealismus, die wir gerade erörtert haben, hat das Wort „Erscheinungen" tatsächlich eine doppelte Aufgabe zu erfüllen. Es dient dazu, das, was gar nicht wirklich existiert, sondern nur zu existieren scheint, mit dem zu kontrastieren, was wirkliche Existenz in der Zeit hat, nämlich die Abfolge der Wahrnehmungen; und es dient dazu, das, was wirkliche, aber bloß abhängige Existenz besitzt (nämlich wiederum die Abfolge der Wahrnehmungen), mit dem unbekannten Noumenalen zu kontrastieren, das in ebenfalls unbekannter Weise jene zeitliche Abfolge hervorruft. Gegenstände im Raum, objektive Vorkommnisse in der Zeit sind darin Erscheinungen, daß sie nicht wirklich existieren. Was wirklich existiert, sind jene Erlebnisse, die einander in der Zeit folgen und als Wahrnehmungen solcher Gegenstände und Veränderungen eingestuft werden. Aber diese Wahrnehmungen hängen für ihre Existenz von dem unbekannten Noumenalen ab, das weder räumlich noch zeitlich ist, („da in ihm, so fern es *Noumenon* ist, nichts *geschieht*").[26] Auf diese Weise können Wahrnehmungen, ohne Schaden für ihre wirkliche Existenz in der Zeit, auch als Erscheinungen eingestuft werden, als Erscheinungen des unbekannten Noumenalen, von dem sie in unbekannter Weise abhängen. Also können Gegenstände in Raum und Zeit und objektive Veränderungen in einem doppelten Sinn als Erscheinungen aufgefaßt werden: erstens haben sie keine wirkliche Existenz an sich selber, sind nichts als mentale Bestimmungen oder Wahrnehmungen; und zweitens hängen sie *als* solche, *als* mentale Bestimmungen oder Wahrnehmungen, für ihre Existenz und ihren Charakter von dem unbekannten Noumenalen ab.

Wenn wir hier, in den Antinomien, und anderswo, in Passagen, die der ersten Auflage eigentümlich oder beiden Auflagen gemeinsam sind, eine emphatische Reduktion dessen, was objektive Gegenstände in Raum und Zeit zu sein scheinen, auf bloße Vorstellungen oder Wahrnehmungen in zeitlicher Abfolge zu finden scheinen, so können wir an anderen Stellen eine anscheinend nicht weniger emphatische Zurückweisung jeder derartigen Reduktion finden. Die Existenz äußerer Gegenstände, deren ich mir unmittelbar bewußt bin, die aber *verschieden* von meinen Vorstellungen von ihnen sind, soll nicht weniger eine Bedingung der Möglichkeit der Erfahrung sein als das aufeinander folgende Auftreten meiner Vorstellungen selber. Ohne Zweifel ist diese Lehre selber, die am nachdrücklichsten in der Widerlegung des Idealismus bekräftigt wird, einer Vielheit von Interpretationen zugänglich und könnte in einer von ihnen mit dem reduktiven Idealismus vereinbart werden, den wir gerade erörtert haben. Aber wir können die Lesart dieser Lehre nicht ignorieren, die Gegenständen im Raum als verschieden von Vorstellungen keinen geringeren Anspruch auf wirkliche Existenz sichert als ihn eine Abfolge von Vorstellungen in der Zeit hat. Nun können natürlich zwei gleiche Ansprüche gleichermaßen berechtigt oder unberechtigt sein. Wenn wir meinen, daß diese beiden Ansprüche in letzter, d. h. transzendentaler Analyse gleichermaßen unberechtigt sind, dann kehren wir zu der starken Version des transzendentalen Idealismus zurück, derzufolge es nur der Fall zu sein scheint (und nur wirklich, nicht-zeitlich so scheint), daß überhaupt irgendetwas in Raum oder in der Zeit existiert oder geschieht, sei es nun innere Erfahrung äußerer Gegenstände, Wahrnehmung oder Gegenstand der Wahrnehmung. Aber wenn wir die beiden Ansprüche beide und gleichermaßen für berechtigt halten, dann brauchen wir eine andere Version des transzendentalen Idealismus.

Es ist nicht schwer zu sehen, welches diese Version sein wird. Die Lehre, daß Dinge in Raum und Zeit nur Erscheinungen, nicht Dinge an sich selber sind, wird auf die Lehre hinauslaufen, daß sie *abhängige* Existenzen sind, die sowohl für ihre Existenz als auch für ihren Charakter von der unbekannten Konstitution der Dinge, wie sie an sich selber sind, abhängen, einschließlich unserer selbst, wie wir an uns selber sind (obwohl wir bemerken dürfen, daß die Konstitution des letzteren nicht so unbekannt zu sein scheint, wie sie es sein sollte.) Sobald wir diese vierte Version des transzendentalen Idealismus jedoch beschrieben haben, ist offensichtlich, daß aus ihr, für sich genommen, keinerlei Lösung für das Problem der Antinomien folgt. Sie ist unvereinbar sowohl mit der starken wie mit der gemischten Lösung; und obwohl sie konsistenterweise mit dem Akzeptieren der wesentliche Züge der schwachen Lösung zugleich vertreten werden könnte, impliziert sie diese Lösung nicht und wird auch nicht von ihr impliziert. Es wäre offensichtlich höchst unplausibel zu behaupten, daß unter allen erörterten Möglichkeiten eine Kombination der schwachen Lösung mit dieser vierten Version des transzendentalen Idealismus Kants wahren Absichten in diesem Kapitel am nächsten komme.

6. Die kosmologischen Fragen – erneut erwogen

Wir wollen jetzt die kosmologischen Fragen in ihrem eigenen Recht erwägen. Werfen sie wirklich irgendein solches Problem auf, wie Kant unterstellte? Wenn Dinge in Raum und Zeit „an sich selber" existieren, dann folgt, so behauptet Kant, *erstens* und unmittelbar, daß alle Elemente der drei Klassen von disjunktiven Behauptungen, die die Form „Entweder die Reihe der *X* ist endlich oder sie ist unendlich", wahre Behauptungen sind, und *zweitens*, durch gültigen Beweis, daß jedes der wechselseitig unvereinbaren Glieder der Disjunktion in jeder disjunktiven Behauptung wahr ist. Es ist klar, daß es Kant tatsächlich nicht gelingt, Argumente zu produzieren, die unabhängig von seiner Lösung seines Problems gültig sind und die zweite der genannten Konsequenzen etabliert; und daß daher sein Problem, in seiner zugespitzten Form, nicht existiert. Das impliziert nicht schon für sich, daß die Lehre, die er als eine Lösung seines vermeintlichen Problems vorbringt, falsch ist; es impliziert nur, daß sie als Lösung zu jedem derartigen Problem falsch ist.

Eine Frage, die wir stellen müssen, ist, ob die erste der Konsequenzen für sich überhaupt irgendein philosophisches Problem aufwirft. Kant selber dachte, wie wir gesehen haben, sicher, daß das der Fall ist. Er hebt richtig hervor, daß jede disjunktive Behauptung zu einer kosmologischen Frage der Form „Ist die Reihe der *X* endlich oder unendlich?“ Anlaß gibt; argumentiert dann, daß diese Fragen prinzipiell empirisch unentscheidbar sind; und schließt – einmal mehr ein Plädoyer auf unvermeidliche Unwissenheit richtigerwese verwerfend –, daß die Tatsache der empirischen Unentscheidbarkeit für sich selber ausreichend sei zu zeigen, daß die kosmologischen Fragen in der einen oder anderen Weise philosophisch behandelt oder geklärt werden müssen.

Der kürzeste Weg, diese flinke Deduktion zu kontern, ist zu bestreiten, daß die kosmologischen Fragen empirisch unentscheidbar sind. Bestimmte irrige Meinungen über die Natur des Raumes und der Materie und allgemein eine zu enge Konzeption von empirischer Forschung auf diesem Felde machen Kant, so könnte gesagt werden, blind für die Tatsache, daß die kosmologischen Fragen, oder zumindest einige von ihnen, einer empirischen Entscheidung genau so vollständig zugänglich sind wie einige andere Fragen, die unbestreitbar zur Sphäre der Naturwissenschaft gehören. Nicht, daß wir über diese Gegenstände zu Theorien kommen könnten, die im Prinzip unrevidierbar wären; aber die Revidierbarkeit von Theorien ist ein allgemeines Kennzeichen der wissenschaftlichen Prozeduren. Es ist ausreichend, daß wir Theorien bilden können, die echten empirischen Überprüfungen ausgesetzt werden können in Tests, die Antworten auf diese Fragen verkörpern.

Wir werden gleich erörtern, wie weit wir zuversichtlich diese Linie verfolgen können. Zuvor gibt es noch einen anderen Weg zu erwägen, der in anderer Weise Kants eigenem entgegengesetzt ist. Warum, so könnte gefragt werden, sollen wir es nicht als eine völlig verständliche Tatsache bezüglich einer bestimmten Art von Reihe akzeptieren, daß die Reihe entweder endlich oder unendlich ist und daß es zugleich niemals möglich sein wird herauszufinden, welches von beidem sie tatsächlich ist? Die Tatsache verlangt sicherlich philosophische Kenntnisnahme und, vielleicht, auch philosophische Erklärung. Aber eine Erklärung ist dann gegeben, wenn man eine klare Beschreibung des Falles gegeben hat. Denken wir, zum Beispiel, an die Frage der Ausdehnung des Universums unter der Annahme, daß der physikalische Raum euklidisch ist. Wir könnten bei unseren Forschungen im äußeren Raum entdecken, daß in einiger Entfernung von der Erde die Materie dünner zu werden begänne und schließlich ganz zu schwinden schiene. Wir könnten doch nicht schlußfolgern, daß das Universum endlicher Ausdehnung sei. Denn wir könnten die Möglichkeit nicht ausschließen, daß, wenn wir unsere Forschungen in einigen Richtungen enorm viel weiter trieben, wir wieder auf Materie stoßen könnten. Wenn wir auf der anderen Seite mit der Hilfe von außerordentlich leistungsfähigen Instrumenten unsere Forschungen zum Punkt der Entdeckung trieben, daß es andere galaktische Systeme in unvorstellbarer Entfernung von unserem und noch andere in sehr großen Entfernungen von jenen gäbe, hätten wir noch immer keine Sicherheit, daß es keine äußere Grenze dieses Systems der Systeme gäbe. Die Frage bliebe offen, was immer wir entdeckten oder zu entdecken versäumten. Aber das heißt nicht, daß von den in der Frage ins Auge gefaßten Alternativen nicht die eine tatsächlich wahr und die andere tatsächlich falsch ist. Insofern das System der Materie, das das räumlich ausgedehnte Universum ausmacht, unabhängig von unseren Beobachtungen über es existiert, *muß* entweder die eine oder die andere wahr sein.

Die Annahme dieser Ansicht würde nicht erfordern, wir sollten das festhalten, daß wir das geschätzte philosophische Instrument, das Sinnprinzip, völlig aufgeben müßten. Sie würde von uns nur verlangen, daß wir diese besonderen Fragen aus seinem Anwendungsbereich ausnehmen. Sie konstituieren schließlich bzw. gehören zu einer ganz ausgezeichneten Art von Fragen; und es sollte nicht allzu schwierig sein, ein untergeordnetes Prinzip zu formulieren, das die Herausnahme dieser Fragen aus dem Anwendungsbereich des allgemeinen Prinzips abdecken würde. Man könnte sich zum Beispiel auf die Tatsache berufen, daß die endliche Alternative einer unendlichen Disjunktion von Behauptungen äquivalent ist, von denen jede z. B. den wirklichen Inhalt des Universums als innerhalb gewisser Grenzen liegend spezifiziert. Obwohl kein Element dieser Menge von spezifizierenden Behauptungen empirisch verifiziert werden kann, ist jedes Element im Prinzip empirischer Falsifikation zugänglich.

Aber diese nicht-Kantischen Gedankengänge stellen die kosmologischen Alternativen als echte Alternativen dar, mögen sie nun entscheidbar sein oder nicht. Es wäre konsistent, die eine der Linien im Hinblick auf eine (oder zwei) der kosmologischen Fragen zu verfolgen und die andere Linie hinsichtlich der anderen beiden (oder einer von ihnen). Es gibt jedoch noch eine dritte nicht-Kantische Linie zu erörtern, die, gemeinsam mit Kants eigener Ansicht, die Alternativen als unecht zurückweist, aber das aus Gründen tut, die von Kants Gründen etwas verschieden sind. Diese Auffassung könnte folgendermaßen zusammengefaßt werden. Jede kosmologische Reihe präsentiert, *a priori*, eine unendliche Zahl von Möglichkeiten. Wenn wir zum Beispiel eine Einheit der Entfernung oder Dauer fixieren, dann gibt es, insofern es Möglichkeiten *a priori* angeht, eine unendliche Anzahl von möglicherweise wahren Antworten auf die Frage „Welches ist die räumliche Ausdehnung des Universums, ausgedrückt in Begriffen dieser Einheiten der Entfernung?“ und auf die Frage „Welches ist die vergangene Dauer der Geschichte der Welt, ausgedrückt in Begriffen dieser Einheiten der Dauer?“ Aber zu sagen, daß es eine unendliche Anzahl von möglicherweise wahren Antworten auf diese Fragen gibt, heißt nicht zu sagen, es sei möglich, daß die wahre Antwort: eine unendliche Zahl wäre. Diese Antwort wäre ganz sinnlos; wohingegen jede der unendlichen Zahl von Antworten, die eine endliche Zahl von Einheiten erwähnt, eine völlig sinnvolle und, sofern Möglichkeiten *a priori* angesprochen sind, möglicherweise wahre Antwort darstellt.

Diese Ansicht hat gewisse Stärken. Sie stellt die Legitimität des mathematischen Begriffs der Unendlichkeit nicht infrage. Sie bestreitet nur den Sinn einer Anwendung des Begriffs einer unendlichen Zahl auf Mengen, deren Elemente empirisch unterscheidbare Gegebenheiten sind. Sie stellt keine der wohlbekannten Eigenschaften als paradox dar, die unendlichen Zahlen eigentümlich sind. Sie bekräftigt nur, daß es paradox bis zum Punkt der Sinnlosigkeit wäre, wenn man behaupten wollte, irgendeine Menge, deren Elemente empirisch unterscheidbare Gegebenheiten sind, könnte diese Eigenschaften aufweisen. Jemand, der diese Ansicht übernimmt, kann von Kant jeden Punkt entlehnen, den dieser macht, um die Leere der unendlichen Alternative zu zeigen. Zugleich kann er gegen Kant den Punkt machen, daß kein Element der unendlichen Menge von möglicherweise wahren Antworten auf die kosmologische Frage auch nur der Möglichkeit nach bedeutungsleer sein kann; denn jede derartige Antwort ist im Prinzip widerlegbar und viele sind schon empirisch widerlegt worden. Die zweigliedrige Disjunktion endlich-unendlich verschwindet: das endliche Glied ist genauso leer wie das unendliche Glied, denn den Möglichkeiten, die kosmologische Reihe für endlich zu erklären, ist keine Grenze gesetzt. An ihrer Stelle haben wir eine unendliche Disjunktion, die überhaupt keine leeren Glieder hat. Zu der Frage, ob eine Antwort, die einem ihrer Glieder entspricht, nicht im Prinzip ebenso empirisch bestätigbar sein könnte wie empirisch widerlegbar, muß der Vertreter dieser Lehre als solcher keine Position beziehen. Er könnte konsistent beide Ansichten akzeptieren.

Es ist vielleicht lohnend, auf den Punkt ausführlich einzugehen, daß diese Position der empirischen Forschung oder zumindest der Art von Schritt-für-Schritt-Untersuchung, die Kant ins Auge faßte, eine ebenso unbeschränkte Reichweite sichert wie es die unendliche Alternative zu tun schien. Einem Einwender, der fragte: „Willst du sagen, daß es *a priori* wahr ist, daß es eine bestimmte Anzahl von Elementen der erforschten Reihe gibt, jenseits derer keine weiteren Elemente gefunden werden können?" könnte ein Verteidiger dieser Ansicht antworten:

> „Von jeder Zahl von Elementen ist wahr, daß es keine weiteren Elemente der Reihe jenseits jener Zahl zu finden gibt; aber es gibt keine Zahl von Elementen, von der nicht wahr wäre, daß es immer noch weitere Elemente der Reihe jenseits jener Zahl zu finden geben könnte. Der Forscher sollte sich also nicht daher auf eine philosophische Position als einen Grund berufen, um seine Forschungen an irgendeinem Punkt aufzugeben."

Ich habe diese drei nicht-Kantischen Gedankengänge in allgemeinen Begriffen dargelegt. Aber wir können nicht hoffen, sie zu bewerten, ohne einige der kosmologischen Fragen einzeln in Beziehung auf aktuelle Entwicklungen in der Wissenschaft zu erörtern.

Fangen wir mit der Frage an, die das Thema der zweiten Antinomie bildet. Von einem Physiker, der sich mit Elementarteilchen beschäftigt, kann kaum erwartet werden, daß er sich selber in Kants Bild von einem empirischen Forscher auf diesem Feld wiedererkennt, befaßt mit der unendlichen Aufgabe der aufeinander folgenden Teilung von immer kleineren Bestandteilen der Materie. Es ist wahr genug, daß die Reihe Molekül-Atom-Elektron irgendeine Analogie zur Kantischen Reihe zeigt. Aber überhaupt nicht wahr ist, daß jeder theoretische Fortschritt auf diesem Feld in Begriffen einer Entdeckung von winzigen Partikeln verstanden werden muß, aus denen die Partikel, die auf einer früheren Stufe entdeckt wurden, zusammengesetzt sind und die ihrerseits als theoretisch in noch winzigere Partikel auflösbar gedacht werden müssen, die noch zu entdecken seien. Insofern das Partikeln-Modell für angemessen gehalten wird, steht es dem Theoretiker tatsächlich *frei*, einen derart „auflösenden" Schritt zu tun, wenn eine befriedigende theoretische Erklärung der Phänomene ihn zu fordern scheint. Aber es gibt keine Notwendigkeit, derzufolge der theoretische Fortschritt diese Richtung nehmen müßte. Gerade die Konzeption einer fundamentalen „Partikel" hat mit dem Aufkommen der Quantenmechanik einen revolutionären Wandel durchgemacht; und obwohl in der neuesten Physik der Elementarteilchen die Zahl von anerkannten Typen von Partikeln tatsächlich vergrößert worden ist, sind die neuen Hinzufügungen eher als zusätzliche „elementare" Partikeln aufgefaßt worden und nicht als Bestandteile von Partikeln, die früher als elementar betrachtet wurden und jetzt als zusammengesetzt angesehen werden. Die endlose Offenheit der physikalischen Theorien für Revisionen verspricht dem Theoretiker in der Tat eine unendliche Aufgabe; aber theoretische Revisionen können sein und sind faktisch von ganz anderer Art gewesen, als Kant sich irgend vorgestellt hat. Kant, könnte man sagen, legt dem Theoretiker, sobald er eine Theorie entwickelt hat, die Verpflichtung auf, hinsichtlich der materiellen „Elemente" seiner Theorie die Frage zu stellen „*Woraus* sind diese Elemente *zusammengesetzt*?" Aber der Theoretiker erkennt keine derartige normale, einfache Verpflichtung an; sondern nur eine allgemeine Verpflichtung, eine Theorie zu verbessern oder eine bessere zu entwerfen, um etwas bereits Bekanntem oder etwas neu Entdecktem Rechnung zu tragen, das bei der Theorie, wie sie steht, zufällig oder unerklärt bleibt. Wenn er eine theoretische Veränderung unternimmt, dann mag sie eher auf vollständige Re-Konzeptualisierung zielen als auf eine „Dekomposition" seiner Materialien. Kants Konzeption der „Analyse der Materie", wie sie der Physiker unternimmt, hat eine primitive Einfachheit, die sie den sich verändernden begrifflichen Strukturen, die Physiker wirklich produzieren, bestenfalls partiell analog sein läßt.

Was hat es nun mit dem zweiten Thema der ersten Antinomie, der Ausdehnung des Universums im Raum auf sich? Die Situation ist hier in einigen Hinsichten analog zu der, die wir gerade erörtert haben. Kant nahm es als gegeben hin, daß die Geometrie des physikalischen Raumes euklidisch war. Aber es ist genau diese Annahme, die in der modernen astronomischen Theorie infrage gestellt wird. Es scheint sich so zu verhalten, daß bestimmte empirische Funde am besten durch die Theorie erklärt werden, daß die Geometrie des physikalischen Raumes von einer bestimmten nicht-euklidischen Art ist, das in der Tat der physikalische Raum selber, wenn diese Theorie wahr ist, von endlicher Ausdehnung ist; und wenn der physikalische Raum von endlicher Ausehnung ist, dann ist es natürlich das Universum im physikalischen Raum auch. Wenn es dieser Theorie gelingt, das Feld zu behaupten, dann ist die kosmologische Frage, wie sie Kant begriff, einfach umgangen; denn jene Frage, wie er sie verstand, beruht auf einer Annahme, die er sicherlich für wahr hielt (wie immer sie in transzendental-idealistischen Begriffen zu interpretieren war) und die sich als falsch herausstellt, nämlich, daß der physikalische Raum euklidisch ist.

Es kann natürlich hervorgehoben werden, daß, sogar wenn „entdeckt" wird, daß die Geometrie des physikalischen Raums von solcher nicht-euklidischen Art ist, die Tatsache, daß es sich so verhält, kontingent ist; es gibt keine Notwendigkeit, daß empirische Entdeckungen eine solche Theorie unterstützen sollten. Wenn es, wenn überhaupt falsch, nur kontingenterweise falsch ist, daß der physikalische Raum euklidische Struktur hat, können wir jene philosophischen Probleme, wenn es sie gibt, die aus der Annahme entstehen, daß es wahr ist, weder einfach verwerfen noch als gelöst betrachten. Auf der anderen Seite scheint es unmöglich zu sein, daß unsere Sicht der Probleme von der Erkenntnis unberührt bleiben sollte, daß auf diesem Feld, wie auf dem der Erforschung der Struktur der Materie, die Entwicklung des theoretischen Denkens, der Fortschritt der Forschung, ganz andere Formen und Richtungen annehmen mag, als alle es waren, an die Kant dachte. Das Bild vom Schritt-für-Schritt, seriellen Fortschritt vom näheren zum ferneren Objekt, vom größeren zum kleineren verliert seine Unvermeidlichkeit, ja scheint ganz unangemessen zu sein, wenn wir uns in beiden Feldern den wirklichen Prozeß der sich entwickelnden Theorie vor Augen führen.

Wenn wir nun auf die drei nicht-Kantischen Gedankengänge zurückblicken, die ich oben beschrieben habe und ihnen die „schwache" Interpretation von Kants eigener Lösung an die Seite stellen, die den transzendentalen Idealismus zur bloßen Bekräftigung des Sinnprinzips abschwächen würde, dann sehen wir, daß niemand, der diesen Gedankengängen folgt, unqualifizierte Unterstützung durch die Tatsachen beanspruchen kann. Theorien, die *so etwas wie* eine Form der endlichen Alternative verkörpern, scheinen empirisch begründet und sogar, zumindest vorläufig, akzeptabel zu sein. Dennoch können derartige Theorien kaum als solche dargestellt werden, die geradlinige Antworten auf die kosmologischen Fragen, wie Kant sie verstand, enthalten. Es ist schwierig aufrechtzuerhalten, daß genau jene Fragen mit Beziehung auf die Art von Untersuchung, die Kant ins Auge faßte, völlig guten Sinn machen; aber es ist auch schwierig zu behaupten, daß sie völlig sinnlos sind, wenn solche Theorien zur Verfügung stehen, wie ich sie erwähnt habe. Wir können auch nicht die Möglichkeit *a priori* von empirisch begründeten Theorien ausschließen, die *so etwas wie* eine Form der unendlichen Alternative enthalten. Für den Fall des Themas der ersten Hälfte der ersten Antinomie gibt es derartige Theorien bereits. Es gibt keine Unmöglichkeit *a priori* für den Gedanken, es *könnte* sie für den Fall des Themas der zweiten Hälfte der ersten Antinomie auch schon gegeben haben. Könnten nicht die Bewegungen wirklich beobachtbarer Körper so beschaffen sein, daß im Kontext einer euklidischen physikalischen Geometrie die größte Vereinfachung von Gesetzen für jene Bewegungen mit Hilfe der Annahme erreicht werden könnte, daß sich die Körper vom Punkt der Beobachtung aus in einer bestimmten Verteilung unendlich in alle Richtungen hin ausdehnen?

Vielleicht sollten wir sagen, daß die kosmologischen Fragen, wie sie Kant formuliert hat, weder einen klaren Sinn haben noch klarerweise ohne jeden Sinn sind. Sie dienen dazu, das Feld empirischer Forschung offenzuhalten, obwohl nicht oder nicht allein auf die Weise, in der Kant annahm, daß sie das tun. Sie halten es für die Bildung empirisch überprüfbarer Theorien einer Art offen, die

Kant in keiner Weise voraussah und von denen in bestimmtem Sinne gesagt werden kann, daß sie Antworten auf seine Fragen enthalten, wenn auch nur so, daß sie deren Aussehen völlig verändern. Kant bietet, so könnte man sagen, der Einbildungskraft komplementär unmögliche Aufgaben an und zieht dann weitreichende metaphysische Schlußfolgerungen aus ihrer Unmöglichkeit. Gleichwohl mag die physikalische Theorie durch Transformation das Feld jener unmöglichen Aufgaben besetzen und in Besitz nehmen. Vom Standpunkt eines philosophischen Kritikers ist zumindest eines klar: Kant hat sich in der Meinung geirrt, daß dies ein Feld sei, auf dem eine entscheidende Schlacht geschlagen werden und ein entscheidender Sieg für die Lehren des transzendentalen Idealismus errungen werden könnte.

IV. Gott

Ein Philosoph im 20. Jahrhundert begibt sich nur mit sehr bescheidenem Enthusiasmus auf das Feld der philosophischen Theologie, auch wenn es darum geht, Kant in der Enthüllung ihrer Illusionen zu folgen. Die Qualität von Kants Darstellung seiner eigenen Lehren scheint eine Verschlechterung zu erleiden, indem er sich diesem Thema nähert. Seine ablehnende Analyse der drei „Beweise" für Gottes Dasein – ihm zufolge die allein möglichen drei – hat, zumindest oberflächlich, eine bewundernswerte Schärfe und Klarheit. Aber der Zugang zu diesem leuchtenden Tryptichon von Argumenten ist durch Verworrenheit verdunkelt.

Das Thema eines „absolut notwendigen Wesens" taucht zuerst in der vierten Antinomie auf; aber ich werde damit beginnen, die beiden „dynamischen" Antinomien zusammen zu erörtern. Obwohl es mir hier nicht direkt um Kants Freiheitslehre geht – das Thema, das durch die dritte Antinomie eingeführt wird – gibt es aufschlußreiche Parallelen und Divergenzen in Kants Darstellung und Behandlung dieser beiden Konflikte.

1. Die dynamischen Antinomien: Auslassung der konventionellen kritischen Lösung

Kants Lehre, daß in den ersten beiden Antinomien Thesis und Antithesis, insofern sie als miteinander wirklich inkompatibel verstanden werden müssen, beide falsch sind, habe ich bereits dargelegt und diskutiert; sie sind beide falsch, weil sie die falsche Voraussetzung teilen, daß die fraglichen kosmologischen Reihen als Ganze existierten, seien sie nun endlich oder unendlich. Wenn wir uns der dritten und vierten Antinomie zuwenden, finden wir eine ganz andersartige Situation vor. Während die *Thesis* sowohl der dritten als auch der vierten Antinomie eine „falsche" Voraussetzung enthält, die der falschen Voraussetzung von sowohl Thesis als auch Antithesis in den beiden ersten Antinomien genauestens entspricht, gibt es in der *Antithesis* der dritten und vierten Antinomie gar keine derartige Voraussetzung. Die Tatsache, daß Kant diesen Unterschied nirgends ganz explizit macht, ist ganz sicherlich verknüpft mit einer auffälligen Anomalie seiner „Lösung" für die beiden letzten Antinomien. Wenn wir diesen Unterschied bemerken, könnten wir vernünftigerweise folgende Auflösung des Konflikts zwischen Thesis und Antithesis erwarten, nämlich daß, insofern sie angemessen als miteinander wirklich inkompatibel verstanden werden, die Thesis falsch ist und die Antithesis richtig. Kant bietet jedoch diese Schlußfolgerung an keiner Stelle als eine Auflösung von einem der beiden Konflikte an. Stattdessen schlägt er vor, daß die Auflösung dann gefunden sei, wenn erkannt werde, daß die „Forderung der Vernunft", die in jeder Thesis ausgedrückt ist, in gewissem Sinn erfüllt werden kann, daß die dialektischen Behauptungen, die auf jeder Seite der Antinomien ausgedrückt sind, „alle beide wahr sein können"[27], wenn sie richtig interpretiert werden. Wir wollen uns diese Situation im einzelnen näher ansehen. Die gerade bemerkte Anomalie ist nicht die einzige, der wir begegnen werden.

Der Typ von Reihe, der das Thema der dritten Antinomie repräsentiert, ist eine Reihe von *Ursachen*. Das Argument der Thesis besagt, daß die wirkliche hinreichende oder vollständige kausale Determination jedes Zustandes der Welt fordert, daß an irgendeinem Punkt in der rückwärts verlaufenden Reihe vorangehender Ursachen von Ursachen ein Fall von Kausalität auftreten muß, der selber unverursacht ist, der also eine nach vorwärts verlaufende kausale Reihe *auf spontane Weise* oder *frei* anfangen läßt. Wir können zwar tatsächlich auf der Notwendigkeit eines spontanen Anfangs einer kausalen Reihe nicht insistieren außer für den Fall des Anfangszustandes der Welt und „zur Begreiflichkeit eines Ursprungs der Welt . . ., indessen daß man alle nachfolgenden Zustände für eine Abfolge nach bloßen Naturgesetzen nehmen kann."[28] Aber sobald Kausalität durch Freiheit zugestanden ist, ist der Gedanke erlaubt, daß andere kausale Reihen, die es im Verlauf der Geschichte der Welt gibt, gleichermaßen durch Freiheit initiiert sein können.

Das Argument leitet die Kraft, die es hat, allein aus der Annahme eines Anfangs der Welt her – wie richtigerweise in der Antithesis bemerkt und in den Anmerkungen zur Thesis anerkannt wird. Dieser Stütze beraubt, würde es sich auf folgendes falsches Prinzip reduzieren: damit ein Zustand, *x*, wirklich eine kausal hinreichende Bedingung irgendeines anderen Zustandes, *y*, ist, ist es notwendig, daß es entweder keine vorhergehenden kausal notwendigen Bedingungen für *x* geben darf oder daß die nach rückwärts verlaufende Reihe vorhergehender kausal hinreichender Bedingungen, die mit *x* anfängt, in einem Element der Reihe terminiert, für daß es keine eigenen kausal notwendigen Bedingungen gibt.

Die Antithesis ist eine einfache Bestreitung der Freiheit und wird, in Übereinstimmung mit der Schlußfolgerung des Argumentes der zweiten Analogie, durch eine Berufung auf die universale Anwendung des Prinzips der Kausalität unterstützt.

Es scheint offensichtlich, wie die richtige „kritische" Auflösung dieses Konfliktes aussehen sollte. Weil Dinge in Raum und Zeit Erscheinungen sind, sollte die Reihe immer entfernterer Ursachen um nichts mehr so betrachtet werden, daß sie als ein Ganzes existiert, als die Reihen immer entfernterer zeitlicher Zustände der Welt oder immer entfernterer räumlicher Regionen der Welt. Weil die Reihe nicht als ein Ganzes existiert, erhebt sich gar nicht die Frage, ob sie entweder als unendliches Ganzes oder, wie in der Thesis behauptet wird, als ein endliches Ganzes mit einem ersten, unverursachten Element existiert. Jedes Element der Reihe, das tatsächlich in der Erfahrung „angetroffen wird", kann jedoch und muß so aufgefaßt werden, daß es eine vorhergehende Ursache hat Also ist die Thesis falsch und die Antithesis wahr.

Kant geht, wie ich gesagt habe, stillschweigend über die Möglichkeit dieser

„konventionellen" kritischen Lösung hinweg. Bevor wir erörtern, was er an ihrer Stelle anzubieten hat, wollen wir uns der vierten Antinomie zuwenden.

Die Thesis der vierten Antinomie liest sich merkwürdigerweise wie eine unklare Variation der Thesis der dritten Antinomie, modifiziert durch eine andere Formulierung und die Zulassung der unendlichen Alternative. Eine einfache und prima facie plausible Weise, den Unterschied zwischen beiden Antinomien als sinnvoll aufzufassen, wäre anzunehmen, daß sich die dritte Antinomie primär mit vorhergehenden hinreichenden Bedingungen beschäftigt, wohingegen die vierte Antinomie primär mit vorhergehenden notwendigen Bedingungen befaßt ist. Der Beweis beginnt mit der Behauptung, die Welt „enthält . . . eine Reihe von Veränderungen". Jede derartige Veränderung, so scheint es, ist „bedingt", d. h. sie „steht unter" einer vorhergehenden kausalen Bedingung, „unter welcher sie notwendig ist."[29] Der Nachdruck scheint hier auf hinreichende oder bestimmende Bedingungen gelegt; aber ich glaube, daß ein zuverlässigerer Anhaltspunkt für Kants Intentionen durch die Bemerkung in den Anmerkungen zur Thesis gegeben ist, daß „Veränderung . . . die empirische Zufälligkeit (beweiset), d. i. daß der neue Zustand für sich selbst, ohne eine Ursache, die zur vorigen Zeit gehört, gar nicht hätte stattfinden können"[30], d. h. von einer vorhergehenden notwendigen Bedingungen abhängig ist. Der Beweis geht folgendermaßen weiter. Wenn wir die Reihe der „bedingten Veränderungen" als ein Ganzes erwägen, ist offensichtlich, daß wir etwas zulassen müssen in der Welt, daß nicht derart bedingt ist. Das mag etwas sein, das notwendig und hinreichend dafür ist, die ganze Reihe anzufangen, das aber selber von nichts abhängig ist, was ihm vorherginge, oder, alternativ, es darf nichts anderes sein als die ganze Reihe selbst, die wir als unabhängig von jedweder externer notwendiger Bedingung ansehen müssen. Grob gesprochen, entweder verdankt die Reihe ihre Existenz als ganze überhaupt nichts oder sie verdankt sie etwas Bestimmtem, was *seinerseits* nichts seine Existenz verdankt. Im erstgenannten Fall (der unendlichen Alternative) ist das Unbedingte die Reihe als ein Ganzes, im letztgenannten Fall (der endlichen Alternative) ist es die anfängliche Ursache.

Kant sagt, daß das unbedingte Ding ein „absolut notwendiges" Wesen sei. Im Kontext des Beweises scheint dieser Ausdruck sowohl merkwürdig als auch verwirrend zu sein. Der wesentliche Punkt über das unbedingte Wesen ist der negative, daß es seine Existenz keiner vorhergehenden oder externen notwendigen Bedingung seiner selbst verdankt. Wenn wir Kants Gebrauch des Ausdrucks „notwendig" in diesem Zusammenhang zähmen sollen, ist der sicherste Weg, ihn im Licht seines Gebrauchs des Begriffs der „empirischen Zufälligkeit" zu paraphrasieren als „nicht bedingt durch irgendetwas".

Die Antithesis ist in ihrem ersten Teil eine Bestreitung der Behauptung, daß die Welt ein notwendiges Wesen enthält. Kant beruft sich einmal mehr auf das Prinzip der universalen Kausalität, um auf die Hypothese einer unverursachten anfänglichen Ursache zu antworten. Gegen die alternative Hypothese, daß die Reihe der Veränderungen als ganze notwendig (unbedingt) ist, argumentiert er, daß die Existenz einer Reihe nicht notwendig sein kann, wenn keins ihrer Elemente notwendig ist. Ein wie schwaches Argument das ist und wie es dem allgemeinen

Zweck des Arguments für die Antithesis zuwiderläuft, sehen wir, wenn wir es so übersetzen, daß die Bezugnahme auf notwendige Existenz wegfällt. Wir erhalten dann den äquivalenten Beweis, daß, wenn jedes Element einer Reihe seine Existenz einer vorhergehenden kausalen Bedingung verdankt (durch sie bedingt ist), dasselbe von der Reihe als ganzer gelten muß!

Eine gewisse Erklärung der verwirrten Präsentation der Fragen in der vierten Antinomie ergibt sich aus der Weise, in der die *Kritik* fortgeht. Vorläufig müssen wir nachdrücklich einen Punkt festhalten, der parallel zu dem schon bezüglich der dritten Antinomie gemachten verläuft. Der Beweis für die Thesis beruht klarerweise auf der Annahme, daß die relevante Reihe (die Reihe immer entfernterer Veränderungen, die sich nach rückwärts in der Zeit erstreckt) als ein Ganzes existiert, entweder mit oder ohne erstes Element, und er schließt damit, uns vor eine Wahl zwischen den Konsequenzen jeder Alternative zu stellen. Wenn diese Annahme verworfen wird, können auch die Konsequenzen ihrer erschöpfend alternativen Formen beide zurückgewiesen werden, wie das in der Antithesis getan wurde. Die kritische Lehre verlangt also sicher, daß die Antinomie so aufgelöst wird, daß genau dieser Weg eingeschlagen wird. Aber schlägt Kant ihn nicht ein. Er bietet stattdessen eine ganz andersartige „Lösung" an. Wir müssen noch zusehen, was dieser Abweichung zugrundeliegt und welche Form sie annimmt.

2. Die dynamischen Antinomien: eine alternative Lösung?

Die „Forderung der Vernunft nach dem Unbedingten" in der Thesis jeder der dynamischen Antinomien nimmt ausdrücklich die Form einer Forderung nach einer frei handelnden Ursache oder einer unbedingten Existenz an, *die zur sinnlichen Welt gehört*, zur Welt der Dinge in Raum und Zeit. Was Kant im Ergebnis vorschlägt, wenn er eine neue Art der Auflösung für diese Antinomien vorschlägt, ist, daß die Vernunft am falschen Ort nach ihrer Beute sucht. Hinter diesem Vorschlag liegt einmal mehr die transzendental-idealistische Lehre, daß Dinge in Raum und Zeit nur Erscheinungen sind. Aber ein ganz verschiedener Aspekt der Lehre steht jetzt im Vordergrund: nicht einfach die Tatsache, daß Dinge in Raum und Zeit bloße Erscheinungen sind, sondern die Tatsache, daß sie, als Erscheinungen, einen noumenalen Grund haben müssen. Die Reihe der Erscheinungen „ist mit der zwar empirisch unbedingten, aber auch *nichtsinnlichen* Bedingung verknüpft"[31]; Erscheinungen „müssen . . . selbst noch Gründe haben, die nicht Erscheinungen sind"[32], ihnen muß „ein transzendentaler Gegenstand zum Grunde liegen . . ., der sie als bloße Vorstellungen bestimmt".[33] Am nachdrücklichsten heißt es gegen Ende der Dialektik:

> „Frägt man denn also . . ., ob es etwas von der Welt Unterschiedenes gebe, was den Grund der Weltordnung . . . enthalte, so ist die Antwort: *ohne Zweifel.* Denn die Welt ist eine Summe von Erscheinungen, es muß also irgend ein transzendentaler, d. i. bloß dem reinen Verstand denkbarer Grund derselben sein."[34]

Im Fall der mathematischen Antinomien war es unmöglich, sich auf den noumenalen Grund der Erscheinungen als eine mögliche Quelle der Befriedigung der Forderungen der Vernunft zu berufen. Wenn wir von Fragen der Größe, der zeitlichen oder räumlichen Ausdehnung handeln, muß das Unbedingte, wenn irgendwo, dann in der Sphäre des Sinnlichen, in Raum und Zeit gefunden werden. Aber wenn wir über die hinreichenden oder notwendigen Bedingungen für Veränderung in der sinnlichen Welt handeln, dürfen wir, so schlägt Kant vor, zumindest die Möglichkeit zulassen, daß eine unbedingte Bedingung für das, was zum Sinnlichen gehört – eine frei handelnde Ursache, eine Existenz, die auf keiner externen notwendigen Bedingung beruht –, gänzlich außerhalb der Sphäre des Sinnlichen existieren mag. Also ist die in der Thesis der dynamischen Antinomien ausgedrückte Forderung nach dem Unbedingten zumindest nicht inkompatibel mit dem Beharren auf dem durchgängig bedingten Charakter von allem, was zum Sinnlichen gehört, in der Antithesis.

Kant beansprucht für diesen Vorschlag ausdrücklich, daß er die *allein* mögliche Weise der Auflösung für die in den dynamischen Antinomien präsentierten Konflikte darstellt.[35] Dieser Anspruch erscheint oberflächlich absurd, die vorgeschlagene Auflösung sowohl redundant als auch irrelevant. Der Beweis für die Thesis in jeder der beiden Antinomien beruht klarerweise, wie wir schon gesehen haben, auf der falschen Voraussetzung, daß die relevanten Reihen „bedingter" Gegebenheiten als Ganze existieren, und eine Auflösung in kritischen Bahnen folgt unmittelbar aus der Falschheit dieser Voraussetzungen. Lange vorher am Beginn der Dialektik hat Kant klargemacht, daß wir die Rolle der Vernunft in ihrem theoretischen Gebrauch so verstehen müssen, daß sie danach strebt, dem empirischen Wissen, dem Wissen, das durch den Verstand erreicht wird, Vollständigkeit und Einheit zu sichern. Der Gedanke, daß dieses Ziel wirklich erreichbar sei, ist genau der Gedanke, daß die Gegenstände jeder fortschreitenden Forschung zusammen eine *vollständige* Menge oder Reihe bilden.[36] Es ist daher in keiner Weise eine Eigentümlichkeit der mathematischen Antinomien, daß sie auf der Annahme beruhen, die relevante Reihe existiere als ein Ganzes, und es ist ebenso in keiner Weise eine Verirrung, daß dieselbe Annahme dem Beweis für die Thesis der dritten und vierten Antinomien zugrunde liegt. Aus dem Gesichtspunkt der Forderungen theoretischer Vernunft können wir bei der Suche nach begrenzenden Ursachen oder Existenzen genauso wenig auf relevante Weise die Sphäre des Sinnlichen verlassen wie wir das bei der Suche nach begrenzenden Elementen irgendeiner anderen räumlichen oder zeitlichen Reihe können. In Kants Sprache der Vermögen heißt das: theoretische *Vernunft* kann keinerlei Interesse an irgendeiner Verwendung der Begriffe von „Ursache" und „notwendiger Existenz" haben außer derjenigen, die auch dem *Verstand* erlaubt ist, wenn dieses zuletzt genannte Vermögen bei seinem Geschäft des Erwerbs von empirischem Wissen ist. Die Natur dieser Verwendung ist schon in den Grundsätzen hinreichend klargemacht worden. „Ursache" ist unauflöslich mit der Zeit verknüpft, so daß jedwede Anwendung dieses Begriffs auf das Noumenale (in dem

„nichts geschieht") für die Interessen der theoretischen Vernunft irrelevant ist. Hinsichtlich „notwendiger Existenz" ist die Lehre der Postulate des empirischen Denkens überhaupt klar und unzweideutig. Wir müssen unterscheiden zwischen „formaler und logischer Notwendigkeit in Verknüpfung der Begriffe" und „materialer Notwendigkeit im Dasein". Der zuletzt genannte Begriff hat eine Anwendung nur auf das, was in Übereinstimmung mit empirischen Gesetzen kausal determiniert ist. „Notwendigkeit der Existenz . . . (kann) nur aus der Verknüpfung mit demjenigen, was wahrgenommen wird, nach allgemeinen Gesetzen der Erfahrung erkannt werden".[37]

Was liegt Kants Abweichung von der „wahren" kritischen Auflösung der dritten und vierten Antinomie zugrunde? Es gibt viele Faktoren und sie sind komplex. Aber es ist offenbar genug, was im Fall von *Freiheit* versus *Universale Kausalität* der Hauptfaktor ist. Er hat nichts mit den Interessen theoretischer Vernunft zu tun. Er hat vielmehr mit den Interessen der „reinen praktischen Vernunft" zu tun, d. h. mit der Moralität. Kant ist bemüht zu zeigen, daß die kausale Determiniertheit jedes Ereignisses durch zeitlich vorgängige Bedingungen nicht unvereinbar ist mit der Idee, daß bestimmte Ereignisse eine andere Art von Ursache haben, die, weil sie zur noumenalen Sphäre gehört, von der Bedingung der Zeit ausgenommen ist und als frei „handelnd" gedacht werden kann. Obwohl wir diese Möglichkeit nicht verstehen können, können wir sie nicht mit der Begründung eines Determinismus in der Natur ausschließen; sie ist etwas, was Moralität zu verlangen scheint, obwohl wir aus diesem Grund kein theoretisches Wissen von ihr beanspruchen können.

Hier ist die Begründung für die „neue" Lösung klar: sie ist die Auflösung eines neuen Konflikts – eines Konflikts, der in den Argumenten der dritten Antinomie überhaupt nicht dargestellt wird.

Können wir dazu eine Parallele im Fall der vierten Antinomie finden? Wir können am Ende des Abschnitts, der die Auflösung jener Antinomie zu geben beansprucht, die Andeutung einer Parallele finden. Dort wird impliziert, daß, wo es um den reinen Gebrauch der Vernunft *„in Ansehung der Zwecke"* zu tun ist (d. h. einmal mehr, um den praktischen Gebrauch), sie ein Interesse haben kann an der Existenz einer *intelligiblen Ursache* außerhalb der Reihe des empirisch Bedingten – ein Interesse anderer Art, als es durch die neue Lösung der dritten Antinomie sichergestellt wird.[38] Die „Auflösung" besteht also darin, einmal mehr herauszustellen, daß der durchgängig bedingte Charakter der Erscheinungen nicht unvereinbar ist mit der Existenz eines solchen „bloß intelligiblen Wesens". Der genaue Charakter dieses Interesses der reinen Vernunft, wenn gebraucht „in Ansehung der Zwecke", wird hier nicht enthüllt. Später wird es als ein Interesse daran enthüllt werden, daß ein übersinnliches Wesen die Eigenschaften besitzt, die wir uns analogisch in Begriffen der Allmacht und der Güte verständlich machen. Vielleicht ist es nur zu natürlich, daß der genaue Charakter *dieser* Forderung der Vernunft nicht auf dieser Stufe enthüllt werden sollte. Der Übergang von einem theoretischen zu einem moralischen Interesse im Gedanken einer frei handelnden Ursache ist ein relativ reibungsloser. Aber die ausgezeichneten Attribute, die von der Moralität für die Gottheit gefordert werden, haben keinerlei Verbindung mit dem aufzeigbaren Thema der vierten Antinomie. Erneut, diesmal aber nur durch den dicksten aller Schleier, erscheint die neue Lösung als Auflösung eines gänzlich neuen Konflikts, in dem diesmal die Identität eines der beiden Antagonisten kaum erkennbar wird.

Es sieht so aus, als habe Kant zugelassen, daß seine Darstellung der Fragen und der Lehren an dieser Stelle in Unordnung gerät. Wir wollen versuchen, sie ein wenig wieder in Ordnung zu bringen. (Das Entwirren von Lehrmeinungen darf natürlich nicht mit ihrer Übernahme oder Verteidigung verwechselt werden. Sogar die neue Anordnung ist bloß vorläufig: noch liegen nicht alle involvierten Faktoren vor uns.)

Erstens, Antinomien, die aus den theoretischen Interessen der Vernunft hervorgehen, den allgemeinen Charakter der dritten und vierten Antinomie haben und daher mit Reihen von kausal hinreichenden und kausal notwendigen Bedingungen für Veränderungen in der Welt befaßt sind, können angemessen entwickelt werden; aber wenn sie entwickelt worden sind, sollten sie auf den konventionellen kritischen Wegen aufgelöst werden, die ich bereits angedeutet habe. Zweitens kann richtig darauf hingewiesen werden, daß die Lehre des transzendentalen Idealismus, die in der kritischen Auflösung aller Antinomien in Anspruch genommen wird, die These involviert, daß alle Erscheinungen überhaupt auf einen noumenalen Grund beruhen, der, weil er nicht-sinnlich ist, empirisch unbedingt ist. Ein Zweck dieser Erinnerung sollte auf dieser Stufe genau die Warnung davor sein, sich durch eine scheinbare Analogie zwischen dem Begriff eines noumenalen Grundes und dem einer empirischen kausalen Bedingung zu der Annahme verleiten zu lassen, daß den Interessen der theoretischen Vernunft, wie sie sich in den Thesen der dynamischen Antinomien manifestieren, in irgendeiner Weise durch Bezugnahme auf den nicht-sinnlichen Grund der Erscheinungen genügt werden könnte. Drittens könnte Kant dann dazu fortgehen, die Erinnerung ohne Gefahr einer Verwirrung von Themen zu einem zweiten und für ihn vielleicht wichtigeren Zweck auszunutzen. In Übereinstimmung mit allgemeinen kritischen Prinzipien ist theoretische Erkenntnis notwendigerweise auf das Empirische eingeschränkt, so daß, was der nicht-sinnliche Grund der Erscheinungen „an sich für Beschaffenheit habe", uns notwendigerweise völlig unbekannt bleibt.[39] Aber diese Beschränkung der Vernunft in ihrem theoretischen Gebrauch, diese notwendige Unkenntnis des Nicht-Sinnlichen, verwandelt sich in einen positiven Vorteil für die „Interessen der Vernunft in ihrem reinen praktischen Gebrauch", d. h. für die Forderungen der Moralität. Denn sie läuft darauf hinaus, daß es kein theoretisches Hindernis für einen auf die Moralität gegründeten Glauben gibt, demzufolge der noumenale Grund sowohl für menschliche Freiheit als auch für göttliche Allmacht Raum läßt, wenn auch auf eine Weise, die wir nicht verstehen können.

Schließlich kann argumentiert werden – obwohl das bedeutet, das Ergebnis von Kants Diskussion der philosophischen Theologie zu antizipieren –, daß auch die Interessen der theoretischen Vernunft von uns fordern oder uns sogar dazu berechtigen, einen nicht-sinnlichen Grund der Erscheinungen zu denken, *als ob* er die Quelle von bestimmten Attributen wäre, die analog in Begriffen der Freiheit, des Zweckes und der höchsten Intelligenz begriffen werden. Aber dieses Interesse der theoretischen Vernunft, wenn es denn existiert, ist nicht in den Thesen der dynamischen Antinomien manifestiert; denn diese sind nur mit zeitlich regressiven Reihen von kausalen Bedingungen befaßt.

Diese Neu-Anordnung von Themen ist, wie ich schon gesagt habe, eine vorläufige. Einer Komplikation von beträchtlichem Interesse, die sie ausläßt, wende ich mich jetzt zu. Andere Komplikationen werden später hervortreten.

3. Empirisch unbedingte Existenz: Verwirrung über Substanz

Was *ist* dann nach allem das Thema der vierten Antinomie? Die Darstellung im Beweis und den Anmerkungen von B 480 bis B 488 scheint, obwohl an einigen Stellen dunkel, einigermaßen klar zu sein. Die empirische Reihe, mit der wir beschäftigt sind, ist, so scheint es, eine vergangene Reihe von zeitlich aufeinander folgenden Zuständen der Welt und/oder von Veränderungen, die im Übergang von einem Zustand zum anderen beschlossen sind. Von ihren Elementen als „empirisch bedingt“ oder „zufällig“ zu sprechen, heißt auf die Tatsache bezugnehmen, daß jedes Element seine Existenz einem vorhergehenden Element verdankt, wobei das letztere eine kausal notwendige Bedingung des ersteren ist. Die „Forderung der Vernunft nach dem Unbedingten“ scheint also eine Forderung zu sein, die erfüllt wäre *entweder* durch die Existenz eines „Anfangs in der Reihe ihrer Veränderungen“[40], ein „oberstes Glied der Weltreihe“[41], das für seine Existenz nicht von irgendeiner kausal notwendigen vorgängigen Bedingung abhängig wäre, *oder* erfüllt wäre durch die Entdeckung, daß die Reihe als ein Ganzes von jeder derartigen Abhängigkeit frei wäre. Diese beiden Alternativen sollten, so kann man annehmen, ausgeschlossen werden, weil sie eine falsche oder leere Voraussetzung enthalten; und jeder Neigung, die dafür aufkommen könnte, die Suche von empirischen Reihen überhaupt ablenken zu lassen, sollte Einhalt geboten werden, weil sie eine illegitime und irrelevante Verwendung der betreffenden Kategorien einschließt.

Wenn wir uns jedoch dem Abschnitt über die Auflösung dieser Antinomie zuwenden[42], sehen wir, daß sich ihr Thema geändert hat. Wir haben es, wie es scheint, jetzt mit der „unbedingten Existenz der Substanz selbst“[43] oder mit der „Ableitung . . . des zufälligen Daseins der Substanz selbst von der notwendigen zu tun“.[44] Die Reihe der Veränderungen oder der aufeinander folgenden Zustände der Dinge ist nicht wirklich die Reihe, die unser Thema repräsentiert. Es ist eine völlig andere Reihe, die wir im Blick haben, eine „Reihe des abhängigen Daseins“[43a], von „*Dingen* der Sinnenwelt“, die eine „nur empirischbedingte Existenz haben“.[44a] Auf die Reihe der Veränderungen bezugzunehmen war relevant nur, um uns daran zu erinnern, „daß, da alles in dem Inbegriffe der Erscheinungen veränderlich, mithin im Dasein bedingt ist, es überall in der Reihe des abhängigen Daseins kein unbedingtes Glied geben könne".[45]

Wir wollen zuerst den ungültigen Übergang im zuletzt zitierten Satz festhalten, den Übergang von „*x* ist veränderlich" zu „*x* ist in seiner Existenz (empirisch) bedingt". Kant ist tatsächlich auf die Gültigkeit eines anderen Schrittes verpflichtet, des Schrittes von „*x* ist eine Veränderung" zu „*x* ist in seiner Existenz bedingt, d. h. verdankt sein Auftreten irgendeiner vorgängigen notwendigen Bedingung dieses Auftretens". Aber es gibt kein Prinzip, das Kant angenommen oder für das er argumentiert hätte, das den Übergang von „*x erfährt* eine Veränderung" zu „*x* ist für seine Existenz von irgendeiner empirisch notwendigen Bedingung für jene Existenz abhängig" sanktionierte. Nicht nur fehlt Kant ein Prinzip, das diesen Übergang sanktionierte; er ist vielmehr prima facie auf ein Prinzip verpflichtet, das diesen Übergang verbietet. Denn er hat in der Analytik dafür argumentiert, daß die Existenz von Substanz oder Materie als etwas *Beharrlichem* im Felde der Erscheinungen eine notwendige Bedingung für die Möglichkeit von Erfahrung überhaupt ist. Das empirisch Bedingte ist dasjenige, das nicht existiert haben würde ohne irgendeine andere empirisch entdeckbare Bedingung, die ihm zeitlich vorausgeht oder mit ihm zumindest gleichzeitig ist und die für seine Existenz kausal notwendig ist.[46] Aber beharrliche Substanzen können im Feld der Erscheinungen weder ihre Existenz verlieren noch in die Existenz treten: die Frage eines empirischen Nachweises ihrer kausalen Abhängigkeit von irgendetwas stellt sich gar nicht. Auf einmal, so sieht es aus, ist die Forderung der Vernunft nach dem empirisch Unbedingten im Feld der Erscheinungen erfüllbar; denn Substanz oder Materie ist in ihrer Existenz empirisch unbedingt, wenn auch natürlich nicht in ihren Zuständen oder den Veränderungen, denen sie unterliegt.

Akzeptiert Kant diese Schlußfolgerung oder sollte er sie zumindest akzeptieren? Die Frage scheint ihm einige Verlegenheit zu bereiten, eine Verlegenheit, die ihn durch das folgende Kapitel über philosophische Theologie verfolgt. An einem Punkt in jenem Kapitel scheint Kant ganz klar einzuräumen, daß kein Argument möglicherweise die empirische Kontingenz der Materie nachweisen könnte.[47] An anderer Stelle scheint er gerade ein derartiges Argument entwickeln zu wollen: alle wirklichen Eigenschaften der Materie seien Wirkungen, die Ursachen haben müßten, und seien daher derivativen Charakters, bedingt und könnten „also an sich aufgehoben werden . . ., hiermit aber das ganze Dasein der Materie aufgehoben werden würde".[48] Dieses schlechte Argument soll der Absicht nach vermutlich einen Punkt machen, der von dem auf der vorigen Seite gemachten verschieden ist, nämlich daß die Existenz der Materie nicht logisch notwendig ist[49] – ein Punkt, der in keiner Weise in die Richtung geht zu zeigen, daß ihre Existenz von irgendeiner empirischen Bedingung abhängig ist.

Es könnte gesagt werden, daß, zumindest insofern die Interessen empirischer Forschung betroffen sind, die Frage Kant in gar keine Verlegenheit bringen müßte: daß er völlig konsistent zugeben kann, daß die Materie im allgemeinen – das Beharrliche im Feld der Erscheinungen – in ihrer Existenz empirisch unbedingt ist, und doch zugleich darauf bestehen kann, daß diese empirisch unbedingte Existenz kein abschließendes Element irgendeiner jener Reihen von bedingten und bedingenden Gegebenheiten darstellt, die in niemals endender empirischer Forschung zu erforschen das Geschäft der theoretischen Vernunft ist. Keine Versicherung der empirisch unbedingten Existenz von Materie im allgemeinen entbindet und von der Aufgabe z. B. zu versuchen, ihre besonderen beobachtbaren Eigenschaften zu erklären. Es wäre ohne Zweifel eine Übertreibung, darauf zu bestehen, wie Kant es vermutlich tun würde, daß jede Ebene der Erklärung uns automatisch die weitere Aufgabe einer Erklärung auf noch tieferer Ebene stellte; gleichwohl ist es sicher vernünftig zu leugnen, daß wir jemals ganz zuversichtlich beanspruchen könnten, die äußerste Grenze der Theorie erreicht, die fundamentalen Gesetze und Elemente der materiellen Natur schließlich entdeckt zu haben. Die empirisch unbedingte Existenz der Materie im allgemeinen läßt uns also mit Beziehung auf irgendwelche empirische Forschungen, die wir über Eigenschaften und Aufbau der Materie anstellen möchten, genau dort, wo wir vorher waren.

Ich möchte nicht nahelegen, daß es genau die in diesem Typ von Untersuchung involvierte Sorte von erklärender Reihe ist, die Kant im Abschnitt über die Auflösung der vierten Antinomie im Sinn hat. Sie erinnert im übrigen auch mehr an die zweite als an die dritte Antinomie. Obwohl Kant in diesem Abschnitt beständig das Wort „Reihe" benutzt, bleibt wirklich unklar, über genau welche Reihe er spricht. Vielleicht kommen wir dem, was er im Sinn hatte, am nächsten, wenn wir annehmen, daß sein vorherrschender Gedanke der von der empirischen Kontingenz aller individuellen oder besonderen Existenzen ist – seien es Dinge oder Geschehnisse oder Zustände –, die wir in der Erfahrung antreffen *und die unter gewöhnliche empirische Begriffe fallen*. Das Feld der Erfahrung solcher besonderer Existenzen ist das Feld der Kontingenz – dessen, was nicht stattgehabt hätte, oder nicht so beschaffen gewesen wäre, wie es war, ohne irgendeine andere Bedingung, die selber in gleicher Weise kontingent ist. Hier ist einmal mehr die Herrschaft universaler empirischer Kontingenz in keiner Weise durch das Prinzip eingeschränkt, demzufolge die Existenz der Materie im allgemeinen nicht empirisch bedingt ist.

Gleichwohl sollten wir immer noch fragen, was genau gemeint ist mit der Existenz der „Materie im allgemeinen" oder der „Substanz" als etwas „Beharrlichem im Felde der Erscheinungen". Kants offizielle Ansicht des Arguments der ersten Analogie ist, daß dieses die Existenz eines dauerhaften Rahmens der Substanz oder von Substanzen, die ihre Identität über alle jene Veränderungen ihrer „Bestimmungen" hinweg erhalten, welche den sich ändernden Zuständen der Welt zugrunde liegen oder sie ausmachen, als eine notwendige Bedingung der Möglichkeit von Erfahrung nachweist. Diese Zustände der Welt sind vermutlich besondere Existenzen, obwohl nicht solche, die unter gewöhnliche empirische Begriffe fallen. Wir müssen uns jedoch daran erinnern, daß der wirkliche Argumentationsgang in den Analogien, was immer die Verdienste dieser Lehre als einer Voraussetzung der Naturwissenschaft sein oder gewesen sein mögen, sich als inadäquat erwies, um diese Lehre zu begründen. Was dort, wenn überhaupt irgendetwas, nachgewiesen wurde, war vielmehr die Notwendigkeit eines dauerhaften Rahmens räumlicher Dinge, in dem kein individuelles Element oder kein Bestandteil als dauerhaft aufgefaßt werden mußte. Wir können also durch eine angenehme Ironie auf dem Wege einer Kritik an Kants Argument über die Substanz in der Analytik zu einer Sympathie für seine Position bezüglich der Substanz in der Dialektik kommen. Denn wenn es nur der „beharrliche Rahmen" räumlicher Dinge ist, der dauerhaft ist, und wenn es nach dem relevanten Teil der Lehre des transzendentalen Idealismus, wie auch immer interpretiert, falsch ist, daß die Menge oder Reihe von Individuen, die den Rahmen bilden, *als ein Ganzes* existiert, dann dürfen wir schlußfolgern, daß weder die Menge als ganze (weil es ein derartiges Ding nicht gibt) noch irgendeins ihrer Elemente eine nicht-kontingente Existenz hat. Wir versöhnen derart die Lehre, daß die Existenz der Materie im allgemeinen nicht-kontingent ist, mit der Lehre, daß nichts im Felde der Erscheinungen eine unbedingte Existenz hat. Aber wir müssen dabei in Erinnerung behalten, daß dieses Kunststück nur durch die Zurückweisung der offiziellen Ansicht über die Substanz, wie sie in den Analogien dargelegt wird, möglich gemacht ist.

4. Der Übergang von „kosmologischen" zu „transzendenten" Ideen

Wenn wir die Interessen der Sittlichkeit, wie Kant sie verstand, beiseite lassen, wie haben wir dann schließlich seine Behauptung zu verstehen, daß die Lösung der dritten und vierten Antinomie in der Bezugnahme auf das Nichtsinnliche als einer möglichen Quelle der Erfüllung für die „Forderung der Vernunft nach dem Unbedingten" liege? Wir müssen zumindest denken, daß Kant seinen Gedanken unvollkommen ausgedrückt hat. Aber welches ist der derart unvollkommen ausgedrückte Gedanke? Es kann sich nicht um den Gedanken einer möglichen Versöhnung der Ansprüche in Thesis und Antithesis, so, wie sie dastehen, handeln. Der Gedanke ist vielmehr der einer möglichen *Ablenkung* der in der Thesis ausgedrückten Forderung, so daß sie nicht länger mit der Wahrheit der Antithesis konfligiert. Kant verwendet Sorgfalt darauf herauszustellen, daß er nicht behauptet, die abgelenkte Forderung könne wirklich erfüllt werden. Tatsächlich ist er aus allgemeinen kritischen Gründen dazu verpflichtet zu sagen, daß die abgelenkte Forderung zumindest eine Einladung zu einem illegitimen Gebrauch der Kategorien involviert. Kein Gegenstand einer möglichen Erfahrung kann den Vorstellungen einer unverursachten Ursache oder einer nicht-kontingenten besonderen Existenz (von der andere kausal abhängen, die selber aber nicht von anderen kausal abhängig ist) entsprechen, selbst wenn sie als kosmologische Ideen, d. h. als sich auf Dinge in Raum und Zeit beziehend konstruiert werden. Wieviel schwerwiegender ist dann das Risiko, allgemeine kritische Prinzipien zu verletzen, wenn diese Ideen in transzendente verwandelt werden. Uns bleibt also nur der minimal versöhnende Gedanke, daß die abgelenkte Forderung, wenn sie auch nicht erfüllt werden kann und wenn sie auch einen leeren Gebrauch von Kategorien mit sich bringt, die ihre einzige angemessene Verwendung in der Sphäre der Erfahrung haben, gleichwohl und aus denselben Gründen in keinem Konflikt mit der Wahrheit der Antithesis, in keinem Konflikt mit einer durchgängigen Anwendung des Gesetzes der universalen Kausalität auf Erscheinungen und in keinem Konflikt mit der Kontingenz aller besonderen Existenz in dieser Sphäre steht.

Aber selbst wenn der Anspruch, eine Lösung produziert zu haben, in dieser Weise beschnitten wird, bleibt eine dringende und gleichwohl noch unbeantwortete Frage; nämlich, wie kommt es zu dieser Ablenkung der Forderung der Vernunft nach dem Unbedingten? Wir könnten versucht sein, und dies durch Kants eigene Darstellung, uns für eine Antwort an die Lehren des transzendentalen Idealismus zu wenden. Ein Teil jener Lehre kann, wie wir gesehen haben, dafür angeführt werden, die „wahre" kritische Lösung der dritten und vierten Antinomie zu liefern. Aber ein anderer Teil sorgt für die Abhängigkeit aller Erscheinungen überhaupt, seien es empirisch verursachte Veränderungen oder empirisch kontingente besondere Existenzen, von einem transzendentalen Grund, der, insofern er nichtsinnlich ist, bestimmt weder empirisch kontingent noch empirisch verursacht ist. Hier, könnten wir sagen, ist die Quelle der Versuchung, die dynamische Forderung nach dem Unbedingten in die Sphäre des Nichtsinnlichen abzulenken. Aber diese Erklärung ist kaum in Übereinstimmung mit dem allgemeinen Geist der Dialektik. Die Lehre des transzendentalen Idealismus soll nicht sozusagen Ideen in den Kopf der Vernunft bringen. Die Ideen der Vernunft sollen vielmehr auf natürliche Weise aufkommen, ohne Unterstützung durch die kritische Philosophie. Also muß die Metamorphose der dynamischen Ideen vom Unbedingten in transzendente Ideen als eine Metamorphose angenommen werden, die diese Ideen irgendwie natürlich durchmachen, wenn die Suche nach einem Gegenstand, der ihrer respektableren Form als kosmologische Ideen entspräche, auf unüberwindliche Hindernisse stößt, die durch die Argumente für die Antithesen der Antinomien aufgerichtet werden.

Wir brauchen auf diese Theorie der natürlichen Metamorphose jedoch nicht die ganze Last einer Erklärung zu legen. Im nächsten Kapitel mit dem Titel ‚Das Ideal der reinen Vernunft' führt Kant mit einigen Variationen noch eine weitere Idee der Vernunft ein, die, insofern sie die Idee von einem Gegenstand ist, sicherlich eine Idee von einem nicht-sinnlichen Gegenstand ist, und die eine Art von Affinität mit den dynamischen Ideen einer unverursachten Ursache und einer nicht-abhängigen Existenz hat. Sie ermutigt deren Metamorphose in transzendente Ideen und zieht ihre Stärke aus ihnen in ihrer neuen Form. Es ist also eine komplexe Ausstattung mit Ideen, mit der die theoretische Vernunft die ehrgeizigste aller ihrer Unternehmungen jenseits der Grenzen der Erfahrung in Angriff nimmt.

5. Das Ideal der reinen Vernunft

Es ist ein wesentliches Kennzeichen einer Idee der Vernunft, daß sie unvermeidlich im Verlaufe der empirischen Forschung entsteht. Eine derartige Idee soll tatsächlich nichts anderes sein als eine Projektion des Ziels, endgültige Einheit und Vollständigkeit in irgendeinem sehr allgemeinen Typ derartiger Forschung zu erreichen. Es ist angemessen, uns dieses Ziel als einen Ansporn zu fortgesetzter Forschung vorzuhalten, auch wenn es unerreichbar ist. Schein wird nur dann erzeugt, wenn wir – wie wir es unvermeidlich tun – den Gedanken an dieses Ziel fälschlich für den Gedanken von einem wirklich existierenden Gegenstand nehmen, von dem wir Wissen zu erlangen hoffen dürfen, aber nur durch rein rationale Methoden, weil er jenseits der Reichweite von Erfahrung liegt.

Kant unternimmt zwei voneinander wesentlich unabhängige Versuche zu zeigen, wie jene Idee der Vernunft entsteht, die mit Hilfe der transformierten dynamischen Ideen dem Streben nach außer-empirischem Wissen von Gott Kraft gibt. Er argumentiert erstens, daß die Idee eines zuhöchst wirklichen Wesens eine Idee ist, zu deren Annahme wir durch den alltäglichen Gedanken unvermeidlich geführt werden, jeder besondere Gegenstand der Erfahrung habe einen durchgängig bestimmten Charakter; und er argumentiert zweitens, daß die Idee eines zuhöchst weisen Urhebers der Natur eine Voraussetzung der Naturwissenschaft ist.

Der Argumentationsgang, in dem Kant den ersten Vorschlag präsentiert, ist weit davon entfernt, zwingend zu sein. Er verläuft ungefähr folgendermaßen. Angenommen, wir wüßten von einem besonderen existierenden Gegenstand, daß er zur Klasse der Tiere gehörte. Diese Charakterisierung läßt einen weiten Bereich sich wechselseitig ausschließender Möglichkeiten hinsichtlich der Frage offen, zu welcher Art von Tier der Gegenstand gehört; und wir erlangen vollständigere Information über den fraglichen besonderen Gegenstand in dem Maße, in dem wir jene Möglichkeiten „begrenzen“ können, indem wir alle bis auf eine ausschließen. Es bleiben dann natürlich alle Arten weiterer Möglichkeiten offen, was seine Geschichte und seine Merkmale angeht; und eine Vermehrung der Information hinsichtlich dieses Individuums ergibt sich mit einer weiteren „Begrenzung“ dieser Möglichkeiten. Wir müssen uns notwendigerweise jedes Individuum so denken, daß es mit Rücksicht auf alle die Möglichkeiten, die für es mit Beziehung auf jeden gegebenen Informationsstand offen zu sein scheinen könnten, wesentlich bestimmt ist. Die Welt ist dann voll von bestimmten Individuen, von denen jedes sozusagen ein Ort der Beschränkung all jener Möglichkeiten ist, die auf ein Individuum seiner Art Anwendung haben. Der Begriff der Gesamtsumme aller derartiger Möglichkeiten ist deshalb mit dem Begriff der wirklichen Welt bestimmter Individuen notwendig gegeben. Kants Vorschlag besagt, daß wir unvermeidlich dazu gebracht werden, die Idee einer gänzlich unbegrenzten Super-Realität auszubilden, die der Summe aller der im Fall von wirklichen Individuen begrenzten Möglichkeiten entspricht, einer Realität, die wir als den Ursprung oder Grund jener Möglichkeiten denken, als „den ganzen Vorrat des Stoffes, daher alle möglichen Prädikate der Dinge genommen werden“[50], in sich enthaltend. Diese Idee, sagt Kant, ist nicht die Idee eines bloßen Aggregats oder einer bloßen Ansammlung. Sie ist die Idee eines einzelnen, auf ausgezeichnete Weise wirklichen Individuums. Seine Individualität entspricht der Einheit der Welt der Dinge in Raum und Zeit, seine ausgezeichnete Wirklichkeit macht es zum Ursprung oder Grund aller der Möglichkeiten, die von den bestimmten Charakteren der wirklichen Dinge vorausgesetzt werden. Kant bezieht sich in dieser Passage nicht auf Leibniz; aber die Echos sind unverkennbar. Es ist jedoch schwierig, irgendwelche Sympathie für den Vorschlag aufzubringen, daß die Idee eines zuhöchst wirklichen Wesens derart natürlicherweise entsteht.

Obwohl Kant seinen zweiten Vorschlag als eine natürliche Erweiterung des ersten darstellt[51], scheint er tatsächlich von ihm unabhängig zu sein. Den Zielen der Naturwissenschaft, sagt Kant, ist damit gedient, daß wir die Welt so denken, als ob sie ihre Existenz einer „obersten Intelligenz“ außerhalb der Welt verdankte, „die nach weisen Absichten Urheber derselben sei“.[52] Richtig angewendet ist diese Konzeption nicht selbst ein Wissensanspruch, sondern eine Hilfe für den Erwerb von Wissen. Das eigentliche Ziel der theoretischen Vernunft ist die Maximierung der systematischen Einheit unserer Erkenntnis der Natur. Wir müssen uns die Natur als so verfaßt denken, daß sie sich zur Verfolgung dieses Ziels hergibt, und doch darf unser Denken nicht so beschaffen sein, daß es unserem unaufhörlichen Streben nach einem höheren Grad von systematischer Einheit in der physikalischen Theorie irgendwelche Beschränkungen auferlegt. Beide Erfordernisse werden durch den Gedanken einer obersten regierenden Intelligenz außerhalb der Welt zugleich erfüllt. Kant scheint zuweilen so zu schreiben, als ob die Maximierung systematischer Einheit im Wissen von der Natur anzustreben und alle natürlichen Verbindungen so zu denken, „*als ob* sie Anordnungen einer höchsten Vernunft wären, von der die unsrige ein schwaches Nachbild ist“[53], ein und dieselbe Sache wären. Sollte das der Fall sein, müßte man zu dem Schluß kommen, daß Kants Behauptung einer regulativen Nützlichkeit dieser Idee der Vernunft tatsächlich ein minimaler Anspruch ist, falls jene arbeitenden Wissenschaftler, die aufrichtig den Gedanken jeder derartigen Analogie ableugnen, tatsächlich in genau derselben Lage sind wie jene, die die Idee von Gott als z. B. „höchstem Mathematiker“ zu hegen bekennen.

Kants Behauptung der regulativen Nützlichkeit dieser Idee ist, wie immer schwach oder stark sie interpretiert werden muß, natürlich von wiederholten Bestreitungen der Möglichkeit eines *Wissens* von einem dieser Idee entsprechenden Gegenstand begleitet. Sie ist eine rein analogische Konzeption, deren ganze Bedeutung bereits in der Darlegung ihrer regulativen Nützlichkeit beschrieben ist.

„Man verkennet sogleich die Bedeutung dieser Idee, wenn man sie für die Behauptung, oder auch nur die Voraussetzung einer wirklichen Sache hält, welcher man den Grund der systematischen Weltverfassung zuzuschreiben gedächte; vielmehr läßt man es gänzlich unausgemacht, was der unseren Begriffen sich entziehende Grund derselben an sich für Beschaffenheit habe".[54]

Zum Zweck des Erwerbs von Wissen von einem solchen Gegenstand stehen einfach keine Begriffe zur Verfügung „und selbst die Begriffe von Realität, Substanz, Kausalität, ja so gar der Notwendigkeit im Dasein, verlieren alle Bedeutung, und sind leere Titel zu Begriffen, ohne allen Inhalt, wenn ich mich außer dem Felde der Sinne damit hinauswage."[55]

6. Die Illusionen der philosophischen Theologie

Wir müssen nun sehen, wie die Idee eines höchsten Wesens und die dynamischen Ideen in ihrer transzendenten Form sich vereinigen und so die Illusionen der philosophischen Theologie erzeugen. Kant macht sehr klar, daß er die Vorstellung eines nicht-kontingenten Grundes kontingenter Existenz als motivationale Hauptmacht hinter dem ungeheuren Anspruch auf Wissen der Existenz Gottes ansieht. Er zeichnet uns als beinahe unwiderstehlich dahingetrieben, aus der endlosen Kette kausaler Abhängigkeit einer empirischen Existenz von der anderen durch die Annahme einen Ausweg zu suchen, daß es etwas gibt, wovon alles kontingent Existierende für seine Existenz letztlich abhängig ist, das aber selber von kausaler Abhängigkeit von irgendetwas frei ist und daher überhaupt nicht zur sinnlichen Welt gehört. Auf die Wahrheit dieser Schlußfolgerung, verstanden im Sinne des transzendentalen Idealismus, ist Kant selber natürlich aus anderen Gründen verpflichtet. Aber was ihre Richtigkeit *als Schlußfolgerung* aus einem Gedankengang wie dem obigen angeht, ist er gänzlich gegen sie eingestellt und kann dies konsistenterweise sein. Ein derartiger Gedankengang enthält nämlich eine doppelte Fehlanwendung des Prinzips der universalen kausalen Abhängigkeit jeder besonderen Existenz oder jedes besonderen Vorkommnisses, indem er erstens dieses Prinzip benutzt, „um über die Sinnenwelt hinaus zu kommen", und zweitens dazu, eine erste oder unverursachte Ursache abzuleiten.[56]

Um den weiteren Fortschritt der Illusionen der Vernunft zu verfolgen, fordert Kant uns auf, nichtsdestoweniger anzunehmen, daß diese Schlußfolgerung eines nicht-kontingenten Grundes kontingenter Existenzen in gültiger Weise abgeleitet worden ist. Er stellt heraus, daß wir dann noch immer keine bestimmte Konzeption von der Natur dieser nicht-kontingenten Existenz haben, auf der jedwede kontingente Existenz direkt oder indirekt beruhend gedacht wird. Eine solche Konzeption entbehrend, sind wir tatsächlich genauso weit entfernt wie je sowohl von der endgültigen Befriedigung der theoretischen Vernunft als auch von der Erreichung des Ziels des philosophischen Theologen, die Existenz Gottes zu beweisen.

Auf dieser Stufe legt Kant nahe, daß, wenn wir nach einer bestimmten Konzeption für etwas suchen, das seine Existenz nichts anderem verdankt, wir uns natürlicherweise an der Vernunftidee eines unbeschränkten oder vollkommenen Wesens festmachen, das in sich selber das Maximum der Wirklichkeit enthält. Ein solches Wesen kann, wenn es existiert, in seiner Existenz von nichts anderem als sich selbst abhängen. Es muß eine nicht-kontingente Existenz sein. Insofern wir angenommen haben, daß wir bewiesen hätten, ein nicht-kontingentes Wesen existiere, kommen wir zu dem Schluß, daß ein Wesen von unbeschränkter Realität existiert.

Die Ableitung ist jedoch ungültig. Wir können nicht, ohne einen Fehlschluß zu begehen, die Behauptung, daß, wenn ein Wesen von unbeschränkter Realität existiert, es nicht-kontingenterweise existiert, dahin verkehren, daß sich die Behauptung ergibt, daß, wenn irgendetwas nicht-kontingenterweise existiert, es ein Wesen von unbeschränkter Realität ist. Der Begriff einer unbedingten oder nicht-kontingenten Existenz führt keine derart bestimmte Konzeption mit sich. Der kosmologische Beweis erreicht, selbst wenn wir seinen ersten, illegitimen Schritt zulassen, sein Ziel nicht. Dieser Beweis, das Argument der Ersten Ursache, verkörpert, wie falsch er auch sein mag, eine natürliche Illusion der menschlichen Vernunft. Anders verhält es sich, so schlägt Kant vor, mit dem ontologischen Beweis, auf den eine hochentwickelte Erfindungsgabe verfällt, um die Unzulänglichkeiten des kosmologischen Arguments auszugleichen. Der Kontrast zwischen kontingenter und nicht-kontingenter Existenz, wie er im kosmologischen Beweis figuriert, ist der Kontrast zwischen der Existenz von etwas, das für seine Existenz von etwas anderem abhängt, und der Existenz von etwas, das für seine Existenz von nichts anderem abhängt. Im ontologischen Beweis wird dieser Kontrast durch einen ganz anderen zwischen logischen Modalitäten von Existenzbehauptungen ersetzt; jedwedes, dessen Existenz ohne Selbstwiderspruch bestritten werden könnte, existiert kontingenterweise, nur dasjenige, dessen Existenz ohne Selbstwiderspruch nicht bestritten werden kann, existiert nicht-kontingenterweise, d. h. mit absoluter Notwendigkeit. Es wird dann nahegelegt, daß der Begriff des zuhöchst wirklichen Wesen den Begriff der Existenz einschließt, so daß der Satz, daß ein derartiges Wesen existiert, analytisch notwendig ist. Kants verachtungsvolle Widerlegung dieses Vorschlags ist wirklich schlüssig, auch wenn ihre Form verbessert werden könnte. Einen Begriff zu bilden, wie reich er auch immer sein mag, ist eine Sache; zu erklären, daß er eine Anwendung hat, ist eine andere Sache. Logische oder analytische Notwendigkeit bezieht sich nur auf die Verknüpfung eines Begriffs mit einem anderen. Kein Begriff kann logisch seine eigene Instantiierung in etwas garantieren, das nicht selber ein Begriff ist. Im Sinn von „notwendig“, der im ontologischen Argument verwendet wird, ist der Begriff eines absolut notwendigen Wesens eine bloße Konfusion.

Wenn ein Beweis aus Begriffen und ein Beweis aus dem Faktum kontingenter Existenz im allgemeinen gleichmaßen ihr Ziel verfehlen, bleibt nur noch eine Erfolgsmöglichkeit für die Unternehmung einer theoretischen Theologie. Das ist der Versuch, die Existenz Gottes aus dem Charakter unserer tatsächlichen Erfahrung von Dingen in der Welt zu beweisen. Kant zeigt eine gewisse Zärtlichkeit für das Argument aus dem Entwurf oder den physiko-theologischen Beweis;

aber er zeigt sich fest hinsichtlich seiner Beschränkungen. Ein Vertreter des Arguments sieht sich einem Dilemma konfrontiert. Entweder kann er das Argument so darstellen, daß es auf keinen anderen als bloß empirischen Prinzipien analogischer Argumentation beruht – in diesem Fall entgeht er vielleicht den kritischen Bemerkungen, denen die beiden vorhergehenden Typen von Argument ausgesetzt sind, aber er verfehlt notwendigerweise sein theologisches Ziel; oder er strebt danach, diese Unzulänglichkeit dadurch auszugleichen, daß er einmal mehr auf nicht-empirische oder transzendentale Argumentationsweisen rekurriert – in diesem Fall ist auch er jenen kritischen Bemerkungen ausgesetzt. Der ersten Alternative zu folgen, heißt, das Argument allein auf eine unterstellte Analogie zwischen einer Ordnung und wechselseitiger Anpassung von Teilen, wie sie in der Natur zu finden sind, und der zugegebnermaßen absichtlichen Ordnung und Anpassung von Teilen in den Produkten menschlicher Kunstfertigkeit zu gründen. Ob das Argument für die Existenz jeder derartigen Analogie wirklich durchgeführt werden kann, ist, wie Kant andeutet, selber höchst fragwürdig. Aber wenn es durchgeführt werden könnte, wäre das Äußerste, was wir schlußfolgern könnten, daß ein Wesen von hoher Intelligenz und Macht mit *gegebenen* Materialien, die *gegebenen* Gesetzen unterliegen, so disponiert, daß es die feststellbaren Wirkungen hervorbringt, die wir beobachten. Das so verstandene Argument ist gar keins für einen göttlichen Schöpfer, sondern für einen „Weltbaumeister"[57], der sein Bestes tut mit Materialien, für die er nicht verantwortlich ist und die Gesetzen unterliegen, die er nicht gemacht hat. Wenn wir die Inadäquatheit dieser Schlußfolgerung zu heilen versuchen, können wir das nur so, daß wir aufgeben, was als eine rein empirische Argumentationsweise dargestellt worden ist. Wir müssen dann auf das Argument aus der empirischen Kontingenz aller empirischen Existenz zurückfallen; und wenn dies erneut fehlschlägt, liegt unser einziger Rekurs im Argument aus bloßen Begriffen, dem ontologischen Beweis.

Damit ist der Fall gegen eine Theologie, die auf der theoretischen Anwendung der Vernunft beruht, beschlossen. Weder durch Argumente *a priori* noch durch empirische Argumente kann die Existenz eines göttlichen Wesens etabliert werden. Die einzige Theologie der Vernunft, die möglich ist, ist eine, die „moralische Gesetze zum Grunde legt, oder zum Leitfaden braucht".[58] Gleichwohl ist ein gründliches Verständnis der notwendigen Inkompetenz der theoretischen Vernunft in dieser Sphäre nicht ohne einen zweifachen negativen Nutzen für die Theologie selber. Wenn wir aus theoretischen Gründen gehindert sind zu behaupten, sind wir auch gehindert zu bestreiten, was zu akzeptieren andere, vielleicht moralische Gründe uns veranlassen mögen; und wir sind daran gehindert, empirische Unreinheiten in jedwede Konzeption eines idealen Wesens einzubringen, an das zu glauben uns eine moralische Theologie Gründe geben mag.

7. Abschließende Bemerkungen

Wir wollen nun auf den gesamten Gang der Diskussion von der vierten Antinomie bis zum Ende der Dialektik zurückblicken, uns dabei von den Details der Argumente lösen und eine klare Sicht der wesentlichen Züge von Kants Position anzuzielen versuchen. Wir werden erneut von den Interessen der Sittlichkeit und der Möglichkeit einer Moraltheologie absehen. Es sind die Interessen der theoretischen Vernunft, um die es uns geht. Mit dieser Beschränkung können wir sehen, daß die Diskussion sich um fünf Hauptvorstellungen zentriert. Unsere Frage muß sein, inwiefern Kants Erklärung der Interrelationen dieser Vorstellungen in sich befriedigend ist und wie erfolgreich sie mit den allgemeinen Erfordernissen seines Systems harmoniert. Die in Rede stehenden Vorstellungen sind die folgenden.

(1) *Das Ideal der Vollständigkeit und systematischen Einheit in der wissenschaftlichen Erklärung*. Das Ideal wird uns vorgestellt als ein beherrschendes, aber stets zurückweichendes Ziel der Forschung und Theorie-Konstruktion, als etwas, dem wir uns eher beständig anzunähern als es endgültig zu erreichen hoffen dürfen. Kants zweifacher Nachdruck auf dem Ziel systematischer Einheit einerseits, der andauernden Offenheit wirklicher Theorien für Revisionen andererseits, gibt seinem Bild vom Unternehmen der Naturwissenschaft eine profunde Authentizität. Inwiefern dieses Bild durch eine teleologische Note beeinträchtigt ist – es muß hinzugefügt werden, daß sie in dieser *Kritik* weniger nachdrücklich klingt als in späteren Schriften –, wird vielleicht eine Streitfrage sein.

(2) *Der Begriff empirisch unbedingter oder nicht-kontingenter Existenz*. Dies ist der Begriff von etwas, dessen Existenz nicht von der Existenz von etwas anderem abhängig ist, d. h. der Begriff von etwas derart, daß es zu ihm nichts Externes gibt, das ihm vorausginge oder mit ihm gleichzeitig wäre und das eine kausal notwendige Bedingung seiner Existenz wäre. Kant gebraucht den Ausdruck „notwendige Existenz“ austauschbar mit „unbedingte oder empirisch nicht-kontingente Existenz“, und indem er das tut, scheint er zu einer Verwechselung mit dem völlig verschiedenen Begriff der Notwendigkeit in der Existenz, der in den Postulaten des empirischen Denkens überhaupt behandelt wird, oder mit dem Begriff formaler oder logischer Notwendigkeit – siehe (5) weiter unten – einzuladen, die er selber als einen schlecht gebildeten Begriff verwirft.

(3) *Die Konzeption eines transzendentalen, nicht-sinnlichen Grundes aller sinnlichen Erscheinungen*. Auf diese Konzeption ist Kant durch die Lehren des transzendentalen Idealismus verpflichtet.

(4) *Die Idee einer einheitlichen göttlichen zwecksetzenden Intelligenz und Macht*.

(5) *Die Idee einer „absolut notwendigen“ Existenz*, d. h. von etwas, das nicht selber ein Begriff ist, dessen Existenz aber logisch durch den Begriff garantiert ist, unter den es fällt.

Sehr summarisch gesprochen, stellt Kant die Forderung nach etwas, das (2) entspricht, als einen Aspekt oder Ausdruck von (1) dar. Weiter stellt er (1,2) so dar, daß sie uns berechtigen oder es erfordern, vom Gegenstand von (3) analogisch in den Begriffen von (4) zu denken, ohne jedoch vermessene und leere Ansprüche auf Wissen von etwas zu erheben, das (3,4) entspricht. (5) wird als eine Perversion der Vernunft ausgeschlossen, zu der wir in der leeren Hoffnung verführt werden mögen, gerade einen derartigen Anspruch zu etablieren.

Unter dem Gesichtspunkt der Erfordernisse des Systems entbehrt diese Lösung nicht der Eleganz. Es werden keine durch kritische Prinzipien verbotene Ableitungen sanktioniert, eine Vernunftidee spielt die ihr zugemessene Rolle, es wird dem transzendentalen Idealismus Rechnung getragen, Erkenntnis wird auf die ihr angemessene Sphäre eingeschränkt, für den Glauben wird Raum gelassen. In anderen Hinsichten ist die Lösung weniger zufriedenstellend. Wir haben die Schwäche der Verknüpfung zwischen (1) und (4) für sich genommen schon notiert. Sicherlich ist es nicht absurd nahezulegen, daß diese Verknüpfung existieren mag und für gewisse Geister fruchtbar sein kann; aber es ist falsch zu behaupten, daß diese Verknüpfung für alle Geister existiert, denen wesentlicher wissenschaftlicher Fortschritt verdankt wird. Die Situation kann nicht dadurch gerettet werden, daß die Verfolgung systematischer Einheit in der Wissenschaft als eine logisch hinreichende Bedingung dafür errichtet wird, von der natürlichen Ordnung so zu denken, als sei sie durch eine göttliche Intelligenz außerhalb der Welt eingerichtet. Das hieße, die Lehre zu opfern unter dem Vorwand, sie zu verteidigen – eine von manchen modernen Theologen angenommene Prozedur, aber keine, die die Glaubwürdigkeit ihres Faches erhöht. Wenn dieser Schritt jedoch getan würde und als eine Aufklärung der Lehre angesehen würde, würden wir nichts dabei verlieren, jede weitere Bezugnahme auf (4) auszuschließen.

Was hat es mit der Absorption von (2) durch (1) auf sich? Man muß annehmen, daß Kant denkt, (2) könne nicht adäquat in Übereinstimmung mit dem behandelt werden, was ich als konventionelle kritische Lösung der vierten Antinomie beschrieben habe. Auf der anderen Seite weigert er sich zu Recht zuzulassen, daß die „Vernunftforderung" nach etwas, das (2) entspräche, die Grundlage für eine legitime Folgerung von etwas sei, das (3) entspräche und, weil es nicht-sinnlich wäre, sicherlich empirisch unbedingt wäre. Die Absorption von (2) durch (1) hat zumindest das Verdienst, diese Spannungen aufzulösen. Aus Kants Sicht mag sie noch ein größeres Verdienst haben. Denn vielleicht ist es gerade die Verschmelzung der Ideen des nicht-abhängig Existierenden mit dem letztlich Erklärenden, die der Lehre , daß die Verfolgung von (1) notwendigerweise mit dem Gedanken irgendeines extra-mundanen intelligenten Ursprungs der Ordnung der Welt verbunden ist, die Plausibilität gibt, die sie überhaupt hat. Das ist, im gegenwärtigen Kontext, die Bedeutung der Absorption von (2) durch (1).

Angenommen, wir widersetzten uns dieser Verschmelzung. Wie ich bereits betont habe, gibt Kants offizielle Lehre über die Substanz interne Gründe, dies zu tun. Der Begriff des letztlich Erklärenden ist nur eine regulative Idee, etwas, das zu verfolgen in reicher Weise lohnt, obwohl es als unerreichbar anerkannt ist. Aber Kants offizielle Ansicht über empirisch unbedingte Existenz scheint nichts derartiges zu sein. Hinsichtlich der Existenz beharrlicher Substanzen im Felde der Erscheinungen war in der Analytik argumentiert worden, daß sie eine Notwendigkeit besitzt, die ganz verschieden ist von der unechten formalen oder logischen Notwendigkeit, die in der Widerlegung des ontologischen Arguments abgetan wird, nämlich eine Art von Notwendigkeit, wie sie in Kants Sicht dem Kausalprinzip anhaftet; und was im Fall der Substanz in Frage steht, ist die notwendige Beharrlichkeit von einzelnen Gegebenheiten (Substanzen), die Existenz weder annehmen noch verlieren können. Ganz sicher müssen derartige Gegebenheiten einen starken Anspruch auf den Status nicht-kontingent Existierender besitzen. Insofern Kant den Anspruch dieser Anspruchsteller (d. h. der beharrlichen Substanzen) auf den Status empirisch nicht-abhängig Existierender erwägt, gibt er nur schlechte Gründe dafür, ihn zurückzuweisen. Ein Grund, der kaum ernsthaft intendiert sein kann, besteht in dem Hinweis, daß die Nicht-Existenz der Materie ohne Widerspruch denkbar ist; aber dies würde nur einen Anspruch zurückweisen, der im Namen genau jenes Begriffs von begrifflich oder logisch garantierter Existenz erhoben würde, den Kant zurecht als eine Perversion der Vernunft verwirft. Der andere Grund ist, daß, wenn wir die Existenz der Materie als nicht-kontingent akzeptierten, dann die freie Wirksamkeit des Prinzips einer niemals endenden Suche nach Erklärung auf ein Hindernis stieße. Dem ist nicht so, weil diese nicht-kontingent Existierenden so gedacht werden müssen, daß sie nicht die Antworten auf unsere Fragen liefern, sondern ihr Thema, die Materie unserer Forschung selber ausmachen. Wenn der Punkt selber zu einem Grund gemacht wird, den Anspruch der Anspruchsteller zurückzuweisen, sie seien, was (2) entspricht, dann wird die in Frage gestellte Verschmelzung der beiden Ideen des nicht-abhängig Existierenden und des letztlich Erklärenden einfach erneut behauptet.

Das Vorstehende ist eine immanente, in Kants eigenen Begriffen formulierte Kritik und mit dem Akzeptieren des transzendentalen Idealismus völlig vereinbar. Ihr könnte begegnet werden, indem man einfach die verschmolzenen Ideen trennt und den Anspruch der Anspruchsteller anerkennt, oder indem man die Lehre von der notwendigen Beharrlichkeit der Substanz auf die Weise modifizierte, die ich bereits angedeutet habe, d. h. durch das Zugeständnis, daß das einzig „Beharrliche", dessen notwendige Existenz in den Analogien nachgewiesen wird, der beharrliche räumliche Rahmen ist, in dem von keinem seiner individuellen Konstituentien angenommen zu werden braucht, daß sie andere als bloß kontingente Existenz besitzen. Keine von beiden Entscheidungen muß irgendeine Aufopferung des transzendentalen Idealismus mit sich bringen. Die Verknüpfung zwischen (1) und (4) müßte auf eigenen Füßen stehen, ohne irgendeine derartige Verstärkung, wie sie sie der Absorption von (2) durch (1) verdankt. (Wie Kant realisiert, kann die Verknüpfung zwischen (1) und (4) nichts allein (3) verdanken, insofern (3) nur einen Teil der Lehre des transzendentalen Idealismus bildet.)

Angenommen nun, daß wir aus dem Rahmen des transzendentalen Idealismus ganz heraustreten und (3) aufgeben. Was hat es dann mit den Beziehungen zwischen (1) und (2) auf sich? Wenn die Preisgabe des transzendentalen Idealismus eine Freiheit von den Beschränkungen, über die Welt *als ganze* zu reden, mit sich führt, dann können wir dem Unterschied zwischen (1) und (2) eine neue Wendung geben. Jedes einzelne Existierende in der Welt mag dann empirisch kontingent sein, und doch kann die Welt als ganze es nicht sein, denn es gibt da nichts, von dem sie abhängig sein könnte. Erneut bildet die empirisch unbedingte Existenz nicht das Ende der Forschung, sondern nur ihr Thema.

Merkwürdigerweise können wir, wenn wir unsere fünf Ideen auf zwei – (1) und (2) – reduziert und ihre Getrenntheit beibehalten haben, in der philosophischen Tradition immer noch eine Konzeption finden, die einige Analogien zu Kants System aufweist, obwohl sie nichts Extra-Mundanes enthält. Wenn irgendeine solche Einstellung, wie sie (4) veranlaßt, für wünschenswert oder notwendig gehalten wird, kann Raum für sie gefunden werden. Wenn der transzendentale Idealismus beiseite gelassen worden ist, gibt es keinen Hinderungsgrund dafür, die Natur oder das Weltganze – empirisch unbedingte Existenz, allumfassende Realität – als den Gegenstand einer solchen Einstellung zu akzeptieren. Wie könnte die menschliche Vernunft einen geeigneteren Gegenstand für ihre bewundernde und demütig nacheifernde Ergebung finden als es der ist, der zugleich den unerschöpflichen Gegenstandsbereich ihrer Fragen und die Quelle ihrer endlos provisorischen Antworten bildet? Denn die menschliche Vernunft ist selber ein Teil der Natur. In ein paar Absätzen gegen Ende der Dialektik[59] scheint Kant sogar einige Sympathie für diese Konzeption oder einen Teil von ihr zu zeigen, wenn auch jede vollständig entfaltete Ansicht dieser Art, etwa Spinozas, seinem Denken ganz sicher fremd und für es vielleicht sogar moralisch abstoßend wäre. Wenn auch nur mit Rücksicht auf Ökonomie des Denkens, mag eine derartige Konzeption vielleicht der „*Als ob* Theologie" Kants überlegen beurteilt werden; aber diese Rettung (des Übersinnlichen) ist natürlich keine, die ein Vertreter des transzendentalen Idealismus vornehmen kann.

Abschließend muß gesagt werden, daß es, abgesehen vom transzendentalen Idealismus, schwierig ist, aus dem Gesichtspunkt der Vernunftinteressen im Gedanken einer extra-mundanen Welt-lenkenden Intelligenz, die das „Darum für jedes Warum" enthält, etwas anderes zu sehen, als das verzeihliche Nachgeben gegenüber einer Art von *Ermüdung* der *Vernunft*, etwas anderes zu sehen als die zeitweilige Rückkehr zu einem primitiven und trostspendenden Modell. Es gibt nach allem keinen guten Grund, warum (1) nicht als ein autonomes Ideal anerkannt werden sollte und (2) als eine Idee, die, wenn sie überhaupt einen Gebrauch in der Anwendung auf einzelne Existierende hat, nur einen solchen Gebrauch hat, wie er ihr durch den Fortschritt der empirischen Forschung zumindest provisorisch verliehen werden mag.

Anmerkungen

1 A 365.
2 Das Thema der persönlichen Identität ist in der neueren Philosophie gut diskutiert worden. Ich werde die Sache als verstanden unterstellen.
3 B 415 (Umstellungen grammatisch erforderlich, da der englische Text einen langen Satz Kants in mehrere aufgliedert).
4 A 363–4 Anmerkung.
5 B 413, vgl. auch B 420, A 381 usw.
6 Ein Traktat über die menschliche Natur, Übers. Th. Lipps, Buch I, Teil IV, Kapitel 6, hrg. v. R. Brandt, Hamburg 1973, S. 326.
7 B 409.
8 A 359–60.
9 B 429.
10 B 422.
11 A 401 (die Umstellungen ergeben sich daraus, daß der englische Text einen bei Kant nominalisierten Satz kategorisch formuliert).
12 Siehe des weiteren Teil IV, besonders Abschnitt 4.
13 A 427/B 455.
14 A 478–9/B 506–7.
15 A 484/B 512.
16 A 483/B 511.
17 A 483/B 511.
18 Siehe oben S. 162.
19 A 34/B 50.
20 A 491/B 519.
21 A 492/B 521. Der Satz lautet vollständig: „Es sind demnach die Gegenstände der Erfahrung *niemals an sich selbst*, sondern nur in der Erfahrung gegeben, und existieren außer derselben gar nicht."
22 A 493/B 521 (Engl.: Plural; Deutsch: Singular).
23 A 499/B 527 (Grammat. Subjekt im Deutschen: „Erscheinungen".).
24 Siehe Teil IV, Abschnitt 6.
25 A 26/B 42 (Strawsons Hervorhebung).
26 A 541/B 569.
27 A 532/B 560.
28 A 448–50/B 476–78 (im Engl. A 449/B 477).
29 A 452/B 480.
30 A 460/B 488.
31 A 531/B 559.
32 A 537/B 565.
33 A 538/B 566.
34 A 695–6/B 723–4.
35 A 558/B 586 und A 564/592.
36 A 307–8/B 364.
37 A 227/B 279.
38 A 564/B 592.
39 A 681/B 709.
40 A 453/B 481.

41 A 458/B 486.
42 A 559/B 587 u. ff.
43 A 559/B 587.
43a A 559/B 587.
44 A 560/B 588.
44a A 560/B 588.
45 Siehe S. 186 Fn. 43 (A 559/B 587).
46 A 460/B 488.
47 A 635–6/B 663–4.
48 A 618/B 646.
49 A 617/645.
50 A 575/B 603.
51 A 583/B 611 Fußnote.
52 A 697/B 725.
53 A 678/B 706.
54 A 681/B 709.
55 A 678–9/B 706–7.
56 A 609–10/B 637–8.
57 A 627/B 655.
58 A 636/B 664. Der englische Text hat den ganzen Satz als wörtliches Kant-Zitat. Im Deutschen heißt es: „Ich behaupte nun, daß alle Versuche eines bloß spekulativen Gebrauchs der Vernunft in Ansehung der Theologie gänzlich fruchtlos . . . sind; daß . . . folglich, wenn man nicht moralische Gesetze zum Grunde legt, oder zum Leitfaden braucht, es überall keine Theologie der Vernunft geben könne.“
59 A 699–701/B 727–9.

VIERTER TEIL

DIE METAPHYSIK DES TRANSZENDENTALEN IDEALISMUS

Die Metaphysik des transzendentalen Idealismus

Unter dieser Überschrift müssen eine Anzahl von miteinander verknüpften Lehren zusammengestellt werden, die alle schon an irgendeinem Punkt der Darstellung in Erscheinung getreten sind, die aber noch nicht systematisch geordnet und in der vollen Extravaganz ihrer wechselseitigen Abhängigkeit entfaltet wurden. Dies muß nun geschehen; zum Teil, weil sie Kant als das unentbehrliche Gerüst seines Denkens erschienen, zum Teil aber auch, weil meine eigenen Berichte über diese Lehren bisher nur eine andauernde Note in Kants Darstellung ohne allzuviel Fragen wiedergegeben haben, was merkwürdigerweise den Effekt einer Zähmung seiner Lehre zu haben scheint und in einem gewissen Grad ihre phantasmagorische Qualität verbirgt. Kant spricht beständig von „unserer“ Sinnlichkeit, „unserem“ Verstand, er sagt, dies und das seien „in uns“, „wir selber“ seien verantwortlich für das und jenes; und es mag überraschend scheinen, daß der gesicherte Gebrauch dieser Personal- und Possessivpronomina – der Kant und seine Leser und den Rest der Menschheit einzuschließen scheint – irgendwelche Kraft haben soll, den Sinn für die Fremdartigkeit von Lehren zu vermindern, die selber zeigen, wie weit vom alltäglichen Gebrauch diese Verwendung dieser Wörter entfernt sein muß. Gleichwohl, daß Kants Verwendung dieser Wörter etwas an sich hat, was diesem Effekt gleichkommt, wird klar, so glaube ich, wenn wir versuchen, wie ich es tun werde, diese Wörter aus der Formulierung dieser Lehren zu verbannen.

Nach der Formulierung der Lehre werde ich zu beantworten versuchen, was mir die hauptsächlichen noch offenen Fragen über sie zu sein scheinen. Aber bevor wir die Fragen erörtern, müssen wir eine Formulierung der Lehre haben.

1. Die Lehren

Ich werde sie in kurzen numerierten Abschnitten mit nur einem Minimum an Qualifikationen darlegen. Insbesondere werde ich jene abweichenden Interpretationen ignorieren, auf die ich mich früher als für den Augenblick attraktiv erscheinend oder zumindest der Erörterung wert im Zusammenhang mit diesem oder jenem Abschnitt der *Kritik* bezogen habe, von denen man aber nicht lange meinen kann, daß sie Kants Ansichten wiedergeben.

(1) *Das Übersinnliche: die Dinge, wie sie an sich selber sind.* Es gibt eine Sphäre übersinnlicher Wirklichkeit, der weder räumlichen noch zeitlichen Dinge, wie sie an sich selber sind.

Innerhalb dieser Sphäre besteht eine gewisse komplexe Relation (oder eine Klasse von Fällen dieser Relation), von der wir nach dem Modell einer kausalen Relation in Begriffen des „Affizierens“ und „durch etwas Affiziertwerdens“ sprechen können. Wir wollen sie die A-Relation nennen. Wir können dann von dem affizierenden (aktiven) Ding (oder den Dingen) und dem affizierten (passiven) Ding (oder Dingen) sprechen, die in diese Relation eintreten, ohne eine mögliche partielle oder vollständige Identität dieser Termini zu präjudizieren, ohne ein Präjudiz für die Möglichkeit, daß die Relation ganz oder teilweise selbstreflexiv ist.

Es gibt in der Tat zumindest eine partielle Identität zwischen den Termini in der (oder in jedem Fall der) A-Relation. Denn in jedem Fall gehört zu dem affizierten Ding ein „Sinnlichkeit" genannter Zug, hinsichtlich dessen das Ding affiziert wird. Aber genauso gehört zu demselben Ding ein „Verstand" genannter Zug, hinsichtlich dessen das Ding aktiv ist und sich mit Beziehung auf seine Sinnlichkeit selbst affiziert.

Es gibt andere affizierende Züge oder Elemente, die in die (oder in jeden Fall der) A-Relation eintreten. Aber ob diese zu demselben Ding wie die (relevanten) Sinnlichkeit und Verstand gehören, ist unbekannt. Wenn wir die Sinnlichkeit ein zu formendes Element nennen (um ihre Passivität zu markieren) und den Verstand ein formgebendes Element (um seine Aktivität zu markieren), können wir die residualen Faktoren, die in die A-Relation eintreten, Materie-produzierende Faktoren nennen. Der Grund für die „Form-Materie"-Antithese in diesen Beschreibungen wird im nächsten Abschnitt deutlich werden.

(2) *Erfahrung.* Erfahrung ist das Ergebnis dieser komplexen quasi-kausalen Relation, die in der Sphäre der Dinge an sich selber besteht; und die Kooperation aller bisher erwähnten Elemente ist für ihre Produktion wesentlich. Das Materie-produzierende Element und das formgebende Element müssen zusammen das zu formende Element in der Erzeugung der Erfahrung affizieren.

Erfahrung besteht aus zeitlich geordneten Anschauungen, die so konzeptualisiert und verknüpft sind, daß: (1) viele derartige Anschauungen den Charakter von Wahrnehmungen einer gesetzlich geordneten Welt von Gegenständen (Körpern in Raum und Zeit) haben, die ihre eigenen Zustände und Relationen aufweisen, ohne Rücksicht auf das Auftreten irgendwelcher bestimmten Bewußtseinszustände über sie; (2) es für alle derartigen Anschauungen zumindest die Möglichkeit gibt, daß sie von einem selbstbewußten Subjekt sich selber als die eigenen Bewußtseinszustände zugeschrieben werden.

Sowohl der *zeitliche* Charakter der Erfahrung im allgemeinen als auch die Tatsache, daß einige Anschauungen den Charakter der *Räumlichkeit* besitzen, der zuläßt, daß sie in der Weise geordnet werden, daß ihnen der Charakter von Wahrnehmungen von Gegenständen *im Raum* zukommt, sind dem passiven Element in dem affizierten Ding geschuldet (das erstere dem „inneren", das letztere dem „äußeren" Sinn). Das ist der Grund, warum das passive Element oder die Sinnlichkeit ein sich *der Form* fügendes oder zu *form*endes Element genannt werden darf.

Die begrifflichen Verknüpfungen, vermöge derer die Anschauungen den Charakter von Wahrnehmungen einer *gesetzlich geordneten Welt von Gegenständen* besitzen, ist, wenn auch nur in ihrer allgemeinsten Beschaffenheit, dem aktiven oder affizierenden Element in ebendemselben Ding geschuldet. Das ist der

Grund, warum das aktive Element (der Verstand) in diesem Ding ein *form*gebendes Element genannt werden darf. Die residualen Charakteristika der Erfahrung sind den residualen Faktoren geschuldet, die in die A-Relation eintreten (die Materie-produzierenden Elemente).

(3) *Die physikalische Welt ist nichts getrennt von Wahrnehmungen.* Was als das Ergebnis der quasi-kausalen A-Relation tatsächlich existiert, ist nichts als die Erfahrung selber, die zeitlich geordnete Sequenz konzeptualisierter und verknüpfter Anschauungen. Obwohl es, gegeben den Charakter der zu formenden und der formgebenden Elemente des affizierten (und zumindest teilweise sich selbst affizierenden) Terminus, notwendig ist, daß diese zumindest einige Gegebenheiten einschließen, die den Charakter von Wahrnehmungen einer gesetzlich geordneten Welt von Gegenständen (Körpern in Raum und Zeit) haben, die ihre eigenen Zustände und Relationen aufweisen, unabhängig von bestimmten Bewußtseinzuständen über sie, – obwohl dies notwendig ist, existieren die Körper im Raum nicht wirklich und haben ihre eigenen Zuständen und Relationen nicht unabhängig vom Auftreten *jedweder* Bewußtseinszustände über sie. Getrennt von Wahrnehmungen sind sie in Wirklichkeit überhaupt nichts.

(4) *Empirische Erkenntnis.* Was sich aus der A-Relation ergibt, nämlich Erfahrung, von dem kann gesagt werden, daß es empirische Erkenntnis der physikalischen Natur und empirisches Selbstbewußtsein oder Wissen von den Zuständen seiner selbst einschließt. Dies reflektiert die Tatsache, daß Erfahrung die Anwendung von Begriffen des Objektiven mit sich bringt und von daher eine Verpflichtung zur Unterscheidung zwischen den Erfahrungen selber und der erfahrenen physikalischen Welt.

Über nichts von dem, was sich aus der A-Relation ergibt, kann gesagt werden, daß es Erkenntnis und Bewußtsein von den Dingen sei, wie sie an sich selber sind.

(5) *Erscheinungen von Dingen, wie sie an sich selber sind.* Die Inhalte empirischen Selbstbewußtseins sind, insofern sie das zeitlich geordnete Ergebnis der A-Relation sind, nicht Erkenntnis oder Bewußtsein von irgendetwas, wie es an sich selber ist. Gleichwohl kann von ihnen gesagt werden, sie seien *Erscheinungen* des Dinges, zu dem sowohl die Sinnlichkeit als auch der Verstand gehören. Denn die Fähigkeit zur Konzeptualisierung oder die Fähigkeit des Denkens ist zeitlich manifestiert in aller Erkenntnis oder Klassifikation; und diese Fähigkeit ist, obwohl ihre Manifestation in der Erfahrung zeitlicher Art sein muß, in Wirklichkeit identisch mit oder hat ihren Ursprung in dem formgebenden Zug (dem Verstand) des unzeitlichen Dings an sich, zu dem auch der zu formende Zug (die Sinnlichkeit) gehört.

Die physikalische oder räumliche Welt kann ebenfalls, wenn auch in einem anderen Sinn, eine Erscheinung der Dinge, wie sie an sich selber sind, genannt werden. In anderem Sinne, weil sie nicht einfach eine *abhängige* Existenz ist, wie die zeitlich geordnete Sequenz von Erfahrungen, das Ergebnis der A-Relation. Sie *scheint* nur zu existieren, tatsächlich ist sie nichts getrennt von Wahrnehmungen. Nichtsdestoweniger wird ein weiterer Punkt gemacht, wenn man vom natürlichen Universum als einer Erscheinung von Dingen spricht, wie sie an sich selber sind, ein weiterer Punkt neben dem, der gemacht wird, wenn man von den Inhalten des Bewußtseins als solchen als Erscheinungen jenes Dinges spricht, zu dem sowohl die Sinnlichkeit als auch der Verstand gehören. Und dieser Punkt besagt, daß sowohl das Materie-produzierende als auch das formgebende und das zu formende Element in die A-Relation eintreten müssen, die zwischen Dingen an sich besteht und deren Ergebnis die Erfahrung ist. Von den Inhalten der Erfahrung im allgemeinen kann gesagt werden, daß sie eine Erscheinung der Materie-produzierenden Faktoren unter den Bedingungen sind, die von den zu formenden und den formgebenden Faktoren gesetzt werden.

(6) *Kreatives Bewußtsein (intellektuelle Anschauung).* Nichts von dem, was aus *irgendeiner* affizierenden Relation hervorgeht, kann als Erkenntnis oder Bewußtsein von dem affizierenden Ding gelten, wie es an sich selber ist. Deshalb kann es keine Erkenntnis oder kein Bewußtsein von Dingen geben, die *unabhängig* von jener Erkenntnis oder jenem Bewußtsein existieren und von denen jene Erkenntnis oder jenes Bewußtsein konsequenterweise ein Effekt wäre. Genauer gesagt, es kann keine Erkenntnis derartiger Dinge geben, wie sie an sich selber sind, sondern nur eine Erkenntnis, wie sie erscheinen – eine Erkenntnis nur ihrer Erscheinungen. Folglich gibt es nichts Derartiges wie Erkenntnis des übersinnlich Wirklichen, wie es an sich selber ist, oder das übersinnlich Wirkliche wird gerade durch jenes Bewußtsein selber geschaffen und existiert nicht unabhängig von ihm. Insofern das übersinnlich Wirkliche als ein mögliches Objekt solchen nichtsinnlichen Bewußtseins (intellektueller Anschauung) gedacht wird, wird es „Noumenon" genannt.

(7) *Nicht-empirische Erkenntnis von Erscheinungen.* Empirische Erkenntnis ist das Ergebnis der Wirksamkeit sowohl des Materie-produzierenden Elements (im übersinnlich Wirklichen) als auch des formgebenden Elements auf das zu formende Element. Aber einige Erkenntnis von Erscheinungen (der natürlichen Gegenstände in Raum und Zeit) ist auch erreichbar, die unabhängig ist von der Wirksamkeit des Materie-produzierenden Elements und die daher nicht-empirische Erkenntnis von Erscheinungen genannt werden kann. Denn die zu formenden und die formgebenden Elemente bestimmen zusammen den Charakter der Erfahrung in gewissen Hinsichten, wie auch immer der Beitrag der Materie-produzierenden Elemente beschaffen sein mag. Welches diese Hinsichten sind, kann (in der Zeit, aber unabhängig vom tatsächlichen Verlauf der Erfahrung) auf zweierlei Weise ausgemacht werden: (a) die zu formenden Elemente können unabhängig von den Materie-produzierenden Elementen (in „Konstruktionen in reiner Anschauung") aktiviert werden, um z. B. geometrisches Wissen vom Raum und von Körpern im Raum zu ergeben; (b) die Implikationen des Verstandeserfordernisses der Konzeptualisierbarkeit-überhaupt der zeitlichen Daten der Erfahrung können durch kritische Reflexion ans Licht gezogen werden (wie es in der Analytik geschieht).

(8) *Nicht-empirische Erkenntnis nur von Erscheinungen.* So erreichte nicht-empirische Erkenntnis ist nichts über das hinaus, als was sie beschrieben wurde, nämlich Erkenntnis gewisser Züge, deren Präsenz in der Erfahrung unabhängig

vom tatsächlichen Inhalt der Erfahrung ist, d. h. unabhängig von den bestimmten Beiträgen, die von den Materie-produzierenden Elementen gemacht werden. Derartige nicht-empirische Erkenntnis, erworben in der Erfahrung, wenn auch unabhängig von ihrem tatsächlichen Verlauf, ist daher Erkenntnis nur von Erscheinungen. Abgesehen von der Erkenntnis solcher Wahrheiten, die allein durch die Logik verbürgt sind, gibt es keine weitere mögliche Quelle nicht-empirischer Erkenntnis, die in der Erfahrung erlangt würde.

2. Einige Fragen

Es stellen sich hinsichtlich dieser Lehren viele Fragen. Welche Ansprüche erhebt Kant in ihrem Namen und wie sollten sie bewertet werden? In welchem Ausmaß kann gezeigt werden, daß die Lehren untereinander inkonsistent oder sonst inkohärent oder inkonsistent mit akzeptableren Teilen seiner Erkenntnistheorie sind? In welchem Maße können sie als Perversionen verständlicherer Prinzipien erklärt werden? Welches ist, nicht nur im Kontext des transzendentalen Idealismus, sondern im Kontext von Kants Theorie menschlicher Erfahrung als ganzer, die genaue Bedeutung der relativ vertrauten Art von phänomenalistischem Idealismus, die in Absatz 3 oben skizziert wurde, und wie ist sie, wenn überhaupt, zu versöhnen mit Kants Behauptung, sein transzendentaler Idealismus sei ein empirischer Realismus. Gibt es überhaupt irgendetwas, was von diesen Lehren bewahrt werden sollte, oder sollte es unsere Aufgabe sein zu zeigen, daß sie völlig von dem getrennt werden können, was in Kants Analyse der Struktur der Erfahrung von Wert ist, und daß sie deshalb ohne Verlust preisgegeben werden können?

Einige Antworten auf diese Fragen werden sich im Laufe der folgenden Abschnitte ergeben.

3. Die Behauptungen

Auf verschiedenen, aber unterscheidbaren Wegen scheinen die Lehren des transzendentalen Idealismus Kant einen wesentlichen Beitrag zu seinem übrigen System zu leisten. Ich werde zunächst unter vier Rubriken die Behauptungen erörtern, die er im Namen dieser Lehren erhebt; und werde dann in den folgenden Abschnitten dazu fortgehen, die Lehren selber in größerem Detail zu untersuchen.

(1) *Die Forderungen der Sittlichkeit.* Das kürzest mögliche Resumé von Kants Ansichten über menschliche Erkenntnis muß zumindest zwei Punkte einschließen: daß wir einige nicht-empirische Erkenntnis (Erkenntnis, die nicht auf dem tatsächlichen Verlauf der Erfahrung beruht) von Gegenständen möglicher Erfahrung in Raum und Zeit haben können, und daß wir keine andere nicht-empirische Erkenntnis haben können und also überhaupt keine Erkenntnis von irgendetwas

sonst. Der negative Teile dieser These ist für ihn nicht nur in negativer Weise wichtig, das heißt darin, daß er ein für allemal die Prätentionen transzendenter Metaphysik diskreditiert. Er hat eine andere Art von Wichtigkeit darin, daß er Raum läßt für bestimmte moralisch begründete Überzeugungen, die keine Erkenntnis darstellen. Wenn das natürliche Universum alles wäre, was existierte, dann wäre, so behauptet Kant, menschliche Freiheit eine Illusion und das Ideal moralischer Gerechtigkeit wäre ein Traum, der von den Tatsachen beständig verspottet würde. Aber die dem Wissen bestrittene Sphäre wird offengehalten für einen moralisch verbürgten, wenn auch nicht-begreifenden Glauben, daß die Wirklichkeit menschlicher Freiheit in jener Sphäre irgendwie gesichert und moralische Gerechtigkeit in ihr wirklich erreicht ist.

Klarerweise ist der Glaube an die übersinnliche Wirklichkeit für diesen Teil der Lehre Kants wesentlich; und die Form dieses Glaubens ist durch diese Lehre in einer Weise bedingt, die mich im nächsten Abschnitt beschäftigen wird. Aber nur wenige, glaube ich, werden zu finden sein, die das Ideal moralischer Gerechtigkeit als eine adäquate Grundlage für einen derartigen Glauben ansehen werden oder der Ansicht sein werden, daß das Problem menschlicher Freiheit eine Lösung fordert und mit Hilfe dieses Glaubens auch findet. Obwohl Kant behauptet, daß es ein Verdienst jener Lehren ist, daß sie Raum schaffen für den Glauben an menschliche Freiheit und moralische Gerechtigkeit, benutzt er diesen Anspruch nicht als Prämisse, um ihre Wahrheit zu beweisen – und könnte dies konsistenterweise auch nicht tun.

(2) *Das Sinnprinzip; die mathematischen Antinomien.* In seiner Kritik transzendenter Metaphysik, der Ausarbeitung der Lehre in ihrem rein negativen Aspekt, derzufolge wir keinerlei nicht-empirische Erkenntnis und also überhaupt keine Erkenntnis von etwas haben können, das nicht Gegenstand einer möglichen sinnlichen Erfahrung wäre, führt Kant häufig an, was ich sein Sinnprinzip genannt habe, das Prinzip, daß wir in Behauptungen, die Erkenntnis auszudrücken beanspruchen, keinen bedeutungsvollen Gebrauch von Begriffen machen können, ohne daß wir empirische Anwendungskriterien für jene Begriffe hätten; und er scheint dieses Prinzip als eine Konsequenz aus bestimmten Lehren unter den Lehren des transzendentalen Idealismus anzusehen. Wir müssen etwas genauer fragen, aus welchen dieser Lehren Kant meint, daß das Prinzip seine Kraft ableitet.

Wir wollen zuerst das Kapitel über die Antinomien erörtern, in dem ein freier und fruchtbarer Gebrauch des Sinnprinzips auf den ersten Blick direkt mit den Lehren des transzendentalen Idealismus assoziiert zu sein scheint. Wenn die Dinge in Raum und Zeit Dinge an sich selber wären, sagt Kant, könnte eine bestimmte Disjunktion, formuliert in Begriffen von begrenzten oder unbegrenzten Ganzheiten, notwendigerweise auf sie angewendet werden. Weil sie aber keine Dinge an sich sind, sondern nur Erscheinungen, folgt, daß nur wenn wir eine mögliche Erfahrung spezifizieren könnten, die die Anwendung eines derartigen Begriffs eines begrenzten oder unbegrenzten Ganzen rechtfertigen würde, derartige Begriffe in diesem Zusammenhang irgendeinen Sinn hätten. Weil wir aber eine solche mögliche Erfahrung nicht spezifizieren können, sind die Begriffe bedeutungsleer.

Hier müssen wir fragen, was gemeint ist, wenn bestritten wird, daß Dinge in Raum und Zeit Dinge an sich sind. Gemeint ist natürlich nicht die müßige Leugnung, daß es übersinnliche Dinge gebe, Dinge, die *nicht* in Raum und Zeit wären. Gemeint ist vielmehr die Bestreitung, sie hätten irgendeine Existenz getrennt von unseren zeitlich geordneten Vorstellungen oder Wahrnehmungen. Wenn der Gebrauch des Sinnprinzips hier auf irgendeinen Aspekt des transzendentalen Idealismus begründet wird, dann ist es der phänomenalistische Idealismus hinsichtlich der physikalischen Welt, eine Lehre, die von Philosophen behauptet oder vertreten werden kann und vertreten worden ist ganz unabhängig vom Glauben an eine übersinnliche Wirklichkeit oder von der These, daß die zeitliche Sequenz von Erfahrungen das Ergebnis quasi-kausaler Transaktionen in der Sphäre des Übersinnlichen sei. Wie ich bereits bemerkt habe, als ich dieses Kapitel diskutierte, ist die einzige plausible alternative Interpretation, der wir konfrontiert sind, diejenige, die dem Sinnprinzip Autonomie zugesteht und dem Ausdruck „Dinge, wie sie an sich selber sind" keine außer einer ironischen Bedeutung beläßt.

Wo Kant an anderer Stelle das Sinnprinzip in Beziehung zu den Lehren des transzendentalen Idealismus zu setzen scheint, tut er dies hauptsächlich in Verbindung mit den Kategorien oder den reinen Verstandesbegriffen überhaupt. Wenn er von ihnen als bloßen Regeln für einen Verstand schreibt, der ohnmächtig ist, sie in der Erkenntnis zu gebrauchen, es sei denn, Material für ihre Anwendung werde ihm durch die Sinnlichkeit von anderswoher gegeben, dann ist es in der Tat möglich, diese Warnung in Begriffen des Modells der Affektion zwischen übersinnlichen Termini zu lesen und also diese Warnung mit der gesamten Struktur der Metaphysik des transzendentalen Idealismus zu verknüpfen. Das ist möglich. Aber es ist auch ganz unnötig. Sogar wenn wir in dieser Warnung die psychologische Ausdrucksweise eines aktiven Verstandes, des Ursprungs der Begriffe, und einer passiven Sinnlichkeit, die Anschauungen ergibt, bewahren wollen, können wir das vollkommen tun, ohne „Verstand" und „Sinnlichkeit" als Attribute von irgendetwas weniger Vertrautem zu denken, als es menschliche Wesen sind, Geschöpfe, die eine Geschichte haben (in der Zeit sind) und eine Masse haben (im Raum sind); so daß das Sinnprinzip, sogar wenn es in der Ausdrucksweise der Vermögen formuliert wird, als etwas von der Struktur des transzendentalen Idealismus ganz Unabhängiges erscheint. Wir dürfen also schlußfolgern, daß das Sinnprinzip entweder von den Lehren des transzendentalen Idealismus effektiv unabhängig ist, oder daß es für Kant äußerstenfalls – in einigen seiner Anwendungsfälle – von jenem relativ vertrauten phänomenalistischen Idealismus abhängt, den der transzendentale Idealismus einzuschließen scheint.

(3) *Nicht-empirische Erkenntnis von Erscheinungen.* Was hat es nun mit der nicht-empirischen Erkenntnis von Gegenständen der Erfahrung auf sich, von der Kant erklärt, daß sie uns erreichbar sei, und deren Natur und Möglichkeit er zu erklären beansprucht? Ganz sicher liegt das Herz des Systems an dieser Stelle,

zumindest aus einem erkenntnistheoretischen, wenn nicht auch aus einem ethischen Gesichtspunkt, und an dieser Stelle soll die Kopernikanische Revolution ihren großen Lohn abwerfen. Diese nicht-empirische Erkenntnis ist nach Kant von zweierlei Art. Auf der einen Seite umfaßt sie das mathematische Wissen im allgemeinen; auf der anderen Seite besteht sie aus dem Wissen bestimmter Prinzipien, die sowohl die notwendige Grundlage der Naturwissenschaft als auch die Bedingungen der Möglichkeit von Erfahrung überhaupt bilden. Was das erste angeht, macht Kant nur hinsichtlich der Geometrie, der „Mathematik des Raumes" eine ernsthafte Anstrengung zu zeigen, daß die Tatsache mathematischer Erkenntnis die Theorie des transzendentalen Idealismus zu ihrer Erklärung erfordert. Seine Theorie der Geometrie müssen wir noch untersuchen; aber es mag im Vorhinein gesagt werden, daß, auch wenn wir unsere Sympathie mit Kants Einsicht auf diesem Feld bis an die Grenze strapazieren, die Reichweite jener Anstrengung unendlich weit von seinen Schlußfolgerungen entfernt bleibt.

Es bleiben jene Prinzipien, deren Beweise verschiedene Formen der These sind, daß sie die Bedingungen der Möglichkeit der Erfahrung verkörpern. Wir wollen auf den Gedanken verzichten, daß jene Prinzipien, die Kant tatsächlich vorbringt, nicht den Status haben, den er für sie beansprucht, und für den gegenwärtigen Zweck annehmen, daß zumindest einige jener Beweise gültig sind. Es muß festgehalten werden, wie Kant selber bemerkt, daß wir streng genommen kein *Wissen* der fraglichen Prinzipien haben, bis die kritische Untersuchung, die in der Transzendentalen Analytik unternommen wird, erfolgreich zu ihrer Schlußfolgerung durchgeführt ist – auch wenn wir die Prinzipien in unseren empirischen Forschungen unterstellen. Diese Prinzipien bedürfen eines Beweises[1] und es ist kein anderer Beweis für sie möglich als dieser. Bis er erbracht worden ist, ist ein Skeptizismus hinsichtlich derartiger Prinzipien, wie es der von Hume ist, legitim und sogar willkommen, weil er einen Anreiz für die kritische Untersuchung bildet, durch die er schließlich zerstreut wird.

Nicht-empirisches Wissen der Prinzipien wird also nur so erlangt, daß dem Argumentationsgang, der in der Analytik verfolgt wird, gefolgt wird; und in diesem Argumentationsgang wird es nur durch Reflexion auf die Implikationen dessen erlangt, was der „Verstand" von einer möglichen Erfahrung in der Zeit verlangt. Das Erfordernis des „Verstandes", das das äußerste Minimum darstellt, besagt, daß Erfahrung konzeptualisiert sein muß, daß sie in einem Urteil oder einer Erkenntnis terminieren muß; und es ist dieses Erfordernis, verfolgt durch die notwendige Selbstreflexivität der Erfahrung („transzendentale Apperzeption") und ihren notwendigen objektiven Bezug, das schließlich zum Beweis der Prinzipien führt. Aber die Prämisse dieses Argumentationsganges, insofern sie nicht mehr leistet als die Definition dessen, für das die Bedingungen seiner Möglichkeit erforscht werden sollen, hängt für ihre Akzeptabilität in keiner Weise von den Lehren des transzendentalen Idealismus ab. Wenn die Prämisse davon nicht abhängt, dann der Beweis auch nicht; und wenn der Beweis davon nicht abhängt, dann hängt auch unser nicht-empirisches Wissen der Prinzipien, die durch den Beweis etabliert werden, nicht von den Lehren des transzendentalen Idealismus ab.

In diesem zu kurzschlüssigen Beweis, so könnte eingewandt werden, sind gewisse Züge des in den Analogien tatsächlich verfolgten Argumentationsganges übersehen worden. Denn Kant bemerkt da, daß wir, wenn die Dinge im Raum Dinge an sich selber wären, wenn sie unabhängig von unseren Vorstellungen (Wahrnehmungen) existierten, dann überhaupt keine Erkenntnis von ihnen haben könnten. Es gäbe dann nichts Derartiges wie Erkenntnis von Gegenständen. Gleichwohl müssen unsere Wahrnehmungen Erkenntnis von Gegenständen ergeben, wenn Erfahrung möglich sein soll. Daher muß der objektive Bezug unserer Wahrnehmungen in nichts anderem bestehen als ihrer Unterworfenheit unter Regeln der Verknüpfung, wie sie durch das Kausalitätsprinzip gewährleistet werden.[2]

Dazu dürfen wir zwei Kommentare abgeben. Der eine ist Echo eines früher in der Diskussion der Transzendentalen Deduktion gemachten Kommentars.[3] Wenn die Konzeption des Objektiven irgendeine Anwendung in der Erfahrung erlangen soll, muß die Erfahrung in sich in der Tat einen Grund dafür in jener Verknüpftheit von Wahrnehmungen enthalten, die untrennbar ist vom Gebrauch der Begriffe des Objektiven. Aber um diesen Punkt zu machen, ist es nicht notwendig, sich auf die Lehre zu berufen, daß, was wir gewöhnlicherweise als Gegenstände auffassen, die unabhängig von unseren Wahrnehmungen über sie existieren, in Wirklichkeit keine derartigen Gegenstände seien. Natürlich kann diese Ansicht unabhängig aus dem Grund vertreten werden (vgl. (6) in Abschnitt 1 oben), daß, wenn die Gegenstände im Raum eine Existenz hätten unabhängig von dem, was wir als unsere Wahrnehmungen über sie ansehen, dann jene Wahrnehmungen kein Bewußtsein oder keine Erkenntnis von jenen Gegenständen darstellen könnten, wie sie an sich selber sind; denn jene Wahrnehmungen wären das Ergebnis einer Affizierens-Relation und nichts, was ein Ergebnis einer derartigen Relation ist, kann eine Erkenntnis des affizierenden Dings sein, wie es an sich selber ist. Aber dann spielt die derart unabhängig vorgebrachte Ansicht keine wesentliche Rolle in der Erklärung der Möglichkeit solcher nicht-empirscher Erkenntnis von Gegenständen der Erfahrung, wie hier in Frage steht.

Der zweite Kommentar ist ein offensichtlicher und wiederkehrender. Es ist der, daß der Aspekt des transzendentalen Idealismus, der hier am meisten hervorsticht, einmal mehr jener phänomenalistische Idealismus ist, den der transzendentale einschließt und demzufolge physikalische Dinge nichts sind unabhängig von unseren Wahrnehmungen.

Es ist nützlich, an dieser Stelle hinzuzufügen, daß wir hier wie anderswo jenem beunruhigenden „Aspektwechsel" bei einigen der Lehren des transzendentalen Idealismus erliegen könnten. Sie mögen sich vor unseren Augen in milde ironische Erinnerungen daran verwandeln, daß jene Fragen, die wir über die Natur der Dinge in Raum und Zeit, *wie sie an sich selber sind,* zu stellen versucht sein könnten – unabhängig von allem, was wir empirisch über sie durch Wahrnehmung und durch die Konstruktion und Überprüfung von wahrnehmungsfundierten Theorien herausfinden könnten – sinnlose Fragen sind, leer jeden Gehalts sind. Aber, wie ich wiederholt bemerkt habe, wir täuschen uns selber, wenn wir darauf bestehen, diese Lehre nur unter ihrem akzeptablen Aspekt zu sehen.

Hinter aller Argumentation und Analyse, die sich mit unserem unterstellten nicht-empirischen Wissen von Gegenständen im Raum und über das natürliche Universum im allgemeinen beschäftigen, liegt, das müssen wir schließlich zugeben, ein krudes und inkohärentes Modell des Verstandes als in sich selber zeitlos, und von Dingen, wie sie zeitlos an sich selber sind; dabei ist der erstere, durch die letzteren affiziert und sich selber affizierend, verantwortlich für bestimmte Züge der Erfahrung, von denen der Mathematiker und der kritische Philosoph durch spezielle Übungen der Selbstanalyse, die in der Zeit durchgeführt werden, ohne Bezugnahme auf den tatsächlichen Verlauf der sinnlichen Erfahrung, Wissen erlangen können.

(4) *Der vierte Paralogismus (Erste Auflage).* Es muß noch ein weiterer Punkt erwähnt werden, an dem Kant explizit die Lehren des transzendentalen Idealismus anführt. In der Version der Diskussion des vierten Paralogismus in der Ersten Auflage beansprucht Kant mit ihrer Hilfe, einen Fluchtweg aus der mißlichen Lage des problematischen Idealismus zu zeigen und das Problem aufzulösen, das angeblich durch die Wirksamkeit des Körpers auf den Geist gestellt wird. Wie können wir Vertrauen in die Existenz äußerer Gegenstände im Raum haben, wenn der einzige Grund für diesen Glauben eine Schlußfolgerung aus inneren Wahrnehmungen sein muß? Wie können die Bewegungen von Körpern im Raum Wirkungen produzieren, die von ihnen der Art nach so verschieden sind wie mentale Zustände? Diese beiden Fragen, sagt Kant, setzen voraus, was falsch ist, nämlich daß Körper unabhängig von unseren Wahrnehmungen existieren. Also verschwinden beide Probleme, wenn die Falschheit dieser Voraussetzung erkannt ist. Daß sie falsch *ist*, ist ein Teil der These des transzendentalen Idealismus.

Noch einmal müssen wir erkennen, daß, wie im Fall der durch die mathematischen Antinomien gestellten Probleme, Kants Lösung auf einem Appell nur an einen Teil der Lehren des transzendentalen Idealismus beruht, nämlich auf dem Appell an den phänomenalistischen Idealismus, den der transzendentale einschließt. Obwohl die fraglichen Passagen in der zweiten Auflage ausgelassen wurden, wurden sie nicht ausgelassen, weil Kant sie für falsch hielt, sondern weil er sie für mißverstanden hielt.[4]

Was ist das Ergebnis dieser kurzen Übersicht über die Behauptungen, die Kant im Namen der Lehren des transzendentalen Idealismus erhebt? Wenn ich diese Frage stelle, bin ich nicht an der Gültigkeit seiner Argumente oder Lösungen interessiert, sondern an ihren Strukturen; und es muß uns sicher auffallen, daß mit gewissen Einschränkungen das einzige Element im transzendentalen Idealismus, das eine wichtige Rolle in jenen Strukturen zu spielen hat, der phänomenalistische Idealismus ist, demzufolge die physikalische Welt getrennt von Wahrnehmungen nichts ist. Die Einschränkungen betreffen erstens das krude Modell, auf das oben angespielt wurde, das jedoch in keiner der detaillierten Argumentstrukturen des

Buches herausragend figuriert; zweitens spezifischer das Argument aus der Geometrie, das noch erörtert werden muß; und drittens die unterstellten Erfordernisse des moralischen Bewußtseins, die, wie Kant meint, nur und unbegreiflicherweise in der Sphäre des Übersinnlichen erfüllt werden können. Natürlich dürfen wir nicht annehmen, daß Kant auch nur für einen Augenblick den eingeschlossenen phänomenalistischen Idealismus als getrennt von der übrigen Metaphysik des transzendentalen Idealismus haltbar angesehen hätte. Es ist an der Zeit, weitere Aufklärung zu suchen, indem einige der besonderen Lehren, die zu dieser Metyphysik gehören, in größerem Detail untersucht werden. Ich fange mit dem dunkelsten aller Punkte an, der für Kant von größter Wichtigkeit ist, wenn die Erfordernisse des moralischen Bewußtseins, wie auch immer unbegreiflicherweise, befriedigt werden sollen.

4. Das Ding-an-sich und Erscheinungen im inneren Sinn

Ich habe bereits auf Kants zuversichtlichen Gebrauch der Personal- und Possessiv-Pronomina bei der Formulierung der Lehren des transzendentalen Idealismus oder Anspielungen auf sie hingewiesen. Es ist ganz offenbar von Wichtigkeit für ihn sicherzustellen, daß es einen Verknüpfungspunkt zwischen der übersinnlichen Welt und der Welt menschlicher Wesen in der Art einer Identität gibt, zwischen den Dingen, wie sie an sich selber sind, auf der einen Seite, und Kant und seinen Lesern, den gewöhnlichen Bezugsobjekten von Personal- und Possessiv-Pronomina auf der anderen Seite. Ohne einen derartigen Verknüpfungspunkt in der Art einer Identität wäre die Behauptung, daß Freiheit zumindest als eine Eigenschaft übersinnlicher Wesen möglich (wenn auch für uns unbegreiflich) ist, ohne Relevanz für die moralische Natur oder Situation von menschlichen Wesen. Ohne einen solchen Verknüpfungspunkt in der Art einer Identität zwischen dem Ding, das in sich der Sitz von Raum, Zeit und den Kategorien ist, und dem menschlichen Studenten der Geometrie oder der kritischen Philosophie wäre es unmöglich, jenes krude Modell auferlegter Notwendigkeiten auch nur zusammenzustellen, das unserer nicht-empirischen Erkenntnis durch Selbstanalyse und Selbstinspektion zugänglich ist, ganz zu schweigen davon, es funktionieren zu machen. Der bloße Gebrauch der Personal- und Possessiv-Pronomina trägt allerdings nichts dazu bei zu zeigen, wo der Verknüpfungspunkt liegt. Wir müssen fragen, was *wir* menschliche Wesen, die Leser Kants, unzweideutig unter „uns" und „wir" und „unser" verstehen können, wenn diese Ausdrücke so leicht und erhaben gebraucht werden, um die Lehren des transzendentalen Idealismus mitzuteilen.

Die Antwort wird an verschiedenen Punkten in dem Buch angedeutet. Es gibt eine unvorsichtige Formulierung für sie im Antinomien-Kapitel, an einem Punkt, an dem die angenommenen Interessen der Moralität für Kants Sinn im Vordergrund stehen:

„Allein der Mensch, der die ganze Natur sonst lediglich nur durch Sinne kennt, erkennt sich selbst auch durch bloße Apperzeption, und zwar in Handlungen und inneren Bestimmungen, die er gar nicht zum Eindrucke der Sinne zählen kann, und ist sich selbst freilich eines Teils Phänomen, anderen Teils aber, nämlich in Ansehung gewisser Vermögen, ein bloß intelligibeler Gegenstand, weil die Handlung desselben gar nicht zur Rezeptivität der Sinnlichkeit gezählt werden kann. Wir nennen diese Vermögen Verstand und Vernunft . . ."[5]

Der Berührungspunkt in der Art einer Identität zwischen dem Menschen als natürlichem Wesen und ihm als einem übersinnlichen Wesen ist also im Bewußtsein des Menschen davon zu finden, daß er die Fähigkeiten des Denkens, der Verstandes- und Vernunftvermögen, besitzt und ausübt. Dagegen erheben sich unmittelbar und gemäß Kants eigenen Prinzipien die Einwände, daß erstens alles, was einem Menschen als ein Fall oder Beispiel derartigen Selbstbewußtseins zugeschrieben werden kann, etwas in der Zeit geschehendes sein muß, und daß zweitens es ein Bewußtsein *von* sich als argumentierend oder erkennend oder denkend sein muß, von sich als an irgendeinem Punkt oder über eine bestimmte Zeitspanne hinweg intellektuell engagiert. Jedes derartige Selbstbewußtsein muß, so scheint es, zur Geschichte eines Wesens gehören und Bewußtsein von einer Episode sein, die zur Geschichte eines solchen Wesens gehört, das eben eine Geschichte *hat* und daher kein übersinnliches Wesen ist, nicht „das Subjekt, in welchem die Vorstellung der Zeit ursprünglich ihren Grund hat" ist.[6]

Kant sieht sich diesen Schwierigkeiten in vorsichtigeren Passagen in der Ästhetik, der Deduktion und in den Paralogismen immer wieder gegenüber. Er unterscheidet zwischen „ursprünglichem" Selbstbewußtsein und empirischem Selbstbewußtsein. Im ersteren, das in Wirklichkeit gar nicht Bewußtsein von mir selber ist, bin ich mir meiner nicht so bewußt, wie ich mir erscheine, und auch nicht so, wie ich an mir selbst bin, sondern nur dessen, daß ich bin. „Diese *Vorstellung* ist ein *Denken*, nicht ein *Anschauen*."[7] Im letzteren, das das einzige mir erreichbare Selbstbewußtsein ergibt, bin ich mir meiner nur so bewußt, wie ich mir erscheine und nicht, wie ich an mir selber bin.

Wiederholt wie Zaubersprüche sind diese pronominalen Beschwörungen auch so unwirksam wie Zaubersprüche. In dem Wissen von sich (empirisches Selbstbewußtsein) betreffenden Diktum ist die Identität, die erklärt werden muß – die Identität des empirisch selbstbewußten Subjekts mit dem wahren oder übersinnlichen Subjekt – einfach in Anspruch genommen, ohne einen Deut verständlicher gemacht zu werden. Wenn die Erscheinungen von *x* für *x* in der Zeit auftreten, können sie nicht der Geschichte des transzendentalen, übersinnlichen Subjekts zugeordnet werden, weil dieses Wesen keine Geschichte hat. Das heißt soviel wie, sie können nicht gerechtfertigterweise als Erscheinungen *für* mich, wie ich übersinnlich an mir selber bin, beschrieben werden, und auch nicht – weil, wofür sie Erscheinungen sind, davon sind sie auch Erscheinungen – als Erscheinungen *meiner selbst*, wie ich (übersinnlich) an mir selber bin. Die Bezugnahme auf mich selbst, wie ich (übersinnlich) an mir selber bin, fällt als überflüssig und ungerechtfertigt heraus; und mit ihr geht aller Grund dafür dahin zu sagen, daß ich mir im empirischen Selbstbewußtsein anders erscheine als ich wirklich bin. Wenn wir auf der anderen Seite auf das Verb *Erscheinen* keine temporale Konstruktion anwenden dürfen, wie sollen wir es dann verstehen? Müssen wir sagen, daß es für das transzendentale Subjekt unzeitlich der Fall zu sein scheint, daß es eine Sequenz von zeitlich geordneten Zuständen durchläuft? Die Grenzen der Verständlichkeit sind hier überschritten, welchen Maßstab man auch wählt. Und selbst, wenn sie es nicht wären, wären wir noch immer so weit entfernt davon wie je, die fragliche Identität erklärt zu haben. Was hat die Nicht-Geschichte des transzendentalen Subjekts mit uns zu tun?

Es gelingt Kant nicht, die diese Identität betreffenden Schwierigkeiten zu überwinden, weil sie nicht überwunden werden können. Es gibt außer der Inkohärenz keine Zufluchtsstätte vor der Frage, wie die Verknüpfung in der Weise einer Identität zwischen dem natürlichen Wesen, dem Menschen, mit einer mentalen Geschichte von Gedanken, Wahrnehmungen und Gefühlen, und dem übersinnlichen Wesen hergestellt werden soll, das überhaupt keine Geschichte hat und „in dem die Vorstellung der Zeit ursprünglich ihren Grund hat". Es ist in der Tat ein alter Glaube, daß die Vernunft etwas wesentlich Unzeitliches ist und doch in uns. Zweifellos hat er seinen Grund in der Tatsache, daß die Sätze der Logik und Mathematik, verbürgt durch die Vernunft allein, den Zufällen der Zeit nichts zu verdanken und von ihnen nichts zu fürchten haben. Und wir verstehen diese zeitlosen Wahrheiten. Aber es ist jetzt zu spät am Tage, um zu glauben, daß dasjenige, das zeitlose Wahrheiten versteht, selber zeitlos sein muß.

5. Das Ding-an-sich und Erscheinungen im äußeren Sinn

Wir wenden uns von einem Aspekt von Inkohärenz in der Theorie des transzendentalen Idealismus nun einem anderen zu. Das Ziel dabei ist nicht nur, Inkohärenz als solche herauszustellen, sondern, wenn wir können, herauszufinden, durch welche Verzerrungen und Verkehrungen sie entsteht.

Erkenntnis durch Wahrnehmung von Gegenständen, wie sie an sich sind und unabhängig von Wahrnehmung existieren, ist unmöglich. Denn die einzigen Wahrnehmungen, die uns überhaupt irgendein Wissen von solchen Dingen geben könnten, müßten das Ergebnis unseres Affiziertwerdens durch jene Dinge sein; und aus diesem Grund kann solche Erkenntnis nur Erkenntnis jener Gegenstände sein, wie sie uns erscheinen – Erkenntnis der Erscheinungen jener Gegenstände –, und nicht Erkenntnis jener Gegenstände, wie sie wirklich oder an sich selber sind.

Das Vorstehende ist eine grundlegende und unbewiesene komplexe Prämisse der *Kritik*. Ihr hinzugefügt ist die Prämisse, daß alle unsere „äußeren" Wahrnehmungen durch Dinge verursacht sind, die unabhängig von unseren Wahrnehmungen existieren und uns in der Produktion jener Wahrnehmungen affizieren. Aus dieser Konjunktion von Prämissen folgt die Schlußfolgerung, daß äußere Wahrnehmungen keine Erkenntnis der sie verursachenden Gegenstände ergeben, wie jene Gegenstände in Wirklichkeit sind, sondern nur eine Erkenntnis der Erscheinungen jener Gegenstände.

Wir wollen zunächst, insofern es um äußere Wahrnehmung geht, diesen Kontrast zwischen Erscheinung und Wirklichkeit in Verbindung mit der These der kausalen Abhängigkeit der Wahrnehmungen von unabhängig existierenden Gegenständen, die uns in ihrer Produktion affizieren, erörtern.

Zuerst zum Kontrast zwischen Erscheinung und Wirklichkeit im allgemeinen. Diese Begriffe werden nicht immer in Gegensatz zueinander gesetzt. Denn wir können manchmal sagen – und tun es –, daß die Dinge so sind, wie sie erscheinen. Aber im vorliegenden Fall sind sie klarerweise in Gegensatz zueinander gesetzt. Wir nehmen die Gegenstände, die, indem sie uns affizieren, unsere äußeren Wahrnehmungen verursachen, nicht wahr, wie sie in Wirklichkeit sind, sondern nur so, wie sie erscheinen. Was sind dann, müssen wir fragen, die allgemeinen Bedingungen einer sinnvollen Anwendung des Kontrastes oder der Entgegensetzung von Erscheinung und Wirklichkeit, und sind diese Bedingungen in Kants Anwendung des Kontrastes auf den Fall der äußeren Wahrnehmung erfüllt?

Zwei Begriffe, die von jeder sinnvollen Anwendung dieses Kontrastes untrennbar zu sein scheinen, sind der Begriff der Identität der Bezugnahme und der Begriff der berichtigten Ansicht, wie er genannt werden könnte. Wenn gesagt wird, daß ein Gegenstand so-und-so erscheint, aber in Wirklichkeit nicht so ist, scheint impliziert zu sein, daß es zwei unterschiedliche Standpunkte gibt, von denen unterschiedliche und inkompatible Urteile über *denselben* Gegenstand zu fällen natürlich wäre, und daß das Urteil, das natürlicherweise von einem dieser Standpunkte aus gefällt wird, in irgendeinem Sinn eine *Berichtigung* des Urteils wäre, das natürlicherweise von dem anderen Standpunkt aus gefällt wird. Es scheint so, als müßten die Standpunkte etwas gemeinsam haben, so daß es einen Weg gibt, der zwischen ihnen als Standpunkten neutral ist und die Identität der Bezugnahme auf den Gegenstand sichert, über den das Urteil gefällt wird. Dies ist eine so allgemeine Formulierung der Bedingungen für die Anwendung des Kontrastes, wie ich sie nur finden kann; und es ist leicht und ohne eine ermüdende Vervielfältigung von Beispielen zu sehen, wie beide Bedingungen normalerweise erfüllt sind. Die berichtigte Ansicht mag die eines *gegenüber* der Allgemeinheit ungewöhnlich gut plazierten oder gut informierten Beobachters sein; sie mag die eines normalen Beobachters *gegenüber* einem Beobachter sein, der unter besonderen Defekten oder Einschränkungen leidet; sie mag die Ansicht sein, die aus der Entfernung irgendeines verzerrendes Faktors aus dem Umgebung resultieren würde; und so weiter. In vielen der alltäglichen Fälle, die einem schnell in den Sinn kommen, ist die Bedingung der Sicherung der Identität der Bezugnahme in einer Weise erfüllt, die von dem abhängt, was lose die raum-zeitliche Lokalisierung des beurteilten Gegenstandes genannt werden könnte.

Es wäre irrelevant, bei alltäglichen Anwendungen des Kontrastes zu verweilen. Aber es gibt eine vertraute *philosophische* Anwendung, die weit davon entfernt zu sein scheint, irrelevant zu sein; denn bei ihr handelt es sich genau um die Tatsache, daß unsere sinnliche Erfahrung das kausale Ergebnis davon ist, daß wir von den Gegenständen affiziert werden, von denen wir sagen, daß wir sie wahrnehmen. Es scheint sowohl verständlich als auch wahr zu sein, wenn man sagt, daß die

Erscheinungen, die uns die Dinge darbieten, kausal abhängig sind sowohl vom Charakter der Dinge selber als auch vom Charakter unserer physiologischen Ausstattung, daß sie die vereinte Wirkung beider sind. Commonsense und alltägliche Beobachtung können uns einiges über die involvierten kausalen Mechanismen sagen, und die Wissenschaft kann uns noch einiges mehr sagen. Wir sind logisch nicht dazu gezwungen, aus diesen Tatsachen die Schlußfolgerung zu ziehen, daß die Dinge, wie sie wirklich sind, verschieden sind von den Dingen, wie sie uns unter normalen Wahrnehmungsbedingungen erscheinen. Aber wir sind gleichermaßen logisch nicht davon abgehalten, diese Schlußfolgerung zu ziehen, vorausgesetzt, die allgemeinen Bedingungen für die Anwendung des Kontrastes zwischen Erscheinung und Wirklichkeit werden beachtet, vorausgesetzt, heißt das, die Möglichkeit einer Identität der Bezugnahme ist gesichert und irgendein Maßstab für die berichtigte Ansicht ist akzeptiert. Es ist wichtig, daß die Annahme eines solchen Standards ganz ausdrücklich gemacht wird; sonst werden Leute verwirrt und erleiden irrelevante emotionale Reaktionen als Resultat der Tatsache, daß der Gebrauch der gewöhnlichen Standards für die berichtigte Ansicht zur gleichen Zeit fortgeführt wird wie der diskontinuierliche und vielleicht provokative Gebrauch der neuen Standards.

Obwohl es keinen logischen Zwang gibt, diesen Schritt zu tun, ist es eine offenbare Tatsache, daß viele Philosophen (z. B. Locke und Russell) eine starke Nötigung bestimmter Art empfunden haben, ihn zu tun. Gegenständen, *wie sie in Wirklichkeit sind,* werden diejenigen Eigenschaften zugebilligt, die ihnen in physikalischen und physiologischen Theorien zugeschrieben werden, in deren Begriffen auch die Erklärung der kausalen Mechanismen der Wahrnehmung gegeben wird; wohingegen jene anderen Züge, die wir den Gegenständen auf Grund unserer Wahrnehmungen zuschreiben, aus der Beschreibung der Gegenstände, wie sie in Wirklichkeit sind, eliminiert werden. Daß sie anscheinend diese Eigenschaften besitzen, wird einfach als Wirkung eines kausalen Prozesses erklärt, der vollständig beschrieben werden kann ohne die Erwähnung solcher Eigenschaften, nämlich als Effekt der Wirksamkeit physikalischer Gegenstände auf unsere sinnliche und nervliche Ausstattung. Wäre diese Ausstattung anders beschaffen, wären auch die scheinbaren Eigenschaften der Dinge andere; aber die Dinge in ihrer wirklichen Verfassung wären darum nicht schon andere.

In dieser Wirksamkeit sind die allgemeinen Bedingungen für eine sinnvolle Anwendung des Kontrastes zwischen Erscheinung und Wirklichkeit erfüllt. Der Standpunkt der berichtigten Ansicht ist ohne Schaden für die Sicherung der Identität der Bezugnahme erfolgreich angegeben. Die Dinge, wie sie wirklich sind, sind aus dem raumzeitlichen Bezugsrahmen nicht entfernt. Sie sind einfach die Dinge, wie die Wissenschaft von ihnen spricht, und nicht die Dinge, wie wir sie wahrnehmen. Die berichtigte Ansicht ist die Sicht der Wissenschaft; sie ist verschieden von der alltäglichen unberichtigten Ansicht, aber sie ist eine Ansicht über dieselben Dinge.

Dem muß nur noch ein Punkt hinzugefügt werden: nämlich, daß es sich in gewissem Sinn überhaupt nicht um eine *Ansicht* handelt. Das heißt, ein Element, das in alltäglichen Anwendungen des Kontrastes zwischen Erscheinung und Realität auf physikalische Gegenstände gegenwärtig ist, wird in dieser philosophischen Anwendung geopfert. In alltäglichen Anwendungen ist der Standpunkt der berichtigten Ansicht oft derart, daß von diesem Standpunkt aus die Dinge wirklich (sinnlich) so *erscheinen*, wie sie sind. In dieser philosophischen Ansicht andererseits ist der Standpunkt der berichtigten Ansicht nicht einer, von dem aus die Dinge so *erscheinen*, wie sie sind; es ist nur ein Standpunkt, von dem aus über die Dinge in einer abstrakten Weise gesprochen oder gedacht wird, in einer abstrakten Weise, in der sie niemals sinnlich erscheinen könnten. Berkeley ist über diesem Umstand ungehalten geworden; aber wir können ihn einfach ohne Entrüstung festhalten. (Es sollte auch festgehalten werden, daß die Antithese, die ich hier zwischen der alltäglichen und dieser philosophischen Anwendung des Kontrastes zwischen Erscheinung und Realität herstelle, ziemlich grob ist und nicht ins Detail und auf der ganzen Linie gepreßt werden kann.)

Nun ist es ganz klar, daß Kants Intention bei *seiner* Anwendung des Kontrastes zwischen Erscheinung und Realität ganz verschieden war von der des wissenschaftlich gesonnenen Philosophen, der den Schritt tut, den ich gerade beschrieben habe. Er selber betont die Differenz und gibt sich Mühe, uns auf der Hut sein zu lassen vor der Annahme, daß deren Ansicht – die er, soweit sie reicht, in der Tat mit Sympathie betrachtet – äquivalent sei zu der Ansicht, die er in seiner Lehre von der transzendentalen Idealität übernimmt.[8] Gleichwohl ist es unmöglich, die Parallelen zwischen deren Ansicht und seiner zu ignorieren. Kant behauptet beständig, daß der fundamentale Grund, aus dem wir die Dinge nur so wahrnehmen, wie sie erscheinen, und nicht so, wie sie an sich selber sind, einfach der ist, daß der Modus unserer Anschauung oder unseres Gewahrens so beschaffen ist, daß der Gegenstand unsere Vermögen des Gewahrens *affiziert*, so daß Gegenstand und Vermögen dabei zusammen die Vorstellungen, die „Empfindungen" oder die einzelnen Gewahrenserlebnisse produzieren, die wir tatsächlich haben. Genauso beständig setzt er diese Tatsache über unseren Modus des Gewahrens oder Anschauung gleich mit der Tatsache, die er so ausdrückt, daß er sagt, unser Modus der Anschauung sei die *sinnliche* Anschauung. Nur weil diese Bemerkungen, für sich genommen, an die Lehren der wissenschaftlich gesonnenen Philosophen erinneren, erscheinen sie für sich genommen nicht außergewöhnlich. Wenn wir aber diese Bemerkungen mit der Lehre vereinigen, daß Raum und Zeit selber sowie alles in ihnen auf die Seite der Erscheinungen fällt, wird jene Erinnerung plötzlich irrelevant und der Vergleich mit der Lehre des wissenschaftlich gesonnenen Philosophen scheint nur noch irreführend; denn die Locke-ähnliche Lehre, gestützt auf eine kausale wissenschaftliche Erklärung der Wirkungen von Gegenständen auf unsere sinnliche und nervliche Ausstattung, hängt davon ab, daß die Gegenstände, wie sie an sich selber sind, (und in der Tat auch unsere rezeptive Ausstattung) als raumzeitliche Dinge angesehen werden.

Gleichwohl, wenn es auch so aussieht, als müsse der Vergleich in die Irre führen, es scheint auch so, als sei er unvermeidbar. Denn wenn wir lesen, daß bei der Rede von Raum und Zeit im allgemeinen alles, was wir darunter tatsächlich zu verstehen haben, eine Fähigkeit oder Neigung unsererseits ist, in bestimmter Weise von Dingen affiziert zu werden, die selber nicht in Raum und Zeit sind, dann haben wir keinen Anhaltspunkt für den Sinn dieser Bemerkung, es sei denn die Analogie zu dem, was ein wissenschaftlich gesonnener Philosoph meinen könnte, wenn er bei der Rede von der Farbigkeit der Dinge sagt, daß alles, was wir darunter zu verstehen haben, eine Neigung unsererseits ist, in gewisser Weise von Gegenständen affiziert zu werden, die an sich selber nicht farbig sind. Alle gebrauchten Begriffe, die Rede davon, daß Gegenstände die rezeptiven Vermögen der Sinnlichkeit affizieren, scheinen zu einer Lehre zu gehören – der des wissenschaftlich gesonnenen Philosophen –, die in der Anwendung, die von diesen Begriffen gemacht wird, als völlig inadäquat zurückgewiesen wird. Und diese Zurückweisung scheint uns insoweit mit überhaupt keinem Anhaltspunkt dafür zurückzulassen, wie die allgemeinen Erfordernisse für jede sinnvolle Anwendung des Kontrastes zwischen Erscheinung und Wirklichkeit erfüllt werden sollen. Gegeben diese Zurückweisung, wie ist es dann möglich, den Standpunkt der berichtigten Ansicht zu spezifizieren und sie so zu spezifizieren, daß die Identität der Bezugnahme auf Gegenstände, wie sie erscheinen und wie sie wirklich sind, in verständlicher Weise gesichert ist?

Diese Frage oder zumindest ihr erster Teil wird von Kant nicht gänzlich unbeantwortet gelassen. Er unternimmt es mit Reservationen, den Standpunkt der berichtigten Ansicht zu spezifizieren. Tatsächlich ist eine solche Spezifikation für ihn implizit enthalten in der *Allgemeinheit* des Grundes, aus dem wir in der Wahrnehmung uns nur der Gegenstände, wie sie erscheinen und nicht, wie sie an sich selber sind, bewußt sein können. Der Grund dafür ist, daß unsere Wahrnehmungen das Ergebnis unseres *Affiziertwerdens* durch den Gegenstand sind; und dieser Grund hätte Gültigkeit für jeden Wahrnehmungsmodus, der von der unabhängigen Existenz des Gegenstandes abhinge. („. . . unsere(r) . . . Anschauungsart . . . ist . . . von dem Dasein des Objekts abhängig, *mithin* nur dadurch, daß die Vorstellungsfähigkeit des Subjekts durch dasselbe affiziert wird, mölich . . .“[9]) Also wäre die berichtigte Ansicht die Sicht, die einer „nicht-sinnlichen Anschauung“ zugänglich wäre, einer nicht passiven und rezeptiven, sondern aktiven, spontanen, ursprünglichen Anschauung; einem Modus des Gewahrens, in dem das Gewahrensvermögen nicht durch den Gegenstand affiziert würde, weil es seinen eigenen Gegenstand erzeugte. Über einen solchen Modus des Gewahrens bemerkt Kant häufig, daß wir unfähig sind, seine Möglichkeit zu begreifen[10]: eine wichtige Einschränkung. Die Spezifikation des Standpunkts der berichtigten Ansicht wird zugegebenermaßen in Begriffen vorgenommen, die wir nicht wirklich verstehen können; und *a fortiori* ist die Aufgabe unausführbar, verständlich zu machen, wie eine Identität der Bezugnahme gesichert wird.

Daß es Kant nicht gelingt, die Bedingungen für eine sinnvolle Anwendung des Kontrastes zwischen den Dingen, wie sie wirklich sind, und den Dingen, wie sie erscheinen, zu erfüllen – daß er in der Tat sein eigenes Sinnprinzip sowohl in der Anwendung dieses Kontrastes als auch in dem assoziierten Gebrauch des Begriffs Ursache verletzt –, ist vielleicht ein Punkt, der hinreichend offensichtlich ist. Uns bleibt die Aufgabe, wenn wir irgend können, eine Erklärung für die überraschende Parallele, die wir notiert haben, und mehr noch für das überraschende Versagen jener Parallele zu versuchen. Es geht um eine Erklärung für die außerordentliche Transposition der gesamten Terminologie der Dinge, die Vermögen affizieren, die jene Terminologie gänzlich aus dem Bereich ihrer verständlichen Anwendung, nämlich dem raumzeitlichen Bereich, herausnimmt. Vielleicht können wir nicht mehr tun, als Kants frühe und alte Anhänglichkeit an den Begriff der „intelligibelen Welt" in Erinnerung zu rufen und zu berichten, daß er dachte, er hätte die allein richtige Methode gefunden, diese Welt mit der der Phänomene zu verknüpfen und sie gleichwohl von ihr in solcher Weise abzuriegeln, daß die Interessen der Moral, der empirischen Wissenschaft, der Mathematik und einer reformierten Metaphysik gleichzeitig befriedigt würden. Aber vielleicht kann auch etwas mehr und etwas unmittelbarer zum Thema Gehöriges gesagt werden.

Die außergewöhnliche Allgemeinheit von Kants Denken stößt beständig gegen das, was er selber als die Grenzen der Verstehbarkeit erkannte. Er bemerkt, daß wir die Möglichkeit irgendeiner anderen Form der Anschauung als der sinnlichen nicht begreifen können. Er redet nicht über „die Sinne", wie wir diesen Ausdruck aufzählend oder sogar allgemein verstehen könnten. Er meint, daß, soweit unser Begreifen von Möglichkeiten reicht, der allgemeinste Gedanke des Sichbewußtwerdens objektiv existierender Dinge den Gedanken einschließt, daß jene Dinge unabhängig von unserem uns ihrer Bewußtwerden existieren, und also den Gedanken einschließt, das unser Bewußtsein von ihnen auf einer Relation zwischen jenen Dingen und den Bewußtseinsfähigkeiten beruht, die wir immer besitzen mögen. Sie müssen uns hinsichtlich unserer Bewußtseinsfähigkeiten *affizieren*. Dieses allgemeine Prinzip ist unabhängig von allen empirischen Entdeckungen, die wir hinsichtlich der kausalen Mechanismen der Sinnes-Wahrnehmung machen mögen. Erfahrung ist einfach, was sich aus der Affizierens-Relation ergibt, und alle Unterscheidungen, die wir innerhalb der Erfahrung treffen, werden in der Sphäre dessen getroffen, was sich aus dieser Relation ergibt. Gleichwohl muß Sinnlichkeit *im allgemeinen*, muß die Bewußtseinsfähigkeit *im allgemeinen* ein „wirkliches Korrelat" haben, das Ding, wie es an sich selber ist und über das in der Erfahrung keine Frage je gestellt wird oder, wenn sie gestellt würde, beantwortet werden könnte.[11] Aber erneut gilt, weil alle Unterscheidungen, die wir treffen, alle Begriffe, die wir anwenden, wenn sie sinnvoll verwendet werden und einen empirischen Gebrauch finden sollen, empirische Kriterien für ihre Anwendung haben müssen, müssen auch gerade die Begriffe, die im allgemeinen Prinzip sinnlicher Anschauung verwendet werden, eine Surrogat-Anwendung in der Erfahrung finden. Also müssen wir unsere eigenen brauchbaren Begriffe des Objektiven haben, gewisse Erscheinungen so behandeln, als wären sie unabhängig existierende Dinge, müssen uns unser eigenes Bild – das wissenschaftliche Bild – über die kausale Abhängigkeit der subjektiven Eindrücke von den Dingen und unseren Vermögen zugleich machen.

Ich habe versucht, hier deutlich zu machen, wie das Streben nach unbeschränkter Allgemeinheit des Prinzips in der Anwendung auf die beschränkenden Erfordernisse der Verständlichkeit trifft und wie verkehrt, trotz ihrer Brillanz, Kants Behandlung ihres Einflusses ist. Denn natürlich ist das allgemeine Prinzip akzeptabel, daß jedes Wahrnehmungsbewußtsein, das wir von unabhängig existierenden Dingen haben, von jenen Dingen, die die Bewußtseinsfähigkeiten, die wir immer haben mögen, affizieren, kausal abhängig ist; und der empirische Gehalt, den wir diesem Prinzip geben, ist auch akzeptabel. Der letztere ist nämlich nichts als die, mit dem Fortschritt der Erkenntnis beständig weiter ausgefüllte spezifische Form, die die allgemeine Wahrheit, wie die Dinge nun einmal sind, annimmt. Aber Kant gibt verkehrter- und inkonsistenterweise dem allgemeinen Prinzip die übertriebene Ehre, eine Wahrheit für sich zu formulieren, eine solche Wahrheit, daß kein empirischer Gehalt, der dem Prinzip in irgendeiner Welt gegeben werden könnte, auch nur der Möglichkeit nach ein Beispiel oder ein Fall genau dieser Wahrheit sein könnte; so daß die Wahrheit ihr eigenes, nicht-empirisches Anwendungsfeld haben muß, wohingegen wir für unseren Teil damit zufrieden sein müssen, sie in der Erfahrung durch etwas vorzustellen, was tatsächlich nur ihr Schatten ist.

Für die Beantwortung der Frage, warum Kant durch eine derartige Verkehrung versucht war, müssen wir uns noch einmal auf seine alten Anhänglichkeiten beziehen und auf die Interessen der Ethik, Metaphysik und Wissenschaft, wie er sie verstand.

6. Transzendentaler Idealismus und empirischer Realismus

Die Themen des letzten und dieses Abschnitts durchdringen einander. Wir müssen Kants Behauptung diskutieren, daß sein transzendentaler Idealismus ein „empirischer Realismus" ist.

Kants Analyse der Erfahrung treibt stetig zu der Schlußfolgerung, daß die Erfahrung eines konzeptualisierenden und potentiell selbstbewußten Wesens ein Bewußtsein von Gegenständen einschließen muß, die als vom Auftreten irgendwelcher bestimmter Bewußtseinszustände über sie unabhängig existierend und ihre eigenen Zustände und Relationen aufweisend aufgefaßt werden. Für uns sind diese Gegenstände räumliche Gegenstände, materielle Körper im Raum. Weit entfernt davon, daß es notwendig wäre, einen problematischen Schluß von unseren inneren Wahrnehmungen auf die Existenz räumlicher Gegenstände als ihrer Ursachen zu ziehen, ist gerade das Bewußtsein innerer Wahrnehmungen als unserer nur möglich durch ein unmittelbares Bewußtsein von der Existenz von Gegenständen im Raum, die von unseren Wahrnehmungen über sie verschieden sind.

Hier handelt es sich sicherlich um einen dualistischen Realismus einer bestimmten Art. Kant schränkt die Titel ein. Es ist nur ein „empirischer" Dualismus, ein „empirischer" Realismus, den er vertritt. Die Einschränkung geht mit der Leugnung der These einher, daß die Körper im Raum als Dinge an sich existieren. Manchmal könnten wir versucht sein zu glauben, daß es mit der Einschränkung und der Leugnung nicht mehr auf sich hat als mit einer erneuten Bekräftigung des Sinnprinzips in Beziehung auf die materielle Welt, als mit einer Insistenz auf dem Umstand ohne weitere metaphysische Implikationen, daß wir bedeutungslose Fragen stellten, wenn wir die Natur der „Gegenstände unserer Sinne nach demjenigen, was sie an sich selbst, d. i. ohne alle Beziehung auf die Sinne sein mögen" erforschen wollten.[12] Wir haben bereits gesehen, wie schwierig es ist, irgendeine derartige Interpretation aufrecht zu erhalten. In den Behauptungen der Ästhetik, den Argumenten der Deduktion und der Analogien, in den Lösungen, die für die Probleme in der Dialektik angeboten werden, finden wir wiederholt den Refrain, daß Körper im Raum, weil sie nur Erscheinungen sind, keine von unseren Vorstellungen oder Wahrnehmungen verschiedene Existenz haben, daß sie nur eine Spezies der letzteren sind, daß sie getrennt von unseren Wahrnehmungen überhaupt nichts sind. Richtig ist, daß wir in den mit der Objektivität beschäftigten Argumenten, in der Deduktion und den Analogien, in der Lage waren zu zeigen, daß diese Lehre für die wesentliche Struktur der Argumentation überflüssig war, ein zusätzliches Rad, das sich eifrig, aber müßig dreht. Aber das war nicht, wie Kant die Sache ansah. Und in der Diskussion der mathematischen Antinomien wurde sehr klar, daß in Kants Verständnis seiner Lösung diese Lehre eine unentbehrliche Rolle spielte, wenn auch eine Rolle, das wurde ebenfalls klar, die gänzlich das kollektive „unser" in Frage stellte, das Kant so freimütig verwendet.

Ist der proklamierte Dualismus von Körpern im Raum und Bewußtseinszuständen wirklich versöhnbar mit dem phänomenalistischen Idealismus, den die transzendentale Version einzuschließen scheint? Bevor wir diese Frage zu beantworten versuchen, lohnt es sich, etwas genauer zu notieren, wie Kant in der Version der Diskussion des vierten Paralogismus in der ersten Auflage diesen eingeschlossenen phänomenalistischen Idealismus benützt, um zwei Probleme zu lösen. Die fraglichen Passagen, in deren Zusammenfassung ich keine Verfeinerung der Formulierung anstreben werde, enthalten überraschend kühne Affirmationen des eingeschlossenen phänomenalistischen Idealismus. Wenn die Lehre an keiner anderen Stelle bekräftigt würde, könnten wir diese Passagen einfach mit der Begründung außer Acht lassen, daß Kant sie in der zweiten Auflage zugunsten der Widerlegung des Idealismus aufgab, mit der sie in keiner Weise offensichtlich kompatibel sind. Aber die Lehre wird zu oft an anderer Stelle bekräftigt, als daß wir irgendeinen Grund hätten, Kants Erklärung zu mißtrauen, er habe diese Passagen ausgelassen, weil er sie für durch seine Kritiker fehlinterpretiert hielt und nicht, weil er sie für falsch hielt.

Skeptizismus hinsichtlich der Existenz von Körpern bildet das erste dieser beiden Probleme. Die Gründe für einen solchen Skeptizismus werden in dem folgenden kurzen Argument gegeben. Nur was in uns selber ist, kann unmittelbar wahrgenommen werden, d. h. ist ein Gegenstand nicht-schlußfolgernden Bewußtseins. Deshalb hat der Glaube an die Existenz von Körpern, äußeren Gegenständen, nicht mehr Rechtfertigung, als er durch den zweifelhaften Schluß vom Auftreten von Wahrnehmungen in uns gewinnt, die wir für Wirkungen eines

Körpers als äußerer Ursache halten.[13] Kants Lösung wird folgendermaßen formuliert. Körper sind einfach eine Spezies unserer Vorstellungen oder Wahrnehmungen, nämlich diejenigen, die wir als zum äußeren Sinn gehörig, d. h. als räumlich ordenbar unterscheiden. Deshalb dürfen wir die Existenz von Materie zugeben, und zwar als nicht erschlossen, sondern als unmittelbar wahrgenommen, ohne daß wir damit den Bereich der Inhalte des Bewußtseins überschritten.[14] Sicher gibt es Illusionen, d. h. Vorstellungen scheinbar des äußeren Sinnes, die nicht gemäß passender empirischer Gesetze mit anderen Vorstellungen verknüpft sind. Aber das bedeutet nicht, daß wir uns der Körper nicht unmittelbar bewußt wären. Denn zu sagen, daß wir uns der Körper unmittelbar bewußt sind, heißt einfach behaupten, daß wir Vorstellungen des äußeren Sinns haben, die gemäß passenden empirischen Gesetzen verknüpft *sind*.[15]

Das zweite und damit zusammenhängende Problem betrifft die Wirksamkeit des Körpers auf den Geist. Wie kann, so wird gefragt, Materie, die wesentlich räumlich und ausgedehnt ist, durch ihre Wirksamkeit (die nichts als Bewegung ist) so völlig heterogene Wirkungen wie Bewußtseinszustände, Vorstellungen, Gedanken, Gefühle und Wahrnehmungen produzieren, die selber nicht im Raume sind?[16] Kant antwortet, daß diese Frage völlig falsch gestellt ist. Denn Körper sind nicht der Art nach verschieden von Vorstellungen. Sie sind nichts als Vorstellungen einer bestimmten Art. Wir haben für uns selbst eine Schwierigkeit aufgebaut, die nicht existiert. Zu sagen, daß Körper unsere Vorstellungen von Körpern verursachen, kann tatsächlich bestenfalls eine irreführende Weise sein zu sagen, daß „die Vorstellungen unserer Sinnlichkeit so untereinander in Verbindung stehen, daß diejenige, welche wir äußere Anschauungen nennen, nach empirischen Gesetzen, als Gegenstände außer uns, vorgestellt werden können" – eine Wahrheit, die „nun ganz und gar nicht die vermeinte Schwierigkeit enthält, den Ursprung der Vorstellungen von außer uns befindlichen ganz fremdartigen wirkenden Ursachen zu erklären".[17] Andere Fragen über die Wirksamkeit des Körpers auf den Geist bieten keine größere Schwierigkeit. Denn, noch einmal, Körper sind einfach eine Art von Vorstellungen oder Bewußtseinsinhalten; und es ist nichts Fremdartiges an der gesetzesartigen Verbindung verschiedener Arten von Vorstellungen, verschiedener Arten von Bewußtseinsinhalten. „So lange wir innere und äußere Erscheinungen, als bloße Vorstellungen in der Erfahrung, miteinander zusammen halten, so finden wir nichts Widersinnisches und welches die Gemeinschaft beider Art Sinne befremdlich machte."[18]

Wie ist dann die Lehre, daß Körper nichts als eine *Spezies von Vorstellungen* sind, mit der Lehre zu versöhnen, daß wir uns der Existenz von Gegenständen im Raum unmittelbar bewußt sind, die *verschieden von unseren Wahrnehmungen* sind? Es gibt nur einen Weg, der überhaupt plausibel als Kants Weg dargestellt werden kann, diese Versöhnung auch nur dem Anschein nach zustande zu bringen. Was benötigt wird, ist eine Unterscheidung der Bedeutung der Frage „Existieren Körper unabhängig von Wahrnehmungen?" so, wie sie innerhalb des begrifflichen Rahmens gestellt wird, auf den wir in der Erfahrung verpflichtet sind, von der Bedeutung derselben Frage, wie sie innerhalb des Kontextes der gesamten kritischen Philosophie gestellt wird. Eines der Ergebnisse der kritischen Philosophie – des Teils von ihr, der mit der Analyse der Erfahrung beschäftigt ist – ist der Nachweis, daß wir unsere Anschauungen mit Hilfe von Begriffen objektiver Dinge verknüpfen *müssen*, die unabhängig von unseren Wahrnehmungen existieren und die wir so auffassen, daß jene Anschauungen Wahrnehmungen dieser Dinge sind. Nichts könnte als eine mögliche Erfahrung gelten, als eine Art von Erfahrung, die wir uns verständlich machen könnten, für das diese Notwendigkeit nicht bestünde. Solange wie unsere Fragen und Antworten innerhalb des Rahmens des Systems von Gedanken gestellt und gegeben werden, auf den wir in der Erfahrung notwendigerweise verpflichtet sind, solange muß die Antwort auf unsere Frage affirmativ sein – und dabei handelt es sich um eine Affirmation, die trivial genug ist.

Aber der kritische Philosoph, so muß Kant meinen, erlangt eine gewisse Distanz zu dem System, auf das er, insofern es empirische Fragen und Antworten betrifft, mit ganzem Herzen verpflichtet ist. Der distanzierte Gesichtspunkt, von dem aus die Notwendigkeiten jenes Systems wahrgenommen werden können, ist auch ein Gesichtspunkt, von dem aus unsere Frage eine ganz andere Bedeutung annimmt und eine nicht affirmative, sondern negative Beantwortung verlangt. Von diesem Gesichtspunkt aus haben wir einen ganz verschiedenen Maßstab für das, was wirklich existiert, als es der Maßstab ist, dem wir empirisch verpflichtet sind. Gemessen an diesem Maßstab existieren auf der einen Seite nur die transzendentalen und uns unbekannten Ursachen unserer Wahrnehmung und Vorstellungen und auf der anderen Seite die Wirkungen jener Ursachen, die Vorstellungen selber. Die ersteren erreichen wir nicht, zu den letzteren „gelangen wir an ihnen selber". In diesem System ist kein Platz für Körper als wirkliche Existierende, obwohl in ihm ein Platz, und zwar ein notwendiger Platz ist für das Operieren mit dem begrifflichen Rahmen, der die *Konzeption* unseres Bewußtseins von Körpern als unterschieden von unseren Erlebnissen über sie einschließt.

So, wie es sich mit der Frage „Existieren Körper unabhängig von Wahrnehmungen?" verhält, muß es sich auch mit der Frage „Verursachen Körper unsere Wahrnehmungen von ihnen?" verhalten. Vom Gesichtspunkt des Systems, auf das wir empirisch verpflichtet sind, muß die Antwort wiederum „Ja" sein. Wir erforschen die physikalischen und physiologischen Mechanismen dieser Verursachung empirisch. Aber vom Gesichtspunkt des kritischen Systems muß die Antwort lauten, daß Körper getrennt von Wahrnehmungen nichts sind und daß die wirkliche Ursache der letzteren der unbekannte transzendentale Gegenstand ist.

Es ist unnötig, daß ich die Kritik dieser Lehre wiederhole, die bereits in den vorhergehenden Abschnitten dargelegt worden ist. Die Tatsache, daß innerhalb des Rahmens der Theorie des transzendentalen Idealismus eine Form der Versöhnung möglich ist zwischen der These, daß wir uns der Körper im Raum als von unseren Wahrnehmungen verschiedenen Gegenständen bewußt sind, und der These, daß die Körper im Raum getrennt von unseren Wahrnehmungen keine Existenz haben, hat keinerlei Kraft, der Theorie des transzendentalen Idealismus die Kohärenz und Verständlichkeit zurückzugeben, von der sich gezeigt hat, daß sie ihr fehlt. Aber ein oder zwei Kommentare anderer Art dürfen gemacht werden.

Erstens könnte es so scheinen, als habe Kant nach allem einen substantielleren Grund als das Risiko der Fehlinterpretation für die Auslassung jener problemlösenden Übungen in der zweiten Auflage gehabt, die er in der früheren Diskussion des vierten Paralogismus anstellte. War es nicht unaufrichtig, die Sache so darzustellen, als gebe die angenommene Heterogeneität von äußeren Ursachen und inneren Wirkungen auch nur den Anschein eines Problems, wenn Kants eigene These ihn zu keinem geringeren Grad der Heterogeneität von Ursachen und Wirkungen verpflichtete – transzendentalen Ursachen außerhalb von Raum und Zeit und zeitlichen Wirkungen, Vorstellungen in der Zeit? Und wiederum, war es nicht unaufrichtig, seine Lösung für das durch den skeptischen Idealismus gestellte Problem als eine wirkliche Lösung eines wirklichen Problems darzustellen, wenn Kant uns für notwendigerweise auf einen begrifflichen Rahmen verpflichtet hält, für den eines seiner beherrschenden Prinzipien besagt, daß wir uns der Körper im Raum als verschieden von unseren Wahrnehmungen ihrer *unmittelbar* bewußt sind? Oder, wenn er in dieser zweiten Hinsicht nicht unaufrichtig ist, muß er dann nicht die mißliche Ansicht vertreten, daß, wenn Erfahrung möglich sein soll, wir empirisch auf einen begrifflichen Rahmem verpflichtet sind, der selber inkohärent ist?

Diese letzte Konsequenz könnte Kant zu akzeptieren bereit sein; und er könnte zur Unterstützung seiner Bereitschaft auf seine Behandlung der mathematischen Antinomien hinweisen. Aber ich glaube, er ist, zumindest im gegenwärtigen Zusammenhang, in einer Position, die es ihm erlaubt, diese Alternative zurückzuweisen und beide Vorwürfe der Unaufrichtigkeit zu widerlegen. Denn er ist, wie wir gesehen haben, dem übergreifenden Prinzip verpflichtet, daß keine Wahrnehmungen, die wie unsere von existierenden Gegenständen als ihren wirklichen Ursachen abhängig sind, Erkenntnis jener Gegenstände ergeben können, wie sie wirklich sind. Und er könnte behaupten, daß die Argumente des skeptischen Idealisten und derer, die sich nicht mit „physikalischen Einfluß" abfinden können, eine verwirrte Wahrnehmung dieser Wahrheit darstellen: eine Wahrnehmung dieser Wahrheit insofern, als beide die Zurückweisung des Gedankens mit sich bringen, daß wir jemals *erkennen* könnten, daß die wirklichen Ursachen unserer Wahrnehmungen unabhängig existierende Gegenstände in Raum und Zeit sind; eine verwirrte Wahrnehmung insofern, als sie für Körper in Raum und Zeit keinen anderen Status als den von wirklich unabhängig von unseren Wahrnehmungen Existierenden in Betracht ziehen. In dieser Sicht stellen die Argumente nicht nur Pseudo-Probleme. Sie verkörpern vielmehr eine Konfundierung der beiden begrifflichen Rahmen, des kritischen und des empirischen. Diese natürliche Konfusion stellt selber ein wirkliches Problem dar, das durch die Trennung der beiden Systeme und die Anerkennung der Tatsache, daß jedes seine eigene Geltung hat, gelöst wird.

Als nächstes und wichtigeres müssen wir fragen, wie die Situation für den „empirischen Realismus" aussieht, wenn wir die Lehren des transzendentalen

Idealismus verwerfen. Natürlich ist die Situation verwandelt. Das analytische Argument für die Schlußfolgerungen hinsichtlich der notwendigen Struktur der Erfahrung muß nach seinen eigenen Verdiensten bewertet werden. Wenn wir die Schlußfolgerung akzeptieren, daß Erfahrung notwendigerweise ein Bewußtsein von Gegenständen involviert, die so aufgefaßt werden, daß sie in der Zeit unabhängig von irgendwelchen bestimmten Bewußtseinszuständen über sie existieren, dann müssen wir sie ohne Einschränkung akzeptieren. Wir verfügen über keinen externen Maßstab oder kein externes System, in deren Begriffen wir der Frage einen esoterischen Sinn geben können, ob solche Gegenstände *wirklich* existieren; denn wir müssen sie empirisch als unabhängig von unseren Wahrnehmungen existierend auffassen. Die Frage kann nur im Sinne des Systems selber verstanden werden, auf das wir verpflichtet sind, und in diesem Sinn erlaubt sie auch nur eine alltägliche Antwort. Die philosophische Errungenschaft besteht in dem Nachweis, daß die Antwort nicht nur alltäglich ist, obwohl sie das auch ist. Sie besteht darin, den Ort dieser Binsenwahrheit in jeder verständlichen Konzeption von Erfahrung, die wir ausbilden können, aufzuweisen und zu zeigen, daß sie diesen Ort sogar dann einnimmt, wenn wir die Konzeption der Erfahrung bis zum äußersten Punkt der Abstraktion treiben, den sie nur erreichen kann, bevor sie sich auflöst.

Es könnte darauf hingewiesen werden, daß, wenn wir die Lehren des transzendentalen Idealismus verwerfen, wir nicht nur die mit der Konzeption einer übersinnlichen Wirklichkeit – die mit dem natürlichen Universum zugleich verknüpft und von ihm abgeriegelt werden muß – verbundenen Inkohärenzen loswerden, sondern uns auch der problemlösenden und das analytische Argument unterstützenden Potentiale berauben, die von Kant dem eingeschlossenen phänomenalistischen Idealismus zugeschrieben werden. Aber die zu verlieren heißt, nichts zu verlieren. Wir haben bereits die letztliche Unbrauchbarkeit der Lehre in Verbindung mit den Problemen der Antinomien notiert; wir haben wiederholt gesehen, daß sie für das analytische Argument überflüssig ist; und das Argument selber beraubt die Pseudo-Probleme des vierten Paralogismus jeder Kraft, die nicht aus zur Theorie des transzendentalen Idealismus gehörigen Prinzipien geborgt wäre.

Schließlich muß ich die Möglichkeit erwähnen, daß bestritten werden könnte, daß, was ich Kants Weg der Versöhnung von Bestreitung und Bekräftigung der gesonderten Existenz der Körper genannt habe, wirklich sein Weg ist, diese Versöhnung zustande zu bringen. Es könnte darauf bestanden werden, daß, wenn Kant erklärt, die Körper seien in uns als eine Spezies von Vorstellungen, er damit nicht bestreiten will, daß sie, sogar in den Begriffen des Systems des transzendentalen Idealismus, wirklich eine unabhängige Existenz im Raum haben, die verschieden ist von der Existenz unserer Wahrnehmungen über sie. Er möchte nur bekräftigen, daß ihre Existenz im Raum das Ergebnis dessen ist, daß das transzendentale Subjekt von den Dingen an sich selber affiziert wird. Es scheint fast zu offensichtlich, um eines Argumentes zu bedürfen, daß dies nicht Kants Ansicht ist. Nicht eine der problemlösenden Fähigkeiten, die er der These zuschreibt, daß

Körper nicht Dinge an sich selber sind, würde nach dieser Interpretation zu jener These auch nur zu gehören scheinen. Darüberhinaus würde die These eigene Probleme erzeugen. Zum Beispiel sollten wir eine Antwort auf die Frage haben, ob unsere Wahrnehmungen von Körpern im Raum das direkte Ergebnis unseres Affiziertwerdens durch die Dinge an sich sind, oder ob sie das Ergebnis unseres in unserer empirischen Verfassung durch Körper im Raum Affiziertwerdens sind. Die erstgenannte Antwort würde eine These prästabilierter Harmonie erfordern, wie sie Kant ausdrücklich verwirft; die zuletzt genannte Antwort würde erfordern, daß wir eine Erkenntnis der wirklichen Ursachen unserer Wahrnehmungen hätten, eine These, die er ebenfalls ausdrücklich zurückweist.

7. Formale Begriffe und Sinn: Erfahrung und Wirklichkeit

Unter den Lehren, die zusammen die Metaphysik des transzendentalen Idealismus bilden, haben wir noch keine gefunden, bei der etwas dafür spricht, sie sowohl zu bewahren als auch zu erklären, und wir werden auch keine finden. Aber es gibt ein oder zwei Wahrheiten, die vielleicht in schwacher Analogie mit einigen jener Lehren gesehen werden können, die vielleicht als deren gedämpfte Echos gehört werden können. Am besten können sie so gesehen oder gehört werden, wenn sie in Beziehung zu den Themen des Kapitels mit dem Titel Phänomena und Noumena gesehen werden.

Die Struktur des Kapitels ist ziemlich einfach. Es beginnt mit einer nachdrücklichen Behauptung des Sinnprinzips. Die Verwendung von Begriffen in Urteilen involviert wesentlich den Gedanken ihrer möglichen Anwendung auf Gegenstände – letztlich auf Gegenstände, die nicht selber Begriffe sind. Die allgemeinen Bedingungen der Anwendbarkeit von Begriffen auf Gegenstände involvieren wesentlich die allgemeinen Bedingungen dafür, daß wir uns der Gegenstände bewußt werden, d. h. sie involvieren unsere Modi der Anschauung. Unser Anschauungsmodus ist sinnlich und raumzeitlich. Wir gewahren Gegenstände in der Erfahrung unter den Bedingungen von Raum und Zeit. Wir können unsere Begriffe nicht von diesen Bedingungen ihrer Anwendung auf Gegenstände abtrennen und gleichzeitig hoffen, für sie irgendeine sinnvolle Verwendung in der Aufzeichnung oder Beförderung der Erkenntnis von Gegenständen zu bewahren. Nur in der Anwendung auf Gegenstände möglicher Erfahrung haben Begriffe irgendeinen derartigen Gebrauch. Wir müssen uns vor allem daran erinnern, daß diese Wahrheit für die Kategorien gilt, jene reinen Verstandesbegriffe, die den Inhalten der Erfahrung jene Einheit sichern, ohne die der objektive Bezug der Erfahrung unmöglich wäre.[19]

Denn hinsichtlich der Kategorien, so fährt Kant fort, „liegt . . . hier eine schwer zu vermeidende Täuschung zum Grunde“.[20] In gewissem Sinn „erstrecken sich die Kategorien so fern weiter, als die sinnliche Anschauung, weil sie Objekte überhaupt denken, ohne noch auf die besondere Art (der Sinnlichkeit) zu sehen, in der sie gegeben werden mögen".[21] Nun sind wir durch die gesamte Struktur der Metaphysik des transzendentalen Idealismus auf die Konzeption von Gegenständen überhaupt verpflichtet, Gegenständen, wie sie an sich selber sind, unabhängig von unseren Modi sinnlicher Anschauung. Also unterliegen wir der Versuchung, der Illusion anzunehmen, daß die Kategorien uns mit begrifflichen Hilfsmitteln versehen, um durch reines Denken zu gültigen Schlußfolgerungen über Gegenstände zu kommen, wie sie an sich selber sind.

Das Korrektiv zu dieser Illusion liegt darin, daß wir uns erinnern, daß wir den sinnvollen Gebrauch der Begriffe nicht von den Bedingungen des Bewußtseins der Gegenstände trennen können, auf die sie angewendet werden. Aber keine Art von Bewußtsein, die Sinnlichkeit einschließt, d. h. keine Art von Bewußtsein, die davon abhängt, daß die Vermögen durch einen unabhängig existierenden Gegenstand affiziert werden, könnte der Möglichkeit nach ein Bewußtsein der Dinge sein, wie sie an sich selber sind. Wir können uns in der Tat sagen, daß es eine Art Bewußtsein geben könnte, für die Sinnlichkeit keine Rolle spielte und in dem der Verstand sich selber seinen eigenen Gegenstand gäbe; und wir können den Namen der „Noumena" für die Gegenstände einer solchen rein intellektuellen Anschauung einführen. Aber wir können nicht im mindesten verstehen, worüber wir reden, wenn wir dies sagen. Wir können keine Konzeption einer solchen Art Anschauung oder eines Verstandes bilden, der solcher Art Anschauung fähig wäre. Die reinen Begriffe *unseres* Verstandes, die Kategorien, bleiben nutzlos und unwirksam, wenn nicht Material für ihre Anwendung von anderswoher, durch die Sinnlichkeit gegeben wird, dadurch, daß wir von den Dingen, wie sie an sich selber sind, affiziert werden, von denen wir, da wir uns ihrer nur bewußt sind, indem wir von ihnen affiziert werden, weiterhin nicht wissen, wie sie an sich selber sind.

Es wäre unergiebig, das Ringen mit Kants Denken tief in jenes rätselhafte Gebiet hinein zu verfolgen, auf das hier angespielt wird. Wir mögen uns der Besorgnis erinnern, die Kant dann zeigt, wenn die Interessen der Moral und der Religion in seinem Geist vorrangig sind, und die dazu führt, daß er die Lehre, derzufolge wir keine *Erkenntnis* übersinnlicher Gegenstände durch die Kategorien haben können, mit der Behauptung qualifiziert, daß wir nichtsdestoweniger von solchen Gegenständen mit Hilfe der Kategorien *denken* dürfen; und wir mögen wissen wollen, wie diese Behauptung mit der Lehre des vorliegenden Kapitels versöhnt werden soll (und mit der des Anhangs, der ihm folgt), daß die Gegenstände einer nicht-sinnlichen Anschauung durch Kategorien überhaupt nicht erkannt würden[22], daß die Kategorien solchen Gegenständen nicht „angemessen"[23] sind und „von . . . (ihnen) nicht gelten".[24] Kant behauptet, daß, obwohl wir die Möglichkeit nicht-sinnlicher Anschauung nicht begreifen können, die Idee einer solchen Anschauung und ihrer nicht-sinnlichen, noumenalen Gegenstände frei von Widerspruch ist.[25] Auch hinsichtlich dieser Behauptung mögen wir uns wundern, wenn wir seine Kritik an Leibniz lesen, eine Übung, die er in dem beschließenden Anhang mit einiger Brillanz und, wie gewöhnlich, einiger Erzwingung von Punkten ausführt. Leibniz war zuhöchst jemand, der beging, was Kant als die Ursünde dogmatischer Metaphysik ansah. Er unternahm es, Wahrheiten über Gegenstände in Abstraktion von den raumzeitlichen Bedingungen sinnlicher Anschauung zu behaupten, die allein unserer Rede von Gegenständen Sinn geben. Dieser Versuch, von Gegenständen eines rein intelligiblen und gänzlich nichtsinnlichen Charakters zu sprechen, hatte, wie Kant hervorhebt, die nur zu natürliche Konsequenz, daß vieles von dem was Leibniz sagt, kohärent nur unter der Annahme ist, daß er gar nicht wirklich von Gegenständen im Unterschied zu Begriffen spricht, sondern von Begriffen selber. Kant bekräftigt einmal mehr, daß für jede Erkenntnis rein intelligibler Gegenstände – im Unterschied zu Begriffen – wir das fordern müßten, dessen Möglichkeit wir nicht begreifen können, nämlich eine nicht-sinnliche, rein intellektuelle Anschauung. Wir mögen uns fragen, ob es nicht stattdessen etwas ist, dessen Unmöglichkeit wir begreifen können. Können die Wörter etwas anderes meinen, als daß die Gegenstände einer solchen Anschauung den abstrakten Charakter, der zu allgemeinen Begriffen oder zu solch abstrakten Individuen wie Zahlen gehört, sowohl haben müßten als auch nicht haben müßten?

Es ist besser, wenn wir uns von diesen fruchtlosen Überlegungen dem Versuch zuwenden, jene schwachen Echos aufzufangen, von denen ich gesprochen habe. Von den Kategorien wird gesagt, sie „erstrecken sich . . . so fern weiter, als die sinnliche Anschauung, weil sie Objekte überhaupt denken, ohne noch auf die besondere Art (der Sinnlichkeit) zu sehen, in der sie gegeben werden mögen“.[26] Wir werden hier an viele Züge des kritischen Apparats erinnert: an die so ernsthaft behauptete Dualität der Vermögen; an die metaphysische Deduktion der reinen Kategorien aus den Formen der Logik; an den weiteren begrenzenden Schritt, der im Schematismus getan wird, in dem die Kategorien durch eine zeitliche Interpretation einen empirischen Gebrauch und Leben gewinnen. Wir haben gesehen, wieviel es da gibt, das Zweifel herausfordert. Aber es gibt auch etwas, das bewahrt werden sollte. Es gibt eine Anzahl von Begriffen, die wir „formale Begriffe“ nennen könnten und die einige Züge teilen, die denen zumindest analog sind, die von Kant den reinen Kategorien zugeschrieben werden. Sie schließen solche Begriffe wie die folgenden ein: Identität, Existenz, Klasse und Klassen-Mitgliedschaft, Eigenschaft, Relation, Einzelnes, Einheit, Totalität. Es kann behauptet werden, daß im Bereich der formalen Begriffe völlig allgemeine deduktive Zusammenhänge, die zur formalen Logik gehören, Gültigkeit haben: z. B. folgt aus jeder Behauptung, derzufolge ein bestimmtes Individuum eine bestimmte Eigenschaft hat, eine Behauptung der Existenz dessen, das jene Eigenschaft hat. Solche Begriffe werden auch in empirischen Behauptungen, die nicht zur Logik gehören, *angewendet* oder *exemplifiziert*. Der Begriff der Identität wird in jeder direkten Identitätsbehauptung *angewendet*; die Begriffe eines Einzelnen (Individuums) und einer Eigenschaft sind in jeder Behauptung *exemplifiziert*, die besagt, daß ein bestimmtes spezifiziertes Individuum eine bestimmte Eigenschaft hat. Natürlich hängt die Anwendung oder Exemplifizierung formaler Begriffe in empirischen Behauptungen von der Existenz *empirischer* Anwendungskriterien für andere, nicht-formale empirische Begriffe ab, z. B. Begriffe für Eigenschaften oder Arten von Individuen. Aber wir können nicht im Vorhinein spezifizieren, welche empirischen Kriterien in der Anwendung oder Exemplifizierung formaler Begriffe in nicht-logischen Behauptungen zulässig sind. Wir können im Vorhinein keinerlei Beschränkungen auf die möglichen formalen Analogien legen, die uns den Gebrauch oder die Exemplifizierung der formalen Begriffe in Weisen erlauben mögen, von denen wir zuvor nicht geträumt hatten. Es muß Bedingungen geben für jede Verwendung oder Exemplifikation der formalen Begriffe in nicht-logischen Behauptungen, die direkt oder indirekt auf das bezogen sind, was Kant Anschauung nennt (d. h. Bewußtsein von Gegenständen, die nicht selber Begriffe sind). Aber jene Bedingungen sind durch die Reichweite unseres tatsächlichen Wissens und unserer faktischen Erfahrung nicht im Vorhinein beschränkt.

Kant bemerkt über die Kategorien, daß ihre Bedeutung nicht durch sinnliche Anschauung restringiert ist, weil „sie Objekte überhaupt denken, ohne noch auf die besondere Art . . . zu sehen, in der sie gegeben werden mögen". Über die formalen Begriffe dürfen wir die parallele Bemerkung machen, daß ihre Bedeutung nicht restringiert ist durch irgendwelche empirischen Kriterien, die wir tatsächlich in ihrer Anwendung oder Exemplifizierung verwenden. Kant begleitet seine Bemerkung mit der Warnung, daß wir nicht deshalb annehmen dürfen, daß wir die Kategorien sinnvoll in Behauptungen über Gegenstände verwenden könnten, ohne auf die Bedingungen sinnlichen Bewußtseins von Gegenständen Rücksicht zu nehmen. Wir dürfen eine parallele Warnung äußern: formale Begriffe können im Aufstellen von nicht-logischen Behauptungen nicht sinnvoll verwendet werden ohne die Verwendung empirischer Anwendungskriterien anderer Begriffe, die den besonderen Anwendungen oder Exemplifikationen der formalen Begriffe, die sich in solchen Behauptungen finden, Gehalt geben. Kants Warnung leitet ihre Dringlichkeit von seinem Glauben an Dinge her, wie sie an sich selber sind, die, wenn überhaupt Gegenstände des Bewußtseins (wie sie an sich selber sind), dann Gegenstände einer besonderen Art von intellektueller Anschauung sein würden. Die Grenzen der Sinnlichkeit sind mit dem Wirklichen nicht koextensiv. Der Zweck der Warnung ist, daß wir nicht denken dürfen, wir könnten jene Grenzen überqueren und Erkenntnis nicht-sinnlicher Gegenstände mit Hilfe der Kategorien erlangen.

An diesem Punkt wird das Echo schwächer; aber es verschwindet nicht gänzlich. Die Grenzen des Wirklichen, können wir sagen, sind tatsächlich nicht koextensiv mit den Typen sinnlicher Erfahrung, die wir faktisch haben. Wir dürfen nicht annehmen, daß die Natur der Wirklichkeit durch die Art von Erkenntnis erschöpft ist, die wir von ihr haben. Dies anzunehmen wäre eine Art von restriktivem Dogmatismus, die auf ihre Weise genauso ungerechtfertigt wäre wie der aufgeblasene Dogmatismus, der eine Erfahrung transzendierende Erkenntnis beansprucht. Der letztere macht einen nicht zu rechtfertigenden Anspruch *a priori*, Erkenntnis über die Erfahrung hinaus auszudehnen. Der erstere würde einen gleichermaßen nicht zu rechtfertigenden Anspruch *a priori* erheben, die Wirklichkeit innerhalb der Grenzen der Art von Erfahrung, die wir faktisch haben, zu restringieren.

Natürlich machen wir, wenn wir dieser Art restriktivem Dogmatismus widerstehen und zulassen, daß der Begriff objektiver Realität sich über die Typen sinnlicher Erfahrung hinaus erstreckt, die wir faktisch haben, keine solche Trennung, wie sie Kant macht zwischen objektiver Realität, wie sie an sich ist, Dingen, wie sie an sich selber sind, und objektiver Realität, wie wir sie kennen, Dingen, wie wir sie erfahren. Wenn wir uns weigern, uns auf die dogmatische Position zu verpflichten, daß, wenn wir auch nicht alles wissen, wir doch zumindest jede Art von Ding kennen, die erkannt werden kann, jede Art von Ding, die es wirklich gibt, müssen wir nicht bestreiten, daß wir einiges verschiedener Art über einige Arten von Dingen wissen, die wirklich existieren. Was wir so tun, ist z. B. bescheiden anzuerkennen, daß, genauso, wie es für Blinde unsinnig wäre zu bestreiten, daß Dinge, von denen sie Erfahrung haben, eine Art von Eigenschaft haben, von der sie keine Erfahrung haben, es für Sehende unsinnig wäre zu bestreiten, daß die Möglichkeit besteht, daß sie mit einer reicheren Ausstattung an Sinnesorganen auch Eigenschaften an Gegenständen entdecken könnten, von denen sie, wie die Dinge nun einmal stehen, keine Konzeption ausbilden können. Es ist wiederum eine vertraute Tatsache, daß im Fortschritt der Wissenschaft sowohl neue Typen von Eigenschaften als auch neue Typen von individuellen Entitäten anerkannt werden. (Manchmal, wenn auch nicht immer, drücken wir solche Ergebnisse in Begriffen von Entdeckungen über die Zusammensetzung und den Aufbau von alltäglicheren Individuen aus.) Es wäre erneut unsinnig nahezulegen, daß es keine weiteren Entdeckungen dieser Art geben kann, weil wir zur Zeit keine Konzeption von ihnen ausbilden können. Es sind auch nicht nur diese beiden spezifischen, durch alltägliche Erfahrung und Theorienbildung nahegelegten Richtungen, die durch diese Zurückweisung des restriktiven Dogmatismus offengelassen werden sollen. Wir haben keinen Grund und können keinen Grund haben, *a priori* die Möglichkeit verschiedener Arten von Entdeckung objektiver Realität zu bestreiten, für die wir keine einfache Analogie wie die eines neuen Sinnesorgans oder einer neuen wissenschaftlichen Theorie haben. (Und natürlich haben wir auch keinen Grund, diese Möglichkeit zu behaupten.) Das einzige, worauf wir bestehen können, ist, daß jeder weitere Aspekt der Wirklichkeit in irgendeiner Art systematischer Verbindung mit jenen Aspekten steht, die wir bereits kennen.

Von *diesem* Begriff objektiver Realität als derart die Ansprüche tatsächlicher sinnlicher Erfahrung (und auf sie gegründeter tatsächlicher Theorie) begrenzend einzuräumen, daß er „koextensiv mit dem Wirklichen" ist, ist, wie ich bemerkt habe, sehr verschieden davon, die Kantische Konzeption der Dinge, wie sie an sich selber sind, anzunehmen. Die fehlende Analogie erstreckt sich auch auf die Rolle der formalen Begriffe und Kategorien in respektiver Beziehung zu diesen unterschiedlichen begrenzenden Ideen über „das Wirkliche". Kant scheint, wie wir gesehen haben, zu bestreiten, daß Kategorien auf das Noumenale, das

Wirkliche als Gegenstand einer nicht-sinnlichen Anschauung anwendbar sein würden. Mit der Beziehung der formalen Begriffe auf den bescheiden konzipierten Ersatz für das Noumenale verhält es sich ganz anders. Diese bescheidene Konzeption zuzulassen heißt nur, die dogmatische Bestreitung der Möglichkeit einer Erkenntnis neuer Typen von *Individuen*, *Eigenschaften* und *Relationen*, neuer Anwendungen des Begriffs der *Identität* zurückzuweisen. Es bedeutet genau zu sehen, daß solche formalen Begriffe der Möglichkeit nach neue Typen der Anwendung oder Exemplifikation in nicht-logischen Behauptungen zulassen.

Es bleibt noch ein Punkt der Analogie. Kants Hauptabsicht in diesem Kapitel ist es, darauf zu insistieren, daß die notwendige Einräumung einer Wirklichkeit, die sinnliche Erfahrung gänzlich transzendiert, kein Feld für eine transzendente Metaphysik eröffnet, obwohl der offene Charakter der reinen Begriffe uns zu dem Glauben, dies sei der Fall, verleiten kann. Ganz ähnlich eröffnet das Zugeständnis, daß die Konzeption der Wirklichkeit nicht durch die Typen sinnlicher Erfahrung, die wir faktisch haben, begrenzt ist, kein Feld jenseits einer empirisch begründeten Theorie (oder einer rein formalen Wissenschaft) für die fruchtbare Verwendung der formalen Begriffe. Der bescheidene Begriff, den wir für den des Noumenalen substituieren, hat wirklich den negativen Charakter, den Kant für den Begriff des Noumenalen beansprucht. Er meint einfach: jene Aspekte der Wirklichkeit, wenn es sie gibt, von denen wir, wie die Dinge stehen, keine Konzeption haben.

Anstelle von Kants Reflexionen über die Natur des „reinen Verstandes" mögen wir es realistischer und sicherlich weniger gefährlich finden, die formalen Begriffe in all ihrer unbeschränkten Allgemeinheit sich als ein Ergebnis progressiver Analogie und Erweiterung zu ihren grundlegenden Paradigmata und von ihnen ausgehend ergeben zu sehen. Nichtsdestoweniger, in der Anerkennung der unbegrenzten Allgemeinheit der formalen Begriffe; in der komplementären Erkenntnis, daß für den Begriff der Realität eine Ausdehnung über die Grenzen tatsächlicher sinnlicher Erfahrung hinaus eingeräumt werden muß; in der Warnung davor, daß beides zusammen ein Feld für die Metaphysik eröffnet; in diesen Punkten mögen wir, wenn wir wollen, gewisse unumstrittene und unprätentiöse Parallelen zu einigen Thesen sehen, die zur Metaphysik des transzendentalen Idealismus gehören.

Es muß schließlich hinzugefügt werden, daß Kants Formulierung des Prinzips, das seiner Warnung zugrundeliegt, seine Beschreibung der Bedingungen für die Aufstellung sinnvoller Behauptungen über Gegenstände oder Aspekte der Realität krude und eng ist. Jene Beschreibung ist stets in Begriffen der Notwendigkeit eines Modus der *Anschauung* des Gegenstandes oder Aspektes gefaßt, einer Weise, in der er uns *gegeben* ist. Diese Ausdrücke legen Schwierigkeiten z. B. mit den „unbeobachtbaren" Entitäten der Wissenschaft nahe. Eine partielle Antwort auf Kantischen Linien könnte sein, daß insofern solche Entitäten als raumzeitlich begriffen werden, sie damit in den Bereich dessen fallen, worauf sich Kant als unsere Modi sinnlicher Anschauung bezieht. Es ist dies eine Frage, auf die Kant in der *Kritik* kaum eingeht, und insofern er es tut, legen seine Worte eine andere

Antwort nahe. Zum Thema der „magnetischen Materie", die wir als „alle Körper durchdringend(en)" erkennen, klingt er ein wenig wie Locke, wenn er beklagt, daß uns mikroskopische Augen fehlen: „Denn überhaupt würden wir . . . auch auf die unmittelbare empirische Anschauung derselben stoßen, wenn unsere Sinnen feiner wären."[27] Das heißt, die fraglichen Gegebenheiten werden als im Prinzip direkt beobachtbare aufgefaßt. Keiner von beiden Antworttypen scheint besonders befriedigend zu sein. Der Begriff der räumlichen Lokalisierung zum Beispiel scheint kaum eine Beziehung zu den Entitäten der Tiefenpsychologie zu haben; und insofern es um direkte Beobachtung geht, scheinen die Fragen, was als solche gelten soll und ob es sie überhaupt gibt, irgendwie willkürlich entscheidbar oder von geringem Gewicht zu sein.

Ein vollständigere Antwort als jede von Kant gegebene ist also auf die Frage hin erforderlich, wie wir jene Bedingung der sinnvollen Verwendung von Begriffen beschreiben sollen, die locker so ausgedrückt wird, daß man sagt, sie müssen so verwendet werden, daß sie eine Anwendung in möglicher Erfahrung haben. Ich werde nicht versuchen, die Frage zu beantworten. Aber die Hauptbedingungen, denen eine vollständigere Beschreibung genügen müßte, können angedeutet werden. Wir sollten damit beginnen zu notieren, daß es wenig Schwierigkeiten gibt zu erklären, was wir mit Beobachtungskriterien für die Anwendung vieler Arten etablierter, unproblematischer Begriffe meinen. Dann können wir bemerken, daß es, damit ein neu eingeführter oder problematischer Begriff (oder eine Begriffs-Erweiterung) eine sinnvolle Verwendung habe, notwendig ist, mögliche Typen von beobachtbaren Situationen zu formulieren oder anzugeben, in denen er eine Anwendung hat -- was nicht heißt, daß seine *Gegenstände* beobachtbar sein müssen. Weiterhin ist es notwendig, daß seine Anwendung in einer solchen Situation Konsequenzen oder Implikationen haben sollte, die nicht bloß die Konsequenzen und Implikationen anderer, etablierter, nicht-problematischer Begriffe verdoppelt. Die Versuchung besteht, hier zu sagen „testbare Konsequenzen oder Implikationen"; und diese Hinzufügung ist, obwohl sie weitere Erläuterung verlangt, ohne Zweifel auf dem richtigen Weg, solange es uns um Begriffe geht, die wir wissenschaftlich nennen. Aber vielleicht kann auch gesagt werden, daß wir unsere Erkenntnis dadurch erweitern, daß wir die Welt neu sehen lernen, unsere Klassifikationen und Beschreibungen in Wegen und Richtungen zu erweitern oder zu modifizieren, mit denen die Naturwissenschaft wenig zu tun hat. Und die Konsequenzen werden sich mehr auf die Natur unserer Erfahrung selber und auf die Verknüpfungen, die wir in ihr machen, beziehen als auf die Möglichkeit bestätigender oder widerlegender Tests, die wir anstellen könnten.

8. Schluß: Die Struktur der Erfahrung

Verflochten mit und abhängig von den anderen Lehren des transzendentalen Idealismus ist jener Strang der Theorie, der für Kant eine Revolution im Philosophischen Denken analog zur Kopernikanischen Revolution in der Astronomie darzustellen schien. Für die Lehre, daß Erscheinungen unseren Modi der Vorstellung, den Formen von Sinnlichkeit und Verstand konformieren, beanspruchte er, daß sie allein sowohl die Möglichkeit von Geometrie und reiner Mathematik im allgemeinen als auch die Machbarkeit des gesamten in der Analytik ausgeführten Programms erklärte, demzufolge die notwendige Struktur der Erfahrung nachgewiesen werden sollte.

Der letztere Teil dieser Behauptung ist schon kurz diskutiert und verworfen worden. Aber man könnte meinen, daß uns seine Verwerfung zumindest mit einer unbeantworteten Frage zurückläßt. Wie ist es nach allem möglich nachzuweisen, daß Erfahrung die-und-die allgemeinen Züge zeigen muß? Wir können antworten, daß dies nur eine abkürzende Ausdrucksweise für die Behauptung ist, daß wir keine kohärente oder verständliche Konzeption eines Typs von Erfahrung ausbilden können, der nicht diese Züge zeigt. Aber die sorgfältigere Formulierung führt bloß zu weiteren Fragen. Wenn wir das nicht können, was ist die Erklärung für die Tatsache, daß wir es nicht können? Und durch welche Art von Argument wird gezeigt, daß irgendein einzelner Zug diesen Charakter hat, ein unentbehrliches Element in jeder kohärenten Form von Erfahrung zu sein, die wir ausbilden können? Welches sind die Tests für diese Art Unentbehrlichkeit?

Nun wenn jemand *im allgemeinen* fragen sollte, warum es überhaupt Grenzen für das geben sollte, was als eine mögliche Erfahrung konstituierend verstanden werden kann, würden wir seine Frage für absurd halten. Denn das hieße soviel wie zu fragen, wie es möglich wäre zu sagen „Erfahrung könnte so beschaffen sein . . .“ um dann fortzufahren, Wörter in inkohärenter Weise zusammenzustellen. Also muß jede Frage, die fragt, warum es Grenzen gibt für jede kohärente Konzeption von Erfahrung, die wir ausbilden können, fragen, warum es *diese* oder *jene* Grenze gibt. Und nun können wir sehen, daß eine solche Frage nicht nach etwas fragen kann, das der Art nach verschieden wäre von dem, wonach in Fragen über Argumente und Tests gefragt wird. Denn es ist ganz klar, daß die Vorstellung keinen Sinn hat, wir könnten nach Tatsachen völlig außerhalb unserer Erfahrung sehen, um eine Erklärung dafür zu finden, daß es da diese oder jene Grenze gibt. (Das ist der Grund dafür, – abgesehen von der Tatsache, daß seine Argumente nicht darauf beruhen –, warum wir Kants „Modell“ einfach verwerfen können.)

Es bleibt die Frage nach der Art von Argument oder Test, durch die gezeigt wird, daß gewisse Züge unentbehrlich in jeder kohärenten Konzeption von Erfahrung sind, die wir ausbilden können. Hier können wir, um damit anzufangen, bemerken, daß es uns um die zeitlich erstreckte Erfahrung begriffsbildender oder denkender Wesen geht. Diese Konzeption wird ausgefüllt, ihr wird Inhalt gegeben durch Bezugnahme auf allgemeine Züge unserer wirklichen Erfahrung, die in Relationen progressiver oder wechselseitiger Abhängigkeit gezeigt werden. So gehen wir von der Notwendigkeit der Begriffsbildung zur Selbstreflexivität der Erfahrung fort – zur Objektivität und der Möglichkeit von Selbstbewußtsein – zur Unterscheidung zwischen objektiven Zeitrelationen und Zeitrelationen zwischen subjektiven Erlebnissen – zur Idee eines beharrlichen Rahmens, in dem objektive

Zeitrelationen gelten – zur Idee reidentifizierbarer einzelner Gegenstände – zu der des Kausalgesetzes oder der Regularität – zu der von gesetzlich geregelten Gegenständen im Raum. Das beherrschende Prinzip ist, daß jedes Element, das schon als notwendig für die allgemeine Konzeption zugegeben worden ist, mit einer Grundlage in der Erfahrung versehen werden muß, z. B. irgendeine Unterscheidung reflektieren muß, die tatsächlich in der Erfahrung getroffen wird. Wenn das beherrschende Prinzip akzeptiert ist und irgendein einzelner Zug zugelassen ist, weil er eine Grundlage der Art darstellt, die als allgemein notwendig eingeräumt wurde, dann kann die Notwendigkeit dieses besonderen Zuges effektiv nur so bestritten werden, daß wir in die Lage versetzt werden, die Möglichkeit einer Alternative zu verstehen. Die Möglichkeit effektiver Herausforderung ist dadurch minimiert, daß die *Allgemeinheit* der Behauptung von Bedingungen maximiert und zugleich in diese Behauptung eine Lockerheit oder Vagheit eingeführt wird, die in markantem Kontrast zur strikten *Universalität* einiger der Prinzipien Kants steht. Nichtsdestoweniger kann, wie hinreichend angedeutet worden ist, an bestimmten Punkten effektive Herausforderung geboten werden, besonders was die Räumlichkeit angeht, wie wir sie gewöhnlich verstehen, und was die Einzigkeit des beharrlichen Rahmens des Objektiven betrifft.

Es könnte gefragt werden: Könnte nicht das Unternehmen weiter getrieben werden, als es hier ausgeführt worden ist? Und: War Kant nicht im Irrtum, scharf die kognitive oder „spekulative" von der aktiven oder „praktischen" Seite unserer Naturen zu trennen? Vielleicht könnte es und ohne Zweifel war er das. Mein Ziel war zu zeigen, was er erreicht hat und wie seine Argumente und Schlußfolgerungen so modifiziert werden könnten, daß sie akzeptabler gemacht wären. Daß er die Unternehmung unter selbstauferlegten Handicaps durchführte, macht es – obwohl es für sich keine Angelegenheit zur Beglückwünschung ist – um so bemerkenswerter, daß er so viel erreichte.

Aber sicherlich, könnte schließlich eingewandt werden, haben wir eine viel weitere und weniger restriktive Konzeption einer möglichen Erfahrung *überhaupt* – sogar einer zeitliche erstreckten Erfahrung eines begriffsbildenden Wesens – als es hier erlaubt wird. Sicherlich ist es absurd zu beanspruchen, daß die aufgeführten Ideen, die in jede kohärente Konzeption der Erfahrung, die wir bilden können, eingehen sollen, tatsächlich, wenn auch nur implizit, in alle Erfahrung eingehen. Sicherlich haben Kinder und nicht-menschliche Tiere Erfahrung! – Das wird nicht bestritten. Aber wir müssen bedenken,wie wir über die Erfahrung solcher Geschöpfe denken und denken müssen. Wir können das nicht tun, es sei denn in einer vereinfachenden Analogie zu unsrer eigenen Erfahrung. Jede spezifische Zuschreibung einer Erfahrung an Tiere, die wir vornehmen mögen, bringt es mit sich, daß wir von ihnen denken, sie nähmen dies und das wahr, erkennten dies oder jenes Individuum wieder, verfolgten diesen oder jenen Zweck in Beziehung auf derartige Dinge. Jede Beschreibung, die wir von *ihrer* Erfahrung geben können, jeder Gedanke, den wir fassen können, muß in Begriffe gefaßt sein, die von unseren abgeleitet sind. Wir können sagen, wenn wir das wollen, daß in diesen Gedanken derartige Zuschreibungen irgendeinen verwirrten oder abgeschwächten oder herabgesetzten Sinn haben. Aber wir müssen zugeben, daß wir nicht sagen können, was denn jener Sinn ist. Bestenfalls können wir uns auf kühlere Erinnerungen verwirrter Zustände von uns selber beziehen; und die Inadäquatheit dieses Hilfsmittels wird klar, wenn wir überlegen, daß es absurd ist zu sagen, ein gesundes Tier sei in normalen Umständen verwirrt.

Wir müssen in dieser Sache damit zufrieden sein, uns selber zu kennen. Uns fehlen die Worte dafür zu sagen, was es heißt, ohne sie auskommen zu müssen.

Anmerkungen

1 Vgl. A 737/B 765.
2 Vgl. A 190–1/B 235–6.
3 Vgl. oben „Objektivität und Einheit", Abschnitt 5.
4 Die Bedeutung dieser Passagen wird unten in Abschnitt 6 ausführlicher diskutiert.
5 A 546–7/B 574–5.
6 B 422.
7 B 157.
8 A 29–30/B 45, A 45–6/B 62–3.
9 B 72 (Strawsons Hervorhebung).
10 Er sagt einmal, daß, „so viel wir einsehen", dieser Modus nur Gott zukommen könne, „dem Urwesen" (B 72).
11 Vgl. A 30/B 45.
12 A 380.
13 A 367–8.
14 A 370–2.
15 A 376.
16 A 386–7, 390.
17 A 387.
18 A 386.
19 B 294–305.
20 B 305.
21 B 309.
22 A 256/B 311–12.
23 A 287/B 343.
24 A 286/B 342.
25 A 254/B 310.
26 B 309.
27 A 226/B 273.

FÜNFTER TEIL

KANTS THEORIE DER GEOMETRIE

Kants Theorie der Geometrie

Die großen Fragen, die in den vorhergehenden Teilen dieses Essays gestellt worden sind, werden in diesem abschließenden Teil nicht wieder aufgenommen. Er stellt wirklich einen Anhang zum Übrigen dar. Sein Zweck ist, ein im Zweiten Teil gegebenes Versprechen einzulösen – Kants Theorie „reiner Anschauung" als Ursprung geometrischer Erkenntnis zu bewerten und ihre Zusammenhänge mit der Lehre des transzendentalen Idealismus hinsichtlich des Raumes aufzuzeigen. Wir haben gesehen, daß, soweit es sich um die Transzendentale Ästhetik handelt, die Lehre von der transzendentalen Subjektivität des Raumes auf keiner anderen erkennbaren Unterstützung beruht als der, die durch das Argument aus der Geometrie zur Verfügung gestellt wird.

1. Die Theorie und ihre Kritiker

Kants Argument aus der Geometrie ist einfacher zu formulieren als zu verstehen. Geometrie, sagt er, bietet uns ein Corpus von Sätzen, die einige der Züge empirischer Sätze mit einigen der Züge analytischer Sätze kombinieren, aber selber weder analytisch noch empirisch sind. Erfahrung, alltägliche empirische Anschauung kann für Sätze eine Grundlage geben, die Charakteristiken verknüpfen, die nicht analytisch verknüpft sind, d. h. für synthetische Sätze. Aber solche Sätze werden, so grundgelegt, nicht den Charakter notwendiger Sätze haben. Indem wir auf der anderen Seite nur behaupten, was nicht ohne Selbstwiderspruch bestritten werden kann, können wir notwendige Sätze erhalten; aber nur notwendige Sätze, die analytische Zusammenhänge behaupten, d. h. nur Sätze, die nicht synthetisch sind. Geometrische Sätze kombinieren den Charakter, synthetisch zu sein, mit dem, notwendig zu sein; also sind sie weder analytisch noch auf empirische Anschauung gegründet. Könnten sie nicht ihren synthetischen Charakter dem Umstand verdanken, daß sie auf *irgendeine* Art sinnlicher Anschauung gegründet sind, und ihren notwendigen Charakter dem Umstand, daß diese Art von Anschauung nicht-empirisch ist? Kant behauptet, daß, wenn wir die Lehre von der Subjektivität des Raumes als bloßer Form der Anschauung, die zu unserer kognitiven Verfassung gehört, akzeptieren, es keine Schwierigkeit gibt zu sehen, wie so eine Art von räumlicher Anschauung existieren kann und wie die synthetischen Sätze, die sie ergibt, als solche erkannt werden können, die auf die gewöhnlichen räumlichen Gegenstände empirischer Anschauung mit Notwendigkeit Anwendung haben.

Also haben wir die Wörter „nicht-empirische Anschauung"; und wir haben das Bild des Geistes, der in sich selber ein Medium inspiziert, in dem Gegenstände vor ihm erscheinen müssen, und der aus dieser Inspektion und unabhängig von aller tatsächlichen Erscheinung von Gegenständen Wahrheiten bestimmt, die von

Gegenständen gelten müssen, *wenn* sie erscheinen. Aber weder diesen Wörtern noch diesem Bild kann leicht irgendein klarer Sinn beigelegt werden.

Die meisten modernen Kritiker Kants würden wahrscheinlich sagen, es sei verschwendete Mühe zu versuchen, entweder der Formulierung oder dem Bild einen klaren Sinn beizulegen. Formulierung und Bild gleichermaßen, würden sie sagen, werden angeführt, um die Lösung eines Problems zu liefern, das nicht wirklich existiert: das Problem des synthetisch notwendigen Charakters geometrischer Sätze. Das Problem existiert in dieser Sicht nicht, weil, insofern es notwendige geometrische Sätze gibt, sie in Wirklichkeit Sätze der Logik sind und nur beiläufig geometrisch; wohingegen jene Sätze, die sowohl synthetisch als auch wesentlich geometrisch sind, überhaupt keine notwendigen Wahrheiten sind, sondern empirische Hypothesen über die Struktur des physikalischen Raumes, die empirischer Bestätigung oder Widerlegung unterliegen.

Es scheint keinen Zweifel zu geben, daß diese Ansichten, zumindest zu einem sehr großen Anteil, richtig sind. Es ist jedoch nicht klar, daß sie eine so abrupte und totale Verwerfung von Kants Theorie der Geometrie völlig rechtfertigen.

Der Kürze halber werde ich von der anti-Kantischen Ansicht, die ich gerade zusammengefaßt habe, als der „positivistischen Ansicht" sprechen. Ich habe eine Weise referiert, in der diese Ansicht es zuläßt, daß Sätze, die „geometrisch" genannt werden können, auch als notwendig angesehen werden. Sie beruht auf der Tatsache, daß in einem streng formalisierten geometrischen System die Theoreme durch reine Logik aus den Axiomen und Postulaten deduziert werden. Diesen Punkt macht Kant selber auf seine eigene, nicht völlig zufriedenstellende Weise, wenn er sagt, daß alle mathematischen *Beweise* in Übereinstimmung mit dem Prinzip der Widerspruchsfreiheit erfolgen. Es hat die Konsequenz, daß die hypothetischen Sätze, die allen Schritten in solchen Deduktionen entsprechen, absolut notwendige Sätze und, was ihre Notwendigkeit angeht, tatsächlich Sätze der reinen Logik sind. Die Tatsache, daß die Vorder- und Nachsätze dieser hypothetischen Sätze geometrische Sätze sind, hat mit ihrer Notwendigkeit nichts zu tun. Was hat es dann mit dem Status der Axiome und Theoreme selber auf sich, im Unterschied von den hypothetischen Sätzen, die sie verknüpfen? Es gibt, gemäß der positivistischen Ansicht, zwei Weisen, Axiome und Theoreme zu betrachten. An erster Stelle können wir sie als Formeln in einem uninterpretierten Kalkül betrachten, d. h. einem Kalkül, in dem den nicht-logischen Ausdrücken keine Bedeutung zugeordnet worden ist. In diesem Fall tritt die Frage hinsichtlich ihres Status als Sätze nicht auf, weil sie keine Sätze sind. Alternativ können wir annehmen, daß den nicht-logischen Ausdrücken eine physikalische Interpretation zugeordnet worden ist. Zum Beispiel ist eine physikalische Standardinterpretation der „geraden Linie" der Weg eines Lichtstrahls in einem homogenen Medium. Aber sobald den nicht-logischen Ausdrücken eines geometrischen Systems eine derartige physikalische Interpretation zugeordnet worden ist, wird die Frage, ob seine Axiome und Theoreme wahr sind, eine empirische, faktische Frage, die durch Experiment, Messung und Beobachtung entschieden werden muß. Die Axiome und Thoreme sind synthetische, aber nicht notwendige Sätze.

Eine Variante der positivistischen Ansicht läßt in der Tat einen Weg zu, auf dem wir, wenn wir hinreichend entschlossen sind, den Axiomen und Theoremen den Status notwendiger Sätze sichern können. Wenn irgendeine Beobachtung irgendeinem Theorem unserer Geometrie zu widersprechen scheint, können wir den Fehler immer woanders als in unserer Theorie finden. Wir können zum Beispiel sagen, daß unsere Meßinstrumente defekt sind oder der Gebrauch, den wir von ihnen gemacht haben, ungenau ist, so daß die widerständige Beobachtung vernachlässigt werden muß; oder wir können sagen, daß, entgegen unserer Annahme zum Zeitpunkt, als wir die Beobachtungen machten, was wir z. B. für gerade Linien hielten, nicht wirklich gerade Linien waren, sondern durch irgendeinen deformierenden Einfluß gebeugte, so daß unsere Beobachtungen nicht wirklich dem Theorem widersprachen; und so weiter. Wenn wir diese Vorgehensweise akzeptieren, ohne bereit zu sein, irgendwelche Umstände in Betracht zu ziehen, unter denen wir von ihr abweichen würden, dann in der Tat sichern wir die Notwendigkeit unserer Axiome und Theoreme; aber nur so, daß wir unsere erklärte physikalische Interpretation der nicht-logischen Ausdrücke der Theorie durch die Regel einschränken, daß überhaupt nichts als Falsifikation der Axiome und Theoreme gelten soll. Diese Weise, die Notwendigkeit geometrischer Sätze zu garantieren, ist, wie einige sagen würden, auch eine Weise, sie analytisch zu machen. Ob wir nun das Wort „analytisch" in dieser Weise verwenden wollen oder dies eher eine konventionalistische Notwendigkeit nennen wollen, klar ist, daß derart garantierte Notwendigkeit keine besondere Art der Anschauung verlangt: sie verlangt nur Entschlossenheit, gepaart mit einer Fruchtbarkeit in der Erfindung alternativer Beschreibungen für schwierige Fälle.

Die positivistische Darstellung der Geometrie zu akzeptieren, heißt die Existenz von Kants Problem zu leugnen und damit die hauptsächliche theoretische Unterstützung für seine Theorie der Anschauung *a priori* zu entfernen. Wir sollten unterscheiden, was nicht immer getan wird, zwischen der Annahme dieser Darstellung und dem bloßen Aufmerksammachen auf die Existenz konsistenter nicht-euklidischer Geometrien. Insofern Kant meint, daß in der Negation der Axiome oder Theoreme der euklidischen Geometrie kein Selbstwiderspruch steckt, kann ein Kantianer konsistent die Existenz konsistenter nicht-euklidischer Geometrien zugestehen. Was er nicht zulassen kann ist irgendeine Möglichkeit, daß eine nicht-euklidische Geometrie auf die wirkliche Struktur des physikalischen Raumes paßt. Denn als Kantianer meint er, daß die Struktur des physikalischen Raumes notwendigerweise euklidisch ist; und daß darin irgendeine (außer bestenfalls einer konventionalistischen) Notwendigkeit liegt, ist genau das, was die positivistische Ansicht bestreitet. Ohne Zweifel mag ein *entschiedener* Kantianer sich weigern, von einer bloß philosophischen Ansicht, die der seinen widerspricht, beeindruckt zu sein. Aber wenn wir uns von der Philosophie der Physik zuwenden, dürfte sogar der entschiedenste Kantianer vermutlich erschüttert sein. Denn es scheint so zu sein, daß nach der modernen Physik die Möglichkeit, daß die Struktur des Raumes nicht-euklidisch ist, zumindest etwas mehr als bloße Möglichkeit ist. Gegeben eine bestimmte akzeptierte physikalische Interpretation der nicht-logischen Ausdrücke der Geometrie, scheint es so zu sein, daß die

Entdeckungen der Astrophysik leichter durch die Verwendung einer mit der Euklidischen Menge von Axiomen und Theoremen unvereinbaren geometrischen Theorie untergebracht werden können als durch ein entschiedenes Festhalten an der euklidischen Geometrie; ein Ergebnis, das natürlich völlig vereinbar ist mit der Tatsache, daß die euklidische Geometrie eine hinreichend genaue Darstellung der Struktur des physikalischen Raumes über geringere Entfernungen liefert, als die es sind, mit denen es die Astrophysik zu tun hat.

Was ist der Sinn der Erwähnung des entschiedenen Kantianers und der Tatsachen, die seine Entschiedenheit erschüttern könnten? Ganz abgesehen von solchen Tatsachen mag uns die positivistische Ansicht sowohl verständlich als auch plausibel erscheinen, während wir bezweifeln mögen, ob die Kantische Ansicht auch nur das erste dieser Charakteristika aufweist, ohne welches sie das zweite kaum aufweisen kann. Gleichwohl lohnt es, den entschiedenen Kantianer zu erwähnen, weil die positivistische Ansicht bestimmte Züge der Situation vernachlässigt, denen Kant Rechnung trägt. Es sind diese Züge, die die Existenz des entschiedenen Kantianers erklären, obwohl sie natürlich nicht zeigen, daß er in seinen wesentlichen Behauptungen Recht hat. Ich will versuchen, diese Züge darzustellen, zuerst mit vielen Einschränkungen und in einer Weise, die sicherlich der Kritik ausgesetzt ist. Ich werde dann einige der möglichen Kritikpunkte erwähnen und andeuten, wie ihnen Rechnung getragen werden könnte.

2. Physikalische und phänomenale Geometrie

Den Konventionalismus, wie ich ihn beschrieben habe, beiseite lassend – er ist ganz sicher Kants Denken über den Gegenstand völlig fremd –, wollen wir noch einmal die beiden Weisen erwägen, in denen auf die Axiome und Theoreme einer Geometrie zu sehen von der positivistischen Ansicht zugelassen wird. Wir können sie nach dieser Ansicht entweder als uninterpretierte Formeln in einem reinen Kalkül sehen, der keinerlei Sätze über irgendetwas ausdrückt; oder wir können sie, gegeben eine physikalische Interpretation, als Sätze über das ansehen, was in einem breiten Sinn physikalische Gegenstände im Raum genannt werden mag. Wenn wir fragen, in welcher dieser beiden Weisen Kant auf die Sätze der euklidischen Geometrie sah, ist die Antwort ganz klar, daß keine von beiden seiner Sicht auf den Gegenstand adäquat ist. Ganz sicher hat er niemals erwogen, solche Sätze als uninterpretierte Formeln zu sehen, die nichts Spezifisches mit dem Raum zu tun haben. Von Anfang an sah er sie mit einer räumlichen Bedeutung versehen. Aber genauso klar ist, daß er nicht dachte, die einzige Weise, in der sie eine räumliche Bedeutung haben könnten, sei die, eine physikalische Interpretation zu haben, d. h. so, daß die Bedeutung grundlegender Ausdrücke mit Hilfe von Gegenständen der *empirischen* Anschauung erklärt wird, solcher beobachtbarer und bestimmbarer Gegenstände wie einer gespannten Seite oder dem Weg eines Lichtstrahls oder, in diesem Fall, einer Linie, die mit Lineal und spitzem Bleistift auf dem Papier gezogen wird. Er glaubte tatsächlich, daß die Sätze der euklidischen Geometrie für physikalische Gegenstände der empirischen Anschauung Geltung hätten. Aber er war felsenfest der Meinung, daß wir nicht auf derartige physikalische Gegenstände der empirischen Anschauung rekurrieren oder sie auch nur erwägen müßten, um die Wahrheit der nichtsdestoweniger räumlich bedeutungsvollen Sätze der euklidischen Geometrie festzustellen. Ganz sicher könnten wir im Verlauf eines geometrischen Beweises mit großem Gewinn Linien auf dem Papier ziehen (mit oder ohne Lineal). Aber die so zur Verfügung gestellten Gegenstände der empirischen Anschauung wären nicht die wesentlichen Gegenstände dieser Aktivität; sie wären einfach da, um die wesentliche Aktivität der *reinen* Anschauung zu unterstützen, deren Gegenstände überhaupt nicht physikalische Gegenstände sind. Was *sind* dann die räumlichen, aber nicht physikalischen (noch physikalisch bestimmbaren) Gegenstände der reinen äußeren Anschauung?

Ein Weg, sich der Antwort auf diese Frage zu nähern, ist, sich daran zu erinnern, daß Kant sagte, es sei nicht wichtig, ob „die Konstruktion eines (räumlichen) Objektes in reiner Anschauung" mit Hilfe einer auf Papier gezeichneten Figur erfolgte *oder einfach in der Einbildung*. Nun kann uns die visuelle Einbildung keine physikalischen Figuren liefern. Aber sie kann uns mit etwas versehen, was ich, in Ermangelung eines besseren Wortes, *phänomenale* Figuren nennen will. (Es ist hier wichtig festzuhalten, daß ich dieses Wort „phänomenal" nicht so verwende, wie Kant in der *Kritik*, wo es auch auf physikalische Gegenstände Anwendung hätte.) Die geraden Linien, die die Gegenstände reiner Anschauung sind, sind keine physikalischen geraden Linien. Vielleicht sind sie phänomenal gerade Linien. Sie sind keine physikalischen Gegenstände oder physikalischen Kanten, die gerade aussehen, wenn wir sie wahrnehmen. Sie sind vielmehr das Aussehen selber, das physikalische Dinge zeigen, wenn und insofern sie gerade aussehen. Eine Anordnung physikalischer Linien oder Kanten mag dreieckig aussehen. Aber es sind nicht die so angeordneten physikalischen Linien, die das Dreieck bilden, das Gegenstand der reinen Anschauung ist; es ist vielmehr das dreieckige Aussehen, das sie zeigen, das phänomenale Dreieck, das sie darbieten, welches der Gegenstand der reinen Anschauung ist. Wenn es so etwas wie ein System geben kann, das weder ein uninterpretierter Kalkül noch eine physikalische Geometrie ist, dann wäre es vernünftig zu sagen, daß es in gewissem Sinn unabhängig von *empirischer* Anschauung ist. Solange wir räumlich imaginieren können, müssen wir für eine phänomenale Geometrie unsere Ergebnisse nicht durch Bezugnahme auf sinnlich gegebene räumliche Gegenstände überprüfen. Auf der anderen Seite wird so eine Geometrie nicht ohne Beziehung zu den sinnlich gegebenen räumlichen Gegenständen sein; denn eine passende Ausübung der Einbildung bringt genau solche phänomenalen Figuren hervor, wie durch physikalische Gegenstände in alltägliche sinnlicher Anschauung präsentiert werden *können*. (In der Tat gäbe es keinen Grund anzunehmen, daß die Einbildung in der Lage wäre, solche phänomenalen Figuren hervorzubringen, wenn nicht physikalische Gegenstände der empirischen Anschauung sie zeigen könnten und, manchmal, zeigten.) Wenn es so etwas wie eine phänomenale Geometrie gibt, dann könnten wir mit Gründen sagen, daß sie primär die Geometrie der räumlichen *Erscheinungen* der physikalischen Dinge sei und nur sekundär, wenn überhaupt, die Geometrie der physikalischen Dinge selber. (Hier muß wieder festgehalten werden, daß ich das Wort „Erscheinungen" wie das Wort „phänomenal" in einem von Kant, bei dem auch physikalische Gegenstände selber Erscheinungen sind, verschiedenen Sinn verwende.)

Wenn wir diesem Begriff einer phänomenalen Interpretation der euklidischen Geometrie einen Sinn geben können, dann kann vielleicht Kants Theorie der reinen Anschauung und der Konstruktion von Begriffen in reiner Anschauung zumindest bis zu einem gewissen Punkt als eine völlig vernünftige philosophische Darstellung ihrer angesehen werden. Um den Status der Sätze einer solchen Geometrie deutlich zu machen, ist es am besten, ein Beispiel zu geben. Nehmen wir den Satz, daß zwischen jedweden zwei Punkten nicht mehr als eine gerade Linie gezogen werden kann. Der natürliche Weg, uns die Wahrheit dieses Axioms phänomenaler Geometrie klarzumachen, ist die Erwägung einer wirklichen oder vorgestellten Figur. Wenn wir das tun, wird evident, daß wir uns, weder in der Einbildung noch auf dem Papier, kein solches Bild geben können, daß wir bereit wären, von ihm sowohl zu sagen, daß es zwei gerade Linien zeigt, als auch zu sagen, daß diese beiden Linien durch dieselben zwei Punkte gezogen seien. Eine derartige Unmöglichkeit pflegte so ausgedrückt zu werden, daß man sagte, daß solche Axiome notwendigerweise wahr, weil selbstevident seien. Dies ließ den Charakter der Notwendigkeit oder Unmöglichkeit unzureichend erklärt. Wir können ihn erklären, wenn wir sagen, die Axiome seien wahr allein vermöge der Bedeutungen, die den Ausdrücken, die sie enthalten, zugeordnet sind, aber diese Bedeutungen sind wesentlich phänomenale, visuelle Bedeutungen, sie sind wesentlich bildlich darstellbare Bedeutungen. Jedes Bild, das wir bereit sind, uns von der Bedeutung von „zwei geraden Linien" zu geben, ist verschieden von jedem Bild, das wir bereit sind, uns von der Bedeutung von „zwei verschiedenen Linien, die beide durch dieselben zwei Punkte gezogen sind" zu geben, und zwar in einer Weise, die wir für wesentlich dafür halten, was wir als Bedeutung dieser Ausdrükke bildlich dargestellt haben. Solche Bilder sind, weit entfernt davon, unwesentliche Züge der Geometrie zu sein, ganz wesentliche Züge der euklidischen Geometrie in phänomenaler Interpretation.

Kants Ausdruck „die Konstruktion von Begriffen in reiner (d. i. nicht empirischer) Anschauung" scheint in gar keiner Weise eine schlechte Beschreibung dieser wesentlichen Methode zu sein, die Bedeutungen der Ausdrücke einer phänomenalen Geometrie darzustellen und auszuarbeiten. Darüberhinaus hilft uns die Aufmerksamkeit auf die phänomenale Interpretation zu sehen, wie es möglich war, die euklidische Geometrie so befriedigend zu entwickeln trotz der Tatsache, die durch spätere und strengere Mathematiker hervorgehoben wurde, daß nicht alle ihre Theoreme, wie sie dargestellt zu werden pflegten, mittels reiner Logik streng aus den gesetzten Axiomen und Definitionen deduziert werden konnten. Wo strenge Mathematiker darüber klagen würden, daß eine für die logische Strenge eines Beweises oder einer Konstruktion erforderliche Prämisse ausgelassen worden ist, ist die Tatsache vermutlich die, daß die bildlich dargestellten Bedeutungen der relevanten Ausdrücke jede Alternative zur Wahrheit der fehlenden Prämisse faktisch ausschlossen. Zum Beispiel wird im ersten Problem in

Euklids Elementen angenommen, daß ein Kreis, dessen Radius gleich ist einer gegebenen geraden Linie und der sein Zentrum in dem Punkt hat, der die Linie an einem Ende begrenzt, einen anderen Kreis *schneidet*, der denselben Radius und sein Zentrum in dem Punkt hat, der die gegebene gerade Linie an ihrem anderen Ende begrenzt. Diese Annahme ist durch keine Berufung auf ein explizit formuliertes Postulat, eine Definition oder ein Axiom gerechtfertigt. Aber wir könnten uns keine bildliche Darstellung geben, die wir bereit wären, als adäquat zum Sinn der übrigen, oben gegebenen Beschreibung gelten zu lassen und für die diese Annahme nicht gelten würde. Das Bild des Sinnes der Beschreibung schließt jede Alternative zu dieser Annahme aus.

Wie sollen wir also Kants allgemeine Theorie der Geometrie, der reinen Anschauung und der Subjektivität des Raumes im Lichte dieser Erwägungen einschätzen? Er glaubte, daß die euklidische Geometrie auf physikalische Gegenstände, sinnlich gegebene Dinge im Raum Anwendung habe. Er war sich der Tatsache bewußt, daß die Wahrheit ihrer Theoreme nicht einfach durch die Logik und durch explizite verbale Definition garantiert war. Diese beiden Erwägungen führten ihn dazu zu sagen, sie sei ein Corpus wahrer synthetischer Sätze. Auf der anderen Seite sprach er den Axiomen und Theoremen eine Notwendigkeit zu, die unvereinbar damit war, daß sie bloß empirische Sätze waren. Hier haben wir also anscheinend das Problem ihres synthetisch notwendigen Status. Aber das Problem hat zwei Teile, die getrennt sind und die Kant nicht unterschied. Für eine rein phänomenale Interpretation der Geometrie ist das Problem einer Notwendigkeit, die nicht bloß das Ergebnis von verbalen Definitionen ist, gelöst durch die Theorie der Konstruktion in reiner Anschauung, die zeigt, wie Notwendigkeit durch eine phänomenale Darstellung von Bedeutungen gesichert werden kann. Dies ist anschauliche Selbstevidenz, der der Stachel gezogen worden ist. Das Wort „synthetisch" bedeutet, wenn wir zustimmen, es an dieser Stelle als „Notwendigkeit" qualifizierend zu tolerieren, hier nicht mehr, als daß wir ohne diese phänomenale Darstellung von Bedeutungen nicht vorankämen damit, *diese* Geometrie zu entwickeln. Vielleicht wäre es vorzuziehen, den Ausdruck „phänomenal analytisch" zu verwenden, in dem die adverbiale Qualifikation „phänomenal" demselben Zweck dient. In jedem Fall scheint es nicht zu weit zu gehen, wenn gesagt wird, daß Kants Theorie reiner Anschauung als eine vernünftige Darstellung der Natur der Geometrie in ihrer phänomenälen Interpretation konstruiert werden kann.

Aber natürlich wird die Theorie nicht als eine Theorie der euklidischen Geometrie in ihrer phänomenalen Interpretation präsentiert. Hier stoßen wir auf den zweiten Teil des Problems. Kant versucht, seine Einsichten in die Notwendigkeiten der *phänomenalen* Geometrie dazu zu verwenden, die andere und größere Schwierigkeit zu lösen, die Schwierigkeit, die durch die scheinbar notwendige Anwendbarkeit der euklidischen Geometrie auf den physikalischen Raum entsteht. *Diese* Schwierigkeit, *diese* Notwendigkeit sind in der Tat illusorisch. Kants grundlegender Irrtum, für den ihm auf jener Stufe in der Geschichte der Wissenschaft kaum ein Vorwurf gemacht werden kann, lag darin, nicht zwischen der euklidischen Geometrie in ihrer phänomenalen Interpretation und der euklidischen Geometrie in ihren physikalischen Interpretationen zu unterscheiden, d. h. in Interpretationen, in denen sie immer noch für viele Zwecke ausreicht und in denen sie in der Astrophysik zuerst verwendet und dann verabschiedet wurde. Weil er diese Unterscheidung nicht machte, nahm er an, daß die Notwendigkeit, die in Wirklichkeit zur euklidischen Geometrie in ihrer phänomenalen Interpretation gehört, auch zu ihr in ihrer physikalischen Interpretation gehört. Er dachte, daß die Geometrie des physikalischen Raumes mit der Geometrie des phänomenalen Raumes identisch sein *mußte*. Und dieses Mysterium lädt zu der Annahme ein, daß die Geometrie des phänomenalen Raumes, wie es scheint, Bedingungen verkörpert, unter denen allein Dinge für uns als Dinge im Raum, als physikalische Gegenstände gelten können. Es lädt zu dieser Annahme besonders dann ein, wenn wir denken, daß uns etwas als physikalischer Körper dann gilt, wenn es uns *erscheint*, uns eine phänomenale Figur zeigt, eine Figur der Art, wie die phänomenale Geometrie sie behandelt. Wenn wir dieser Tatsache hinzufügen, daß die phänomenale Geometrie *in gewissem Sinn* von sinnlich gegebenen physikalischen Gegenständen unabhängig ist – vorgestellte Konstruktionen genügen für die Zwecke phänomenaler Geometrie genauso wie das Aussehen mit Bleistift gezogener Linien – dann, so denke ich, fängt an, verständlich zu werden (wenn auch nur dies), daß Kant gedacht haben sollte, der Ursprung des Raumes liege in seinem phänomenalen Charakter, darin, daß er subjektiv ist, daß er in der Verfassung unseres Geistes oder, wie er es ausdrückt, in unserem Vermögen der Sinnlichkeit liegt. Aber zu sagen, daß es anfängt, verständlich zu werden, daß Kant dies gedacht haben soll, heißt nicht, daß, was er dachte, verständlich zu werden beginnt.

Ich habe früher gesagt, daß die positivistische Ansicht, obwohl in gewissem Sinne richtig, bestimmte Züge der Situation außer Acht läßt, denen Kant Rechnung trägt. Um die zentralen Punkte zu wiederholen. Die positivistische Ansicht bietet uns zwei Weisen an, auf die Sätze der euklidischen Geometrie zu sehen: als Formeln in einem uninterpretierten Kalkül; oder als ein Corpus logisch verknüpfter empirischer Sätze, die sich aus der Annahme einer physikalischen Interpretation für die grundlegenden Ausdrücke der Formeln ergibt. Im letzteren Fall zeigt die Überprüfung der euklidischen Geometrie durch Beobachtung und Messung, daß ihre Theoreme mit einem annehmbaren Grad von Genauigkeit für geringere Ausdehnungen des Raumes, als es die sind, mit denen die Astrophysik zu tun hat, verifiziert werden können; aber für die Astrophysik selber findet man, daß eine andere, mit der euklidischen unvereinbare Geometrie den Beobachtungen und Messungen einfacher gerecht wird. Beide Weisen, auf die euklidische Geometrie zu sehen, sind richtig. Was wir bemerken müssen, ist, daß es eine dritte, von diesen beiden Weisen verschiedene Weise gibt, in der auch auf die euklidische Geometrie gesehen werden kann und die von der positivistischen Ansicht außer Acht gelassen wird. Mit gewissen Einschränkungen und Qualifikationen, die später erwogen werden müssen, scheint es so zu sein, daß die euklidische Geometrie auch als ein Corpus nicht falsifizierbarer Sätze über phänomenal gerade Linien, Dreiecke, Kreise usw. interpretiert werden kann; als ein Corpus von Sätzen *a priori* über räumliche Erscheinungen dieser Art und also natürlich als eine Theorie, deren Anwendung auf solche Erscheinungen eingeschränkt ist. Im Verlauf der Entwicklung reiner Mathematik einerseits (was ihre Strenge angeht), der Physik andererseits ist es dazu gekommen, daß dieser Aspekt der euklidischen Geometrie unwichtig scheint. Denn einerseits hängt Strenge in der Mathematik von der Logik, nicht vom Aussehen von Figuren ab – was der Grund dafür ist, warum Russell gesagt hat, die Entwicklung der Mathematik habe Kants *Anschauung*[1] als überflüssig erwiesen; und die physikalischen Anwendungen der Geometrie andererseits hängen von physikalischen Überprüfungen und Messungen vielfältiger Art ab, und nicht von der bloßen Kontemplation phänomenaler Erscheinungen. Von daher resultiert das positivistische Außer-Acht-lassen des phänomenalen Aspekts der euklidischen Geometrie. Obwohl dieser Aspekt der Geometrie in der späteren Entwicklung von Mathematik und Physik unwichtig geworden sein mag, kann kaum mit Zuversicht behauptet werden, daß er für die ursprüngliche Entwicklung systematischer Geometrie unwichtig gewesen ist. Es kann auch nicht gesagt werden, daß er für die Anfangsstufen des *Lernens* von Geometrie jetzt unwichtig ist. Jeder, der sich an seine Schulzeit erinnert, muß anerkennen, daß er Geometrie weder als einen uninterpretierten logischen Kalkül noch als eine axiomatische physikalische Theorie gelernt hat, sondern als einen Corpus selbstevidenter Wahrheiten über räumliche Figuren und die logischen Konsequenzen dieser Wahrheiten. Individuelles Lernen beiseite gelassen, scheint es sehr plausibel anzunehmen, daß, was der systematischen Entwicklung der Geometrie als einer mathematischen Disziplin zugrunde liegt, die merkwürdige Leichtigkeit ist, mit der phänomenale Figuren-Muster so ausgearbeitet werden können, daß sie ein umfassendes System von Relationen zwischen phänomenalen räumlichen Begriffen darstellen. Dies soll nicht nahelegen, daß die allerersten historischen Ursprünge der Geometrie in einer solchen Ausarbeitung lagen. Ohne Zweifel verdankt die Geometrie die Anfänge ihrer Existenz menschlicher Beschäftigung mit Problemen der Erdvermessung und der Entdeckung metrischer Techniken, unter denen wenig oder keinerlei systematische Verbindung bestand. Es bedurfte etwas, das in der Natur angetroffen wurde, um die menschliche Einbildungskraft ursprünglich in euklidischem Sinne anzuregen; und obwohl das z. B. die Erscheinung von Zeichnungen in den Himmel, als sei er eine riesige Tafel, hätte sein *können*, war es das natürlich nicht. Es war vielmehr die Tatsache, die für die Lösung praktischer Probleme wichtig war, daß es physikalische Dinge gibt, für die herausgefunden wurde, daß zwischen ihnen bestimmte Beziehungen tatsächlich bestanden, wenn sie an physikalischen Maßstäben geprüft wurden. Aber was immer ihr natürlicher Ursprung gewesen sein mag, es bleibt wichtig, den Ort wahrzunehmen, von dem man sehen kann, daß ihn die phänomenale Geometrie in Kants Theoretisieren gehabt hat, und von dem es plausibel ist anzunehmen, daß sie ihn in der systematischen Entwicklung der Geometrie im allgemeinen gehabt hat.

3. Einwände und Qualifikationen

Wir kommen nun zu einigen Einwänden. Diese Darstellung der phänomenalen Geometrie ist sehr kursorisch gewesen und gegen sie können aus einer ganzen Reihe von Gründen Einwendungen erhoben werden. Erstens könnte eingewandt werden, daß die Terminologie des Aussehens und der phänomenalen Figuren höchst verdächtig ist. Man könnte eine Figur auf eine Tafel zeichnen und die Figur könnte gewisse Charakteristika aufzuweisen scheinen, für die wir geometrische Namen haben. Aber es ist bestenfalls verwirrend, so zu sprechen, als ob wir zusätzlich zu der physikalischen Figur, die wir sehen, noch etwas anderes sähen oder quasi-sähen, nämlich das Aussehen der Figur. Es ist unbefriedigend, die euklidische Geometrie so zu erklären, als handele sie *von* Gegenständen wie diesen, unbefriedigend selbst für eine vergleichsweise unwichtige Erklärung; denn es ist einfach unklar, was diese Gegenstände sind oder ob es überhaupt solche Gegenstände gibt. Die Berufung auf visuelle Einbildung verbessert die Sachlage nicht. Sicherlich wäre es seltsam, von einer visualisierten Figur zu sagen, sie scheine nur gewisse Charakteristika zu haben, in einer Weise, in der es nicht seltsam wäre, von einer physikalischen Figur zu sagen, sie scheine bloß gewisse Charakteristika zu haben. Aber die Tatsache zu benutzen, um nahezulegen, daß, was einem die visuelle Einbildung gibt, nur die Art von *Aussehen* sei, die eine physikalische Figur habe, heißt, den Versuch zu machen, einen zweifelhaften Begriff zu erhellen, indem man von einem anderen, schon hinreichend zweifelhaften Begriff Gebrauch macht, nämlich dem Begriff eines visuellen Bildes.

Ich glaube, daß dieser Einwand ernstgenommen werden muß. Aber ich würde es vorziehen, ihm nicht direkt zu begegnen, sondern ihn zu umgehen – indem ich zugebe, daß ein Teil des Vokabulars, das ich benutzt habe, nicht besonders glücklich ist und eher andeutend als genau gemeint war. Das Problem ist, ob die Natur der phänomenalen Geometrie beschrieben werden kann ohne ein gefährliches Sich-Verlassen auf den möglicherweise zweifelhaften Begriff einer phänomenalen Figur – ein Begriff, der, obwohl zweifelhaft, dem einfältigen Wunsch nach einer Menge von Objekten entgegenkommt, die den besonderen Gegenstandsbereich der Untersuchung ausmacht. Ich denke, daß sie so beschrieben werden kann und daß ich sie teilweise schon so beschrieben habe. Aber bevor ich über diesen Punkt ausführlicher werde, möchte ich einen anderen Einwand erwähnen.

Es ist dies der Einwand, daß die gesamte Konzeption der phänomenalen Geometrie, wie bisher skizziert wurde, die Rolle des Erdvermessers zu passiv kontemplativ darstellt. Sie stellt den Erdvermesser als jemanden dar, der bloß auf die Figuren sieht, die er gezeichnet hat, um auch schon die Beziehungen zwischen den Begriffen einzusehen, deren Sinn er bildlich darstellt. Aber Euklids Geometer wird gebraucht, um Probleme der *Konstruktion* zu lösen. Das allererste Problem in den *Elementen* ist: ein gleichseitiges Dreieck auf einer gegebenen endlichen geraden Linie zu beschreiben. Wie paßt Konstruktion in den Begriff einer phänomenalen Geometrie? Ist nicht Konstruktion in jedem Fall wesentlich eine physikalische Operation, die mit z. B. Richtscheit und Kompass ausgeführt werden muß?

Um zuerst den Punkt zu erörtern, Konstruktion sei eine physikalische Operation. Angenommen, uns wäre nur die zu irgendeiner Konstruktion passende Figur gegeben, z. B. die Figur, die den Text der Lösung des Problems, das ich gerade erwähnt habe, begleitet, das Problem einer Konstruktion eines gleichseitigen Dreiecks über einer gegebenen endlichen geraden Linie. Wir könnten annehmen, daß jemand die Lösung überraschend durch geistesabwesendes, gedankenloses Hinkritzeln produziert oder daß sie einfach Schritt für Schritt gegen den Himmel erscheint. Würde es ins Gewicht fallen, wenn unsere eigenen folgenden Versuche, die Lösung mit Hilfe von Lineal und Kompass hervorzubringen und dabei den Schritten der Lösung zu folgen, ebensooft fehlschlügen wie gelängen oder stets in der einen oder anderen Weise fehlschlügen? Würden solche praktischen Fehlschläge uns geneigt machen zu vermuten, daß etwas an der Lösung falsch sei? Sicherlich nicht. Solange es sich um phänomenale Geometrie handelt, müssen die Begriffe, mit den wir operieren, als rein visuelle Begriffe aufgefaßt werden, und wenn die physikalischen Techniken, die wir benutzen, um die passenden visuellen Wirkungen hervorzubringen, nicht funktionieren, um so schlimmer für jene Techniken und unsere Handhabung ihrer. Der *Maßstab* dafür, ob die tatsächlichen physikalischen Operationen die richtigen sind oder befriedigend ausgeführt wurden, wird von den visuellen Wirkungen gesetzt, die sie produzieren, indem wir jeden Schritt der Operation durchgehen. Aber immer noch, so könnte eingewandt werden, ist es nicht einfach der visuelle Effekt, den die vervollständigte Figur darstellt, der uns hinsichtlich der Richtigkeit der Lösung zufrieden stellt. Es ist vielmehr die Tatsache, daß die Figur in bestimmter Weise, Schritt für Schritt, hervorgebracht werden kann. Dies ist richtig; aber es zeigt nur, daß wir von den visuellen Begriffen, um die es uns hier geht, nicht in zu statischer Weise denken dürfen. Dieser Punkt ist schon gedeckt durch die Bemerkung, daß der Maßstab dafür, ob die ausgeführten physikalischen Operationen die richtigen sind oder ob sie befriedigend ausgeführt wurden, durch die visuellen Wirkungen gesetzt ist, die sie hervorbringen, *indem wir jeden Schritt* der Operation *durchgehen*. Er ist gedeckt, wenn Kant in seinem Jargon in einer Fußnote schreibt:

> „Bewegung eines *Objekts* im Raume gehört nicht in eine reine Wissenschaft, folglich auch nicht in die Geometrie; weil, daß etwas beweglich sei, nicht a priori, sondern nur durch Erfahrung erkannt werden kann. Aber Bewegung, als *Beschreibung* eines Raumes, ist ein reiner Actus der sukzessiven Synthesis des Mannigfaltigen in der äußeren Anschauung überhaupt durch produktive Einbildungskraft, und gehört nicht allein zur Geometrie, sondern sogar zur Transzendentalphilosophie.“[2]

Es könnte hilfreich sein, uns vorzustellen, geometrische Konstruktionen würden vor uns auf einer Kino-Leinwand hervorgebracht, begleitet durch den passenden Kommentar. Wir mögen hinsichtlich der physikalischen Mittel, mit denen das tatsächlich bewerkstelligt wird, in völliger Unkenntnis sein. Aber wir können uns völlig darüber im Klaren sein, daß z. B. gerade Linien hervorgebracht werden (im geometrischen Sinne, d. h. gezogen werden), Kreise beschrieben werden etc.

Wenn wir nun zu den Einwänden gegen die Terminologie des Aussehens, der phänomenalen Figuren usw. zurückkehren, sollte es, denke ich, offensichtlich sein, daß diese Terminologie wirklich harmlos ist. Sie zu gebrauchen heißt nur zu sagen, daß es uns in reiner visueller Geometrie in Wirklichkeit nicht um die physikalischen Objekte geht, die wir vor uns hinsetzen, außer unter einem einzigen Aspekt – dem Aspekt, unter dem sie für uns die visuellen Begriffe darstellen, *um die es uns geht*. Jene physikalischen Objekte mögen alle Arten von anderen Charakteristika haben; aber welches diese Charakteristika sind und durch welche physikalischen Mittel die Objekte tatsächlich dazu kamen, die Charakteristika zu zeigen oder anzudeuten, um die es uns geht, sind gleichermaßen irrelevante Fragen. Zu sagen, daß die Gegenstände der phänomenalen Geometrie gar nicht diese physikalischen Objekte sind, sondern die phänomenalen Figuren, die sie präsentieren, heißt einfach zu sagen, daß nur insofern, als jene Objekte uns die fraglichen visuellen Charakteristika zeigen oder andeuten, sie irgendwelche Relevanz für die phänomenale Geometrie haben.

Als nächstes müssen wir eine andere Klasse von Einwänden erörtern, Einwänden, die Skepsis von seiten der Geometrie selber ausdrücken. Ist der Begriff einer phänomenalen, anschaulich visuellen Geometrie wirklich dem angemessen, was wir in der euklidischen Geometrie finden? Zum Beispiel wäre es, sogar wenn der Anspruch, sie sei adäquat, im Fall der Flächen-Geometrie zweidimensionaler Figuren plausibel schiene, anscheinend ein gutes Stück weniger plausibel für die Geometrie dreidimensionaler Figuren. Und wiederum, ist es wirklich klar, daß die Gegebenheiten unserer tatsächlichen visuellen Anschauung den Sätzen der euklidischen Geometrie wirklich entsprechen, sogar für den Fall der Flächen-Geometrie? Nehmen wir die Variante der Formulierung eines Axioms, das uns bereits beschäftigt hat: „Zwei gerade Linien können keinen Raum einschließen." Wenn wir in der Mitte eines langen geraden Eisenbahngleises ständen und an ihm entlangsähen, zuerst in der einen, dann in der anderen Richtung, sollten wir dann nicht den visuellen Eindruck zweier konvergierender gerader Linien haben, die sich sogar in jeder Richtung treffen, und also den Eindruck zweier Linien, die sowohl unsere anschaulichen visuellen Forderungen an gerade Linien erfüllen als auch zugleich unsere anschaulichen visuellen Forderungen an die Einschließung eines Raumes? Oder nehmen wir folgenden Satz: „Zwischen jedem Paar von Punkten auf einer geraden Linie gibt es einen weiteren Punkt." Wie können wir überhaupt entscheiden, ob das mit unserer visuellen Anschauung übereinstimmt oder nicht? Welches Bild ist relevant? Hilft es, einfach auf eine gerade Linie zu sehen? Jede Weise, die wir uns für eine Überprüfung des Satzes an unserer visuellen Anschauung oder unserer visuellen Anschauung an dem Satz ausdenken könnten, scheint eher nahezulegen, daß er der Anschauung widerspricht. Wir könnten zum Beispiel eine Linie ziehen oder sie uns vorstellen, dann eine Lücke in ihr machen oder vorstellen und die beiden Enden der Lücke als zwei Punkte auf der ursprünglichen Linie denken. Wir könnten dann versucht sein, unseren Satz in visuellen Termini durch den Gedanken darzustellen, daß, wie eng auch immer wir die Lücke machen, es immer möglich wäre, sie noch enger zu machen, ohne sie verschwinden zu lassen. Aber dies scheint tatsächlich gegen unsere visuelle Anschauung zu verstoßen.

Diese Einwände sind ernster. Sie erfordern nicht eine völlige Preisgabe der gegebenen Darstellung, aber doch eine ziemlich drastische Modifikation. Nicht alle Punkte haben gleiches Gewicht. So kann das Beispiel des Eisenbahngleises vernachlässigt werden, weil es nicht ist, was es zu sein beansprucht, nämlich ein Beispiel einer visuell wahrgenommenen Figur zweier gerader Linien, die einen Raum einschließen. Das Subjekt hat ein Bild zweier konvergierender gerader Linien, die sich sogar treffen; und wenn es sich umdreht, hat es noch so ein Bild. Es hat nicht ein einziges Bild, das es angemessen so beschreiben könnte, daß es zwei Linien sieht, die sowohl gerade sind als auch einen Raum einschließen. Aber in dieser Weise können wir den Einwand nicht vernachlässigen, der auf den Satz gegründet ist, daß zwischen jedem Paar von Punkten auf einer geraden Linie ein Punkt liegt. Wir müssen hier ein Element begrifflicher Idealisierung in der Geometrie einräumen, das heißt ein Element, zu dem wir nichts finden können, was ihm in terminis visuell instantiierbarer Begriffe genau entspräche. Es ist eine Erleichterung, so klar und fehlerfrei gezwungen zu sein, dies an dieser Stelle einzuräumen. Denn, obwohl weniger offensichtlich, scheint dies Element begrifflicher Idealisierung im Begriff der unendlichen Ausdehnung des euklidischen Raumes präsent zu sein, ebenso wie im Begriff seiner unendlichen Teilbarkeit. Die einzig relevanten Bilder, die wir uns – in Begriffen des Hervorbringens gerader Linien – machen können, scheinen den Begriff der Unendlichkeit zu fordern; gleichwohl ist *dies* nicht etwas, von dem wir uns ein Bild machen können.

Keins dieser Zugeständnisse und auch nicht andere, die uns vom tatsächlichen Inhalt der euklidischen Geometrie abgezwungen werden, fordern eine gänzliche Preisgabe der Darstellung. So können wir einräumen, daß die Bilder, die wir uns machen, nicht in allen Hinsichten den idealisierten Begriffen oder den bildlich dargestellten Bedeutungen adäquat sind, ohne den Gedanken aufzugeben, daß die bildliche Darstellung in einer Interpretation der euklidischen Geometrie eine wesentliche Rolle spielt. Es wäre vorzuziehen, sie nicht einfach „die phänomenale Interpretation" zu nennen, sondern „die idealisierte phänomenale Interpretation"; man sollte hinzufügen, idealisiert in völlig zwingenden und völlig spezifizierbaren Weisen. Man könnte in der Tat sagen, daß uns diese Modifikation in einer Hinsicht noch näher zu Kant bringt; denn der Gedanke, daß die behandelten Begriffe einfachhin visuelle Begriffe seien, wäre ihm als ein solcher vorgekommen, der sie in zu hohem Grade zu sinnlichen Begriffen machte. Die Idealisierung der Begriffe, die wir vorzunehmen und einzuräumen gezwungen sind, gibt eine Extra-Rechtfertigung für die Qualifikation „rein" in solchen Formulierungen wie „Vermögen reiner äußerer Anschauung", „Konstruktion in reiner Anschauung" usw.

Gleichwohl zwingen uns solche Einwände und der Verlauf der gesamten Diskussion dazu anzuerkennen, wie bescheiden der Anspruch ist, der schließlich erhoben werden kann. Es ist sicherlich unmöglich, allein in Kantischen Begriffen eine umfassende und genaue Darstellung der euklidischen Geometrie in allen

Aspekten ihrer mathematischen Struktur und ihrer Anwendungen zu geben. Andererseits *ist* es möglich, die Aufmerksamkeit auf einen Aspekt jenes komplexen intellektuellen Phänomens zu lenken, in dessen Beleuchtung wir zu einer begründet sympathetischen Sicht von Kants Lehre von der Konstruktion in reiner Anschauung kommen können. Es sollte nicht unterstellt werden, daß Geometrie – eine menschliche Tätigkeit – etwas ist, das eine einfache Natur hat, die unter einem Gesichtspunkt allein völlig adäquat beschrieben werden könnte, sei es der des formalen Logikers, der eines Physikers, der eines Landvermessers – oder der Kants. Wir sollten vielmehr einräumen, daß es sich um eine komplexe Sache handelt, in der verschiedene Stränge oder Elemente zueinander in Verbindung treten, und daß der Strang, der in der Theorie der Konstruktion in reiner Anschauung die stärkste Hervorhebung erfährt, nicht völlig bedeutungslos ist. Er ist andererseits völlig unzureichend, das Gewicht der Lehre von der transzendentalen Subjektivität des Raumes zu tragen.

Anmerkungen

1 Auch im englischen Text deutsch. (Anm. d. Übers.).
2 B 155.

Register